LICITACIÓN PÚBLICA

Parámetro y Supranacionalidad

EDITORA AFILIADA

Visite nossos *sites* na Internet
www.jurua.com.br e
www.editorialjurua.com
e-mail: *editora@jurua.com.br*

ISBN: 978-85-362-5014-4

 **Brasil** – Av. Munhoz da Rocha, 143 – Juvevê – Fone: (41) 4009-3900
Fax: (41) 3252-1311 – CEP: 80.030-475 – Curitiba – Paraná – Brasil

Europa – Rua General Torres, 1.220 – Lojas 15 e 16 – Fone: (351) 223 710 600 –
Centro Comercial D'Ouro – 4400-096 – Vila Nova de Gaia/Porto – Portugal

Editor: José Ernani de Carvalho Pacheco

D951	Durão, Pedro. Licitación pública: parámetro y supranacionalidad./ Pedro Durão./ Curitiba: Juruá, 2015. 338p. 1. Licitación pública. 2. Supranacionalidad. I. Título.

CDD 343.03(22.ed.)
CDU 351.712

Pedro Durão

LICITACIÓN PÚBLICA

Parámetro y Supranacionalidad

Curitiba
Juruá Editora
2015

A Dios por la vida y la salud.

*Dedicado a mis padres Geraldo Durão y
Maria Durão (**in memoriam**) por
las valiosas enseñanzas*

*A mis hermosos hijos – a los que quiero tanto –
por las horas no compartidas.*

AGRADECIMIENTOS

Al Prof. Dr. Agustín Gordillo por su aprecio, por haber compartido sus conocimientos y haberme orientado en el Doctorado Clásico en Derecho Administrativo en la Universidad de Buenos Aires – un honor realmente.

A los jurados de mi tesis doctoral, Profesores doctores Carlos Balbím, Ernesto Marser e Estela Sacristãn.

A los Profesores Guido Santiago Tawil y Aníbal D'Auria por sus enseñanzas.

A los Procuradores del Estado de Sergipe, por medio de la Asociación de los Procuradores del Estado (APESE), por permitirme sacrificar horas de trabajo en pos de mi perfeccionamiento en derecho, así como también a todos los colegas de la Consultoría Pública por la amistad y empeño laboral.

A los Profesores Agustín Gordillo, Juan Carlos Cassagne, Thomas Hutchinson, Marta Biagi, Marcello Raffin, Ciuro Caldani, Raul Zaffaroni, Diana Cañal, Jorge Bercholc, Juan Sola, Ana Kunz y Nancy Cardinaux, por sus clases.

A los amigos y colegas Pablo Caulier, Horacio Otegui, José Manuel Martinez, Adel El Tasse y Oscar Astrolog por su atención y cordial recibimiento en esta querida nación.

A los colegas brasileños Profesores Francisco Queiroz, Maurício Adeodato, Ivo Dantas, Luciano Ferraz, Paulo Modesto, Eduardo Matos, Anselmo Oliveira, Marize Singui, Durvalina Araujo, Sônia Santana, Uziel Santana, Juliana Borges, Paulo Costa, Carlos Rebelo, Anthony Leahy, Henrique Rocha, Frederico Sampaio, Evânio Moura, Kátia Cristine, George Maia, Rommel Robatto, y Marcelo Duarte, por el apoyo inclaudicable.

A todos los colaboradores y profesores de la Facultad de Negocios de Sergipe (FANESE) por el cariño y la confianza que me han demostrado desde que asumí la coordinación del curso de derecho de dicha Institución.

A los colegas de la Asociación Argentina de Derecho Administrativo (AADA).

Al Prof. Diana Shrewsbury y al Prof. Aníbal Godoy Ortiz por la revisión del contenido de este estudio.

En fin, a todos aquéllos que de alguna forma u otra contribuyeron para la realización de esta tesis.

Pedro Durão

PRESENTACIÓN

    Es un libro sobre la supranacionalidad en las licitaciones públicas. Aborda los parámetros de la licitación y su importancia incluyendo desde los aspectos generales hasta los procedimientos de selección, aplicaciones y excepciones, así como un análisis de los modelos licitatorios de algunos países. Analiza la adquisición pública y la adecuación de los productos a la utilidad, las compras electrónicas y ecológicas, el formato de la corrupción y las prácticas comunes en la licitación.

    Presenta el proceso globalizador y sus efectos en un concierto integrador. Delinea la tipología constructiva de la supranacionalidad del derecho administrativo y la fuerza de los principios en un examen de su instrumentalidad.

    Examina la perspectiva de los derechos del hombre en la administración pública para atender los intereses de la colectividad, partiendo del desarrollo de la democracia, el manejo del sistema y la realidad, observando los instrumentos y juegos de poder en sus premisas e historicidad, ante el poder y la dominación a través de la norma.

    La investigatión aborda la influencia de los valores supranacionales y de los derechos fundamentales en la licitación pública, con un enfoque que busca asegurar mayor equilibrio y continuidad en una administración ética y eficaz, analizando la efectividad del sistema con la perspectiva de lograr una optimización en la licitación y la mejora de los servicios prestados, al permitir una homogeneidad del sistema jurídico y la modernización de la administración pública.

Pedro Durão
Invierno de 2014

PRÓLOGO

Tengo el deber y el honor de prologar este singular estudio del Profesor Doctor Pedro Durão, que hace un agudo, novedoso e importante análisis sobre el impacto de la supranacionalidad en la licitación pública.

La originalidad del enfoque es manifiesta, como ya lo propusiera en su tesis para obtener el título de Doctor en Derecho de la Universidad de Buenos Aires, en defensa oral y pública ante un distinguido jurado de profesores de esa casa de estudios, que tuve el placer de presenciar como Director de su Tesis.

Este libro contiene buena parte de esos antecedentes y agrega nuevos materiales que el Autor incorporó posteriormente, mostrando una vez más su permanente espíritu inquisitivo y creador.

Pedro Durão tiene una larga trayectoria en la vida académica, con diversos libros y artículos sobre derecho administrativo. Es Presidente de la Asociación de Procuradores del Estado (APESE), Decano de Derecho y Miembro del Comité Científico de la Facultad de Negocios de Sergipe (FANESE), Profesor de Derecho Administrativo de grado y postgrado, profesor visitante de la Universidad Federal de Sergipe (UFS) y de la Universidad de Belgrano (UB), donde fuera invitado en Buenos Aires por el Profesor Dr. Juan Carlos Cassagne, director de la especialización en Derecho Administrativo en esa Universidad.

Pero es sin duda su larga trayectoria como Procurador del Estado que le ha motivado en particular este estudio sobre algunos aspectos novedosos de la licitación pública, materia central de sus dictámenes y trabajo profesional público.

La presente obra consta de dos secciones, una dedicada al manejo descriptivo y crítico de la licitación pública (procedimientos de selección, etapas, colisión de intereses, corrupción, etc.) y otra, al impacto de la supranacionalidad, analizando algunas particularidades de los países seleccionados.

En la sección II desarrolla su preocupación por encuadrar el accionar público del proceso licitatorio en un marco supranacional y de acuerdo con un efectivo respeto a los derechos humanos, en particular el derecho a la no corrupción.

La Convención Interamericana contra la Corrupción y sus medidas supranacionales para prevenir la corrupción le ha servido de guía segura en esta materia, así como la Convención de las Naciones Unidas contra la corrupción.

Este libro es una contribución en esa dirección, al difundir y dar a mayor conocimiento público sus principios y la necesidad de una constante atención ciudadana para prevenir la corrupción en sus más diversas y variadas formas.

No cabe duda que un modelo de gestión que incorpore los principios supranacionales de la Convención Interamericana contra la Corrupción y de la Convención de las NacionesUnidas contra la Corrupción traerá ventajas tanto en el orden patrimonial, por la reducción del gasto público, como en la eficacia de la actuación del Estado.

El Autor también realiza sugerencias sobre el régimen jurídico de la licitación pública en la perspectiva de la referida supranacionalidad, para establecer normas y sistemas que garanticen la eficiencia administrativa y eviten la dilapidación de fondos públicos, que además del ilegítimo enriquecimiento de los funcionarios llevan al desempleo, la pobreza, marginalidad, falta de inclusión social y todos los males que de allí se desprenden.

La debida protección de la dignidad humana, tiene su raíz allí. La supranacionalidad así entendida va a permitir, según el Autor, la elucidación de posibles lagunas en la interpretación de los hechos a la luz de las normas, e impedir una gestión pública ineficaz y temeraria.

Este trabajo presenta, por la originalidad de su enfoque en el derecho administrativo brasileño, por su análisis crítico rotundamente personal, una invalorable contribución al desarrollo del derecho administrativo en nuestros respectivos países.

Le auguro el mayor de los éxitos,

Prof. Dr. Agustín Gordillo
www.gordillo.com
Profesor Emérito de la Universidad de Buenos Aires; Magistrado y Ex-Presidente del Tribunal Administrativo de la Organización de los Estados Americanos, Washington D.C.; Magistrado del Tribunal Administrativo de la Organización Internacional del Trabajo, Ginebra y del Tribunal Administrativo de la Organización de las Naciones Unidas, Nueva York; Miembro de la Junta Directiva del European Public Law Center, Atenas; Presidente Fundador de la Fundación de Derecho Administrativo – Argentina.

ÍNDICE GENERAL

TABLA DE ABREVIATURAS 17
INTRODUCCIÓN 19
    1   La Importancia de Hacer la Tesis en la Argentina 19
    2   El por qué de la Elección del Tema 19
    3   Planteo del Problema, Objetivos e Hipótesis 21
    4   La Estructura de la Tesis 23

Sección I
PARÁMETROS DE LA LICITACIÓN

Capítulo 1 – LA LICITACIÓN PÚBLICA Y SU IMPORTANCIA 27
    1   Aspectos Generales 27
    2   ¿Qué, Cuándo y por qué Licitar? 29
    3   El Contexto Fáctico, Lógico y Jurídico 31
    4   Procedimientos de Selección 31
    5   Función de los Principios en la Licitación 33
    6   Las Etapas Interna y Externa 41
          6.1   Pliegos de condiciones y formalidades 42
          6.2   Análisis estructural del pliego 47
          6.3   Las ofertas, juzgamiento y adjudicación 52
    7   Aplicación y excepciones 54

Capítulo 2 – LICITACIÓN COMPARADA 71
    1   Trascendencia de la Licitación en el Mercosur 71
    2   La Concepción Constitucional en un Estudio Comparado 75
    3   Modelos Licitatorios de Algunos Países 78
          3.1   Argentina 79
          3.2   Brasil 80
          3.3   Bolivia 87
          3.4   Chile 89

  3.5 Colombia 92
  3.6 Ecuador 93
  3.7 Paraguay 95
  3.8 Perú 96
  3.9 Uruguay 98
  3.10 Venezuela 100
4 Modelos Licitatorios en Algunos Países de Europa 102
  4.1 España 102
  4.2 Francia 104
  4.3 Inglaterra 107
  4.4 Italia 110
  4.5 Portugal 112

Capítulo 3 – ANÁLISIS DE LA ADQUISICIÓN PÚBLICA 117

1 Necesidad de un Buen Planeamiento 117
2 Adecuación de los Productos a la Utilidad 119
3 La previsión Presupuestaria 124
4 ¿Es Factible un Registro Nacional? 129
5 Adquisición Electrónica 131
6 Adquisición Ecológica 135

Capítulo 4 – CORRUPCIÓN Y GESTIÓN TEMERARIA 147

1 Introducción 147
2 Análisis y Detección de la Corrupción 150
3 Formato de la Corrupción y de la Gestión Temeraria 154
4 Algunas Prácticas Corruptas en la Licitación 157

Sección II
SUPRANACIONALIDAD EN LA LICITACIÓN

**Capítulo 5 – LA SUPRANACIONALIDAD DEL DERECHO
       ADMINISTRATIVO** 173

1 El Proceso Globalizador y sus Efectos 173
2 Tipología Constructiva de la Supranacionalidad del Derecho 176
3 La Supranacionalidad del Derecho y la Fuerza Jurídica de Los
  Principios 179
4 Supranacionalidad del Derecho Administrativo: ¿Opacidad,
  Incertidumbre o Realidad? 183

Capítulo 6 – CONFRONTACIÓN ENTRE EL SISTEMA Y LAS NORMAS LICITATORIAS 191

1. Introducción 191
2. El Sistema en una Realidad Integradora 192
3. El Derecho y la Realidad: Discotinuidad Legal y Fáctica 194
4. Manejo de las Normas y Seguridad 197

Capítulo 7 – VALORES SUPRANACIONALES EN LA LICITACIÓN PÚBLICA 201

1. Aporte Teleológico y Substancial de la Supranacionalidad 201
2. Rasgos Salientes de los Organismos y Fuentes Supranacionales 204
3. Aplicación de los Pactos y los Principios Supranacionales en la Licitación 209
4. El Perfeccionamiento de los Criterios Licitatorios 213

Capítulo 8 – IMPACTO DE LA SUPRANACIONALIDAD EN EL RÉGIMEN LICITATORIO 223

1. Recepción y Transformación en la Administración Pública 223
2. Compatibilidad y Algunos Ejemplos 226
3. Ventajas, Obstáculos y Consecuencias en la Licitación 233
4. Control Nacional y Supranacional de la Licitación 240

CONSIDERACIONES FINALES 251

REFERENCIAS 257

ANEXO – COMPILACIÓN DE LAS NORMAS SUPRANACIONALES 277

ÍNDICE DE AUTORES 321

ÍNDICE ALFABÉTICO 327

Tabla de Cuadros

Cuadro 1 – Análisis Estructural del Pliego 49
Cuadro 2 – Ventajas y desventajas de la supranacionalidad 178
Cuadro 3 – Ventajas, Derechos-clave y Obstáculos de la Supranacionalidad en la Licitación 234

Tabla de Gráficos

Gráfico 1 – Aspectos Generales (Ítem 1.1) 62
Gráfico 2 – ¿Qué, Cuándo y por qué Licitar? (Ítem 1.2) 63
Gráfico 3 – El Contexto Fáctico, Lógico y Jurídico (Ítem 1.3) 64

Gráfico 4 – Procedimientos de Selección (Ítem 1.4) 64
Gráfico 5 – Función de los Principios en la Licitación (Ítem 1.5) 65
Gráfico 6 – Las Etapas Internas y Externas (Ítem 1.6 y 1.6.3) 66
Gráfico 7 – Pliegos de Condiciones y Formalidades (Ítem 1.6.1) 67
Gráfico 8 – Análisis Estructural de los Pliegos (Ítem 1.6.2) 68
Gráfico 9 – Aplicación y Excepción de la Licitación (Ítem 1.6.3 – parte A) 69
Gráfico 10 – Contratación sin Licitación (Ítem 1.6.3 – parte B) 70
Gráfico 11 – Licitación comparada en los países del Mercosur (Ítem 2.3) ... 115
Gráfico 12 – Licitación comparada en algunos países de la Europa (Ítem 2.4) 116
Gráfico 13 – Necesidad de un Buen Planeamiento (Ítem 3.1) 141
Gráfico 14 – Adequación de los Produtos a la Utilidad (Ítem 3.2) 141
Gráfico 15 – La Previsión Presupuestaria (Ítem 3.3) 142
Gráfico 16 – ¿ES factible un Registro Nacional? (Ítem 3.4) 143
Gráfico 17 – Adquisición Electrónica (Ítem 3.5) 144
Gráfico 18 – Adquisición ecológica (Ítem 3.6) 145
Gráfico 19 – Analisis y Detección de la Corrupción (Ítem 4) 169
Gráfico 20 – El Proceso Globalizador y sus Efectos (Ítem 5.1) 187
Gráfico 21 – Tipología Constructiva de la Supranacionalidad del Derecho (Ítem 5.2) 188
Gráfico 22 – Supranaciónalidad del Derecho y Principios (Ítem 5.3 y 5.4) 189
Gráfico 23 – Confrontación entre el Sistema y las Normas Licitatorias (Ítem 6) 199
Gráfico 24 – Aporte Teleológico y Sustancial de la Supranaciónalidad (Ítem 7.1) 218
Gráfico 25 – Rasgos Salientes de los Organismos y Fuentes Supranacionales (Ítem 7.2) 219
Gráfico 26 – Aplicación de los Pactos y Principios Supranacionales (Ítem 7.3) 220
Gráfico 27 – El Perfeccionamiento de los Criterios Licitarios (Ítem 7.4) 221
Gráfico 28 – Recepción y Consecuencias (Ítem 8.1) 247
Gráfico 29 – Compatibilidad y Experimentación (Ítem 8.2) 247
Gráfico 30 – Ventajas y Desventajas de la Supranacionalidad (Ítem 8.3) 248
Gráfico 31 – Control Nacional y Supranacional en la Licitación (Ítem 8.4) 249

TABLA DE ABREVIATURAS

ADIN	Acción Directa de Inconstitucionalidad
AGU	Abogacía General de la Unión
BDA	Boletín de Derecho Administrativo
BIRD	Banco Internacional de Reconstrucción y Desarrollo
CF	Constitución Federal
CICC	Convención Interamericana contra la Corrupción
CNUCC	Convención de las Naciones Unidas contra la Corrupción
DDHH	Derechos Humanos
EC	Enmienda Constitucional
IPC	Índice de Percepción de la Corrupción
OAB	Orden de los Abogados del Brasil
OEA	Organización de los Estados Americanos
OMS	Organización Mundial de la Salud
ONU	Organización de las Naciones Unidas
PGE	Procuraduría General del Estado
PNUD	Programa de las Naciones Unidas para el Desarrollo
PNUMA	Programa de las Naciones Unidas para el Medio Ambiente
RDA	Revista de Derecho Administrativo
RE	Recurso Extraordinario
RO	Recurso Ordinario
RPA	Revista Pública Argentina
STF	Supremo Tribunal Federal
STJ	Superior Tribunal de Justicia
TCU	Tribunal de Cuentas de la Unión
UBA	Universidad de Buenos Aires
UE	Unión Europea
UNB	Universidad de Brasilia

INTRODUCCIÓN

Índice: *1. La importancia de hacer esta tesis en la Argentina. 2. El por qué de la elección del tema 3. Planteo del problema. 4. Estructura de la tesis.*

1 LA IMPORTANCIA DE HACER LA TESIS EN LA ARGENTINA

Varios son los motivos que nos conducen a la elección de un tema de investigación. Uno de los factores que más nos movilizaron fue el gran respeto y admiración por las obras del Doctor Agustín Gordillo, las cuales varias veces sirvieron de base para mi ejercicio profesional. Es éste uno de los aspectos cruciales para la realización del doctorado clásico en derecho en la UBA. Gordillo, que es uno de los más destacados administrativistas de América Latina, con una enorme capacidad de ver el futuro en el presente, nos permitió madurar técnica y profesionalmente.

Otro aspecto importante fue el cuerpo docente de la UBA y la profundidad doctrinaria de sus profesores que nos brindaron nuevas herramientas para ampliar el tratamiento de esta temática y conocer vertientes jurídicas de una forma distinta a la luz del derecho extranjero. Los dos años de estudio pasados en la Argentina, haciendo uso de una licencia en mis funciones en la Procuraduría General del Estado y el Magisterio Jurídico de Brasil, me dieron la oportunidad de realizar el estudio que da lugar a esta tesis.

2 EL POR QUÉ DE LA ELECCIÓN DEL TEMA

Las razones que condujeron a la elección de este tema son de orden práctico y teórico. En relación a las primeras, este estudio se vincula con los diversos procesos licitatorios analizados diariamente en el ejercicio de la función que desempeño en la Procuraduría General del Estado y las dificultades de encontrar transparencia y autenticidad en sus procedimientos. En relación a las segundas, fue por el interés de adecuar la actividad de la administración pública a la era de los derechos humanos y destacar que el sistema de licitación amparado en normativas supranacionales es un medio legítimo para mejorar la transparencia y el control de las compras públicas.

Son bien conocidas las debilidades administrativas y algunas formas irregulares de actuación en la licitación, sea por parte del administrador que busca facilidades o por el licitador que adopta medidas ilegales o irregulares casi imperceptibles para la fiscalización.

La impunidad suele ser un elemento constante en la administración pública por el uso arbitrario del poder otorgado al funcionario y debido a la inexistencia de mecanismos efectivos para evitar desvíos licitatorios.

Dada la existencia de organismos internacionales de combate a la corrupción orientados a las contrataciones públicas, la tendencia es buscar diseños más efectivos, porque las repercusiones de actos inmorales pueden trascender el ámbito nacional.

La corrupción es bien visible por las reiteradas omisiones de los agentes fiscalizadores y aún en el poder judicial, donde los expedientes se demoran en los estantes de los tribunales debido a la desidia y a la falta de valores éticos y morales de los funcionarios.

El hecho es que sin una visión avanzada de la administración que optimice las acciones gubernamentales, será cada vez más difícil lograr una buena gestión, orientada al interés de la sociedad y que prohiba, entre otros, gastos cuantiosos para obras inexistentes o nunca acabadas, procedimientos encubiertos o fraudulentos; todo por la absurda falta de fiscalización continua y eficaz.

En este sentido, el punto crucial que proponemos es aplicar parámetros internacionales a los procesos licitatorios, brindádoles a los operadores y estudiosos del derecho alternativas de aplicación normativa supranacional en el orden jurídico interno.

La supranacionalidad es una fuente más de información y datos preventivos y punitorios para impedir subterfugios políticos y desvíos del erario público. Ella permite mejorar el sistema jurídico interno de cada Estado parte sin afectar su soberanía.

Toda esta cuestión nos conduce a un punto de extrema importancia: la transformación de valores. Se requiere tomar conciencia sobre la necesidad de avanzar en la aplicación de los pactos internacionales firmados, lo cual será un camino arduo y de compromiso de todos los entes involucrados. En caso contrario, se irá a contramano de la evolución mundial.

3 PLANTEO DEL PROBLEMA, OBJETIVOS E HIPÓTESIS

La administración pública, a través de sus administradores y funcionarios o empleados públicos, ejecuta las acciones gubernamentales, acompañando y fiscalizando las licitaciones públicas, algunas veces sin conocer cabalmente los detalles de los marcos supranacionales y de los derechos humanos.

En verdad, los actos de la licitación ganarían no sólo en legitimación sino también en eficiencia y transparencia si los aspectos técnicos y legales de los pactos supranacionales fueran cumplidos.

El análisis de la supranacionalidad en relación a los procesos licitatorios ayudará a sostener su honestidad, seriedad, autenticidad y seguridad, mejorando la infraestructura gerencial pública y ofreciendo un mayor cuidado de los gastos públicos en beneficio de la sociedad.

Así, en síntesis, nos planteamos los siguientes interrogantes: 1) ¿De qué forma las herramientas supranacionales contribuyen para la mejora de la licitación pública? 2) ¿Cuáles son las ventajas de aplicar las herramientas democráticas a la adquisición pública? 3) ¿Cuál es la factibilidad de operar la supranacionalidad frente el manejo del sistema, la corrupción y las normas licitatorias? 4) ¿Cómo evaluar el papel que le corresponderá a la supranacionalidad en la administración pública ante el control, planeamiento y fiscalización de las compras públicas y de las actividades de interés público?

La mundialización del flujo capitalista hace imprescindible la incorporación de las normas supranacionales en el ámbito de los procedimientos licitatorios, ya que el avance de la tecnología y la velocidad de la información son factores que estimulan a los Estados a buscar nuevos horizontes.

La licitación pública es la elección de la propuesta más ventajosa en beneficio público frente a la posibilidad de una disputa. Originaria del sistema democrático, se presenta como un verdadero instrumento de seguridad de los intereses colectivos y como contribución para un objetivo común.

El particular tiene total libertad para adquirir, vender o alquilar bienes. Contrariamente, la administración pública está sometida al interés general y obligada a licitar para lograr una contienda justa e igualitaria. Si bien en la administración particular es lícito hacer todo lo que la ley no prohíbe, en la administración pública sólo se permite hacer lo que la ley autoriza en forma reglada o discrecional.

La licitación es obligatoria para todos los entes y entidades de la administración pública centralizada y descentralizada, fondos especiales o cualquier entidad controlada por las personas jurídicas de derecho público. Sólo la ley puede autorizar la posibilidad de dejar de licitar o permitir la substitución por otra modalidad de contratación.

Los objetos de la licitación son las obras, servicios (incluso de publicidad), compras, ventas y locaciones en el ámbito de los poderes de la nación, provincias, distrito federal y municipios. El objeto debe ser caracterizado con precisión bajo pena de nulidad.

Los objetivos de nuestro estudio fueron detectar la viabilidad de encuadrar el actuar burocrático público del proceso licitatorio en un marco supranacional y de acuerdo con el efectivo ejercicio de los derechos humanos. Examinar los aspectos legales implicados en la licitación pública, dentro del orden supranacional, como medio legítimo por el que los ciudadanos y la administración pública puedan prevenir la corrupción y mejorar la gestión pública; y analizar el fundamento y las principales cuestiones emergentes de la temática propuesta según las opiniones de los doctrinarios.

En la doctrina no existe plena concordancia, pero podemos afirmar que los principios generales de la administración pública aceptados mayoritariamente son la legalidad, impersonalidad, moralidad, publicidad y eficiencia. Por otro lado, también se aplican al evento licitatorio principios democráticos y contenidos de la supranacionalidad, sin olvidar la obediencia a los derechos fundamentales para reducir la corrupción y mejorar la transparencia y la flexibilidad en la prestación de servicios.

Así, el deber del Estado es realizar su ejercicio de potestad estatal frente a los fines sociales pretendidos sin olvidar los contenidos supranacionales. En razón de tal fin, corresponde ejecutar procesos técnicos especiales de satisfacción de las necesidades generales de bienestar, siempre en conformidad con el provecho público. En este sentido, la administración pública debe ser neutra y estrictamente técnica con decisiones instrumentales volcadas al interés público.

Pretendemos demostrar que el influjo de la supranacionalidad y de los derechos fundamentales en la licitación pública asegura mayor equilibrio y continuidad de una administración ética y eficaz. Se logra mayor optimización en la licitación, mejora en los servicios prestados y en el combate contra la corrupción.

La actual concepción de la licitación pública se apoya débilmente en principios democráticos y su procedimiento está desvinculado de valores morales. Así, la justificación de este estudio está en la necesidad de que la administración pública, en tanto ejecutora o reguladora de los servicios públicos, incorpore los derechos fundamentales a sus procedimientos, dando lugar a una participación democrática de los ciudadanos y a una adaptación de los hechos públicos a la vida moderna.

Un modelo de gestión que incorpore los principios supranacionales traerá ventajas tanto de orden patrimonial, reduciendo gastos públicos, como funcional, en la medida en que los encargados de llevarla a cabo tengan en cuenta que el derecho administrativo es el derecho del administrado, debiendo atender sus necesidades de forma transparente e igualitaria, según los derechos humanos y adaptados a la realidad fáctica y cultural.

La concepción de la gestión democrática significa otorgar un mayor control de la actividad administrativa, creando un derecho del ciudadano, ajustado al derecho fundamental y afirmado en la realidad del interés público. Los países que la acepten podrán adaptarla libremente a la realidad fáctica de cada cultura.

Tengo la fuerte convicción de que este estudio modificó muchos de mis conceptos y valores frente al derecho administrativo y principalmente adquirí un mayor compromiso en el desempeño de mis funciones profesionales.

Como toda obra humana, esta investigación no tiene la intención de agotar todas las cuestiones abordadas. Por el contrario, pretende ser un disparador sin respuestas definitivas. Aspira a despertar una nueva conciencia en los estudiosos, legisladores, operadores del derecho, gobernantes, funcionarios e interesados en la construcción sólida del proceso de supranacionalidad orientado hacia la licitación pública.

4   LA ESTRUCTURA DE LA TESIS

Este estudio está sostenido por un diseño descriptivo de manejo de la licitación pública ante los derechos fundamentales (Sección I – Parámetros de la licitación), aplicada a las repercusiones de la adopción de la supranacionalidad (Sección II – Supranacionalidad en la licitación pública).

En la primera parte se examina la licitación pública y su importancia *(Capítulo I)*: los aspectos generales, el contexto fáctico, lógico y jurídico, procedimientos de selección, función de los principios en la licitación, las etapas interna y externa con el análisis de los pliegos, ofertas, juzgamiento y adjudicación, su aplicación y excepciones.

En el *Capítulo II* se delinea la licitación comparada y su trascendencia en el régimen del Mercosur, analizando las normas licitatorias de los Estados parte y de algunos modelos de Europa. Para ello se estudiaron la jurisprudencia, la doctrina y las reglas de la licitación pública en esos países.

Se realiza, además, un análisis de la adquisición pública *(Capítulo III)* con relación a la necesidad de un buen planeamiento, adecuación de los productos a la utilidad, la previsión presupuestaria, adquisición ecológica y electrónica, así como la posibilidad y factibilidad de un registro nacional.

Para terminar esta Sección, surge la necesidad de aclarar los límites del poder de decisión y la gestión temeraria ante las prácticas comunes de corrupción en la licitación y contratación pública *(Capítulo IV)*. Se presenta el análisis, detección y algunos formatos de la corrupción, estudiando medidas de identificación y combate para después confrontarlos con la supranacionalidad.

La investigación, en la Sección II, se nutre de las premisas de la supranacionalidad del derecho administrativo *(Capítulo V)*, a través del cual se buscan las metas históricas, el proceso y sus efectos, y los fundamentos para arribar al entendimiento de la tipología constructiva de la supranacionalidad del derecho con sus ventajas y desventajas. Y se concluye con la indicación de la fuerza valorativa de principios comunes a cualquier órgano público.

Se aborda luego la confrontación entre el sistema y las normas licitatorias *(Capítulo VI)* con el análisis del sistema y la realidad, el manejo y la seguridad. Después se centra en los valores de la supranacionalidad en la licitación *(Capítulo VII)* con el aporte teleológico y substancial sostenido en función de los principios, frente a la selección de las propuestas contractuales más favorables a los intereses públicos y a la dignidad humana para mostrar los rasgos salientes de las fuentes y organismos internacionales. Luego se busca su perfeccionamiento y presenta el impacto de la supranacionalidad en el régimen licitatorio *(Capítulo VIII)* con la recepción y transformación en la administración pública, la compatibilidad y algunos ejemplos, ventajas, obstáculos y consecuencias en la licitación, y el control nacional y supranacional en la licitación. En el *Capítulo IX* se exponen las consideraciones finales.

Se ofrecen lecturas complementarias *(Anexo I)* que buscan identificar algunas normativas supranacionales sobre los derechos del hombre con los supuestos de la administración pública.

Esta tesis de la supranacionalidad en la licitación pública es presentada para ser evaluada en su valor científico, tanto por su contenido como por las implicancias en la práctica jurídica.

Sección I

PARÁMETROS DE LA LICITACIÓN

Capítulo 1

LA LICITACIÓN PÚBLICA Y SU IMPORTANCIA

Índice: *1. Aspectos generales. 2. ¿Qué, cuándo y por qué licitar? 3. El contexto fáctico, lógico y jurídico. 4. Procedimientos de selección. 5. Función de los principios en la licitación. 6. Las etapas interna y externa. 6.1. Pliegos de condiciones y formalidades. 6.2. Análisis estructural de los pliegos. 6.3. Las ofertas, juzgamiento y adjudicación. 7. Aplicación y excepciones.*

1 ASPECTOS GENERALES

La licitación pública nos da la idea de una competencia en la cual los oferentes exhiben sus productos y servicios haciendo viable la adquisición por parte de la administración pública en respuesta al interés colectivo. En este contexto, se puede afirmar que la licitación es un procedimiento previo a la propia contratación que tiene como objetivo seleccionar la propuesta más convincente y ventajosa. La palabra convincente deja bien en claro que la oferta aceptada no sólo debe ser la de menor precio, sino la de mejor precio, adecuada en cuanto a calidad y economía. El hecho de ser ventajosa implica una mejoría o beneficio para aquél que compra el producto o servicio en cuestión.

No es casual que la administración pública se obligue a abastecerse de bienes y servicios a través de un modelo legal previamente establecido. Al mismo tiempo, la licitación se fundamenta en la multiplicidad de proveedores, o mejor, en la competencia para permitir una mejor adquisición de lo que es necesario para el funcionamiento de los órganos públicos y la satisfacción del interés público.

Se concluye, por lo tanto, que la licitación es una sucesión ordenada de actos que se inicia con la convocatoria. Esta deberá contener la especificación de las obras y servicios a contratar y será sometida al que corresponde autorizar el gasto. Éste, aprobándola, determinará la apertura del proceso administrativo licitatorio.

La palabra licitación proviene del latín *licitatione* que indica la realización de ofertas de precios en un remate o subasta pública. Se practicaba rudimentariamente en la Antigua Roma por parte del ejército dominador que, después de la conquista de un territorio, introducía la licitación para ordenar la venta de bienes obtenidos del pueblo vencido[1]. Los valores recaudados eran puestos al servicio de futuras campañas militares. Este modelo ya delineaba un formato de venta organizada en un procedimiento anteriormente definido.

Se observa, más adelante, que la palabra licitación se utilizaba en el sentido de subasta[2]. En este sentido, eran realizadas las ventas de esclavos que eran expuestos en un lugar abierto y sometidos a transacción por ofertas. La mejor propuesta permitía adquirirlo en propiedad y, consecuentemente, el pleno dominio por parte de su señor. Los esclavos eran definidos como mercadería, objeto o res[3]. Los precios variaban según la calidad del producto: habilidades, sexo y condiciones físicas. Nótese que el esclavo, visto como una cosa, era valorado conforme los atributos expuestos en el acto de las ofertas y de su efectiva compra. Es un registro deplorable del pasado la exigencia del cumplimiento de reglas para la adquisición de esclavos. Es llamativo que esa fuerte influencia del derecho romano haya conducido a los países latinos a la adopción de la expresión licitación con la idea de competencia orientada a la mejor adquisición de bienes o servicios, o venta de bienes anteriormente pertenecientes al Estado.

Desde los primeros registros históricos conocidos se observan variaciones. En el Código de Hammurabi[4] de la antigua Mesopotamia y también entre los chinos, tal conducta permitía la venta pública de bienes fiscales, propiciando luego las adquisiciones de obras públicas a través de medios de competencia. Después de la Revolución Francesa se permitió la disputa entre todos los licitantes en igualdad de condiciones. Por su

---

[1] Ampliar sobre el despojo de los grandes contratos. V. BATISTA, Henrique Gomes; PRESTES, Cristine, *Guia valor econômico das licitações*, San Pablo, Globo, 2007, pp. 132-133.
[2] V. los antecedentes históricos del derecho romano. LASO, Enrique Sayagués, *La licitación pública*, Montevideo, B de F, 2005, pp. 7-8.
[3] Sobre la esclavitud en Roma. V. CRETELLA JÚNIOR, José, *Curso de direito romano*. 6ª. ed., Río de Janeiro, Forense, 1978, pp. 94-96.
[4] Se estima su elaboración en 1700 a. C. por el Rey Hammurabi. BARBEIRO, Herótido, *História geral*, San Pablo, Moderna, 1976, pp. 36-37.

parte, la historia italiana presenta prácticas llamativas: en la licitación se utilizaban velas que establecían los espacios de tiempo para formular las ofertas de precios. La vela[5] se presentaba encendida, y antes de que se apagara debía ser realizada la mejor oferta, la cual era adjudicada.

Vista esta perspectiva histórica, será de fácil comprensión la distinción entre adquisición pública y privada. El particular, cuando desea adquirir un bien o servicio, lo hace en forma libre, sin estar sujeto a autorizaciones especiales o restricciones. Con ese objetivo, realiza un estudio de precios del producto deseado, el cual será adquirido en una compra libre, sin mayores formalidades. Se dirige a los comercios o a los proveedores realizando una breve comparación para elegir lo que le conviene, verificando algunos ítems como calidad, precio y condiciones de pago.

El particular, después de elegir el objeto o servicio deseado, se dirige a la caja y realiza el pago según las diversas formas disponibles en el mercado: dinero en efectivo, cheque o tarjeta de crédito. Bajo su propia responsabilidad y riesgo elige qué comprar, según su situación financiera, concretando la transacción comercial. Un buen comprador que administra sus propios bienes verifica minuciosamente el producto antes de adquirirlo: analiza, por ejemplo, durabilidad, procedencia, garantías, vinculando precio y calidad.

Por su parte, la administración púbica se esmera en limitar ese poder de elección para garantizar el mejor precio. Las adquisiciones se rigen por normas legales y están contenidas dentro de límites impuestos para lograr la satisfacción del interés colectivo. Así, la adquisición pública, que se destaca por sus distintos procedimientos y formas de pago, requiere rigurosidad en el cumplimiento de las normas del Estado y en el uso de los presupuestos públicos.

De este modo, la diferencia es notoria entre la adquisición particular y la adquisición pública, habiendo libertad en la primera y restricción taxativa en la segunda. En el primer caso se trata de partidas y presupuestos privados y en el segundo de partidas de la sociedad. Es por esto que la licitación pública sigue un rigor normativo en todas sus etapas hasta la contratación del vencedor de la disputa.

2 ¿QUÉ, CUÁNDO Y POR QUÉ LICITAR?

La adquisición pública comprende todo bien o servicio orientado a la satisfacción del interés colectivo. Para responder a sus necesidades, la

---

[5] V. MEIRELES, Hely Lopes, *Licitação e contrato administrativo*, 15ª. ed., Malheiros, San Pablo, 2010, p. 54.

administración pública puede adquirir bienes muebles, inmuebles, móviles o servicios para ser efectivamente utilizados en favor de la sociedad.

¿Cuándo licitar? En primer lugar, es crucial determinar lo que es esencial para la consecución de los objetivos de la administración pública y la satisfacción colectiva. Se debe establecer claramente lo que realmente se necesita y no licitar sin realizar un estudio criterioso de los requerimientos de la sociedad. Es preciso verificar la real necesidad del objeto contractual, teniendo en consideración el sector de la sociedad que será beneficiado. Otra cuestión importante que debe ser tenida en cuenta en el momento de la adquisición es la distinción necesidad *versus* almacenamiento. Se evitará el deterioro del producto adquirido, o que tenga que ser descartado por mala conservación o por falta de uso, o por no haber realizado los controles correspondientes.

El almacenamiento es fundamental para la conservación de productos que requieran especial cuidado. Así, un área adecuada para el resguardo de éstos es de suma importancia para evitar el derroche del dinero público.

Para conocer verdaderamente las necesidades públicas se debe consultar el mayor número de interesados posibles y no simplemente repetir el procedimiento licitatorio anterior. Consecuentemente, la licitación como un modo de adquisición de productos y servicios tiene como elemento central la disputa de ofertas para la elección del contratista.

¿Por qué licitar? La finalidad de la licitación es apoyarse en una idea de respeto y dignidad en el uso de las partidas públicas, que están bajo el gobierno de un representante de la colectividad llamado autoridad pública.

Siendo así, su objetivo es obtener la mejor oferta, aquélla más ventajosa para la administración pública. La propuesta que signifique una adquisición económica, eficaz y eficiente. En este sentido, la oferta debe implicar beneficios y ventajas para la colectividad. El hecho de ser ventajosa implica un aspecto lucrativo, utilidad y provecho en línea con el principio de finalidad.

Teniendo en cuenta estas premisas, se debe lograr una disputa igualitaria, saludable y ética, sin interferencias ni favoritismos. Una disputa justa marcada por la competición o rivalidad. Igualitaria, por considerar iguales a todos los oferentes, sin ningún tipo de preferencia. Saludable y provechosa, sin perjuicio para el erario público. Y, por fin, ética, basada en patrones de conducta íntegra.

3 EL CONTEXTO FÁCTICO, LÓGICO Y JURÍDICO

En este punto se contextualizan los parámetros de la licitación y se identifican algunas proposiciones necesarias para su realización[6]. Se utiliza la idea de contexto fáctico en el sentido de existencia de interesados en la disputa, ya que si no existieran ofertas o proveedores, la administración pública no tendría posibilidad de adquirir, medir o comparar el bien o servicio deseado.

Por otro lado tenemos el contexto lógico. De hecho, la licitación presupone multiplicidad o diversidad de ofertas, siendo necesario que haya un mínimo de participantes para que efectivamente se dé la competencia, se puedan confrontar las ofertas y obtener el precio más económico. Obviamente, algunos productos presentan determinadas particularidades que imposibilitan la comparación, haciendo necesario un formato diferente para la adquisición.

Finalmente identificamos el contexto jurídico, en el que la administración pública está contenida dentro de los límites normativos determinantes de cada especie licitatoria previamente definida. Por eso, la autoridad pública solamente hará efectiva la adquisición en beneficio de los intereses colectivos, dentro de los supuestos autorizados por ley. La regla es licitar, o sea, toda adquisición o venta sólo podrá ser efectuada a través de la utilización de la licitación, con las excepciones estipuladas por las normas.

Se observa, por lo tanto, el cotejo de esos presupuestos para que sea posible la adquisición pública dentro de los parámetros exigidos frente a las amplias formas de selección admitidas en el derecho.

4 PROCEDIMIENTOS DE SELECCIÓN

Son varias las formas de selección admitidas para la administración pública para la elección del futuro contratista. Existen modos de elección[7] distintos en virtud del contenido y el monto estimado de las propuestas a ser adquiridas.

---

[6] Ampliar el tema en BANDEIRA DE MELO, Celso Antônio, *Curso de direito administrativo,* 28ª. ed., San Pablo, Malheiros, 2011, pp. 390-398. MIRANDA, Henrique Savonitti, *Licitações e contratos administrativos*, 3ª. ed. Brasilia, Senado Federal, 2005, pp. 58-59.

[7] Ampliar, entre otros, en FIORINI, Bartolomé A., MATA, Ismael, *Licitación pública*, Buenos Aires, AbeledoPerrot, 1972, pp. 53-69. REJTMAN FARAH, Mario, *Régimen de contrataciones de la administración nacional*, Buenos Aires, AbeledoPerrot, 2010, pp. 23-35. CASSAGNE, Juan Carlos, *El contrato administrativo*, 3ª. ed., Buenos Aires, AbeledoPerrot, 2009. GORDILLO, Agustín, *Tratado de derecho administrativo,*

La licitación pública prescinde de argumentos legales en un procedimiento competitivo previo a la elección del contratista con convocatoria ilimitada de oferentes. Por su parte, la licitación privada[8] antecede al formato en que personas o empresas invitadas presentan modelos razonables y económicos al régimen de simple contratación de pequeño monto[9].

Dentro de ese sistema de restricciones con vistas a elegir el mejor contratista podemos mencionar algunas formas como el remate público[10]. Éste se presenta como una modalidad de licitación con precio mínimo para ventas de bienes muebles inservibles o semovientes de la administración, así como bienes confiscados, como por ejemplo, objetos ilícitos aprehendidos y aún la compra en subasta pública dentro de los límites autorizados al funcionario público competente.

El concurso es el procedimiento abierto a cualquier interesado para la elección de un trabajo calificado según su complejidad técnica, científica o artística, mediante premio o remuneración para los vencedores. El concurso se termina con la clasificación del trabajo[11] según mérito y experiencia del oferente, pero no da derecho a contratar, se trata sólo de una expectativa de contratación. Algunos ejemplos de concurso son: artistas plásticos, autores de obras o monografías, proyectos arquitectónicos para edificios públicos y otros.

Por su parte, la contratación directa significa la excepción a la regla licitatoria. Ante la ausencia de multiplicidad de ofertas o la singularidad de los bienes o servicios, está permitida la adquisición de manera directa, sin disputa. Es preciso atender a las hipótesis[12] de dispensabilidad de licitación en las que se especifican las formas que excluyen la regla – en listado taxativo (con regulación positiva) – para identificar valores y contenidos de objetos eventuales que la administración pública necesita adquirir.

9ª. ed., t. II, La defensa del usuario y del administrado, Buenos Aires, Fundación de Derecho Administrativo, 2009, XII-5-9. TAWIL, Guido Santiago, *Estudio de derecho administrativo*, Buenos Aires, AbeledoPerrot, 2012, pp. 528-529.

[8] En Brasil no existe la expresión "licitación privada" y el concurso es una modalidad para la selección de la mejor monografía.

[9] Expresión utilizada en la mayoría de los países de América Latina, pero en Brasil se realiza por la modalidad de invitación ("convite").

[10] Argentina. Decreto-ley N° 23.254/1956. V. art. 56, inc. 2 y 3. En Brasil se denomina "leilão".

[11] Argentina. Ley N° 22.460/1981. V. art. 10-12.

[12] Argentina. Decreto-ley N° 23.254/1956 y otros. V. art. 26, inc. 3. y sus hipótesis taxativas en los incisos b, c, f, g, h, i, j, k, l y m. Ley N° 13.064 –Régimen de obras públicas, incisos a, b, c, d, e, f y g. En Brasil la lista también es taxativa y está contenida en el art.24, I-XXXIII de la Ley N° 8.666/1993 y de la Ley N° 13.019/2014.

La contratación directa[13] es utilizada cuando la propia licitación perjudicaría a la administración pública, como por ejemplo: en las situaciones de urgencia o emergencia, guerra o grave perturbación del orden, compras exclusivas o de carácter secreto, licitación desierta o fracasada, etc. Para sintetizar, por excepción, se realiza la adquisición directa de un contratista para proveer el objeto o servicio concreto en forma inmediata, buscando siempre el interés público, situación en la cual la existencia efectiva de un procedimiento regular podría hacer inviable la ventaja obtenida de esa contratación.

Es claro que en la adquisición de bienes o productos de pequeño valor no sería necesario el rigor procedimental. En ese caso se establece un monto para dispensar o hacer inexigible la licitación. Vale resaltar que las hipótesis de excepciones no significan informalidad. Las hipótesis que excluyen la regla, sea por dispensa o inexigibilidad, permiten un procedimiento simplificado, llamado contratación directa. Este formato recurrirá a la utilización formal de medios aptos para la adquisición eventual (no rutinaria), separado de la compra regular y programada de productos.

Corresponde destacar que en estas hipótesis de elección directa del contratista sin competencia, es necesario prestar atención a la discrecionalidad del administrador público, que verificará la oportunidad y conveniencia de utilizarla o dará lugar al certamen adecuado para permitir una efectiva disputa. Se logra con esta razonable discrecionalidad la oferta más ventajosa en situaciones eventuales, es decir, no comunes ni habituales. Esto no significa liviandad o arbitrariedad en la medida en que sea utilizado según lo estipulado.

En estos procedimientos de selección se aplican los principios administrativos como base y fundamento jurídicos de la licitación. Es lo que analizaremos a continuación en el estudio de la función de los principios en la licitación.

5 FUNCIÓN DE LOS PRINCIPIOS EN LA LICITACIÓN

Los principios permiten interpretar el derecho conforme la evolución de los tiempos, ya que al ser normas abstractas generales no

---

[13] Ampliar en GORDILLO, Agustín, *Op. cit.*, t. II, pp. XII-49-53. COMADIRA, Julio Rodolfo, *La licitación pública*, Buenos Aires, Depalma, 2000, pp. 88-91. REJTMAN FARAH, Mario, *Régimen de contrataciones de la administración nacional*, Buenos Aires, AbeledoPerrot, 2010, pp. 34-37. FARRANDO, Ismael, *Contratos administrativos*, Buenos Aires, AbeledoPerrot, 2002, pp. 51-52. BALBÍN, Carlos F., *Manual de derecho administrativo*, Buenos Aires, La Ley, 2011, pp. 389-390.

puntualizan en casos específicos, como ocurre con las reglas. Éstas tienen un contenido coercitivo, directivo, y se aplican a un determinado número de actos y hechos. Los principios[14], por su parte, tienen un mayor alcance y permiten una infinidad[15] de aplicaciones.

Las directrices y preceptos consagrados en la Constitución se deben seguir, no por su literalidad, sino por su carácter teleológico o axiológico. De igual modo, la norma constitucional es la encargada de mostrar la línea substancial prioritaria de incriminación o no de conducta.

Las reglas son hipótesis idealizadas. Debe haber una subsunción para que tengan validez o no. En otras palabras, ninguna regla debe predominar sobre otra en su aplicación ya que, de acuerdo al caso, una será válida – por ser más específica – y la otra no, pero nunca se superpondrán.

Cuando se transgrede una regla – como, por ejemplo, en el caso de sobrefacturación en una compra para un organismo gubernamental – se debe estimar la (in)validez del hecho: se lo considera un delito y se aplica la pena correspondiente, o bien no hay sanción alguna, o no hay subsunción, según se interpreta dentro del principio de proporcionalidad.

Toda regla cobra valor cuando se la circunscribe al hecho normado en el ordenamiento jurídico. Llegado el caso, si existe una discrepancia entre las reglas, se resolverá con la aplicación de una u otra. Si, en cambio, ocurre un conflicto de principios[16], al no haber jerarquías, se ponderarán[17] los valores hasta alcanzar una armonía. Además, para

---

[14] Ampliar en GORDILLO, Agustín, *Introducción al derecho*, Buenos Aires, La Ley, 2007, pp. 9-10.

[15] DIEZ señala las aplicaciones de los principios generales del derecho como fuente del derecho administrativo. V. DIEZ, Manuel María, *Manual de derecho administrativo*, t. 1., Buenos Aires, Plus Ultra, 1971, pp. 530-536. Ampliar en FARRANDO, Ismael, *Contratos administrativos*, Buenos Aires, AbeledoPerrot, 2002, pp. 90-98. COMADIRA, Julio R. *Derecho administrativo*, 2ª. ed. Buenos Aires, AbeledoPerrot, 2003, pp. 278-298.

[16] Según Daniel Sarmento al aplicar dos principios determinados en una situación específica, se debe buscar su armonización. Por el contrario, en el caso de las reglas jurídicas, una prevalecerá sobre otra, encontrándose la solución según la jerarquía existente entre ellas, la cronología y la especialización. SARMENTO, Daniel, *A Ponderação de interesses na constituição*, Río de Janeiro, Lúmen Júris, 2002, p. 45. Sobre el tema, ver también MOREIRA NETO, Diogo de Figueiredo, *Curso de direito administrativo*, 13ª. ed., Río de Janeiro, Forense, 2003, p. 77.

[17] En el mismo sentido que Sarmento, destaca en sus lecciones José Joaquim Gomes Canotilho que en caso de conflicto entre principios, éstos se armonizarán. En cambio, las reglas incluyen "disposiciones normativas definitivas" que no pueden ser aplicadas conjuntamente por ser contradictorias. CANOTILHO, José Joaquim Gomes, *Direito constitucional*, Coimbra, Almedina, 1995, p. 168.

lograr una sanción legítima de las reglas, es importante tener en cuenta el criterio de especialización.

Es obligación del funcionario no atenerse sólo a la regla, sino también ponderar el principio implícito en la misma en el momento de aplicar la norma. Como podemos observar, el principio de proporcionalidad se encuentra implícitamente inserto en la licitación. Es función del operador del derecho verificar la circunstancia de la sobrefacturación para poder interpretarla subjetivamente. El principio de proporcionalidad[18] es imprescindible en la prestación jurisdiccional.

Para la doctrina habrá proporcionalidad[19] si al sopesar los bienes jurídicos en cuestión, se adopta una medida justa, equilibrada, que sea el resultado del análisis de la gravedad del hecho y de su repercusión en la sociedad, toda vez que la ley regula las relaciones mutuas entre los ciudadanos y la administración pública. Siendo esto así, sería impensable que ésta adquiriera bienes y se los entregara a la comunidad a precios exhorbitantes, aunque ello estuviera previsto en la norma.

De este modo, a pesar de ser subjetivo, el principio de proporcionalidad es muy importante para los jueces porque posibilita una valoración crítica de la situación concreta. Tal principio es un instrumento excepcional para la protección de los valores constitucionales, ya que hace que los funcionarios – sean magistrados o gestores públicos – no sólo actúen con parsimonia y equilibrio, sino que también observen los dictámenes de la razón y la justicia[20]. Daniel Sarmento[21] sostiene que el principio de proporcionalidad reprime el arbitrio y modera el ejercicio del poder, en pos de la protección de los derechos del ciudadano.

Los principios funcionan como orientaciones esenciales y paradigmas de contenido valorativo y genérico. En este sentido, frente a

---

[18] En cuanto a los efectos de los principios y valores constitucionales (tales como proporcionalidad, razonabilidad y buena fe) violados por normas inferiores. Véase, por ejemplo, Agustín Gordillo que sostiene la superioridad jerárquica de los primeros en relación a las segundas y a todo el sistema jurídico. V. GORDILLO, Agustín, *La administración paralela: el parasistema jurídico-administrativo,* Madrid, Cuadernos Civitas, 1982, p. 23.

[19] Paulo Bonavides, al referirse a la proporcionalidad manifiesta que aunque no haya sido establecida como norma jurídica, debe considerarse como derecho positivo en nuestro ordenamiento jurídico, basándose en la cohesión de la Constitución, el Estado de Derecho y las características del régimen. BONAVIDES, Paulo, *Curso de direito constitucional,* 11ª. ed., San Pablo, Malheiros, 2001, p. 396.

[20] V. enfoques y reflexiones de la justicia del profesor Sebastian Sancari, "Reflexiones sobre el rol institucional de la Corte Suprema y su relación con el poder político" en BERCHOLC, Jorge O, *El sistema político e institucional en la Argentina,* Buenos Aires, Lajouane, 2006, p. 537-539.

[21] SARMENTO, Daniel. *Op. cit.,* p. 77.

un conflicto de reglas, el mismo debe ser resuelto a través de la especialidad y de la subsunción a los principios, dotados éstos de cargas distintas, siendo necesario analizar los enfrentamientos[22] debido al equilibrio de los pesos.

Los principios aplicables a la licitación funcionan como normas conclusivas, dependiendo del objetivo a ser alcanzado. De aquí surge la idea de correlación entre medios y fines. Si la licitación se propone elegir la mejor propuesta para el contrato público, su proyecto será competir en igualdad de oportunidades.

En efecto, esta sucesión de actos ordenados vincula administración y licitantes y el hecho de desobedecer daría lugar a la anulación. Es importante destacar la necesidad de obedecer las reglas licitatorias y los principios correspondientes. Siguiendo esta línea, vale resaltar algunos principios[23] que sustentan la temática licitatoria[24], que representan verdaderos axiomas y son considerados postulados fundamentales en relación a la práctica y protección de derechos.

---

[22] Es lo que confirma Alexy cuando se refiere a las colisiones entre principios y conflictos entre reglas: cuando se produce la confrontación de dos principios en un caso dado, no está en juego la validez como ocurre en el enfrentamiento entre dos reglas. Dado que únicamente pueden chocar principios válidos, estamos en presencia de una "dimensión del peso" que puede ser solucionada a través de una "ponderación de intereses". ALEXY, Robert, *Teoria dos direitos fundamentais,* San Pablo, Malheiros, 2008, p. 94.

[23] Ver el amplio desarrollo de los principios de licitación: publicidad, transparencia, competencia e informalismo, hecho por GORDILLO, Agustín, *Tratado de derecho administrativo*, t. 2, 9ª. ed., Argentina, Fundación de Derecho Administrativo, 2009, p. XII-92.

[24] No existe uniformidad entre los estudiosos del tema en relación a los principios de la licitación, ni en cuanto a los dispositivos legales. V. Brasil. Ley N° 8.666/1993. V. art. 3°. "La licitación se destina a garantizar la observancia del principio constitucional de igualdad y a seleccionar la propuesta más ventajosa para la Administración y será procesada y juzgada en estricta conformidad con los principios básicos de legalidad, impersonalidad, moralidad, igualdad, publicidad, probidad administrativa, vinculación al instrumento convocatorio, juzgamiento objetivo y de los que le son correlativos". (Traducción propia). Ampliar en CARVALHO FILHO, José dos Santos, *Manual de direito administrativo*, 22ª. ed., Río de Janeiro, Lúmen juris, 2009, pp. 232-238. DI PIETRO, Maria Sylvia Zanella, *Direito administrativo,* 24ª. ed., San Pablo, Atlas, 2011, pp. 353-362. JUSTEN FILHO, Marçal, *Curso de direito administrativo,* San Pablo, Saraiva, 2005, pp. 312-314. MEIRELLES, Hely Lopes, *Direito administrativo brasileiro*, 33ª ed., San Pablo, Malheiros, 2007, pp. 273-277. MEIRELLES, Hely Lopes, *Licitação e contrato administrativo,* 15ª. ed, San Pablo, Malheiros, 2010, pp. 31-56. BANDEIRA DE MELLO, Celso Antônio, *Curso de direito administrativo,* 28ª. ed., San Pablo, Malheiros, 2011, pp. 528-619. ZIMMER JÚNIOR, Aloísio, *Curso de direito administrativo,* 3ª. ed., San Pablo, Método, 2009, pp. 527-538. GASPARINI, Diogenes, *Direito administrativo*, 16ª. ed., San Pablo, Saraiva, 2011, pp. 413-429.

El principio de legalidad asegura por ley el derecho de participación de todos dentro de los parámetros y prescripciones legales, garantizando de esta manera que cualquiera pueda acompañar su desarrollo. El principio de igualdad[25], también llamado paridad, se refiere a la prohibición de tratamiento diferente a los involucrados en la licitación. Bajo tutela constitucional busca impedir las cláusulas discriminatorias como forma de garantizar la igualdad de condiciones y promover así la libre competencia entre los licitantes.

El principio de impersonalidad, resultante de la igualdad, alcanza un tratamiento ecuánime, sin privilegios improcedentes. Además, la impersonalidad[26] impide el favoritismo o la discriminación en el *iter* licitatorio, exigiendo un tratamiento neutro e igualitario, atento a las condiciones personales y a las ventajas ofrecidas por cada licitante para obtener la mejor propuesta.

Cuando se habla del principio de moralidad se lo relaciona con los valores éticos que deben impregnar la conducción de los agentes públicos frente a los actos licitatorios, y engloba honestidad y buenas costumbres, un conjunto de facultades morales que van a velar por la probidad administrativa[27]. Las actitudes inmorales en el ámbito licitatorio deben ser rechazadas, tales como por ejemplo las siguientes prácticas corruptas: sobrefacturación de bienes o servicios licitados, definición discriminatoria de los mismos, montaje del procedimiento licitatorio posterior a la adjudicación, acuerdo entre licitantes, pseudo publicidad del acto licitatorio; exceptuar la licitación cuando ésta corresponde realizarse, favorecer a determinados concursantes, presupuestar y/o realizar estudios de precios erróneos, violar el secreto de las propuestas, apartarse del reglamento específico, realizar un falso juzgamiento, fraccionar los

---

[25] También denominado "correcto tratamiento". FIORINI, Bartolomé, MATA, Ismael, *Licitación pública, selección del contratista estatal*, Buenos Aires, Abeledo Perrot, 1972, p. 45. Ampliar en LASO, Enrique Sayagués, *La licitación pública*, Montevideo, B de f, 2005, pp.52-53.

[26] De esta manera, según DI PIETRO el principio de la impersonalidad exige tratamiento sin prohibiciones ni preferencias de ningún tipo. DI PIETRO, María Sylvia Zanella, *Direito administrativo*, 24ª. ed., San Pablo, Atlas, 2010, pp. 67 y 358.

[27] Según muestra Marçal JUSTEN FILHO, en ningún caso el comportamiento de la administración o los particulares podrá atentar contra los valores centrales del ordenamiento jurídico. JUSTEN FILHO, Marcal, *Curso de direito adminstrativo*, San Pablo, Saraiva, 2005, p. 39. Ampliar en SOBRINHO, Manoel de Oliveira Franco, *O principio constitucional da moralidade administrativa*, Curitiba, Genesis, 1993. GIACOMUZZI, José Guilherme, *A moralidade administrativa e a boa-fé da administração pública*, San Pablo, Malheiros, 2002. DIAS, Jefferson Aparecido, *Princípio da eficiência e moralidade administrativa*, 2ª. ed, Curitiba, Juruá, 2008.

valores para cambiar la modalidad licitatoria, simular situaciones excepcionales a fin de excluir la licitación, entre muchas otras que desarrollaremos en el capítulo pertinente.

Con el principio de publicidad se busca la amplia divulgación del evento, garantizando información a los interesados en el certamen, así como la idea de control y acompañamiento de los actos que representen gastos públicos. No está relacionado con la transparencia de las acciones administrativas sino con el control y la obligación de rendir cuentas a la sociedad[28].

En realidad, la transparencia incluye una participación mucho mayor de ciudadanos que permita el análisis y la evaluación por parte de la colectividad para evitar[29] procedimientos licitatorios erróneos o fraudulentos.

En este sentido, los compromisos internacionales para fortalecer la transparencia y luchar contra la corrupción fueron admitidos con la adhesión a la Convención Interamericana contra la Corrupción (CICC-1996) y a la Convención de las Naciones Unidas contra la Corrupción (CNUCC-2003), donde se establecieron los principios que rigen las contrataciones públicas transparentes. Por la CICC[30]: publicidad, equidad y eficiencia[31]; y por la CNUCC[32]: publicidad y difusión (transparencia), formulación previa de las condiciones de participación (competencia) y criterios objetivos de adopción de decisiones.

El principio de la competencia[33], también llamado de la competitividad[34] es aquél que señala que la administración pública no

---

[28] En este sentido, GORDILLO advierte: "[...] la publicidad es limitada y exclusiva del sector, no para toda la colectividad." GORDILLO, Agustín, *Tratado de derecho administrativo*, t. II, 9ª. ed., Argentina, Fundación de Derecho Administrativo, 2009, pp. XII-7-12.

[29] V. la exigencia supranacional de la transparencia en la Convención Interamericana contra la Corrupción. CCIC. art. 5º, inc. III.

[30] Convención Interamericana contra la Corrupción – CICC. V. art. 3, inc. 5.

[31] La equidad ("*Aequitas*") establece un conjunto de principios inmutables para la igualdad y la moderación. CRETELLA JÚNIOR, José, *Curso de direito romano*, Río de janeiro, Forense, 1978, p. 51. Y, aún, "[...] la publicidad, la equidad y la eficiência son palabras de connotacion jurídica y son princípios jurídicos indubitables cuyo incumplimiento comporta violación del orden jurídico interno y supranacional." GORDILLO, Agustín, *Convención interamericana contra la corrupción*, V. artículo en el sitio: www.gordillo.com.br Fecha de captura: 12.07.2012.

[32] Convención de las Naciones Unidas contra la Corrupción – CNUCC. V. art. 9.

[33] Ampliar en FIORINI y MATA. *Op. cit.*, pp. 43-44.

[34] En Brasil se adopta la denominación de principio de la competitividad. V. CARVALHO FILHO, José dos Santos, *Manual de direito administrativo*, 22ª. ed.,

puede adoptar medidas o crear reglas que restrinjan o eviten el carácter libre e igualitario entre los licitantes. Es un criterio que permite comparar los precios de mercado en busca del mayor número de interesados posible, evitando sobrecargar el erario público.

También se defiende el principio de procedimiento formal, según el cual el evento licitatorio debe ser cumplido dentro de la esencia de la formalidad de los actos, para que sea válido y contra terceros, bajo pena de nulidad. Se trata de un conjunto seriado de actos, un rito preestablecido para la contratación de bienes y servicios públicos.

De ahí también la importancia del principio de informalismo, según el cual la administración se debe dedicar a la adquisición de la propuesta más ventajosa para el Estado dentro de los límites legales, pero sin exigencias incoherentes o excesos de la burocracia administrativa, buscando interpretaciones[35] donde resalte la competencia y la igualdad. En este sentido, la administración pública está buscando cada vez más medios electrónicos para lograr una amplia divulgación y un mayor acceso de oferentes, optimizando el control de las licitaciones.

La competencia es uno de los instintos más antiguos del hombre, pero lo que se busca aquí no es una simple rivalidad entre pares, sino una competición saludable en la cual los licitantes disputan entre sí teniendo como objetivo la contratación pública. Por eso es necesaria la multiplicidad de oferentes con reglas previamente establecidas para que haya una disputa igualitaria y lograr el mejor precio.

Sobre el principio de vinculación al acto de convocatoria se puede decir que cumple con los requisitos de la licitación a través del pliego de bases y condiciones, estableciendo diferencias de procedimiento, definiendo el objeto a ser licitado, las condiciones de participación y los criterios de juzgamiento del futuro contrato administrativo.

Otro principio importante es el de juzgamiento objetivo, que fija criterios[36] ya establecidos y válidos para todos, con el fin de evitar la

---

Río de Janeiro, Lumen Juris, 2009, p. 236. En Brasil la propia ley de licitación presenta un tipo penal específico. V. Ley N° 8.666/1993: "Art. 90. Hacer fracasar, falsificar, adulterar, mediante acuerdo o cualquier otro medio, el carácter competitivo del procedimiento licitatorio, con el objetivo de obtener, para sí o para otro, ventaja originada de la adjudicación del objeto de la licitación: Pena – detención, de 2 (dos) a 4 (cuatro) años y multa." (Traducción propia).

[35] DALLARI manifiesta su preocupación con la interpretación en los procedimientos licitatorios. V. DALLARI, Adilson Abreu, *Aspectos jurídicos da licitação*, 7ª. ed., San Pablo, Saraiva, 2007, p. 35.

[36] Brasil. Ley N° 8.666/1993. V. art. 44. "En el juzgamiento de las propuestas, la Comisión tendrá en cuenta los criterios objetivos definidos en el edital o invitación,

arbitrariedad e impedir los caprichos del funcionario público. La subjetividad no es bienvenida en la licitación, en el sentido de presencia de sentimientos o emociones que impidan la elección justa e igualitaria del contratista.

Otro importante principio es el secreto de las propuestas. Se refiere a mantener la reserva en cuanto a la oferta de cada licitante hasta la divulgación del resultado en sesión pública. Esto está orientado a salvaguardar la integridad del evento licitatorio, inhibiendo facilidades y arreglos entre oferentes, mostrando honradez y transparencia.

El principio de adjudicación es un acto formal mediante el cual se identifica al victorioso de la licitación, posterior a la fase de clasificación de las propuestas. La adjudicación[37] es un acto proveniente de la autoridad que no debe confundirse con la contratación. Indica quién es el licitante vencedor sin establecer el derecho adquirido a ser contratado, en vista a que prevalece el interés público[38], debidamente motivado.

El principio de razonabilidad impone un carácter de prudencia y sentido común en la elección de un bien o servicio a ser adquirido, en tanto el principio de la proporcionalidad[39] impide la aplicación de un *quantun* excesivo desde un punto de vista racional y coherente frente a los fines públicos en el uso del erario. Esto habla de una aplicación ponderada entre los medios y los fines como limitación del poder licitador al considerar el respeto y la protección de los valores colectivos. Así, se debe rechazar toda propuesta dañosa para el erario público por desobedecer el principio de proporcionalidad.

Por otra parte, el principio de motivación implica el deber de justificar los actos licitatorios indicando su necesidad y los fundamentos legales. De este modo, cualquier acto del certamen debe estar fundamentado bajo pena de ser anulado. No es suficiente con la simple formalidad del acto. Es necesario que éste se ampare en intereses públicos reales y no en argumentos ficticios o falsos.

---

los que no deben contrariar las normas y principios establecidos por esta Ley. § 1º Está prohibida la utilización de cualquier elemento, criterio o factor secreto, subjetivo o reservado que pueda, aunque sea de manera indirecta, eludir el principio de igualdad entre los licitantes." (Traducción propia).

[37] Según Meirelles, terminada la licitación, el ganador adquiere el derecho "subjetivo" a la adjudicación. MEIRELLES, Hely Lopes, *Licitação e contratos administrativos*, 15ª. ed., San Pablo, Malheiros, 2010, p. 54.

[38] Marçal Justen Filho señala que el único valor supremo es la dignidad del hombre. Por su parte, la noción de interés público no tiene un contenido específico y determinado, sino que es un receptáculo para la satisfacción de los intereses fijados por los gobernantes. JUSTEN FILHO, Marçal, *Op. cit.*, 2009, p. 60.

[39] Ampliar en BRAGA, Valeschka e Silva, *Principios da proporcionalidade e da razonabilidade*, Curitiba, Juruá, 2004.

De esta manera, es posible afirmar que los principios jurídicos aplicables a la licitación funcionan como directrices de orden genérico señalando su fuerza normativa, orientando y vinculando toda la marcha licitatoria para impedir una gestión temeraria de prácticas corruptas.

6 LAS ETAPAS INTERNA Y EXTERNA

La licitación, como desarrollo procedimental, es una secuencia de actos a ser cumplida en busca de un resultado final que sería obtener la mejor adquisición para la administración pública. Esa sucesión de pasos se desenvuelve en etapas internas y externas. La etapa interna es llevada a cabo en el propio órgano público y se basa en el planeamiento previo para establecer la apertura del debido proceso, definiendo el objeto de la licitación en base a un estudio de precios de mercado, reservando los recursos necesarios para el gasto y, finalmente, elaborando el pliego de bases y condiciones, observando los criterios de juzgamiento con énfasis en la calidad y el precio.

Ese planeamiento debe ser coherente, consistente y eficiente, de acuerdo con las necesidades reales de la administración, con la finalidad de mejorar los servicios públicos puestos a disposición de la sociedad. En efecto, planear significa llevar a cabo un trabajo de preparación siguiendo métodos determinados y criterios prudentes, lo cual permitirá el uso más adecuado de los recursos públicos. Es en la preparación coordinada de las futuras acciones que se observa la elaboración de todos los pasos que serán desarrollados en el proceso licitatorio. Es una fase de vital importancia, ya que una licitación mal programada conducirá a la ineficiencia de la adquisición deseada.

En el planeamiento de la etapa interna, el administrador debe priorizar un proyecto seguro, dentro del marco normativo y de principios correspondiente. El administrador, al establecer previamente los pasos a seguir proyecta lo que se desea comprar, sin artificios ni distorsión de la verdad.

Seguidamente, sobreviene la etapa externa destacada por la publicación del instrumento de convocatoria, llamado pliego de condiciones, el cual establecerá reglas claras y objetivas para los oferentes que darán justicia y ecuanimidad al certamen. El pliego de la licitación es un conjunto de disposiciones reglamentarias destinadas a dar un formato al futuro contrato administrativo a ser concretado con el vencedor de la disputa. De este modo, una cuestión central es justamente su adecuada preparación, con criterios que deben ser objetivos, claros y específicos, sin impedimentos o arbitrariedades que puedan perjudicar a eventuales concursantes. En esa línea, se debe encontrar el medio descriptivo más eficiente para dejar en claro el contenido de la norma a ser cumplida por los participantes, sin ningún tipo de disposiciones subjetivas.

Esa base de condiciones permite que los interesados participen de forma igualitaria y competitiva, lo cual significa que habrá verdadera competencia, que la disputa será emprendida por medios lícitos y que el vencedor presentará su producto o servicio de manera que el administrador tenga la convicción de que podrá confiar en el oferente que contratará, dadas la transparencia y detalle de las especificades del objeto a ser contratado.

A partir de ahí se inicia la etapa externa con las fases de habilitación de los participantes, clasificación de las ofertas con su efectivo juzgamiento y adjudicación, para finalmente permitir la contratación del vencedor. Seguidamente presentaremos esas fases de forma más detallada, comenzando por el estudio de los pliegos de condiciones.

6.1   Pliegos de Condiciones y Formalidades

El pliego es la pieza fundamental del proceso licitatorio que trata de lograr la adquisición pública por medio de la disputa de los oferentes, ya que es exigido en las etapas procedimentales de la selección de las propuestas.

Obsérvese que el pliego es una especie del género acto normativo[40], en el cual la administración pública establece los lineamientos de la licitación sobre determinado objeto o servicio a ser adquirido, vinculándose interna y externamente a sus parámetros.

En este sentido, la doctrina latinoamericana[41] identifica los Pliegos de Bases y Condiciones, utilizando la expresión "pliego de la licitación" o simplemente el término "pliego", como un formato jurídico objetivo de los requisitos exigidos a los proponentes y de las propuestas,

---

[40]   En sentido similar: DALLARI, Adilson Abreu, *Aspectos jurídicos da licitação*, 7ª. ed., San Pablo, Saraiva, 2007, p. 110. MEIRELLES, Hely Lopes, *Licitação e contrato administrativo*, 15ª. ed., San Pablo, Malheiros, 2010, p. 167.

[41]   Adoptan el mismo punto de vista: Agustín GORDILLO, Juan Carlos CASSAGNE, Tomás HUTCHINSON, Julio COMADIRA y Mario Rejtman FARAH (Argentina), Pablo Dermizaky PEREDO (Bolivia), Enrique Silva CIMMA y Claudio Moraga KLENNER (Chile), Jaime Vidal PERDOMO y Diego Yonnes MORENO (Colombia), Alejandro Alvarez PEDROZA (Perú), Enrique Sayagués LASO, Carlos E. DELPIAZZO, Felipe Rotondo TORNARIA y Rubén Flores DAPKEVICIUS (Uruguay), Allan R. BREWER-CARÍAS (Venezuela).

en acto preparatorio de la voluntad de la administración. Es una norma que da origen a la licitación y al contrato. Se denomina *"cahier des charges"* en Francia, *"for bidders"* o *"request for tenders"* en Inglaterra, *"specifiche tecniche"* o *"documenti di offerta"* en Italia, *"ausschreibungsbedingungen"* o *"lastenheft"* en Alemania, *"edital"* en Brasil y *"caderno de condições"* en Portugal.

Es el medio a través del cual la administración da a conocer públicamente la apertura de determinada licitación, estableciendo las condiciones de su realización y convocando a los interesados para la presentación de sus propuestas.

Como se puede observar, el pliego es el acto administrativo unilateral por el cual la administración, dotada de cierta[42] autonomía, pone de manifiesto a los oferentes el conjunto de cuestiones referidas a la licitación. Informa respecto a la identificación de las bases jurídicas, técnicas o administrativas de la misma. Permite presentar todos los criterios y exigencias relacionados con la generación de costos al erario. Su autonomía representa un soporte fáctico y adecuado, elaborado en conformidad con la ley y la razonabilidad de su contenido, permitiendo su impugnación cuando formalidades desmedidas puedan alejar o impedir la multiplicidad de oferentes.

Es una pieza fundamental en el desenvolvimiento de todas las fases de la licitación, siendo evidente que el formalismo establecido tiene que ver con la determinación de límites para la presentación de ofertas, dado que está en juego el uso de los recursos públicos. Es claro que formalismo no significa un rigor exagerado que impida la igualdad. Ese formalismo debe ser afirmado sin demasía, sin excesos. Por su parte, el informalismo debe tener razonabilidad en el sentido de que los excesos o la redundancia de formatos[43] que imposibiliten la ampliación de competidores en el certamen, sean completamente dejados de lado.

En verdad, las imposiciones legales determinan exigencias para cada tipo de realidad, pero no se pueden exigir requisitos o condiciones irreales que signifiquen la elección de una oferta no deseada en función de las finalidades de la sociedad. En ese sentido, la igualdad de la licitación se debe traducir en la confrontación entre las propuestas,

---

[42] La autonomía descripta es limitada, no absoluta. Está restringida a los límites normativos, pese a la discrecionalidad de la administración pública, en relación a la oportunidad y conveniencia de iniciar cualquier evento licitatorio para el correcto y legal uso del poder estatal.

[43] Ampliar en ZANOTELLO, Simone, *Manual de redação, análise e interpretação de editais,* San Pablo, Saraiva, 2010, p. 93.

examinando simultáneamente sus diferencias y eligiendo aquélla que mejor satisfaga los fines colectivos.

El éxito de la licitación se basa en la elaboración de un buen pliego[44]. Es imprescindible para delimitar todo el desarrollo licitatorio con las características del bien o servicio pretendido. A través de él se expresa el marco de la competencia, estipulando una disputa equilibrada. El principio de igualdad permite que los participantes tengan reglas ecuánimes y transparentes. Así se permite una competición donde todos saben lo que será exigido y cobrado, para alcanzar el mejor resultado que se propone la administración pública.

Es indudable que el éxito de una buena compra pública está en la elaboración de un pliego eficaz y eficiente. La eficacia significa la perfecta conducción para alcanzar el resultado, mientras que la eficiencia se refiere a la optimización de condiciones de desarrollo de la licitación con vista a la correcta deliberación final. Un pliego eficaz siempre será eficiente, pero no siempre la eficiencia conducirá a la eficacia. Por esto son necesarios el planeamiento y la organización para la consecución del resultado.

Nada en el pliego debe estar oculto, a fin de proporcionar una selección justa y limpia. En primer término, debe ser justo, con reglas preestablecidas y equilibradas, en conformidad con los principios pertinentes y el derecho vigente. En segundo término, la disputa deber ser limpia, sin favoritismo o falta de transparencia que puedan significar algún tipo de preferencia. Así, ¿cómo se podría conceptualizar el pliego de la licitación? Es el documento previo demarcador de la licitación para fines de contratación pública. Se trata del acto administrativo regulador que contiene el desarrollo descriptivo de la licitación y la definición precisa de lo que será adquirido.

Dicho ésto, ¿en qué momento se impone el pliego? Éste será exigido cuando lo determine la norma. En éste documento la institución compradora especifica todas las características del bien o servicio que pretende adquirir con la finalidad de alcanzar los fines públicos. Ahí estará la ocasión de su obligatoriedad delante de todos, indicando los pormenores de la forma en que se desarrollará la licitación.

La desigualdad o desproporción en el acto marco de la licitación permitirá que cualquier ciudadano u oferente lo impugne[45]. Es una forma

---

[44] Ampliar en COMADIRA, Julio R. *Derecho administrativo*, 2ª. ed. Buenos Aires, Abeledo Perrot, 2003, pp. 311-314. REJTMAN FARAH, Mario, *Régimen de contrataciones de la administración nacional,* Buenos Aires, AbeledoPerrot, 2010, pp. 149-151.

[45] Ver los ejemplos de impugnación de los pliegos que recuerda GORDILLO, *Op. cit.*, ítem 3.1.4, pp. XII-12 y ss.

de asegurar frente a los participantes y la colectividad que los derechos deben ser preservados, obedecidos y cumplidos por el administrador público.

Es importante esmerarse en la elaboración eficiente para la conquista de buenos resultados. La esmerada y cuidadosa preparación de ese documento debe resaltar en su composición. Evidentemente, deben ser dejadas de lado especifidades innecesarias[46] o inútiles que puedan discriminar a los oferentes.

Es la matriz del certamen, oponible por terceros, elaborada y aprobada por la administración pública en conformidad con criterios técnicos, jurídicos, económicos y los procedimientos de adquisición estatal. Debe contener los requisitos mínimos exigidos y sus especificaciones. En ese sentido, el pliego presenta distintos tipos: pliegos generales, especiales, de especificaciones técnicas, etc. Los primeros son aquéllos que presentan un conjunto de reglas generales según las leyes y reglamentos para la ejecución de contratos públicos. Los pliegos especiales contienen reglas complementarias que determinan características complejas de un pleito en particular. Finalmente, los pliegos de especificaciones técnicas establecen normas para la adquisición de objetos con contenidos técnicos y de calidad con cierto grado de detalle.

Al mismo tiempo, el pliego debe ser un modelo para la comprensión de los aspectos formales indicativos para los oferentes. Le corresponde proporcionar un análisis del conjunto de normas aplicable al examen de las disputas, identificando los criterios de ejecución y validez.

Es de resaltar que cada pliego, dependiendo de la cantidad de términos utilizados y de la complejidad del objeto, incluirá en el preámbulo el número de orden en serie anual, el nombre de la repartición interesada y de su sector, la modalidad, el régimen de ejecución y el tipo de licitación, la mención de la ley por el que será regido, el lugar, día y hora para la recepción de la documentación y la propuesta.

También indicará, obligatoriamente, lo siguiente: objeto de la licitación, en descripción sucinta y clara; plazo y condiciones para la

---

[46] Sobre el contenido, el Superior Tribunal de Justicia Brasileña ha establecido: "[...] el principio de vinculación al Pliego no es absoluto, de tal forma que le impida interpretarlo al Poder Judicial, buscándole el sentido y la comprensión y librándolo de cláusulas innecesarias o que vayan más allá de los dictámenes de la ley en vigor y cuyo excesivo rigor puede alejar posibles proponentes de la competencia, o que deje de ser un instrumento de defensa del interés público para convertirse en un conjunto de reglas perjudiciales para el objetivo que con él busca la Administración." (Traducción propia). (STJ, MS nº 5.418/DF, 1ª S., Rel. Min. Demócrito Reinaldo, DJU 01.06.1998).

firma del contrato y para la entrega del objeto de la licitación; sanciones para el caso de incumplimiento; lugar donde podrá ser examinado y adquirido el proyecto básico; si existe proyecto ejecutivo disponible en la fecha de publicación del pliego de licitación y el lugar donde pueda ser examinado y adquirido; condiciones para la participación en la licitación y forma de presentación de las propuestas; criterios para el juzgamiento, con disposiciones claras y parámetros objetivos; lugares, horarios y códigos de acceso a los medios de comunicación a distancia en que serán provistos elementos, informaciones y aclaraciones relativos a la licitación y a las condiciones para el cumplimiento de las obligaciones necesarias para la satisfacción de su objeto; condiciones equivalentes de pago; criterio de aceptabilidad de los precios unitario y global, según el caso; criterio de reajuste; límites para pago de instalación y movilización para ejecución de obras o servicios que serán obligatoriamente previstos por separado de las demás cuotas, etapas o tareas; condiciones de pago; recursos previstos; condiciones de recepción del objeto licitado; otras indicaciones específicas de la licitación.

Se debe recordar que el pliego es un acto de planeamiento técnico de regulación de determinada licitación. Es un verdadero acto de trabajo intelectual en el cual la autoridad pública establece indicaciones jurídicas, exteriorizando de forma escrita su propósito de licitar determinado objeto o servicio, por el cual analizará y fijará las cláusulas del eventual contrato a ser desarrollado.

Por lo tanto, el pliego se presenta como el acto administrativo en el cual la autoridad, después de haber realizado su planeamiento, demarca el elemento esencial de reglamentación de la disputa. En ese acto, el organismo estatal presenta las reglas de procedimiento de selección pública, como acto previo de la voluntad administrativa. Lo realiza por su capacidad técnica, competencia y buena fe.

Se entiende por órgano competente aquél cuyo ordenamiento le atribuye esa función administrativa a través de su autoridad pública, como parte de un procedimiento de selección, en respuesta a la necesidad colectiva. De ahí surge el deber de justificar su realización, indicando los motivos determinantes, así como el objetivo del interés colectivo a alcanzar con la adquisición de la obra, objeto o servicio, bajo pena de inviabilidad de la disputa.

Desde esta perspectiva, es importante la correcta designación del objeto licitado con contenido lícito y posible, sometido al rigor normativo y a los principios que permitan una justa competencia. Del mismo modo, adquiere la forma de exteriorización de la voluntad estatal a través de un escrito de convocatoria a los oferentes. Cualquier modificación en el pliego exige divulgación por el mismo formato que utilizó el texto original, reabriéndose el plazo inicialmente establecido, excepto cuando incuestionablemente dicha alteración no afecte la formulación de las propuestas.

Aunque el pliego se distinga del acto practicado por los órganos de control y en sí no participe de éstos, ya que tiene vida autónoma, los integra en el procedimiento administrativo y, por consiguiente, afecta el acto conclusivo, la contratación pública, si se lleva a cabo en sus términos. A veces el órgano de control se reporta a él. Entonces, las referencias del pliego y hasta sus fundamentos se relacionan con el acto de éste, así como con los particulares por él alcanzados, hasta para anular la licitación o contrato público. Por su parte, les corresponde el deber de responder a las consultas formuladas emitiendo dictámenes[47] sobre la regularidad del acto convocatorio y sus matices.

Por lo tanto, según lo dicho anteriormente, el pliego es la pieza fundamental del ejercicio de la licitación, en la cual la administración pública manifiesta el detalle técnico y el carácter peculiar de cada procedimiento licitatorio. Es dentro de ese espíritu que será desarrollado el asunto. A continuación se estudiarán sus aspectos formales en una integración práctica y teórica sobre el tema.

6.2   Análisis Estructural del Pliego

El pliego es siempre un acto de planeamiento interno donde se desarrolla una relación entre entes u órganos, oferentes y administrados. De ahí la importancia cuando este acto se introduce en un proceso

---

[47] LANDI y POTENZA sostienen que dar el dictamen o la opinión (jurídica, administrativa o técnica) sobre determinada cuestión o proyecto es un acto característico de la administración consultiva, que le es encomendado por el órgano activo. LANDI, Guido; POTENZA, Giuseppe, *Manuale di diritto admministrativo*, 2ª.ed., Milano, Giuffré, 1963, p. 263. Afirma Hely Lopes MEIRELLES sobre la naturaleza jurídica del dictamen: "[...] son manifestaciones de órganos técnicos sobre asuntos sometidos a su apreciación. El pliego tiene carácter meramente de opinión, no vinculando a la Administración o los particulares a su motivación o conclusiones, salvo que sea aprobado por acto ulterior". (Traducción propia). MEIRELLES, Hely Lopes, *Direito administrativo brasileiro*, 33ª. ed., San Pablo, Malheiros, 2007, p. 184. En el mismo sentido van las eneñanzas de GASPARINI, Diógenes, *Direito administrativo*, 16ª. ed., San Pablo, Saraiva, 2011, p. 99. CARVALHO FILHO, José dos Santos, *Manual de direito administrativo,* 22ª. ed., Río de Janeiro, Lumen Juris, 200, p. 93. Ampliar en DURÃO, Pedro, *Técnica de parecer: como fazer um dictamen jurídico,* Curitiba, Juruá, 2007.

licitatorio, pudiendo influir sobre la validez del acto final (contrato)[48] cuya emanación está preestablecida[49]. Resulta oportuno recordar que el pliego tiene la naturaleza jurídica de un acto administrativo unilateral interno y externo. Además de eso, tiene la función de establecer reglas a los oferentes y ciudadanos, como también en relación a los órganos de control.

La búsqueda de una estructura modelo implica, por lo tanto, la comprensión de los aspectos formales como manera indicativa para los funcionarios que realizan los pliegos.

A su vez, es la *"ley de la licitación"*[50], que presenta un formato subdividido en introducción (aspectos generales), desarrollo (criterios) y conclusión (proposiciones finales). La introducción generalmente es la presentación de la convocatoria, indicando el expediente, la calificación de la licitación, el órgano licitante y las normas aplicables.

En el desarrollo se delinean los fundamentos de la licitación, las normas rechazadas, estableciendo los criterios específicos de la disputa, como elementos delimitadores del objeto, los oferentes, plazos, recepción y juzgamiento de las propuestas, adjudicación, programa de la contratación, impugnación, recursos, etc.

Cada uno de los puntos es presentado con sus argumentos en uno o más párrafos. En su elaboración se debe observar el dispositivo legal patrio, obedeciendo la jerarquía del ordenamiento jurídico vigente.

---

[48] Los contratos deben establecer con claridad y precisión las condiciones para su ejecución, expresadas en cláusulas que definan los derechos, obligaciones y responsabilidades de las partes, en conformidad con los términos de la licitación y de la propuesta a la que se vinculan. El mismo concepto se extiende a otros países: V. Brasil, Ley N° 8.666/1993, art. 54, par. 1°.

[49] Ver algunas posturas sintetizadas por la Corte de Cuentas de Brasil (TCU). Fallo (Súmula) N° 258/2010: "El detalle de costos unitarios y de cargas sociales y de Banco Interamericano de Desarrollo integran el presupuesto que compone el proyecto básico de la obra o servicio de ingeniería. Deben estar presentes en los anexos del pliego de licitación y de las propuestas de los oferentes, y no pueden ser indicados mediante el uso de la expresión "verba" o "unidades genéricas". (Traducción propia). Fundamento de la Ley N° 8.666/1993, arts. 3°; 6°, IX; e 7°, § 2°, II; Fallo (Súmula) N° 259/2010: "En las contrataciones de obras y servicios de ingeniería, la definición del criterio de aceptabilidad de los precios unitario y global, con fijación de precios máximos para ambos, es obligatorio y no facultativo para el gestor." (Traducción propia). Fundamento de la Ley N° 8.666/1993, art. 40, X.

[50] En igual sentido: DALLARI, Adilson Abreu, *Aspectos jurídicos da licitação,* 7ª. ed., San Pablo, Saraiva, 2007, p. 110. MEIRELLES, Hely Lopes, *Licitação e contrato administrativo*, 15ª. ed., San Pablo, Malheiros, 2010, p. 167. TRIBUNAL DE CONTAS DA UNIÃO, *Licitações e contratos: orientações e jurisprudência do TCU*, 4ª. ed., Brasilia, Senado Federal, 2010, p. 888.

Siempre se debe partir de la norma constitucional nacional y estadual, hasta la menor norma infraconstitucional, en caso que esta exista, sin olvidar el soporte supranacional que alcanza la materia[51].

La conclusión corresponde a la parte final o cierre del texto, como parte resultante de la adecuación de los hechos a las normas, con las advertencias finales, disposiciones generales, anexos, fecha e indicaciones de la autoridad responsable del proceso licitatorio.

La estructura el pliego es considerada como requisito y condición necesaria para el alcance del objetivo deseado, integrando las cuestiones de forma lógica y cronológica. Apunta a permitir un análisis estructural del pliego en un rápido discernimiento lógico-jurídico.

De este modo, didácticamente, se divide el pliego en los siguientes aspectos:

Cuadro 1 – Análisis Estructural del Pliego

1. Introducción
- *Preámbulo*
- *Informe*

2. Desarrollo
- *Bases y condiciones*

3. Conclusión
- *Cierre*

Preámbulo. Es requisito esencial del pliego, con la indicación del número de pieza, del órgano licitante y del objeto o servicio a licitar. La visualización inmediata del expediente y de sus elementos identificatorios permiten resaltar la eficiencia del acto.

Informe. En la sinopsis, se deben desarrollar los aspectos generales más importantes en relación a la licitación a realizar. En realidad, el informe resumido debe contener la calificación de la licitación, el órgano licitante y las normas aplicables. La importancia del informe radica en que delimita el campo de análisis y permite una conclusión final más rápida.

En realidad el informe[52] es el momento en el cual se desarrollan los principales hechos referentes a la licitación. No es necesario que el

---

[51] El soporte supranacional es tratado en la Sección II de esta tesis.
[52] La palabra designa la exposición o la narración de un hecho o varios, con los aspectos o elementos principales. PLÁCIDO E SILVA, *Dicionário jurídico*, v. 2, Río de Janeiro, Forense, 1991, p. 84.

mismo incluya todos los argumentos reunidos en la licitación. Lo que se exige es que establezca claramente que es lo que se requiere y sus elementos iniciales, de modo de permitirle al lector del pliego conocer fácilmente el objeto del pedido, el fundamento fáctico y jurídico y en qué consiste la viabilidad o inviabilidad del acto convocatorio. Un pliego sin informe es inadecuado. Si es insuficiente o poco claro, se autoriza su existencia siempre que no perjudique la comprensión del objeto o servicio licitado.

Bases y condiciones. Aquí se incluyen todos los detalles de la licitación, siempre de lo general a lo particular. El objetivo primordial de la fundamentación[53] es demostrar los criterios y los argumentos necesarios para una perfecta conducción de la contratación, estableciendo la adecuación de los hechos a las normas aplicadas y a las bases y condiciones de la selección. Lo esencial es identificar los criterios a ser tenidos en cuenta. Cada criterio o punto puede ser desarrollado en uno o más párrafos, dependiendo de la cantidad de exigencias.

La estructura del texto debe ser clara y comprensible. El cuidado en la exposición de los criterios de selección, entre otras cuestiones, determinará el éxito o fracaso de la elección. Es obvio que las cuestiones deben ser abordadas siguiendo un orden determinado, de modo tal que se aclaren todas las circunstancias del acto licitatorio. Se debe expresar claramente, a través de una redacción coherente y lógica, detallando cada situación legal prevista, pero sin caer en excesos.

Cierre. Este dispositivo final del pliego constituye un requisito esencial para la conclusión de la disputa, bajo análisis de la autoridad superior. El cierre indica que la manifestación está subordinada a la homologación de la autoridad superior.

El pliego debe ser escrito en idioma patrio. La sugerencia es que se exprese de forma que todos puedan leer y comprender lo que se dijo, sin utilización de vocabulario jurídico innecesario, modismos, ni palabras fuera de su significado común. Es recomendable que el pliego no esté escrito en una jerga judicial excesiva, muchas veces no comprendida por los legos y a veces por los propios interesados. Por lo tanto, se debe procurar evitar un lenguaje rebuscado y lleno de expresiones extrañas.

Un pliego no se escribe como otro documento cualquiera, pero no cae en formalismos. Satisface substancialmente las exigencias legales,

---

[53] Según Michele Taruffo la fundamentación se presenta como operación lógico-psicológica, de forma similar a la utilizada por el magistrado durante la motivación de una sentencia, erigiéndose como verdadera justificación de las circunstancias fácticas y jurídicas que determinan la individualización de las razones para decidir. TARUFFO, Michele, *La motivazione della sentenza civile,* Padova, Cedam, 1975, pp. 207-213.

buscando siempre evitar expresiones ambiguas o que puedan dar lugar a confusión.

Algunos países, como por ejemplo Brasil[54], permiten audiencia pública[55] previa en las licitaciones de grandes montos para que, en acto conjunto con los interesados, se puedan establecer y discutir criterios más ecuánimes, formular sugerencias y aclarar posibles dudas.

De esto se desprende que es fundamental que los funcionarios encargados tengan la calificación adecuada para la elaboración del pliego, evitando la práctica común de nombrar aquéllos que no estén preparados para cumplir esta función. Lo deseable es que funcionarios idóneos la lleven a cabo de forma neutra y técnica, teniendo la instrucción necesaria para impedir excesos, futuras impugnaciones y/o dilapidación de los fondos públicos.

Aquel que elabora el pliego deber ser técnico, práctico y dinámico, sin perder de vista que este instrumento será la expresión de la voluntad del Estado. El pliego, como acto solemne, no debe apartarse de las reglas que le dan forma. Puede ser realizado de manera resumida, siempre que sea claro e inteligible. Es fundamental que sea realizado de forma tan clara y útil como sea posible. Debe ser fácil de entender para todos los que lo consultan.

A modo de sugerencia, se mencionan los requisitos de estilo para el mejor entendimiento del pliego. Respetando las características de cada redactor, se valora el equilibrio de las particularidades léxicas y gramaticales del texto.

   a) *Armonía.* Un texto armónico es fácil de entender. Contribuye a la claridad y es agradable. Cambia de asunto cuando el anterior ya se agotó. Cuando dos partes o párrafos son semejantes, deben ser enunciados de manera similar.
   b) *Concisión.* Se debe ser breve, pero sin abusos. Evitar la repetición innecesaria. Eliminar el exceso de palabras en un texto largo, así se evita ser cansador o fastidioso.
   c) *Corrección.* Un texto correcto es de fácil comprensión, en un marco de lengua culta. Esto eleva el concepto del órgano que lo realiza.

---

[54] Brasil. Ley N° 8.666/1993. V. art. 39, *caput.* Ley N° 11.445/2007, art. 11, IV.
[55] Ampliar en GORDILLO, *Op. cit.,* Cap. XI, "El procedimiento de audiencia pública." V. la opinión de Gustavo Justino en el ítem 8 de la Administración Pública y decisión administrativa. Ampliar en DE OLIVEIRA, Gustavo Justino, *Direito Administrativo democrático*, Belo Horizonte, Forúm, 2010, pp. 28-29.

e) *Claridad*. Incluye casi todas la otras cualidades. No puede ser claro un texto incorrecto y sin armonía. No usar palabras difíciles para no caer en un "preciosismo" antipático.

f) *Coherencia*. La conciliación del desarrollo licitatorio permite una fácil comprensión del raciocinio aplicado, sin tergiversar o huir de los prespuestos fácticos, lógicos y jurídicos.

g) *Certeza*. Huir de términos equivocados o imprecisos. Requiere buscar informaciones exactas.

En fin, al producir el pliego, la autoridad pública debe argumentar siempre logrando la cohesión y la coherencia, desarrollando un texto oficial con criterios licitatorios, orientado al interés colectivo y basado en los principios de publicidad, transparencia y competencia.

Desde la perspectiva abordada se observa que la cuestión no se agota en este estudio, requiriendo un constante cuidado y análisis de las técnicas. Así, surge la necesidad de perfeccionar el tecnicismo jurídico aplicado, basado en los principios sectoriales y en el régimen legal de la materia.

6.3 Las Ofertas, Juzgamiento y Adjudicación

El poder de compra estatal es inconmensurable, en el sentido de que las necesidades colectivas aumentan día a día frente a los reclamos de la ciudadanía. Por eso la licitación comprende un mundo de adquisiciones y de precios.

La administración pública es un inmenso comprador que permite la participación empresaria a través de la venta de sus productos. Efectivamente, la fuerza de compra de dicha administración impresiona por el gran volumen de contratos, sean de pequeños o de grandes montos, a través de los cuales autoriza la participación de empresas, proporcionando así innumerables oportunidades comerciales.

La compra pública no debe ser vista sólo como una oportunidad de venta de productos sino como la adjudicación más ventajosa por parte de los organismos públicos para la satisfacción de las necesidades colectivas. Debe ser considerada como una oportunidad pero también aceptando los riesgos de negociar con órganos públicos.

Prevalece, por lo tanto, la preocupación por seleccionar la mejor oferta. Ahora, ¿cuál sería la oferta más ventajosa para la administración pública? ¿Aquella de menor precio o la de mejor precio? El mejor precio es aquél que comprende la competitividad, economicidad y calidad del producto ofrecido. El menor precio[56] puede significar una economía inicial pero con problemas más o menos inmediatos relacionados con la mala ejecución del servicio o la baja calidad del bien ofertado.

Son innumerables los ejemplos de licitaciones mal hechas que siguieron el principio del menor precio[57], sin el estudio minucioso de aquello que sería adquirido, tales como la adquisición para estudiantes de la escuela pública de lápices que no escriben, sillas escolares de pésima calidad que se deterioran con el menor uso, picadoras de papel que no funcionan, abrochadoras que dejan de funcionar rápidamente, materiales para higiene de bebés y pañales geriátricos que no cumplen su función, entre otros.

Por tales razones, existen varias dificultades para escoger el mejor oferente sin verificación de su calidad. Es importante resaltar que la oferta debe ser delimitada con las restricciones y designaciones legales necesarias, pero sin impedir la elección de aquélla que mejor responda al llamado licitatorio.

En la comparación de las ofertas surge la fase de clasificación y su juzgamiento. En este sentido, nos preguntamos: ¿cuáles exigencias reducirían los riesgos en la adquisición pública deseada? En primer lugar, la prescripción de condiciones para la habilitación de los proponentes, de modo tal que éstos demuestren anticipadamente su aptitud para la elaboración de un buen producto o la capacidad para prestar adecuadamente el servicio licitado.

Se debe examinar la calificación de los proponentes a través de la capacidad jurídica, técnica y económica, entre otras, teniendo en consideración diversos factores que identifican o motivan cada licitación. De ahí la importancia de la calificación jurídica, que consistirá en el análisis de la documentación del oferente, sea el acta constitutiva, el registro comercial o la autorización de funcionamiento que permitan el éxito de la venta del producto o servicio en cuestión.

Tampoco se puede dejar de lado la comprobación de regularidad en el pago de los tributos fiscales[58]. La calificación técnica hace

---

[56] Brasil adopta criterios de juzgamiento con tipos de licitación por el menor precio, mejor técnica; técnica y precio; y mayor propuesta u oferta. V. Brasil. Ley Nº 8.666/1993. art. 45, par. 1°.

[57] V. la necesidad de prueba de muestra para minimizar la posibilidad de eventuales errores en la elección de la oferta, ya que el oferente puede presentar el producto o servicio que satisfaga los deseos y expectativas solamente en aquel momento de selección.

[58] Aplicación entendida como inconstitucional por falta de previsibilidad constitucional. V. DI PIETRO, Maria Sylvia Zanella, *Temas polêmicos sobre*

referencia a la evaluación de la capacidad profesional del oferente para que pueda proporcionar adecuadamente el bien o servicio. Finalmente, la calificación económica-financiera implica que el concursante cuente con medios que garanticen el fiel cumplimiento del contrato.

Es en el juzgamiento de las propuestas que se examina concretamente la elección de la mejor oferta para la administración pública, identificando, juzgando, comparando y analizando. Al evaluar con criterios objetivos el producto o servicio a ser adquirido por la administración pública se está efectuando una clasificación.

Hecha la clasificación de las propuestas, una de ellas será premiada con la contratación pública. Es en este momento que se da la fase de la adjudicación. Esta palabra proviene del latín *adjudicacione*, que significa la identificación del vencedor entre la multiplicidad de oferentes. Esta fase permite entonces individualizar la oferta mejor clasificada. Es un perfecto acto administrativo[59] que permite la impugnación, ya que se trata de un procedimiento público donde resalta la transparencia.

La adjudicación premia la oferta más convincente, aquélla que ofrece una mejor adquisición para la administración pública, dentro de la discrecionalidad administrativa. Es evidente que la elección del adjudicatario no siempre recae sobre aquélla de menor precio, sino sobre la oferta más ventajosa para el Estado. Aquélla que signifique la compra de un bien o servicio más confiable para la satisfacción de la voluntad administrativa a través de la efectivización del vínculo contractual.

7 APLICACIÓN Y EXCEPCIONES

La aplicación de la licitación es una regla que antecede a la contratación pública. Así, como ya se mencionó anteriormente, las obras, servicios, compras, enajenaciones, concesiones, licencias y locaciones de la administración pública, cuando sean contratadas con terceros, serán precedidas necesariamente de licitación, exceptuados los casos previstos en las normas correspondientes.

---

licitações e contratos, 5ª. ed., San Pablo, Malheiros, 2005, pp. 37-38.
MEIRELLES, Hely Lopes, *Licitação e contrato administrativo*, 15ª. ed., San Pablo, Malheiros, 2010, pp. 190-191. JUSTEN FILHO, Marçal, *Curso de direito administrativo*, San Pablo, Saraiva, 2005, p. 329.

[59] Ampliar en HUTCHINSON, Tómas, *Elementos de direito administrativo*, Buenos Aires, La Ley, 2003, pp. 408-412. CASSAGNE, Juan Carlos, *Derecho administrativo*, 8ª. ed., t. II, Buenos Aires, AbeledoPerrot, 2006, pp. 98-102.

La obligatoriedad de la licitación se impone a todos los organismos públicos en la realización del procedimiento para la elección del futuro contratista. Pero la legislación[60] y los principios incluyen excepciones[61], por incompatibilidad o postergación de la licitación. Las excepciones[62] residen en la apreciación de elementos objetivos y subjetivos en componentes formales simplificados para la adquisición pública.

Se analizan elementos objetivos según parámetros fijos y designados por ley, mientras que los subjetivos están amparados en el mérito administrativo en que la autoridad debe sopesar el momento y la conveniencia de utilizar la excepción legal permitida. Esa libertad administrativa no exime la obediencia de constantes jurídica, económica y patrimonial. La expresión jurídica significa atender las hipótesis establecidas por el legislador.

La económica implica la capacidad de ahorrar o favorecer la disminución de gastos a través de un precio razonable, mientras que la patrimonial se refiere al necesario inventario, guarda o almacenamiento del bien a ser adquirido.

Son situaciones que escapan a la regla general permitiendo que el administrador pueda realizar la contratación directa de objetos y servicios[63]. Esas excepciones convergen en el estudio de las peculiaridades

---

[60] V. Hipótesis de contratación directa en algunos países. Argentina. Decreto-Ley N° 23.354/1956 y Decreto N° 436/2000. arts. 26-27. Brasil. Ley N° 8.666/1993. arts. 17, 24 y 25. Ley N° 9074/1995, art. 32 incluye una modalidad de dispensa: '[...] la empresa estatal que participe, en calidad de licitador, de competencia para concesión o licencia de servicio público, podrá, para realizar su propuesta, reunir precios de bienes o servicios provistos por terceros y firmar pre-contratos con excepción de licitación". (Traducción propia).

[61] FERNANDES, Jorge Ulisses Jacoby, *Contratação direta sem licitação*, 5ª. ed., Brasilia, Jurídica, 2000. FIGUEIREDO, Lúcia Valle, FERRAZ, Sérgio, *Dispensa e inexigibilidade de licitação*, 2ª ed., San Pablo, RT, 1992. GUIMARÃES, Edgar, *Contratação direta*, Curitiba, Negócios públicos, 2008. MARTINES JÚNIOR, Eduardo, *Dispensa e inexigibilidade de licitação, a responsabilidade civil e criminal dos seus agentes*, San Pablo, Verbatim, 2009. NIEBUHR, Joel de Menezes, *Dispensa e inexigibilidade de licitação pública*, San Pablo, Dialética, 2003. TOLOSA FILHO, Benedicto de, *Contratando sem licitação*, 3ª. ed., Río de Janeiro, 2010.

[62] Es también la idea de Justen Filho, Marçal: "[...] 'Ausencia de licitación' no significa que sea innecesario cumplir formalidades previas (tales como la verificación de la necesidad y conveniencia de la contratación, disponibilidad de recursos, etc.) Deben ser observados los principios fundamentales de la actividad administrativa, buscando seleccionar la mejor contratación posible, según los principios de la licitación". (Traducción propia). JUSTEN FILHO, Marçal, *Comentários à lei de licitações e contratos administrativos*, 7ª ed., San Pablo, Dialética, 2000, pp. 295-297.

[63] V. Brasil. Ley N° 8.666/1993, "art. 89. Dispensar o no exigir licitación fuera de las hipótesis previstas en ley, o dejar de observar las formalidades pertinentes a la dispensa

del objeto a ser licitado incluyendo los ámbitos[64] de valor, temporal, contenido, perfil del contratista y singularidad que puedan excluir la licitación:

Ámbito de Valor (quantum). No se justifica la utilización de un complejo *iter* licitatorio para adquisiciones de reducido valor. Así, en la contratación de pequeño monto, se debe buscar un tratamiento simplificado, reducido y económico para la administración pública. Sería verdaderamente burocrático hacer uso de todo un aparato para la compra de un cartucho de impresora, la contratación de servicio de manutención preventiva y correctiva de acondicionadores de aire, trabajos adicionales y complementarios de un contrato en ejecución, etc. Tal criterio excluyente no autoriza el fraccionamiento[65] del gasto para lograr eximirse de lo requerido para el monto total, bajo pena de nulidad del hecho.

Es importante el trámite simplificado en forma no continua y no indiscriminada en la medida en que permita adquisiciones a precios compatibles con los de mercado y siempre que no demuestre falta de planeamiento o evasión del procedimiento licitatorio por parte de la administración.

En este sentido, es muy importante perfeccionar el planeamiento de los gastos para todo el ejercicio financiero a fin de establecer la forma de licitar más apropiada, utilizando este ámbito[66] sólo ocasionalmente y sin perjuicio para el erario público.

---

o a la inexigibilidad: Pena - detención, de 3 (tres) a 5 (cinco) años y multa. Parágrafo único. En la misma pena incurre aquél que, habiendo concurrido en forma comprobada para la consumación de la ilegalidad, se haya beneficiado de la dispensa o inexigibilidad ilegal, para celebrar contrato con el Poder Público." (Traducción propia). Ampliar en SANS, Agustín A. M. García, "Licitación pública v. contratación directa: ¿la batalla perdida?" en *Res pública argentina*, 75: 2006-3, oct-dec2006, Buenos Aires, RPA, 2006, Disponible en: www.republicaargentina.com Fecha de captura: 20.08.2011.

[64] Clasificamos casos corrientes de excepción de la licitación en ámbitos según causas de dispensa del proceso licitatorio. Obsérvese el método en derecho indicado por GORDILLO. Ampliar en el ítem 5.5.2 de GORDILLO, Agustín, *Tratado de derecho administrativo*, 10ª. ed., t. I, Buenos Aires, Fundación de Derecho Administrativo, 2009, pp. I-21-23. Compárese FIGUEIREDO, Lúcia Valle, *Curso de direito administrativo*, 5ª. ed. San Pablo, Malheiros, 2001, p. 454.

[65] Efectuar el fraccionamiento de gastos es dividir los gastos públicos para la adopción de dispensa de licitación o modalidad de licitación de menor valor, siendo ésta diferente de la exigida en el monto total de compra. V. Brasil Acórdão 79/2000-Plenário-TCU: "Adopte un sistemático planeamiento de sus compras, evitando el innecesario fraccionamiento en la adquisición de productos de una misma naturaleza y posibilitando la utilización de la correcta modalidad de licitación". (Traducción propia).

[66] En Brasil se ha previsto el formato de "provisión de fondos", también denominado "adelanto" (*adiantamento*), aplicable a los casos de gastos expresamente definidos en

b) Ámbito temporal (momento). Corresponde cuando la necesidad de adquisición, combinada con la lentitud del trámite licitatorio, no permite su realización. Puede tratarse de una urgencia de compra imprevisible, concreta e inmediata en que la demora pueda provocar perjuicio o imposibilidad de alcanzar lo pretendido. Puede darse en casos de grave perturbación del orden, guerra o conflicto armado que por su carácter extraordinario impida la celebración de la licitación. También en los casos de emergencia o de calamidad pública, en los que la falta de rapidez en la respuesta pueda provocar daño o comprometer la seguridad de las personas, obras, servicios, equipamiento y otros bienes, públicos o particulares. En esos casos el organismo estatal debe demostrar la concreta y efectiva potencialidad del daño que la dilación puede provocar. Evidentemente, la administración deberá demostrar sin vaguedad las circunstancias objetivas que impiden la realización de otro procedimiento de selección en tiempo oportuno.

Por las mismas razones se admitirá la contratación directa bajo ámbito temporal después de una licitación desierta y fracasada. La primera ocurre cuando un proceso de selección se declara desierto[67] justificadamente y no puede ser repetido sin perjuicio para la administración, mantenidas, en este caso, todas las condiciones preestablecidas. Uno de los presupuestos lógicos de la licitación es la multiplicidad de oferentes entre los cuales se entablará la disputa. Cuando estos no comparecen, estaremos frente a una licitación desierta.

Ésta no se puede confundir con la licitación fracasada, que tiene lugar cuando el procedimiento se inicia con oferentes pero, por motivos ajenos a la voluntad del administrador y bajo condiciones previamente estipuladas, no tiene éxito. Los oferentes son inhabilitados o sus propuestas desestimadas, no permitiendo la selección de ninguno de ellos. Tanto en la licitación desierta como en la fracasada, si no se puede renovar a través de un nuevo llamado, será permitida la contratación directa.

---

ley y consiste en la entrega de dinero al funcionario. Brasil, Ley N° 4.320/1964, V. art. 68. Comparar con el art. 74, § 3°, del Dec.-Ley N° 200/1967; arts. 45-47 del Dec. N° 93.872/86 y la Resolución (Portaria) N° 492/1993 del Ministerio de Hacienda.

[67] V. Perú. Resolución N° 280/2005. Tribunal de Cuentas (TC-SU): "La declaración de desierto de un proceso de selección no supone la culminación de éste sino, en cambio, la obligación a cargo de la Entidad de evaluar las causas que la motivaron antes de convocarlo nuevamente. Constituye una facultad exclusiva de la Entidad, con las limitaciones de razonabilidad y congruencia, la determinación de las características o especificaciones técnicas que incidan sobre la funcionalidad, operatividad y objetivos para los que se requiere el bien objeto del proceso de selección."

c) Ámbito de contenido (objeto). La particularidad de determinado objeto o servicio a ser adquirido puede determinar la contratación directa. Hay compras en las que la reserva es sustancial para salvaguardar el secreto de una contratación, como en las que haya compromiso de seguridad o defensa nacional. Es competencia del Poder Ejecutivo Nacional evaluar riesgos en esas situaciones. Se pueden citar como ejemplos la compra de un sistema de defensa nacional, la adquisición de material bélico y de equipamientos o servicios de inteligencia.

La licitación también será dispensada cuando la locación del inmueble fuera destinada a dar respuesta a las finalidades principales de la administración, o cuando la indispensabilidad de la instalación o localización condicionaran la elección, siempre con un precio compatible con los de mercado basado en evaluación previa. También en la compra de productos perecederos, semovientes, reparaciones de vehículos y motores, siempre que no sea una constante. Por las mismas razones establecidas por la ley[68] para el caso de los inmuebles, la compra en remate público se podrá aplicar también cuando se trate de la compra de bienes muebles o semovientes, y dentro de los primeros, los objetos de arte o de interés histórico.

d) Ámbito del contratista (sujeto). En situaciones en las que el contratista es entidad del sector público, el legislador confirió la libertad de contratación sin licitación. Este es un medio de facilitación del aparato administrativo donde la excepción se opera en especial cuando existe participación de capital estatal en el contratista. Por ejemplo, una provincia que contrata servicios de abastecimiento de gas, agua y energía eléctrica de una entidad de la administración descentralizada. Eso se da por la racionalidad del Estado que contempla determinadas situaciones para la resolución de problemas beneficiando a la propia administración. En las contrataciones directas entre entidades estatales, estará prohibida la subcontratación del objeto principal del contrato.

e) Ámbito de la singularidad (único). Existen situaciones en las que se torna imposible la disputa entre oferentes por la inviabilidad de la competencia. No existe forma de establecer una comparación de ofertas de bienes o servicios singulares[69]. El carácter particular y único impide la confrontación de ofertas, determinando la contratación directa con

---

[68] Argentina. V. Decreto-Ley N° 430/2000, art. 26.
[69] En palabras de BANDEIRA DE MELLO: "[...] son singulares los bienes que posean una individualidad tan específica que los haga inasimilables a cualquier otro de la misma especie." (Traducción propia). BANDEIRA DE MELLO, Celso Antonio, *Curso de direito administrativo*, 28ª. ed., San Pablo, Malheiros, 2011, pp. 920-921.

razones justificadas o por notoria[70] especialización. Tal criterio no significa que sea el único bien o servicio, sino que contiene tal cualidad o complejidad que imposibilita la confrontación. La exclusividad debe estar debidamente fundamentada y comprobada. Lo que se busca con esto es evitar la simulación de una restricción irreal para excluir el debido proceso licitatorio. Por eso la necesidad de basarse en informes técnicos y en las razones de la conveniencia de esa forma de contratación directa.

El término singular refleja el objeto que lo individualiza, distinguiéndolo de los demás. Se aplica al servicio, obra autoral o producción personalísima que no se confunde con otra y que es de imposible sustitución. Es algo inconfundible, de característica única y particular, no existiendo otro de similar naturaleza. Así, por haber sólo una persona capaz de cumplir adecuadamente el contrato, hay imposibilidad jurídica de competencia. Son ejemplos de esto la adquisición de un software exclusivo, un dictamen de un renombrado jurista, un proveedor exclusivo, la contratación de un servicio técnico o profesional dotado de capacidad especial o servicios singulares de artistas consagrados.

Debe tenerse en cuenta que los ámbitos arriba mencionados deben ser interpretados restrictivamente como excepción al deber de licitar. Se aplicará la debida selección pública según el *quantum* de gasto y el contenido de los bienes o servicios a ser adquiridos. De hecho la licitación debe ser exigida, salvo facultades legales o impedimento de competencia.

En los casos de compra directa se realiza un juicio de subsunción de hecho a la hipótesis de excepción incluida en la ley[71], imponiéndose en cada caso la concreción de las formas cuando no concurran otros interesados o no se pueda realizar una nueva licitación. No obstante eso, existiendo viabilidad jurídica de competencia, la realización de la licitación es facultad de la administración pública,

---

[70] V. Brasil, Enunciado 39 del Tribunal de Cuentas de la Unión (TCU): "la notoria especialización sólo tiene lugar cuando se trata de un servicio inédito o extraordinario, capaz de exigir, en la selección del ejecutor de confianza, un grado de subjetividad no susceptible de ser medido por los criterios objetivos de calificación inherentes al proceso de licitación". (Traducción propia).

[71] En Brasil la inexigibilidad difiere de la dispensa por algunos motivos. En la dispensa es posible la licitación, pudiendo ésta ser dejada de lado por razones relevantes apoyadas en el mérito administrativo (conveniencia y oportunidad). Por su parte, la inexigibilidad es aquélla que exime por la imposibilidad de disputa y ausencia de presupuesto lógico. Difieren entre sí, también, por el rol de casos indicados en la Ley N° 8.666/1993: dispensa (facultada en rol taxativo de los arts. 17 y 24) y la inexigibilidad (inviabilidad en rol ejemplificativo del art. 25, incisos I, II y III y art. 13).

debiendo ésta justificar y comprobar su decisión. De igual forma, todo debe ser realizado sin exclusión, discriminación o parcialidad, buscando el equilibrio compartido de los costos en un marco de previsibilidad (contexto jurídico) y pertinencia fáctica (contexto fáctico) amparados en motivación fundada, legitimidad de los órganos estatales y el debido proceso.

Corresponde destacar que en estas hipótesis de elección directa de contratista sin competencia, es necesario prestar atención a la discrecionalidad del administrador público, que verificará la oportunidad y conveniencia de utilizarla o dará lugar al certamen adecuado para permitir una efectiva disputa. Se logra con esta razonable discrecionalidad la oferta más ventajosa en situaciones eventuales, es decir, no comunes ni habituales. Esto no significa liviandad o arbitrariedad, en la medida en que sea utilizado según lo estipulado.

Por lo tanto, la administración debe proporcionar la justificación del precio[72] para comprobar su compatibilidad con el valor de mercado, ya que la ausencia de competencia no significa que el precio sea incalculable. No está exento de justificar el precio por la adquisición de los productos. Respetando los principios morales, la no realización de las etapas de la licitación no exime de la preocupación por el gasto parsimonioso de los recursos públicos que debe orientar la gestión del administrador. Además, se debe verificar la existencia de otras empresas que puedan proveer el mismo servicio. Tal medida se fundamenta en el hecho de que si el órgano pretende, excepcionalmente, iniciar el proceso licitatorio, es necesario que no deje dudas en cuanto a la elección del proveedor.

En lo que se refiere a la justificación del precio[73], corresponde al órgano público demostrar que el valor presentado en la propuesta presupuestaria se condice con los de mercado. Para eso podrá verificar

---

[72] El sistema de registro de precios brasileño funciona como una bolsa de productos homogéneos. Se responde por ese medio a la compra imprevisible y estandarizada de productos de uso frecuente en economía presupuestaria, sin que haya obligación de adquisiciones por las entidades, permitiendo la disminución de stocks, así como gastos de almacenaje y los riesgos de deterioro y desuso. Todo con registro de proveedores por objeto licitado al menor precio ofrecido. A modo de ejemplo: neumáticos, medicamentos, cartuchos de toner de fotocopiadoras, material de limpieza e higiene, etc. V. Brasil, art. 15 da ley Nº 8.666/1993 y Decreto Nº 3.931/2001. Ampliar en LEÃO, Eliana Goulart, *Sistema de registro de preços, uma revolução da licitação*, Campinas, Bookseller, 1996. TOLOSA FILHO, Benedicto de, PAYÁ, Renata Fernandes de Tolosa, *Sistema de registro de preços*, Río de Janeiro, Temas e idéias, 1999.

[73] V. Brasil. Ley Nº 8.666/1993, art. 26, par. único, inciso III.

los precios cobrados a otras instituciones para servicios similares. El proceso de alejamiento de la licitación deberá incluir la caracterización de la situación que justifique el gasto, la razón de la elección del proveedor o ejecutante, la justificación del precio y, además, el documento de aprobación de los proyectos junto con tres presupuestos de los cuales se elegirá la mejor propuesta.

Vale la pena resaltar que la provisión de dicha información es de entera responsabilidad del órgano interesado, siendo los funcionarios pasibles de las sanciones administrativas y penales cuando existan situaciones de sobreprecio.

Se impone al sector público la economicidad, en virtud del principio de la eficiencia en la contratación, prohibiendo el mal uso y desperdicio del dinero público, aún cuando el beneficiario del gasto sea la entidad. La realidad es que la administración pública está jurídica y moralmente obligada a adoptar la solución más económica y eficaz para la satisfacción del interés público, en beneficio de la sociedad como un todo. Sólo el interés público puede ser válidamente objetivado por ser éste el interés que la ley consagra al Estado como representante del cuerpo social.

Sin embargo, la contratación sin licitación es una excepción al principio de la licitación que está siendo utilizada para la aplicación de principios más relevantes,[74] como la supremacía del interés público, evitando el compromiso de bienes jurídicamente tutelados, cuando la no contratación de los referidos servicios pueda comprometer la seguridad de las personas y el patrimonio público.

Se buscó aquí la comprensión básica del régimen jurídico de la licitación en sus parámetros generales, destacando su importante papel frente a la necesaria obediencia a los dictámenes previstos y descriptos. Se avanzará en otra dimensión en el capítulo próximo, en búsqueda del entendimiento de la licitación en un estudio comparado.

---

[74] V. los principios sectoriales de la licitación, *infra*, cap. I, ítem 5.

Gráfico 1 – Aspectos Generales (Ítem 1.1)

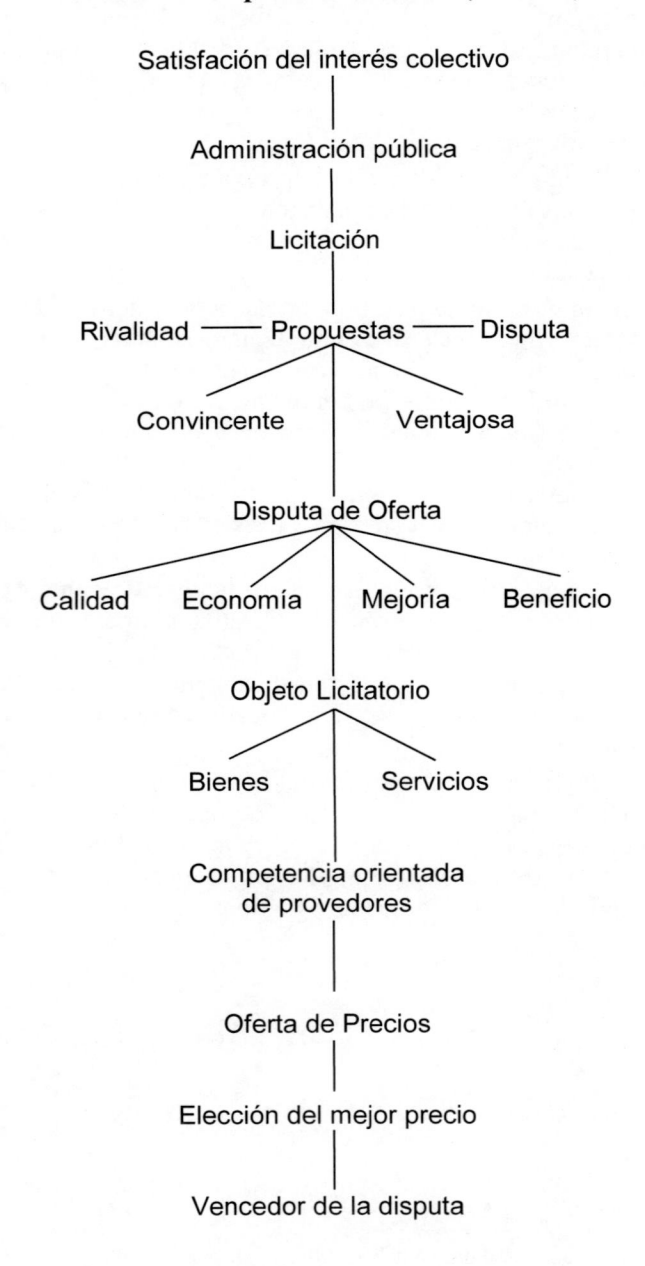

Satisfación del interés colectivo
|
Administración pública
|
Licitación
|
Rivalidad —— Propuestas —— Disputa

Convincente   Ventajosa

Disputa de Oferta

Calidad   Economía   Mejoría   Beneficio

Objeto Licitatorio

Bienes   Servicios

Competencia orientada
de provedores
|
Oferta de Precios
|
Elección del mejor precio
|
Vencedor de la disputa

Gráfico 2 – Qué, Cuando y por qué Licitar? (Ítem 1.2)

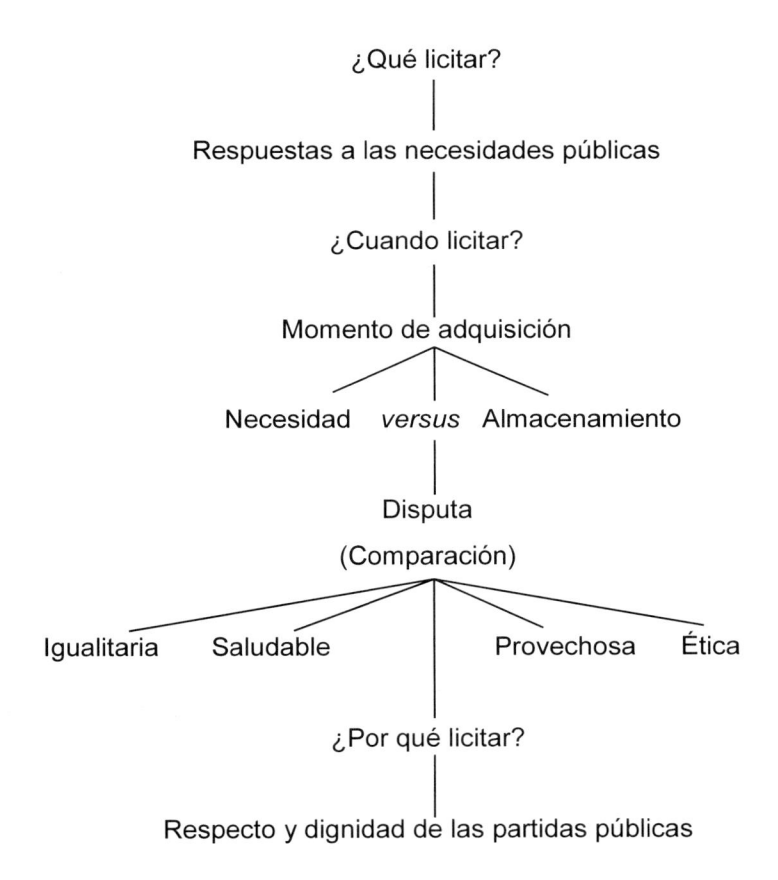

¿Qué licitar?

Respuestas a las necesidades públicas

¿Cuando licitar?

Momento de adquisición

Necesidad *versus* Almacenamiento

Disputa
(Comparación)

Igualitaria   Saludable   Provechosa   Ética

¿Por qué licitar?

Respecto y dignidad de las partidas públicas

Gráfico 3 – El Contexto Fáctico, Lógico y Jurídico (Ítem 1.3)

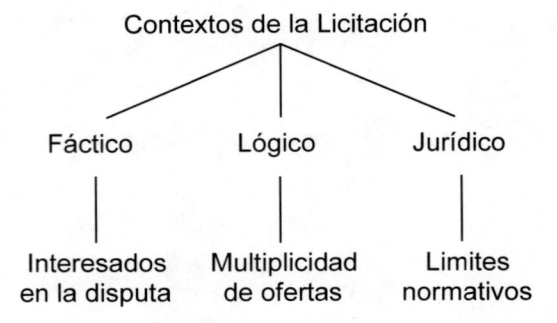

```
                    Contextos de la Licitación
                   /          |           \
              Fáctico       Lógico       Jurídico
                 |             |             |
           Interesados    Multiplicidad    Limites
           en la disputa   de ofertas     normativos
```

Gráfico 4 – Procedimientos de Selección (Ítem 1.4)

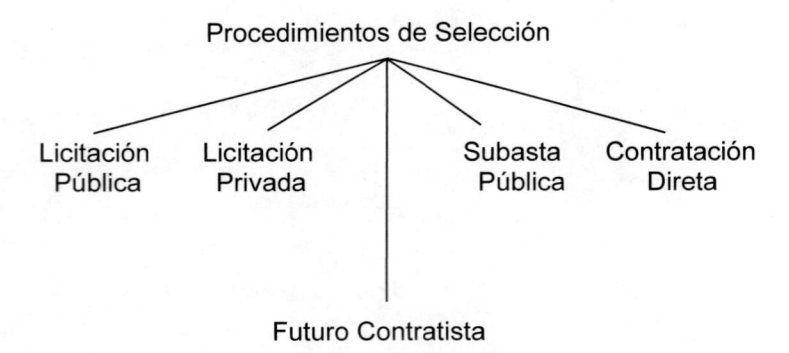

```
                    Procedimientos de Selección
              /         |            \            \
         Licitación  Licitación    Subasta     Contratación
          Pública     Privada      Pública        Direta
                          |
                    Futuro Contratista
```

Gráfico 5 – Función de los Principios en la Licitación (Ítem 1.5)

Función de los principios en la licitación
|
Especialización

Proporcionalidad

Razonabilidad

Legalidad

Igualdad

Impersonalidad

Moralidad

Publicidad / Transperencia

Motivación

Competitividad

Procedimiento formal

Informalismo

Secreto de las propuestas

Vinculación

Juzgamiento objetivo

Adjudicación
|
Selección del Contratista

Gráfico 6 – Las Etapas Internas y Externas (Ítem 1.6 y 1.6.3)

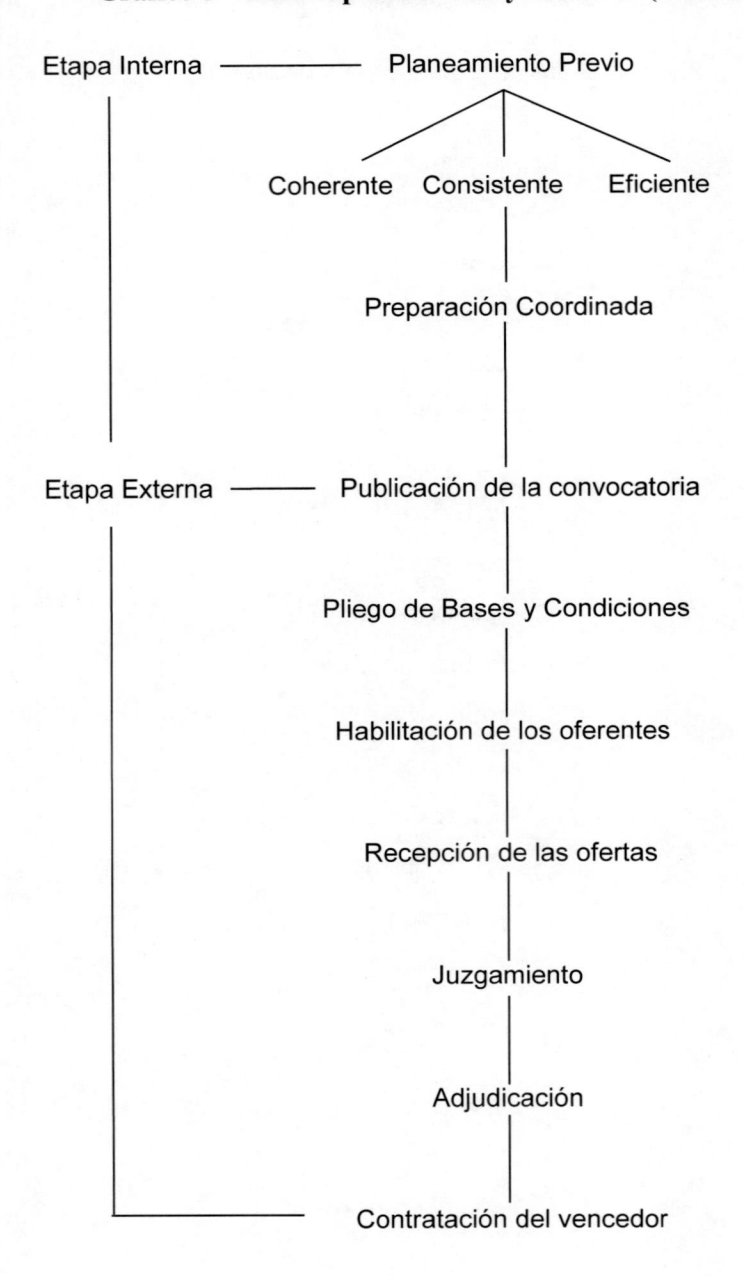

Etapa Interna ──────── Planeamiento Previo

　　　　　　　　Coherente　Consistente　Eficiente

　　　　　　　　　　Preparación Coordinada

Etapa Externa ──────── Publicación de la convocatoria

　　　　　　　　　　Pliego de Bases y Condiciones

　　　　　　　　　　Habilitación de los oferentes

　　　　　　　　　　Recepción de las ofertas

　　　　　　　　　　Juzgamiento

　　　　　　　　　　Adjudicación

　　　　　　　　　　Contratación del vencedor

Gráfico 7 – Pliegos de Condiciones y Formalidades (Ítem 1.6.1)

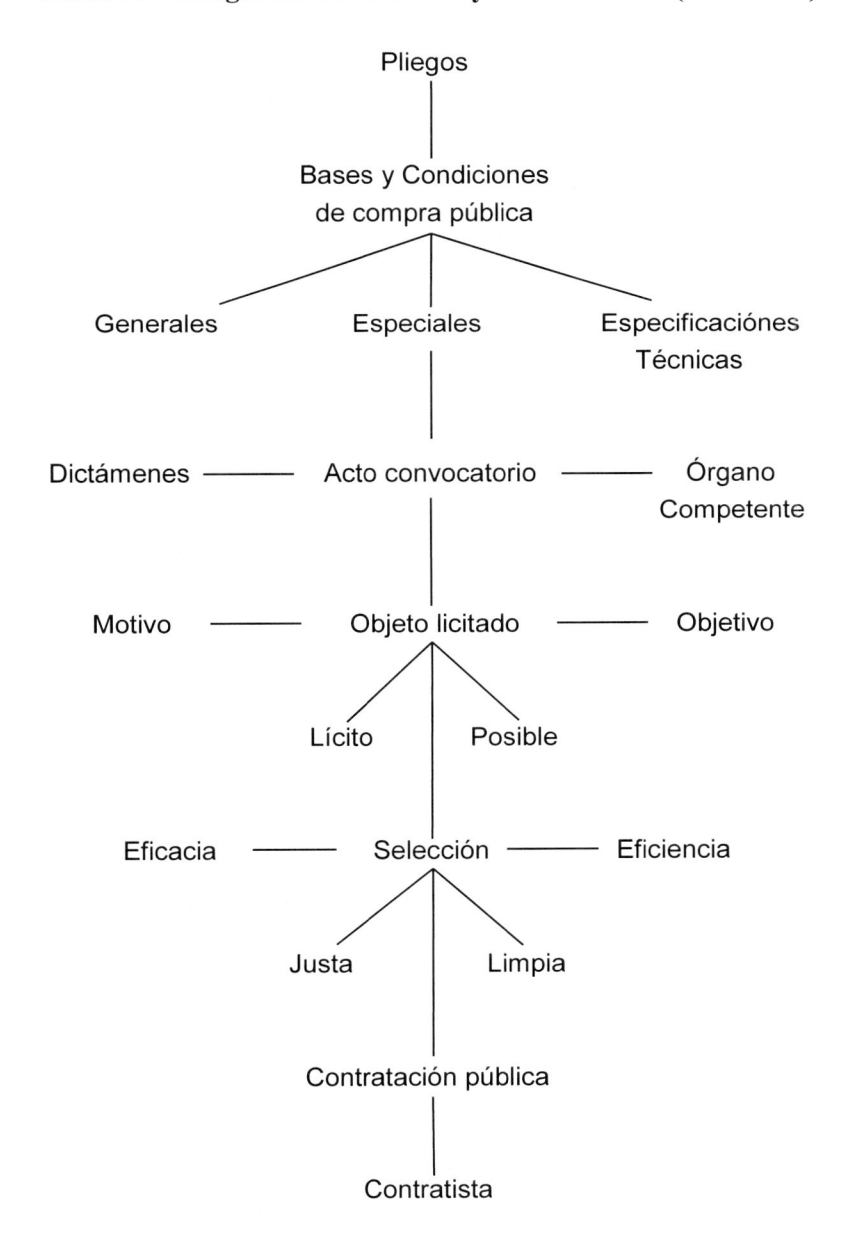

```
                        Pliegos
                           |
                 Bases y Condiciones
                   de compra pública
              /            |            \
      Generales        Especiales      Especificaciónes
                           |                Técnicas
                           |
      Dictámenes ——— Acto convocatorio ——— Órgano
                           |                Competente
                           |
        Motivo    ———  Objeto licitado  ———  Objetivo
                         /        \
                      Lícito     Posible

       Eficacia   ———   Selección   ———   Eficiencia
                         /        \
                      Justa      Limpia

                   Contratación pública
                           |
                      Contratista
```

Gráfico 8 – Análisis Estructural de los Pliegos (Ítem 1.6.2)

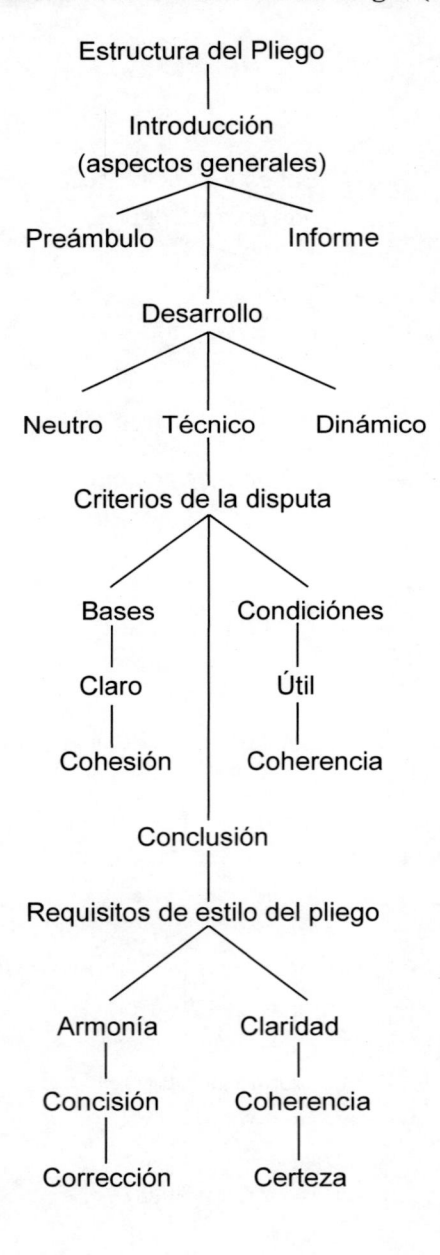

```
                    Estructura del Pliego
                            |
                       Introducción
                    (aspectos generales)
                    /                \
            Preámbulo               Informe
                            |
                        Desarrollo
                    /       |       \
              Neutro     Técnico    Dinámico
                            |
                   Criterios de la disputa
                    /                \
                 Bases             Condiciónes
                   |                    |
                 Claro                 Útil
                   |                    |
               Cohesión             Coherencia
                            |
                        Conclusión
                            |
                Requisitos de estilo del pliego
                    /                \
               Armonía              Claridad
                  |                     |
              Concisión             Coherencia
                  |                     |
              Corrección              Certeza
```

Gráfico 9 – Aplicación y Excepción de la Licitación (Ítem 1.6.3 – parte A)

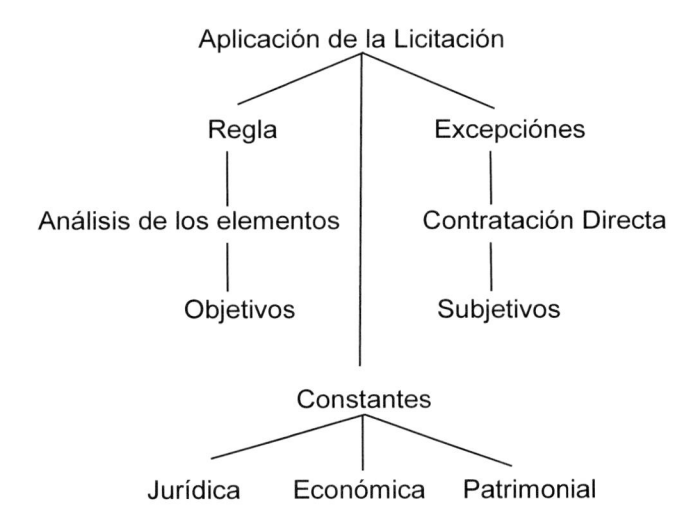

```
                Aplicación de la Licitación
               /                          \
          Regla                        Excepciónes
            |                               |
   Análisis de los elementos        Contratación Directa
            |                               |
        Objetivos                       Subjetivos
                    |
                Constantes
               /     |     \
         Jurídica  Económica  Patrimonial
```

Gráfico 10 – Contratación sin Licitación (Ítem 1.6.3 – parte B)

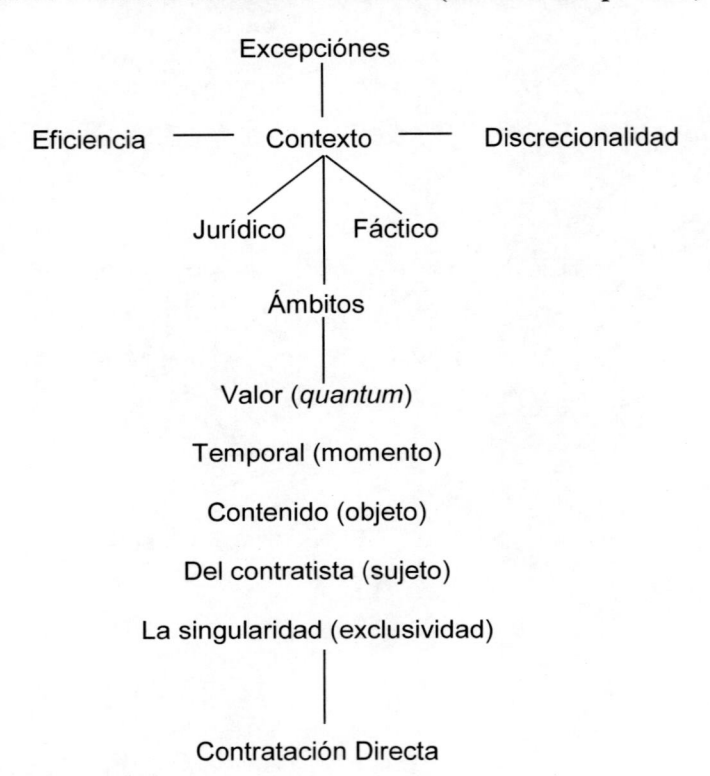

```
                    Excepciónes
                         │
   Eficiencia ───── Contexto ───── Discrecionalidad
                        ╱ ╲
                  Jurídico │ Fáctico
                         │
                      Ámbitos
                         │
                   Valor (quantum)

                  Temporal (momento)

                  Contenido (objeto)

                Del contratista (sujeto)

              La singularidad (exclusividad)
                         │
                 Contratación Directa
```

Capítulo 2

LICITACIÓN COMPARADA

Índice: *1. Trascendencia de la licitación en el Mercosur. 2. La concepción constitucional: un estudio comparado. 3. Modelos licitatorios en los países del Mercosur. 3.1. Argentina. 3.2. Bolivia. 3.3. Brasil. 3.4. Chile. 3.5. Colombia. 3.6. Ecuador. 3.7. Paraguay. 3.8. Perú. 3.9. Uruguay. 3.10. Venezuela. 4. Modelos licitatorios en algunos países de Europa. 4.1. España. 4.2. Francia. 4.3. Inglaterra. 4.4. Italia. 4.5. Portugal.*

1 TRASCENDENCIA DE LA LICITACIÓN EN EL MERCOSUR

El Mercosur, Mercado Común del Sur, concebido a partir de la tendencia mundial de formación de bloques económicos regionales, debe su actual composición[75] al Tratado de Asunción, del 26 de marzo de 1991: a) Estados Partes – Argentina, Brasil, Paraguay, Uruguay desde 2001 y Venezuela desde 2009; b) Estados Asociados – Bolivia, Chile desde 1996; Perú desde 2003, Colombia y Ecuador desde 2004; y c) Estado Observador (*status* no oficial) –México.

La aproximación de estos Estados[76] no fue algo casual. El intento de formar una comunidad supranacional[77] es producto de una lenta y gradual evolución histórica.

---

[75] Según informaciones del Mercosur. Disponible en: www.mercosur.org.uy Fecha de captura: 02.01.2011.
[76] V. ejemplo brasileño. Brasil. Constitución Federal. V. art. 4°, par. único.
[77] REIS, M. M. *Mercosul, União Européia e Constituição: A integração dos Estados e os Ordenamentos Jurídicos nacionais,* Renovar, Río de Janeiro, 2001, p. 65: "Supranacionalidad significa: "a) La existencia de instancias de decisión independientes del poder estatal, las cuales no están sometidas a su control; b) La superación de la regla otorga unanimidad en el ámbito de las competencias establecidas por el tratado instituidor –pueden o no ser tomadas por mayoría ponderada; c) La importancia del derecho comunitario son las normativas originadas

Proveniente del programa integrador entre Brasil y Argentina, poseía como marco la integración infraestructural y de articulaciones políticas externas y económicas, anterior a la celebración del Tratado de Asunción. De hecho, sus objetivos fueron desvirtuados y la integración se inclinó hacia el lado económico. Hubo un compromiso de la integración política debido a las trabas iniciales resultantes de las diferentes formas de economía, presiones políticas externas, políticas monetarias frágiles y una falta total de infraestructura adecuada del comercio entre los países.

De esta manera, el Mercosur, marcado por crisis y conflictos ocasionados por las divergencias económicas y jurídicas entre los países miembros, pone de manifiesto que para perpetuarse debe enfrentar desafíos de mejoras superestructurales en el sentido de un verdadero perfil supranacional, capaz de sobreponerse a los intereses de cada Estado miembro.

Una verdadera integración implica definir reformas estructurales y un plan interno de cada país con vistas a la plenitud de la asociación. Por otra parte los gobiernos, hasta este momento, no han conseguido convertir sus discursos en acciones, estrategias y políticas regionales efectivas para garantizar la paz y el desarrollo de los Estados miembros.

Los Estados, en su concepción estructural, están dotados de un atributo denominado soberanía, o sea, un poder político supremo[78] e independiente[79]. Frente a esto, la supranacionalidad surge, en principio, como una traba al desarrollo de sus funciones básicas, entre las cuales se destaca el gerenciamiento de crisis (política interna y externa). Permitir que un ente supranacional determine las directrices a ser observadas por los demás Estados integrantes sería mitigar el valor del concepto de soberanía.

Una comunidad de Estados existe cuando hay transferencia a organismos supranacionales de poderes para administrar y reglamentar los aspectos comunitarios sobre un grupo de cuestiones[80].

---

de las instituciones supranacionales que poseen aplicabilidad inmediata en los ordenamientos jurídicos internos y no necesitan ninguna medida de recepción de los Estados." (Traducción propia).

[78] Se entiende por supremo lo que no está limitado a ningún otro en el orden interno.

[79] Se entiende por independiente lo que no tiene que acatar a nivel internacional, reglas que no sean voluntariamente aceptadas y por estar en igualdad de condiciones con los poderes supremos de los otros Estados.

[80] En esto sentido, comenta Heber Arbuet-Vignali: "Los órganos supranacionales son aquellos creados por el acuerdo de los Estados-miembros y a los cuales éstos transfieren temporalmente el ejercicio de competencias administrativas, jurisdiccionales y legislativas. Los soportes de estos órganos son personas elegidas por los Estados-

Ningún Estado está aislado. Además, la globalización hace que se diluyan las fronteras estatales. La alianza entre los Estados es más eficaz para asegurar el alcance de metas económicas y sociales que las políticas aisladas de un Estado soberano. No es casual que la globalización trajera aparejada la formación de bloques económicos, en un proceso irreversible tendiente a establecer una nueva constitución global, que ha sido el deseo de innumerables estudiosos a lo largo de la historia de la humanidad.

El Mercosur representa un bloque de Estados integrantes de América Latina situado en la parte más austral de América del Sur, formado en 1991 con la firma del Tratado de Asunción[81] por los presidentes de Brasil y Argentina y posteriormente por los representantes de los demás países.

El origen de los bloques económicos en los países surgió a partir de la Segunda Guerra Mundial, siendo uno de sus pilares Winston Churchill, quien concibió la idea de una especie de "Lazo Federal" como forma de integración económica entre Europa y los Estados Unidos con el objetivo de eliminar fronteras en pro de la unión europea. En 1947, con la organización de los países europeos fue creada la OECE – Organización Europea de Cooperación Económica – órgano intergubernamental, igual que la ONU – Organización de las Naciones Unidas y OEA – Organización de los Estados Americanos, a través de la cual los países miembros adoptaban posiciones de ideas concordantes.

Por otro lado, en 1951 fue creada la Comunidad Europea del Carbón y del Acero, que existe hasta hoy y que está encargada de las políticas relacionadas a esos productos. En el año 1957 fueron firmados en Roma otros dos tratados, uno de ellos se ocupaba de la administración de la energía atómica en el continente europeo, denominado CEEA-EUROTRON y el CE llamado Tratado de Roma de la Comunidad Europea, deliberaba sobre asuntos económicos de carácter residual.

---

miembros, incluso podrán ser de sus nacionalidades, pero no los representan, ni actúan bajo instrucciones como ocurre en los organismos intergubernamentales, sino que son funcionarios internacionales, con independencia técnica, cuyo deber es velar por los intereses del conjunto (comunitarios)." (Traducción propia). ARBUET-VIGNALI, Heber, "Soberania e integração, conceptos opostos ou complementários". En CHIARELLI, Carlos Alberto Gomes (Coord.), *Temas de integração com enfoques no Mercosul*, San Pablo, LTr, 1997, p. 103.

[81] V. EGUIVAR, Luis A., BOIERO, Rodolfo R. Rua, *Mercosur*, Buenos Aires, La Ley, 1991. BOUZAS, Roberto, FANELLI, José M, *Mercosur: integración y crecimiento*, Buenos Aires, Altamira, 2002. ACCIOLY, Elizabeth, *Mercosul & União Européia, estrutura jurídico-institucional*, 3ª. ed., Curitiba, Juruá, 2008. REIS, M. M. *Mercosul, União Européia e Constituição, A integração dos Estados e os Ordenamentos Jurídicos nacionais*, Renovar, Río de Janeiro, 2001.

Finalmente, en la década del setenta, debido a fines meramente económicos, se produjo la unificación de estas tres organizaciones que formaron el Mercado Común Europeo, un fenómeno irreversible constituido por 15 (quince) países con sede en Luxemburgo, Bélgica. Resulta importante señalar que esta estructura quedó establecida en un nivel superior al de sus Estados miembros, su población pasó a ser llamada europea, entre los Estados no existen más fronteras y tienen una moneda única. Además, vale la pena recalcar que con todas esas modificaciones los países no perdieron su soberanía.

Merece mención que el Mercado Común del Sur surgió de la concepción de formación de bloques extraída de Europa. Es un fenómeno de estructuras jurídicas sólidas, pero se presenta de manera frágil, ya que no existe una relación armónica que pueda atender los intereses de los países que lo componen.

El Tratado de Asunción que dio origen al Mercosur impone reglas para conservar el equilibrio y la armonía entre los participantes, para que exista la libre circulación de bienes, servicios y factores productivos entre los países, una tarifa externa común y la adopción de una política comercial común en relación a terceros Estados; coordinación de políticas macroeconómicas y sectoriales; y, principalmente, el compromiso de los Estados miembros de armonizar sus legislaciones en las áreas pertinentes para lograr el fortalecimiento del proceso de integración.

La integración de los países sudamericanos muestra la necesidad de modificar los preceptos del derecho interno de cada Estado miembro, con el fin de que las leyes locales se adapten a la nueva realidad generada por el proceso integrador, como sucedió con el Mercado Común Europeo.

Hasta este momento no ha sido realizado ningún ajuste específico del procedimiento licitatorio en el Mercosur, que intente aplicar las reglas generales del Tratado firmado. Las compras y adquisiciones gubernamentales tienen un papel relevante en la globalización,[82] ya que permiten el desarrollo socioeconómico de los Estados.

Es necesario que este tema sea una preocupación constante de los Estados que participan del acuerdo, para poder mitigar las limitaciones existentes frente a los embates económicos soportados por los países que ejercen influencia directa sobre el proceso de integración.

---

[82] GUIMARÃES, M. A. Miranda, *Concorrências e licitações no mercosul*, Puerto Alegre, Livraria do Advogado, 1997.

Son innegables los beneficios que las compras públicas generan al sistema integrador del Mercado Común del Sur. Los países integrantes del bloque deben empezar a desarrollar sistemas y modelos con el objetivo de acelerar ese aspecto de la integración, poco explotado hasta el momento.

Esta cuestión adquiere relevancia cuando se observan los principios consagrados en el Tratado de Asunción, instrumentos garantizadores de la propuesta integradora. Los principios[83] son normas cargadas de abstracción y generalidad, localizados en el ápice del orden jurídico. Se presentan como sustento de las reglas que componen el orden jurídico. No hay cómo disociar la integración entre los Estados de la armonización de los procedimientos licitatorios que preceden a las contrataciones estatales[84].

Por otra parte, las disposiciones previstas en el Tratado de Asunción y los otros Protocolos no son capaces de asegurar la libre competencia en relación a las contrataciones gubernamentales. En las legislaciones de algunos países que integran el Mercosur figuran dispositivos que frustran la participación de personas de un determinado Estado en los procedimientos licitatorios realizados por otro, restringiendo de esta manera una integración plena. Esta cuestión será abordada más adelante.

2   LA CONCEPCIÓN CONSTITUCIONAL EN UN ESTUDIO COMPARADO

El Mercado Común del Sur tuvo origen en un Tratado, por lo tanto resulta imperioso analizar todo el proceso de formación de los tratados, pactos o convenciones internacionales, incluso la forma en que

---

[83] Al entender de Cretella Júnior: "los principios de una ciencia son las proposiciones básicas, fundamentales, típicas, que condicionan todas las estructuras subsiguientes. En este sentido, los principios son el fundamento de la ciencia." (Traducción propia). Ampliar en LIMA, Ruy Cirne; PASQUALINE, Paulo Alberto, *Princípios de direito administrativo*, 7ª. ed., San Pablo, Malheiros, 2007. ROSA, Renata Puerto de Adri y otros, *Princípios formadores do direito administrativo*, San Pablo, NDJ, 1997.

[84] SALOMONI, J., "Reforma del Estado y Mercosur", en CHIARELLI, Carlos Alberto Gomes (Coord.). *Temas de Integração com enfoques no Mercosul*, San Pablo, LTr, 1997, v. 1, p. 228: "[...] ello significa la necesidad de establecer un sistema de "compra comunitario". En otras palabras, me estoy refiriendo a un sistema de preferencia y promoción de las industrias locales –las nacionales de cada país miembro– considerándolas como comunitarias, en sus provisiones a cualquiera de esos Estados miembros." (Traducción propia).

ingresan en el ordenamiento jurídico patrio, para finalmente confrontarlos con las normas licitatorias.

Los tratados son actos solemnes bilaterales o multilaterales de origen internacional, practicados entre Estados u organizaciones internacionales[85]. Dejando de lado las teorías y discusiones en relación al nacimiento de los tratados, éstos adquieren existencia cuando un texto es aprobado por una instancia de organización internacional o cuando un documento es firmado por sujetos de derecho internacional público[86].

En la República Federativa de Brasil, la Constitución Federal de 1988 describe como competencia privativa del Presidente de la República "celebrar tratados, convenciones y actos internacionales, sujetos al referéndum del Congreso Nacional"[87].

Se deduce que después de la celebración del tratado, convención o acto internacional por parte del Presidente de la República corresponderá, internamente, al Congreso Nacional, deliberar sobre su viabilidad y si fuese el caso, refrendar y aprobar la decisión de dicha autoridad a través de un Decreto Legislativo[88]. En realidad, el Poder Legislativo permitirá al Jefe del Poder Ejecutivo confirmar ante el orden internacional que el país, en forma directa, se obliga a cumplir lo que ha sido pactado.

Con el objeto de que el compromiso internacional celebrado y refrendado se incorpore en definitiva al orden jurídico patrio, la Constitución de Brasil describe que corresponderá a su Presidente, mediante un decreto, promulgar y publicar el texto del tratado en idioma patrio y en órgano de la prensa oficial, dándole fuerza ejecutoria[89/90].

---

[85] V. Convención de Viena sobre Derecho de los Tratados. Cf. "2. Términos empleados. a) se entiende por "tratado" un acuerdo internacional celebrado por escrito entre Estados y regido por el derecho internacional, ya conste en un instrumento único o en dos o más instrumentos conexos y cualquiera que sea su denominación particular."
[86] V. los procesos de formación de los Tratados en Brasil. CACHAPUZ DE MEDEIROS, Antônio Paulo, *O poder de celebrar tratados: competência dos poderes constituídos para a celebração de tratados, à luz do direito internacional, do direito comparado e do direito constitucional brasileiro,* Puerto Alegre, Sergio Antonio Fabris, 1995, p. 457-458.
[87] V. Brasil. Constitución Federal. V. art. 84, par. único.
[88] Cf. Brasil. Constitución Federal. V. art. 49.
[89] V. Brasil. Constitución Federal, art. 84, IV. Cf. FRAGA, Mirtô, *O conflito entre o tratado internacional e a norma de direito interno,* Río de Janeiro, Forense, 1997, p. 69: "El decreto del Presidente de la República certificando la existencia de nueva regla y el cumplimiento de las formalidades requeridas para su conclusión, con la orden de ser cumplida al pie de la letra, confiriéndole (al tratado) fuerza ejecutoria, y

Es en este momento cuando se hace imprescindible el análisis de los efectos generados por los tratados internacionales de los cuales Brasil es parte. En conformidad con el posicionamiento del STF (Supremo Tribunal Federal)[91], los tratados, de manera general, integran el orden jurídico interno con fuerza de norma infraconstitucional, situándose en el mismo nivel en que se encuentran las leyes ordinarias, como por ejemplo la Ley de Licitaciones y Contratos (paridad normativa con las leyes ordinarias)[92/93].

Lo esencial de la cuestión es saber cuál de las disposiciones prevalecerá en caso de que exista un conflicto entre la norma internacional y la norma interna[94/95].

---

la publicación exige que sea observada por todos: Gobierno, particulares y Poder Judicial." (Traducción propia).

[90] Brasil adopta el sistema de dualismo moderado, por lo cual no es necesaria una ley formal (*dualismo extremo o radical*) para la ejecución de los tratados internacionales y sí sólo la aprobación del Congreso Nacional y la promulgación presidencial.

[91] V. Decisiones del Supremo Tribunal Federal Brasileño: RE 349.703 y RE 456.343, juzgados en 03-12-08, Plenario, *DJE* de 05-06-2009. Disponible en: www.stf .jus.br/portal/constituicao/ Fecha de captura: 02.08.2011.

[92] Brasil. Constitución Federal. V. art. 5°, par. 3°. Alterado por fuerza de la Emienda Constitucional N° 45/2004.

[93] En el mismo sentido la constitución de algunos países establece la prevalencia de los derechos humanos en el orden interno. V. Argentina –arts. 8°, 28 y 32; Brasil –arts. 4° y 22, XXVI; Bolivia –art. 7°; Chile –arts. 1° y 5°; Colombia –arts. 2°, 9°, 93 y 94; Ecuador –arts. 3° y 4°; Paraguay –arts. 45, 46 y 47; Perú –arts. 3° y 55-57; Venezuela –arts. 2°, 22 y 23; Uruguay –art. 6°. V. *supra*, compilación de las normas supranacionales en Anexo II.

[94] Al hablar sobre la importancia de los tratados, Gordillo demuestra: "[...] estas normas constituyen no solamente derecho supranacional sino también y cuanto menos, al propio tiempo, derecho interno, vigente, operativo, aplicable de pleno derecho a toda situación que pueda encuadrar en sus normas, en tanto éstas tengan un contenido que no sea manifiesta e indiscutiblemente programático [...] de lo expuesto surge que toda norma contraria preexistente ha cesado automáticamente en su vigencia. Es obvio que toda otra norma legislativa anterior que se oponga directa o indirectamente a estas normas ha quedado inmediatamente derogada o carente de vigencia, por incompatibilidad con la legislación posterior. Una interpretación que pretendiera que estos pactos supranacionales, o al menos de rango constitucional, no son sino una expresión de deseos (salvo, claro está, su única norma claramente programática), no susceptible de aplicación directa por los jueces, no invocable por los individuos, constituiría una burla al orden jurídico y a las libertades y garantías públicas." GORDILLO, Agustín, *Tratado de derecho administrativo*, t. I, 5ª. ed., Fundación de Derecho Administrativo, Buenos Aires, 1999, p. VI-25.

[95] En este sentido, Jorge Salomoni agrega: "[...] la armonización de esos ordenamientos jurídicos, se deberá realizar fundamentalmente, a través de los propios órganos constitucionales de cada país, es decir, una armonización de abajo hacia arriba, lo que

En el caso de que el tratado internacional tenga el *status* de norma infraconstitucional, deberá ser observado el criterio cronológico – *lex posterior derogat priori* (ley posterior deroga la anterior al reglamentar enteramente la misma materia o al disponer de modo contrario)[96] frente a la colisión entre el tratado y la ley ordinaria brasileña. Asimismo, deberá ser observado el criterio jerárquico – *lex superior derogat inferiori* (ley superior deroga la inferior, ya que en este caso, la norma es dotada de supremacía y supralegalidad)[97].

3 MODELOS LICITATORIOS DE ALGUNOS PAÍSES

Corresponde destacar la importancia de cada legislación referente al procedimiento licitatorio de algunos países y sus peculiaridades.

Debido a esas diferentes características, es clásica la afirmación de que cada Estado, en el ejercicio de su poder soberano, ejerce tres funciones: administrativa, jurisdiccional y legislativa, y ésta a su vez se encarga de las reglas a ser seguidas por la administración pública.

De esta manera, atendidas las particularidades de cada país[98], el legislador editará normas acerca de contratos y compras en la esfera pública. Haremos un recorrido por algunas legislaciones[99], enfatizando los puntos más importantes.

---

permitirá, en mi opinión, en menos tiempo y más eficazmente, la construcción de tal derecho público común". SALOMONI, J. *Reforma del Estado y Mercosur*. En CHIARELLI, Carlos Alberto Gomes (Coord.), *Temas de Integração com enfoques no Mercosul,* San Pablo, LTr, 1997, p. 219.

[96] V. Brasil. Lei de Introdução ao Código Civil. Decreto-ley N° 4.657/1942. V. art. 2°, § 1°.

[97] Brasil. Constitución Federal. V. art. 102, III, b.

[98] Véase, también, Guido Santiago Tawil, sobre este punto: "[...] las ideas extranjeras constituyen una fuente de inspiración innegable de innumerables principios e instituciones del derecho administrativo contemporáneo; no se trata, por cierto, de trasplantarlas artificialmente sino, al contrario, de conocerlas, examinarlas y aprender de ellas a fin de tomar lo positivo y desechar aquellas concepciones ajenas o inconvenientes para nuestro sistema jurídico". TAWIL, Guido Santiago, "El Estudio del Derecho Comparado y su Incidencia en el Desarrollo del Derecho Público Interno", in *Revista de Derecho Administrativo,* RDA, 1991, ano 3, Depalma, Buenos Aires, p. 80.

[99] Se adopta el siguiente orden de los países del Mercosur: Argentina, Brasil, Bolivia, Chile, Colombia, Ecuador, Paraguay, Perú, Uruguay y Venezuela. Se trata de un recorrido comparativo sobre la licitación en los Estados Parte y Asociados del Mercosur.

3.1 Argentina

Dada la necesidad de un sistema licitatorio que permita la reducción de costos, agilidad del trámite, fortalecimiento de la competitividad, una mayor participación de las empresas pequeñas y medianas y, principalmente, que posea mecanismos seguros, capaces de detectar y expulsar a los proveedores inhabilitados, la Nación Argentina cuenta con un moderno y eficaz método para realizar las contrataciones públicas.

En busca de dichos objetivos, la administración se resguarda en la nitidez y eficacia de las normas contenidas en el Decreto N° 1023/2001 y su complementario Decreto N° 436/2000[100] que resalta la importancia de principios[101] como el de transparencia y el de publicidad del acto, que convierten la licitación pública[102] en un procedimiento más seguro y confiable, ya que todos sus detalles están a disposición del interesado.

Todos los requisitos formales y materiales que envuelven la licitación deberán ser publicados en el Boletín Oficial, así como en periódicos de amplia circulación nacional. Además rige la obligatoriedad de difusión electrónica por parte de la Oficina Nacional de Contrataciones, vinculada a la Subsecretaría de Presupuesto de la Secretaría de Hacienda del Ministerio de Economía[103], órgano responsable por el almacenamiento de datos ligados a los procedimientos de contratación y todas sus especificidades.

En lo que se refiere a la publicidad[104] del certamen, la Ley ofrece además la posibilidad de invitaciones personales a empresas que habitualmente realizan contratos con el Estado, sea por su importancia o

---

[100] Argentina. Decreto N° 436 de 30.05.2000 vigente según art. 39 del Decreto N° 1023/2001, con la derogada Ley de contabilidad – Decreto N° 5720/1972.
[101] Argentina. Decreto N° 436/2000. V. arts. 5° y 10.
[102] GORDILLO, Agustín. *Tratado de derecho administrativo: la defensa del usuario y del administrativo*. 9ª. ed., Buenos Aires, Fundación de Derecho Administrativo, 2009, p. 6. Apunta GORDILLO que la licitacion pública "constituye un pedido de ofertas efectuado en forma general al público o a cualquier empresa inscripta en un registro creado el afecto, cuando tal sistema de control existe". V. en el cap. XII el amplio desarrollo sobre el ámbito de aplicación, licitación pública y privada, contratación directa, principios, etapas, presentación y aceptación de las ofertas, licitación, excepciones y el régimen de iniciativa privada.
[103] Ibídem. V. arts. 10, 17 y 14.
[104] Ibídem. V. arts. 14, b y 60. Comparar con el Manual Argentino para el ejercicio de la función pública. GÓMEZ, Nicolás, *Ética, transparencia y lucha contra la corrupción en la administración pública*, Buenos Aires, Oficina Anticorrupción, Ministerio de Justicia y Derechos Humanos de la Nación, 2009. Ampliar también en el ítem 3.1, GORDILLO, *Op. cit.*, pp. 9-12.

porque la administración lo considere conveniente para la convocatoria. Es importante recordar que el incumplimiento de los requisitos previos referidos a la publicidad del acto se traduce en la revocación inmediata del procedimiento.

Una innovación presente en el actual régimen que ratifica esa preocupación por la legalidad y legitimidad de las relaciones contractuales que involucran el interés público es la cláusula anticorrupción[105], que castiga severamente cualquier conducta o intención que beneficie directa o indirectamente a un licitante, sea a cambio de ventajas pecuniarias o de otra índole.

De hecho, una vez presentada la oferta[106], ésta condiciona al oferente a las reglas licitatorias y el incumplimiento de cualquiera de esas obligaciones generará sanciones. Tales penalidades no serán aplicadas cuando se trate de casos fortuitos o de fuerza mayor y que sean comunicados al organismo dentro del plazo previsto.

Una Comisión Evaluadora[107] recibirá las propuestas, las analizará según criterios formales y materiales obligatorios y emitirá un dictamen que permitirá a la autoridad competente evaluar[108] el perfil de los interesados en la contratación administrativa. El dictamen podrá ser impugnado por el oferente interesado dentro de un plazo de cinco (5) días a partir de la notificación.

3.2 Brasil

La licitación consta en el derecho brasileño hace aproximadamente 147 años, refrendada por el Decreto N° 2.926, del 14 de mayo de 1862, que trataba la reglamentación de las adjudicaciones de servicios a cargo del entonces Ministerio de Agricultura, Comercio y Obras Públicas. A partir de esa fecha fueron varias las leyes que trataron de manera muy simple esta cuestión, hasta que finalmente dicho procedimiento fue consolidado por el Decreto N° 4.536, del 29 de enero de 1922[109]. En el

---

[105] Argentina. Decreto N° 436/2000. V. art. 9°. También señala la incidencia de la Convención Interamericana Contra la Corrupción (CICC). Ampliar en GORDILLO, Agustín, "Un corte transversal al derecho administrativo: la Convención Interamericana Contra la Corrupción," LL, 1997-E, p. 1091.

[106] Ibídem, V. arts. 67, 144 y 95. Ver también las observaciones sobre el pedido y comparación de las ofertas. GORDILLO, *Op. cit.*, pp. 6-7.

[107] Ibídem, V. arts. 77, 78 y 80.

[108] Lo hemos intentado explicar en DURÃO, Pedro, *Técnica de parecer: como fazer um dictamen jurídico*, Curitiba, Juruá, 2008, pp. 30-44.

[109] En el ámbito Federal, el Decreto N° 4.536, de 28.01.1922 fue responsable por la organización del Código de Contabilidad de la Unión. Brasil. Decreto N° 4.536, de 28.01.1922. V. arts. 49-53.

ámbito federal, esta norma fue responsable de la organización del Código de Contabilidad de la Unión.

En efecto, a partir de dicho Código la licitación se fue transformando con el objetivo de imponer eficiencia a las contrataciones públicas, hasta ser por fin sistematizada a través del Decreto-ley N° 200 del 25 de febrero de 1967, que estableció la reforma administrativa federal,[110] extendida a las administraciones estaduales y municipales con la edición de la Ley N° 5.456 del 20 de junio de 1968.

El Decreto-ley N° 2.300, del 21 de noviembre de 1986, actualizado en 1987 por los Decretos-ley N° 2.348 y N° 2.360, instituyó por primera vez el Estatuto Jurídico de las Licitaciones y Contratos Administrativos, reuniendo normas generales y específicas inherentes al tema.

Posteriormente, la Constitución Brasileña[111] confirió a las licitaciones y contrataciones efectuadas en el seno de la administración pública el *status* de principio constitucional, reconociendo excepciones en casos de inexigibilidad de la obligación[112], a pesar de ser una constante en los negocios administrativos. Ésta es una de las condiciones de validez de los contratos celebrados por la administración pública: licitación previa o acto formal que reconozca el caso como encuadrado en una de las situaciones contempladas en la ley.

Deriva de la Constitución[113] la noción de que la Unión, en un primer momento, tendría competencia para legislar sobre esa materia. Esto desde luego muestra que la competencia normativa de los Estados, Distrito Federal y Municipios en este campo, aunque existente, sería mucho menor de lo que se podría suponer en un examen inicial. La definición de las normas generales vinculadas a los demás entes es privativa de la Unión y por otra parte, las competencias locales están restringidas a las peculiaridades no disciplinadas en las normas generales. De esta manera, para el régimen de licitaciones en Brasil, la legislación local está siempre en segundo plano, ya que debe obediencia a las normas federales generales.

Después de la Constitución, hubo una serie de leyes que culminaron en la actual[114]: Ley de Licitaciones y Contratos. La Unión también ejerció su competencia en otros textos legislativos, destacándose

---

[110] Brasil. Decreto-ley N° 200, de 25.02.1967. V. arts. 125-144.
[111] V. Brasil. Constitución Federal. Esta fue promulgada el 05.10.1988.
[112] Ibídem. V. art. 37.
[113] Ibídem. V. art. 22, inc. XXVII.
[114] V. Brasil. Ley N° 8.666 del 21.06.1993.

la Ley de Concesiones y Permisos de Servicios Públicos[115] y la Ley del "Pregão"[116] (Subasta Electrónica o Presencial). Esta referida a la adquisición[117] de bienes y servicios comunes a través de medios electrónicos o de marco presencial que ganó especial interés en el país debido a la rapidez, economía, transparencia[118] y competitividad.

Del Artículo 1º de la Ley de Licitaciones y Contratos se extraen como sujetos a licitación previa a la contratación pública[119]: a) Entes y órganos de la administración pública centralizada, o sea, la Unión, las provincias, los municipios y el Distrito Federal; b) las personas jurídicas que componen la administración pública descentralizada (autarquías, fundaciones, empresas públicas y sociedades de economía mixta prestadoras de un servicio público)[120]; d) entes controlados directa o indirectamente por la administración pública. También se incluyen otros casos como los fondos públicos; e) organizaciones sociales (OS), organizaciones de la sociedad civil de interés público (OSCIP)[121]; f) servicios sociales autónomos, y g) entidades de clase[122].

En Brasil, dicha ley determina que las contrataciones públicas tienen que recurrir uno de los siguientes caminos: la licitación previa[123]

---

[115] V. Brasil. Ley Nº 8.987 del 13.02.1995 y Ley Nº 9.074 del 07.07.1995.
[116] V. Brasil. Ley Nº 10.520 de 17.07.2002. Ampliar en JUSTEN FILHO, Marçal, *Pregão: Comentários à legislação do pregão comum e eletrônico*, 5ª. ed., San Pablo, Dialética, 2009.
[117] En Brasil, el procedimiento llamado "Pregão" se aplica en la licitación de la selección de la oferta más ventajosa de bienes y servicios comunes, sin límites de valor, en la cual los oferentes en la fase inicial de la competencia realizan ofertas de precios, donde el mejor clasificado tendrá su calidad aceptada *a posteriori*. Este procedimiento permite una multiplicidad de oferentes, plazos y burocracia reducidos.
[118] V. Brasil. Tribunal de Cuentas de la Unión (TCU). Fallo (Súmula) Nº 177: "La definición precisa y suficiente del objeto licitado constituye una regla indispensable de la competencia, inclusive como presupuesto del postulado de igualdad entre los participantes, de lo cual es subsidiario el principio de la publicidad, que incluye el conocimiento por los competidores potenciales de las condiciones básicas de la licitación, constituyendo, en el caso particular de la licitación para compra, la cantidad demandada una de las especificaciones mínimas y esenciales de la definición del objeto de subasta electrónica ("pregao")." (Traducción propia)
[119] Cf. art. 1º da Ley Nº 8.666/1993
[120] Las empresas públicas y sociedades de economía mixta como explotadoras de la actividad económica pueden someterse a régimen propio para adoptar reglas simplificadas compatibles con su naturaleza privada. V. Brasil. Constitución Federal, art. 173, par. 1º, III.
[121] Suspendida la eficacia por la Acción Directa de Inconstitucionalidad. V. Brasil. STF ADIn Nº 1923/2007 (naturaleza *cautelar*).
[122] El caso de los Consejos Profesionales en Brasil. Brasil. V. MS n. 22.643-9 SC.
[123] BANDEIRA DE MELLO, Celso Antônio, *Curso de direito administrativo*, 28ª. ed., San Pablo, Malheiros, 2011, p. 528; DALLARI, Adilson Abreu, *Aspectos jurídicos da*

obligatoria o la hipótesis legal de ausencia de licitación por inviabilidad con un único interesado.

Generalmente las obras, servicios, compras y enajenaciones, concesiones y permisos siguen un procedimiento riguroso que, como vimos anteriormente, es una exigencia constitucional. Con todo, en carácter excepcional[124], la citada Ley, en obediencia al texto constitucional, admite que exista una contratación directa por inexigibilidad o dispensa de licitación por parte de la administración pública siempre que esté debidamente fundamentada e instruida. Ésta última basada en hipótesis legales taxativas: a) valores ínfimos de contratación; b) situaciones especiales o particulares definidas; c) peculiaridad del objeto; y d) atributo especial del contratado o ejecutante[125].

Al analizar estas dos grandes categorías de ausencia[126] de licitación es importante destacar que, en la práctica, la excepción prevalece sobre la regla, facilitando muchas veces compras directas y dudosas. Ellas son la inexigibilidad de la licitación[127], debido a la imposibilidad de competición del objeto o servicio por ser único[128], o la contratación de actividades artísticas consagradas por la opinión pública o por la crítica especializada. También la dispensa de licitación, que prevalece a criterio del gestor. Ésta se subdivide en: licitación dispensada, que está prevista cuando se realiza entre entes estatales y licitación dispensable en las hipótesis legales en que el administrador tenga el poder de hacerla o de elegir el proceso de contratación directa[129].

---

licitação, 7ª. ed., San Pablo, Saraiva, 2007, p. 11; COELHO MOTTA, Carlos Pinto, *Eficacia nas licitações e contratos,* 6ª. ed., Belo Horizonte, Del Rey, 1997, p. 33; SUNDFELD, Carlos Ari, *Licitação e contrato administrativo*, San Pablo, Malheiros, 1994, p. 61; GRAU, Roberto Eros, *Licitação e contrato administrativo*, San Pablo, Malheiros, 1995; FIGUEIREDO, Lúcia Valle, *Direitos dos licitantes*, 4ª. ed, San Pablo, Malheiros, 1994, p. 32.

[124] V. BRITTO, Carlos Ayres, *O perfil constitucional da licitação*, Curitiba, Znt, 1997.

[125] La contratación directa no significa informalidad, sin embargo, los casos de dispensa e inexigibilidad serán siempre justificados. Brasil. Ley N° 8.666/1993. V. art. 26, *caput,* art. 17, par. 2 y 4, y los arts. 24, III y 25. Ley N° 13.019/14. V. art. 30, 31 y 32.

[126] Son expresiones comunes en la doctrina brasileña: contratación sin licitación, alejamiento de la licitación, excluyentes de la licitación y contratación o adjudicación directa. Por lo tanto sirven para designar un género del cual las especies son la dispensa y la inexigibilidad de licitación.

[127] Cf. los ejemplos. Brasil. Ley N° 8.666/1993. V. art. 25. En igual sentido FERNANDES, Jorge Ulisses Jacoby*, Contratação direta sem licitação,* 5ª. ed., Brasilia, Brasília Jurídica, 2000.

[128] Ibídem, V. art. 13.

[129] V. Brasil. Ley N° 8.666/1993. V. art. 17, I y II, y art. 24, I-XXXIII. V. Los casos de licitación desierta y "fracasada". Cf. arts. 24, V, y 48, par. 3.

De esta manera, no se admite ninguna libertad en la selección de contratados por la administración pública, incluso cuando existe una aparente atribución flexible en sumisión a los principios constitucionales generales y a los específicos de la función administrativa, salvo en los casos citados en la Ley.

Determinados los parámetros obligatorios para la realización de la licitación, esos regímenes legales establecen una serie de particularidades que dan origen a diversas modalidades[130], cada una con sus requisitos, especificidades y tipos de licitación definidos a partir de ciertos criterios de juzgamiento y de procedimiento.

Según el artículo 22 de la referida Ley,[131] son modalidades de licitación en Brasil:

a) *Competencia*. Modalidad genérica utilizada en contrataciones de gran porte (o de alto valor)[132], precedida de amplia divulgación y donde pueden participar todos aquellos que reúnan las condiciones establecidas en el instrumento de convocatoria (edital). Será obligatoria en los siguientes casos: compra y enajenación de bienes inmuebles[133], concesiones de derecho real de uso, licitaciones internacionales[134], contratas integrales[135] y en las concesiones de servicios[136].

b) *Consulta de Precios*[137]. Utilizada en contratos de valor mediano. La participación se restringe a proponentes previamente inscriptos en los archivos administrativos o que reúnan las condiciones establecidas y se hayan registrado 3 (tres) días antes de la fecha de admisión de las propuestas.

c) *Invitación*. Es la licitación utilizada en las contrataciones de pequeño valor, en la que se convoca a participar de la disputa a un mínimo de tres interesados que operan en el sector pertinente (registrados o no), extendiéndose a los del ramo que ya están registrados y que hayan manifestado

---

[130] Brasil. Ley N° 10.520/2002. Cf. Constitución Federal, art. 37, XXI.
[131] Brasil. Constitución Federal. Cf. art. 22.
[132] En igual sentido DUARTE, João Ribeiro Mathias, *Desenvolvimento do procedimento licitatório*, San Pablo, UNESP, 2004. GUIMARÃES, M. A. Miranda, *Concorrências e licitações no mercosul*, Puerto Alegre, Livraria do Advogado, 1997.
[133] Brasil. Ley N° 8.666/1993. V. art. 19
[134] Incluyendo la participación de empresas extranjeras que no estén en el país.
[135] Brasil. Ley N° 8.666/1993. Cf. art. 6°, VII, letra "a".
[136] Brasil. Ley N° 8.987/1995. V. art. 2°.
[137] La denominación en Brasil es "Tomada de Preços". Brasil. Ley N° 8.666/1993. V. 22, II, par, 2.

interés con 24 (veinticuatro) horas de antecedencia a la presentación de las propuestas. En los casos en que corresponda invitación podrá utilizar consulta de precios o competencia[138].

d) *Concurso.* Es una disputa entre todos los interesados que cumplan con los requisitos técnicos, científicos o artísticos y donde se instituye un premio o remuneración para los vencedores.

e) *Subasta*[139]. Utilizado en la venta de bienes: muebles inservibles y productos legalmente confiscados o embargados; como también inmuebles provenientes de procesos judiciales o entregados como forma de saldar una deuda, en los casos en que la enajenación resulte útil a la administración pública.

f) *Remate Electrónico o Presencial ("Pregão").* Nueva modalidad[140] que por su simplicidad garantiza agilidad y economía, sea en el formato electrónico o presencial para la adquisición de bienes y servicios comunes[141] en los que el licitador puede regatear el menor precio. Se admite sólo para la selección de vencedores con menor precio y con inversión de fases de procedimiento, donde primero se clasifica para después realizar la habilitación de los proponentes.

De esta manera, las normas licitatorias brasileñas, asociadas a los conceptos arriba expuestos, trazan parámetros de valor[142/143] a las modalidades de competencia, consulta de precios e invitación; mientras que las tres últimas: concursos, subastas, y remate electrónico o presencial, se establecen conforme el objeto licitado.

---

[138] Brasil. Ley N° 8.666/1993. Cf. art. 23, par. 4°. V. FERREIRA, João Sanches, *Da licitação na modalidade de convite: manual prático*, Curitiba, Juruá, 2003.

[139] V. Brasil. Ley N° 8.666/1993. Cf. art. 17, III, par. 6°, art. 19, art. 22, V, art. 32, par. 1°, art. 41, par. 2°, art. 43 y 53.

[140] V. Brasil. Ley N° 10.520/2002.

[141] Se consideran bienes y servicios comunes aquéllos cuyos patrones de desempeño y calidad puedan ser objetivamente definidos por el instrumento de convocatoria, a través de las especificaciones usuales en el mercado (Brasil. Ley N° 10.520/2001. V. art. 1°, par. único de "Ley del Pregão"). Son objetos comunes de esta forma de contratación: material de expedientes, muebles, utensillos y equipamiento general, combustibles y lubricantes, vales de refrigerio o comida, limpieza, vigilancia y conservación, alquiler y manutención de equipamientos, telefonía, transporte, seguro de salud, impresoras y computadoras, entre otros.

[142] Comparar con los consorcios públicos. Brasil, Ley N° 8.666/1993. V. art. 23, par. 8°. V. DURÃO, Pedro, *Convênios e consórcios públicos*, 4ª. ed., Curitiba, Juruá, 2014.

[143] Brasil. Ley N° 8.666/1993. V. art. 24, par. único.

En las modalidades descriptas en la Ley N° 8.666/1993, el *iter* licitatorio obedece etapas que van desde la fase interna de planificación hasta las etapas externas como la divulgación de los pliegos de condiciones, presentación de documentos y propuestas para permitir la habilitación de los proponentes y la clasificación de las propuestas, los recursos adecuados y por último la adjudicación al vencedor, homologándola, y permitiendo de esta manera la contratación pública deseada[144].

Vale la pena resaltar las dos etapas primordiales: el examen de los documentos de habilitación y el juzgamiento de las propuestas. Antes de la evaluación de éstas, cada participante deberá comprobar, a través de documentos y criterios enumerados en la Ley y explicitados en los instrumentos de convocatoria, su aptitud para realizar el objeto contratual. Este examen se hace con todos los licitantes y sólo aquéllos que consigan superar esta etapa tendrán clasificadas sus propuestas para la fase de juzgamiento.

Por otra parte, es importante analizar el actual tratamiento de los extranjeros en las licitaciones en Brasil. Hasta el advenimiento de la Enmienda Constitucional N° 6, promulgada el 15 de agosto de 1995, la Constitución brasileña establecía expresamente ciertos privilegios para empresas brasileñas de capital nacional y productos nacionales[145].

En este sentido la referida norma[146] aducía, por ejemplo, que esas empresas y productos tendrían preferencia en caso de empate en el proceso licitatorio[147]. Con la llegada de la mencionada reforma fue suprimido el concepto de empresa brasileña de capital nacional, pues la Constitución Federal de 1988 pasó a determinar que entre los postulados que rigen el orden económico debía figurar "tratamiento favorecido a las empresas de pequeño porte constituidas bajo las leyes brasileñas, y que tengan su sede y administración en el País"[148].

Actualmente no se habla de preferencia para la contratación pública de bienes o servicios producidos por empresas con capital nacional.

---

[144] En igual sentido AMARAL, Antônio Carlos Cintra de, *Ato administrativo, licitações e contratos administrativos,* San Pablo, Malheiros, 1995, p. 93.
[145] Cf. Constitución Federal, art. 170, X.
[146] Brasil. V. Ley 8.666/1993, art. 3°, par. 2°.
[147] Estas normativas trajeron ventajas en la contratación de bienes y servicios de informática y automatización cuando fueron producidos por empresas brasileñas de capital nacional. Brasil. V. el art. 3° de la Ley N° 8.248/1991 y el Decreto N° 1.070/1994.
[148] Brasil. Constitución Federal. V. art. 170, IX. V. Ley N° 123/2006.

Se entiende claramente que fueron suprimidas todas las preferencias para brasileños en las contrataciones públicas a partir de la alteración constitucional[149]. En las licitaciones ocurridas en la República Federativa de Brasil son admitidos licitantes tanto nacionales como extranjeros. Por eso debemos reconocer la existencia de licitaciones internacionales, cuyas reglas son adaptables a la participación de extranjeros. En cualquier licitación, una vez observados los trámites legales necesarios a la regularización empresarial en Brasil[150], los licitantes extranjeros reciben el mismo trato dado a los licitantes nacionales.

Resulta oportuno señalar que el Código Civil Brasileño[151] dispone sobre la exigencia previa del Poder Ejecutivo, para que esas empresas funcionen en Brasil, cuando su actividad así lo exija[152]. De esta manera es posible que las empresas extranjeras[153] participen en las licitaciones brasileñas. Siendo exigible esa autorización, será realizada dentro del marco del artículo 28, V, de esa norma.

3.3 Bolivia

El Estado Boliviano establece las normas del proceso de contratación de bienes, obras y servicios generales en diversas modalidades, entre ellas la Licitación Pública, a través del Decreto Supremo N° 27.328 del 31 de enero de 2004.

En relación a los contratos suscritos por la administración pública, describe de manera objetiva los principios que rigen la relación contractual[154], buscando salvaguardar la igualdad, la transparencia y la confiabilidad del certamen, permitiendo la adjudicación del contrato a la mejor propuesta y evitando todo tipo de discriminación.

El legislador boliviano tuvo la preocupación de enumerar una serie de definiciones útiles para una mejor comprensión del tema[155], lo que demuestra el empeño de un país con innumerables dificultades económicas, políticas y sociales en promover el desarrollo productivo nacional y que ve en las contrataciones estatales una mejora en las condiciones, siempre que sean bien desarrolladas.

---

[149] Brasil. Posición del Tribunal de Cuentas de la Unión (TCU).
[150] Brasil. Decreto-ley N° 2.627/1940. V. art. 64.
[151] Brasil. *Novo código civil,* 2ª. ed., Brasilia, Senado Federal, 2005, p. 209. V. art. 1.134.
[152] Brasil, Ley N° 8.666/0993. V. art. 28, V.
[153] Con fundamento en el artículo 32, par. 4°, de la Ley N° 8.666/1993.
[154] Bolivia. Decreto N° 27.328 de 31.01.2004. V. art. 2°.
[155] Ibídem. V. art. 3°.

Entre las garantías y obligaciones existe la garantía de seriedad de la propuesta o garantía de cumplimiento del contrato[156] que de alguna manera se confunde con los principios orientadores del *iter* licitatorio, frente a la transparencia obligatoria y a la publicidad de las contrataciones. Las informaciones acerca del procedimiento deben aparecer forzosamente en el Sistema de Información de Contrataciones Estatales, vía Internet[157]. En este sentido también queda muy claro el fuerte principio de la publicidad, ya que la licitación deberá ser publicada en la Gaceta Oficial de la Convocatoria, en periódicos de gran circulación nacional, así como en periódicos de ámbito internacional, en el caso de contrataciones de entes extranjeros[158].

Los requisitos formales son una constante en la licitación pública de Bolivia, tales como plazos a ser cumplidos, apertura de las propuestas a través de acto público único y continuo con fecha, hora y local preestablecidos[159], salvo disposición expresa en contrario.

Vale la pena destacar, entre las diversas modalidades de contratación admitidas en Bolivia, la contratación electrónica[160], que no se desvía de los principios licitatorios generales[161].

En las contrataciones públicas[162] se destacan los principios[163] de legalidad y presunción de legitimidad, así como los derechos y

---

[156] Ibídem. V. art. 14, II, a, b y c.
[157] Sobre la transparencia en la información sobre los procesos de contratación. Bolivia. Decreto Nº 27.328 de 31.01.2004. V. "Art. 18 Las entidades públicas, independientemente de la fuente de financiamiento y de la norma utilizada para las contrataciones, tendrán la obligación de enviar al Sistema de Información de Contrataciones Estatales para su difusión la siguiente información de cada uno de los procesos de contratación, utilizando como medios el Internet, el correo electrónico o medios magnéticos con el software o formatos definidos por el Órgano Rector [...]"
[158] Bolivia. Decreto Nº 27.328 del 31.01.2004. V. arts. 20 y 21.
[159] Ibídem. V. art. 23.
[160] Ibídem, V. art. 34: "La contratación de bienes y servicios podrá realizarse por medios electrónicos, en el marco de la reglamentación especial, que regulará el uso de medios electrónicos y reconocerá la validez del mensaje de datos, documento electrónico, firma electrónica y transacciones electrónicas para garantizar la transparencia, autenticidad y confidencialidad".
[161] Los principios constitucionales comparten con los principios generales la característica de servir de base del ordenamiento general bolivariano. V. RIBERA, Wilman R. Durán, *Principios, derechos y garantías constitucionales*, Santa Cruz de la Sierra, El país, 2005, pp. 38-39.
[162] Ampliar el tema en el cap. XVI e XVII en PEREDO, Pablo Dermizaky, *Derecho administrativo*, 5ª. ed. Cochabamba, J.V., 2006, pp. 141-157.
[163] Ibídem. V. art. 58: "Los procedimientos de los regímenes regulados en el presente Decreto Supremo se rigen por los principios de legalidad y de presunción de

obligaciones que deriven de dichos procesos y que se extiendan a todos, siempre que sean justos y equitativos.

3.4 Chile

El abastecimiento y la prestación de servicios de la administración pública en la República de Chile tienen como base la Ley N° 19.886/2003, normalizada a través del reglamento N° 250 de 2004. Esta disposición instrumental prevé, además de la obediencia a la norma principal, la sumisión a los principios y normas del Derecho Público, pero designa la posibilidad de que sean aplicadas reglas del Derecho Privado de forma subsidiaria, teniendo en cuenta los primeros artículos sobre la aplicación de tratados internacionales[164].

Inmediatamente después, el reglamento cita las principales definiciones utilizadas en la celebración de concursos licitatorios y en la formación de los contratos. Por otro lado, no existen capítulos separados que traten los principios, pero en todo momento se observa la cautela en la adquisición, tanto en los precios como en las ventajas para el poder público.

Los fundamentos licitatorios, juntamente con los sistemas de información, son los principales instrumentos para su realización, ya que funcionan como una especie de edicto de convocatoria.

Conjuntamente con la norma legal[165] existe la posibilidad de realizar la denominada Licitación Privada, cuando no hay número suficiente de interesados o ninguno, caso en que se hará una contratación directa. Los dos aparatos jurídicos pertinentes a la especie funcionan conjugados, en el sentido de que la Ley busca perpetuar sus postulados y el Reglamento define requisitos para efectivizar la debida contratación administrativa.

En el capítulo[166] dedicado a los convenios son delineadas las condiciones y requisitos para su celebración, así como las sanciones y las penalidades. Por su parte, la Ley de Licitaciones de Chile establece la creación de un Tribunal de Contratación Pública encargado de las acciones e impugnaciones contra omisiones o ilegalidades practicadas por la administración, como forma de proteger tanto el interés de los participantes como el interés público.

---

legitimidad, sin perjuicio de la vigencia de otros principios generales del Derecho Administrativo."
[164] Ampliar em CIMMA, Enrique Silva, *Derecho administrativo chileno y comparado: introducción y fuentes*, 5ª. ed., Santiago, Jurídica de Chile, 2009, pp. 143-146.
[165] V. Chile. Ley N° 19.886 de 20.06.2003.
[166] Cf. Chile. Decreto-Ley N° 1.608/1976. V. cap. XII.

Reforzando la idea inicial, la Ley de Contratos Públicos representa un hito en el derecho administrativo chileno, ya que es la primera ley que trata la cuestión de la contratación pública[167], buscando la modernización, transparencia y eficiencia en la administración pública. Tiene como objetivo primordial uniformizar los procedimientos administrativos atinentes a la contratación de bienes, servicios y obras públicas, creando los mecanismos necesarios[168] para el logro de una mayor competencia leal.

La dirección de compras y contratos chilena del Gobierno Central creó un sistema electrónico de compras públicas, realizado a través del sitio web propio[169], con el objetivo de optimizar y tornar más eficiente el procedimiento de contratación pública. La adopción de esa plataforma electrónica fue concebida para realizar todas la operaciones necesarias en una compra, lo que comprende las compras del Gobierno Central, de todos los órganos y entidades autónomas y otras funciones de Estado como la legislativa y judicial[170].

La Ley de Licitación chilena es relativamente simple. Sintética, tiene un total de 38 artículos, de los cuales 11 abordan directamente el procedimiento licitatorio. Se extraen fácilmente de su cuerpo normativo algunos de sus principios orientadores: vinculación al instrumento de convocatoria, adjudicación a la propuesta más ventajosa, igualdad, economicidad y eficiencia.

En este sentido, esta Ley además prevé la declaración de inadmisibilidad de las propuestas por la administración cuando los proponentes no cumplan los requisitos establecidos en el instrumento de convocatoria[171]. Cuando no hubiera propuestas, ni ofertas, cuando la

---

[167] V. KLENNER, Claudio Moraga, *Contratación Administrativa*, Santiago, Editorial Jurídica de Chile, 2010.

[168] Hay una visible preocupación por la cuestión ambiental en las compras públicas en la ley de las bases generales del medio ambiente. V. Chile. Ley Nº 19.300/1994. V. art. 2º, letra g) "Desarrollo Sustentable: el proceso de mejoramiento sostenido y equitativo de la calidad de vida de las personas, fundado en medidas apropiadas de conservación y protección del medio ambiente, de manera de no comprometer las expectativas de las generaciones futuras".

[169] Información extraída del sitio web chileno: www.chilecompra.cl, disponible. Fecha de captura: 02.01.2011.

[170] Están obligados a licitar para sus compras y contratos: el Gobierno Central, Regionales y Provinciales; las Fuerzas Armadas; el Banco Central; la Contraloría de la República; el Consejo Estadual de Defensa; el Poder Legislativo y el Poder Judicial –aquí abarca una cantidad de organismos públicos–. Se excluye de esta obligación a la Empresa Pública establecida por ley, que no está obligada a licitar.

[171] V. Chile, art. 9º. de Ley Nº 19.886 del 20.06.2003.

propuesta fuera contraria a la finalidad pública, o fuera insensata o desproporcionada, la administración puede declarar la nulidad del procedimiento licitatorio.

La misma Ley chilena adopta el principio de vinculación al instrumento de convocatoria, de donde se extrae que la adjudicación depende del cumplimiento de las condiciones previamente establecidas en la regulación (Pliego de Condiciones)[172].

En relación a la consideración de las propuestas, prevalecerá la más ventajosa según las condiciones establecidas y los criterios definidos previamente en el Pliego.

Por otra parte, ciertos tipos de contratos están excluídos del ámbito de aplicación de esta Ley, entre ellos, los contratos relativos a la ejecución de concesión de obras públicas[173]. Cabe resaltar esta particularidad prevista: los contratos relativos a la ejecución de obras públicas no están comprendidos en la presente Ley, es decir, pueden ser contratados directamente por la administración pública[174].

La licitación pública en Chile es obligatoria[175] para la contratación con valores fijos elevados[176], los cuales serían casi inalcanzables teniendo

---

[172] Ibídem. V. art. 6º: "Las bases de licitación deberán establecer las condiciones que permitan alcanzar la combinación más ventajosa entre todos los beneficios del bien o servicio por adquirir y todos sus costos asociados, presentes y futuros. Estas condiciones no podrán establecer diferencias arbitrarias entre los proponentes, ni sólo atender al precio de la oferta. En todo caso, la Administración deberá propender a la eficacia, eficiencia y ahorro en sus contrataciones."

[173] V. Chile, art. 3º. de Ley Nº 19.886 del 20.06.2003.

[174] Por ejemplo: a) El reclutamiento de personal por el Estado regulado por Estatutos Administrativos; b) Los acuerdos celebrados entre organismos públicos enumerados en el artículo 2º, inciso 1º, del Decreto-Ley Nº 1.263 de 1975, Ley Orgánica de Administración Financiera del Estado; c) Los contratos celebrados en el ámbito del procedimiento específico de una organización internacional; d) Los contratos relativos a la venta de valores mobiliarios u otros instrumentos financieros; e) Los contatos relativos a la ejecución de concesión de obras públicas; f) Los contratos de trabajo para ser concluídos servicios de vivienda y urbanización; g) Los contratos de compra de material bélico; h) Para la adquisición por las Fuerzas Armadas de los siguientes bienes: vehículos para uso militar o policial, excluyendo camionetas de pequeño porte, carros y ómnibus; equipamientos y tecnología de sistemas de información, utilizados exclusivamente para comando, control, comunicaciones, informática y de inteligencia; combustibles y lubricantes; i) Contratos celebrados para la adquisición de bienes y servicios necesarios para prevenir los riesgos excepcionales de seguridad nacional o la seguridad pública, descripto por decreto ejecutivo emitido por el Ministerio de Defensa Nacional.

[175] El derecho administrativo chileno es un derecho de aplicación formal. V. Chile, Constitución de la República de Chile, art. 7º, I. Ver también las explicaciones sobre el tema en BAUZÁ, Rolando Pantoja, *El derecho adminstrativo: concepto,*

en consideración la economía de un país subdesarrollado. Por debajo de ese nivel no será necesaria la licitación pública. La contratación directa se dará si ninguno de los respectivos concursos públicos tuvieran partes interesadas y en los casos de emergencias, urgencias o imprevistos, establecidos en decisión fundamentada de la entidad contratante, sin perjuicio de las disposiciones especiales, en caso de terremotos y catástrofes, previstos en la legislación pertinente.

También será factible la contratación directa en caso de que exista un único proveedor o servicio, acuerdos para la provisión de servicios celebrados con personas colectivas extranjeras a ser prestados fuera del territorio nacional, servicios confidenciales; o cuando el monto de la adjudicación sea inferior al límite fijado; y en situaciones excepcionales en que se selecciona directamente el contratista sin disputa. En todos los casos debe ser probada la presencia de las circunstancias mencionadas.

Otra particularidad que presenta la Ley N° 19.886 es la institución de un Tribunal de Contratos Públicos, compuesto por tres abogados designados por el Presidente de la República, con evidente conocimiento en el área de los contratos públicos. Esta Corte posee atribuciones para juzgar los recursos que tengan como finalidad impugnar actos u omisiones que demuestren ser ilegales o arbitrarios en el procedimiento licitatorio.

3.5   Colombia

Colombia instituye reglas y principios para los contratos[177] de las entidades estatales que impone a sus organizaciones y regiones, así como a las empresas del Estado y a la estructura política interna (Senado Cámara, etc). Muestra quiénes son sus servidores, define lo que son servicios públicos y demuestra, además, la finalidad principal de la contratación: la satisfacción del interés público.

Asegura derechos y obligaciones a las entidades estatales y a los contratados, estableciendo reglas que garanticen seguridad en la ejecución de los pactos públicos. La buena fe es un principio implícito en

---

características, sistematización, prospección, Santiago, Editorial Jurídica de Chile, 2010, pp. 101-104.

[176] Actualmente fijados en valores superiores a 1000 unidades fiscales mensuales (cerca de 55 mil dólares).

[177] Colombia. Ley N° 80 del 28.10.1993. Ampliar en PERDOMO, Jaime Vidal, *Derecho administrativo*, 11ª. ed., Bogotá, Temis, 1997, pp. 417-440.

estas reglas. Establece quién puede contratar y qué es necesario para la habilitación, así como eventuales impedimentos. Hay una característica de apertura internacional en la ley, cuando establece la reciprocidad[178]. La publicidad de los actos es realizada a través de boletines de licitación.

Entre las modalidades contractuales están los contratos de obra, consultoría, prestación de servicios, concesiones, contratos fiduciarios, de telecomunicaciones y también contratos emergenciales.

Determina reglas de interpretación, modificación y gestión de los contratos, imponiendo sanciones e instituyendo principios. Es en virtud de la existencia del principio de transparencia, que guarda semejanza con el de publicidad de los actos, que surgen las reglas relativas al procedimiento[179]. La responsabilidad, el juzgamiento objetivo y la ecuación contractual son otros principios orientados hacia la ejecución eficiente de los fines de la licitación. Por último, resulta interesante destacar la importancia de la participación y fiscalización popular en la realización del certamen.

3.6　Ecuador

La Ley de Contratación Pública fue creada en obediencia a la Constitución ecuatoriana[180] y establece reglas para proteger la adquisición de bienes y servicios que no están regulados por la Ley de Consultoría[181] del país. De acuerdo con la Ley fundamental, existen entidades incluídas y excluídas de la Ley, especialmente en relación a contratos donde haya dinero público involucrado. La licitación se desarrolla dentro de los procedimientos comunes y para alcanzarla debe ser realizada una ecuación que incluye un coeficiente con el objeto de verificar la necesidad de realización de un concurso público de ofertas.

Cada sector del poder público deberá contar con una comisión destinada a las licitaciones, limitada a 5 (cinco) miembros. En lo restante, continúa enumerando ítems y requisitos fundamentales en la celebración de los contratos[182].

---

[178] Ibídem, V. "Art. 20. De la reciprocidad. En los procesos de contratación estatal se concederá al proponente de bienes y servicios de origen extranjero, el mismo tratamiento y en las mismas condiciones, requisitos, procedimientos y criterios de adjudicación que el tratamiento concedido al nacional, exclusivamente bajo el principio de reciprocidad."
[179] Ampliar en MORENO, Diego Younes, *Curso de derecho administrativo*, 7ª. ed., Bogotá, Temis, 2004, pp. 160-165.
[180] Cf. Ecuador. Constitución Federal. V. art. 118. V. *supra*, Anexo II.
[181] Ecuador. Ley de Consultoría. Ley Nº 15 del 24.02.1989.
[182] Obsérvese la semejanza con las normativas adoptadas por Brasil sobre el tema.

En este sentido, Ecuador tiene una legislación bastante genérica acerca del procedimiento licitatorio. Establece 5 (cinco) modalidades con límites amparados en el salario mínimo ecuatoriano[183]: a) Licitación (altísimo valor)[184]; b) Licitación Pública (alto valor)[185]; c) Licitación de Precios Públicos (valor medio)[186]; d) Licitación de Precios Seleccionados[187] (pequeño valor); y d) Contratación Directa (pequenísimo valor)[188].

Se observa que el aumento de la rigurosidad y la extensión de los plazos son proporcionales al incremento de los valores de los bienes y servicios a ser adquiridos. En relación a la búsqueda de interesados posibilita la ampliación legal de aquéllos que pueden participar del certamen. Al recibir las propuestas cerradas, éstas serán sometidas al procedimiento licitatorio dispuesto, en el que el vencedor será aquél interesado que cumpla todos los requisitos determinados por las modalidades de contratación pública adoptadas por la legislación ecuatoriana. Cabe destacar aquí que Ecuador sigue implantando la modalidad electrónica con el objetivo de acelerar el proceso licitatorio, buscando de esta forma igualdad y transparencia en las contrataciones.

Finalmente mencionamos que la Ley ecuatoriana de contrataciones prevé la rescisión unilateral de los contratos por parte de la administración, así como la posibilidad de resolver los conflictos a través del arbitraje o la mediación.

Los derechos y sanciones aplicadas a los contratistas aparecen al final del texto, mientras que los principios están implícitos en toda la norma, en especial el que se refiere a la búsqueda de las mejores contrataciones para el país.

---

[183] El salario mínimo ecuatoriano es de US$ 340 (2014), era de US$ 318 (2013), US$ 292 (2012), y US$ 264 (2011). V. en: www.folha.uol.com.br Fecha de captura: 02.07.2014.

[184] Esta modalidad es utilizada para adquisiciones de valores superiores a 10.000 (diez mil) salarios mínimos, con participación de todos los interesados, tanto nacionales como extranjeros, procediéndose a la apertura de las propuestas entre 18 (dieciocho) y 48 (cuarenta y ocho) días después de la publicación del instrumento de convocatoria.

[185] Modalidad abierta a todos los interesados cuando los valores de adquisición se encuentren entre 4.000 (cuatro mil) y 10.000 (diez mil) salarios mínimos. En este caso, la apertura de las propuestas ocurre entre 12 (doce) y 24 (venticuatro) días después de la publicación en el instrumento de convocatoria.

[186] Dirigida a todos los interesados y aplicable cuando los valores de adquisición están entre 2.000 (dos mil) y 4.000 (cuatro mil) salarios mínimos, con propuestas abiertas entre 12 (doce) y 18 (dieciocho) días después de la publicación de la convocatoria.

[187] Se aplica para contrataciones entre 1.000 (un mil) y 2.000 (dos mil) salarios mínimos. Debe ser publicada en los medios de comunicación y en la asociación del sector correspondiente, con apertura de las propuestas entre 10 (diez) y 18 (dieciocho) días después de la publicación de la convocatoria.

[188] Permitida para la adquisición con valores inferiores a 1.000 (un mil) salarios mínimos.

3.7 Paraguay

El decreto N° 53/93 estipula una declaración única (Pliego Único) que se destina a todos los organismos públicos con el objetivo de reglamentar los contratos de abastecimientos y servicios. Dicta reglas generales de plazo, interpreta y publica los actos que serán celebrados. Su aplicación abarca licitaciones públicas en general y otro tipo peculiar – la licitación abreviada. Ésta excluye de su cumplimiento los contratos cuyo objeto principal se deriva de recursos proporcionados por el Estado.

Existe además la regla[189] de vinculación al instrumento legal, dado que ninguna exigencia que ahí no esté contenida deberá ser cumplida. Existe una mención explícita en relación a la preferencia por productos nacionales, asegurando un margen de 10% sobre el producto extranjero. En relación con el tema, la Ley N° 2.051/2003[190], también regula asuntos de planificación, ejecución, contrataciones, locaciones, obras y servicios relacionados al ámbito de la administración interna. Excluye, no obstante, la utilización de los bienes de dominio público bajo cualquier forma de contratación, servicios de correos y entidades entre sí, en caso de que posean una ley específica.

Los tipos de procedimiento licitatorio previstos son[191]: Licitación Pública, Licitación por Concurso de Ofertas, Contratación Directa o Contratación con fondo fijo. Vale resaltar aquí que la modalidad de selección por medio electrónico es aceptada en el país y también está establecida en la ley la prohibición de fraccionamiento de contratos.

Otro aspecto relevante a ser destacado es la obligatoriedad de habilitación previa o pre-calificación en determinadas modalidades licitatorias, como sucede con la licitación pública para la realización de obras de gran magnitud o de considerable complejidad; así como también en la modalidad por Concurso de Ofertas[192]. Tal dispositivo provoca diversos cuestionamientos sobre su constitucionalidad ya que, teóricamente, puede violar el principio de igualdad.

---

[189] Paraguay. Decreto N°. 53/1993. V. ítem 8.3.
[190] Reglamentada por el Decreto N° 21.909/2003, vigente desde el 21.07.2003 por lo dispuesto en el Decreto N° 20.594/03 de la Nación Paraguaya.
[191] Paraguay. Ley N° 2051/2003. V. Tipos de procedimientos, art. 16°.
[192] Paraguay. Ley N° 2051/2003. V. Licitación con precalificación, art. 21°: "[...] La precalificación regulada en esta Sección deberá basarse únicamente en la capacidad mínima de los posibles oferentes para ejecutar satisfactoriamente el contrato de que se trate, teniendo en cuenta; (i) la experiencia y cumplimiento anteriores con respecto a contratos similares, (ii) la capacidad en materia de personal, equipo e instalaciones de construcción o fabricación y; (iii) la situación financiera."

Las fases del proceso licitatorio paraguayo presentan una variedad procedimental, requisitos y características relevantes. Una de las particularidades reside en los órganos públicos[193] destinados a la fiscalización, juzgamiento y adjudicación de los contratos, estableciendo la fase de juzgamiento en un órgano regional diferente del órgano local que dio inicio al proceso licitatorio. O sea, prevé la institución de un grupo de organismos estatales que articulará y administrará la fase de juzgamiento[194].

Se permite la participación de micro y pequeñas empresas siempre que cumplan los requisitos de documentación y las etapas del certamen. Las licitaciones están clasificadas en nacionales e internacionales. En las primeras sólo pueden participar las empresas del país. En las segundas, aquéllas que provienen de tratados internacionales, convenios de préstamo con organismos internacionales o cuando resulte conveniente en una investigación de mercado y no haya competidores en la licitación nacional.

En síntesis, la legislación paraguaya adopta los principios como formulaciones amplias del sistema, donde la disposición fundamental orienta toda la formación de la norma dando armonía al conjunto normativo. En la Constitución Nacional se establecen los principios de igualdad y supremacía del interés público. La importancia de tales principios constitucionales impulsó la presentación de la Ley de Licitación Paraguaya[195], siendo éstos los pilares orientadores de un procedimiento legal e igualitario.

3.8 Perú

El régimen licitatorio peruano tiene sus peculiaridades como el de todo país en razón de la cultura, la economía y de otros aspectos de

---

[193] Paraguay. Ley N° 2051/2003. V. arts. 4° a 11.
[194] "Art. 4°. Unidad Central Normativa y Técnica (UCNT). De conformidad con el Artículo 5° de la Ley y con la estructura orgánica del Ministerio de Hacienda, la Unidad Central Normativa y Técnica así creada tendrá rango de Dirección General y se denominará Dirección General de Contrataciones Públicas. El Director General de Contrataciones Públicas es el titular de la Unidad Central Normativa y Técnica. Tendrá a su cargo la dirección y coordinación de las funciones establecidas en el Artículo 5° de la Ley. La designación del Director General de Contrataciones Públicas se hará previa selección por concurso público de oposición, de conformidad con la Ley N° 1626/2000, "De la Función Pública" y con los reglamentos dictados por la Secretaría de la Función Pública."
[195] "Que el reglamento constituye un instrumento normativo necesario para aclarar el alcance de las disposiciones legales, y desarrollar los principios de economía y eficiencia, igualdad y libre competencia, transparencia y publicidad, simplificación y modernización administrativa, y desconcentración de funciones, consagrados en la Ley N° 2051/2003."

relevancia en el sector público. Es importante destacar que se trata de un texto único que reglamenta toda la materia relativa a las contrataciones y adquisiciones públicas.

En este marco corresponde destacar los principios generales que rigen las contrataciones y adquisiciones del Estado: la racionalidad y la transparencia[196]. También se observan los principios específicos de moralidad, libre competencia, imparcialidad, eficiencia, economía, vigencia tecnológica y trato justo e igualitario, sin excluir otros principios del Derecho Administrativo y del Derecho Común[197/198].

Otro punto relevante que merece ser mencionado es la posibilidad de acuerdos del Estado peruano con otros países, por medio de convenios internacionales[199], conforme términos consignados en los compromisos firmados, siendo observados los principios que rigen la modalidad "manual".

En cuanto a los procedimientos licitatorios, la presente Ley abarca también la modalidad Sistema Electrónico de Adquisición y Contrataciones por parte del Estado, lo que representa una evolución significativa para la agilidad y efectividad de las contrataciones públicas, permitiendo que las propuestas sean lanzadas en tiempo real, tornando el proceso licitatorio rápido y transparente[200]. Se contempla la participación de proveedores tanto nacionales como extranjeros[201] siendo exigido su registro en el Sistema Electrónico de Adquisiciones y Contrataciones del Estado – SEAC[202] – para sólo entonces participar de dicho proceso

---

[196] Perú. Ley N° 26.850 de 27.07.1997 y las modificaciones de la Ley N° 28.267 de 03.07.2004. V. art. 1. Alcances.

[197] En verdad, los principios señalados tienen la finalidad de garantizar que las entidades del sector público obtengan bienes, servicios y obras de calidad requerida, en formato oportuno y precios o costos adecuados; y servirán también de criterio interpretativo para las cuestiones que puedan suscitarse en la aplicación de la Ley y el Reglamento para la actuación de los funcionarios y dependencias responsables, y suplir los vacíos normativos.

[198] Los Procesos de Selección vigentes en Perú – que son de cumplimiento obligatorio – tales como: Licitación Pública (Nacional o Internacional), Concurso Público (Nacional o Internacional), Adjudicación Directa (Pública o Selectiva) y Adjudicación de Menor Cuantía (Obras o Bienes y Servicios). Cf. Ley de presupuesto del sector público para el año fiscal 2005. Ley N° 28.427/2005. Publicada el 21.12.2004. V. art. 11° de la referida Ley.

[199] V. también sobre los convenios internacionales. DURÃO, Pedro, 4ª. ed., *Convênios e consórcios públicos*, Juruá, Curitiba, 2014, pp. 167-184.

[200] Ibídem, V. Título VII, art. 307. De la misma manera Brasil adoptó el sistema de subasta electrónica o presencial en las compras públicas federales de bienes comunes. V. Brasil. Ley N° 10.520/2002.

[201] Perú. Ley N° 28.267/2004. V. art. 7.5.

[202] Ibídem. V. "Art. 7. Inscripción en el Registro Nacional de Proveedores. El registro Nacional de Proveedores inscribe como proveedores de bienes y servicios, ejecutores

licitatorio. Corresponde al SEAC enviar automáticamente correos electrónicos a los proveedores inscriptos, según la actividad de cada uno y de acuerdo al catálogo nacional de bienes, servicios y obras, así como publicar aviso convocatorio[203].

La característica del proceso licitatorio peruano, sea manual o virtual, es la de resguardar siempre la eficiencia y la calidad del servicio prestado al administrado, buscando la propuesta más ventajosa para el sector público, lo que no significa el menor precio y sí el cumplimiento de lo establecido en los contratos de adquisiciones.

3.9 Uruguay

La República Oriental del Uruguay, en lo que se refiere a la Contratación y Licitación Pública[204], busca la obligatoriedad de la transparencia de sus actos para preservar el principio constitucional de la publicidad y la comunicación precisa a los interesados[205] en el certamen. Dicho procedimiento, según establece la Ley[206], debe orientarse a través de requisitos formales, como por ejemplo, la presentación de oferta por escrito y en idioma nacional, con plazo fijo y determinado[207], local y hora de su apertura.

La licitación pública se basa en los principios[208/209] de buena fe, publicidad, materialidad frente al formalismo, veracidad, igualdad entre

---

y consultores de obras, a las personas naturales o jurídicas, nacionales o extranjeras, que deseen participar en los procesos de selección convocados por las Entidades, para lo cual se evaluará que estén legalmente capacitadas para contratar, que posean capacidad técnica y de contratación, solvencia económica y organización suficiente, según corresponda."

[203] Perú. Ley N° 28.267/2004. Cf. art. 308. Convocatoria, art. 311. Aviso a los proveedores y art. 312. Derecho de Participación.

[204] Confrontar con Paraguay. Decreto N° 053/1993. V. ítem 8.3.

[205] Uruguay. TOCAF (Texto Ordenado de Contabilidad y Administración Financiera). V. "Art. 33 – Todo contrato se celebrará mediante el procedimiento de la licitación pública, cuando del mismo se deriven gastos de funcionamiento o de inversión o salidas para el Estado, y por remate o licitación pública cuando se deriven entradas o recursos."

[206] Véanse las observaciones sobre los licitantes por Enrique Sayagues LASO. LASO, Enrique Sayagues. *Tratado de Derecho Administrativo*, t. II, 6ª. ed. Montevideo, Fundación de Cultura Universitaria, 1998, p. 81.

[207] V. Uruguay. Ley N° 15.903 de 10.11.1987.

[208] Así, los principios antes mencionados servirán también de criterio interpretativo para resolver las cuestiones que puedan suscitarse en la aplicación de las demás disposiciones vigentes. V. Uruguay. TOCAF, art. 131. V. LASO, Enrique Sayagues, *La licitación pública,* Montevideo, B de F, 2005, pp. 50-52.

oferentes, fiel cumplimiento del contrato y otros generales, o sea, vigentes en cualquier relación jurídica establecida entre el Estado y personas físicas o jurídicas, nacionales o extranjeras que no posean impedimentos de contratación pública[210]. Nótese que la violación de principios o requisitos formales resultará en multas y penalidades legales, pudiendo incluso anularse el acto en caso que el oferente no se haya ajustado en tiempo y forma a lo dispuesto en el instrumento de convocatoria.

Resguardando la obligatoriedad e importancia de los principios, el Poder Ejecutivo Uruguayo, con postura favorable por parte del Tribunal de Cuentas, adoptó sistemas y procedimientos especiales de reclutamiento, sustentado en los principios de transparencia e igualdad de los licitantes. Las aprobaciones respectivas serán comunicadas a la Asamblea General y publicadas en dos diarios de circulación en el ámbito nacional.

Los procedimientos para la selección de propuestas para determinados contratos como los de obras y adquisición de bienes o servicios, deben respetar los principios generales de los contratos administrativos, en especial el de la igualdad entre los licitantes y el de la competencia en la licitación, tanto para la convocatoria como para la selección de las propuestas.

El TOCAF (Texto Ordenado de Contabilidad y Administración Financiera del Poder Legislativo) abarca las reglas licitatorias uruguayas, estableciendo que haya licitación[211] cuando el contrato resulte de gastos de funcionamiento, o sea, derivados de salidas para el Estado y remate o licitación pública, cuando se trate de contratos derivados de ingreso de recursos.

---

[209] Rúben Flores Dapkevicius hace referencia a los principios que sustentan la contratación administrativa, sin perjuicio de la remisión a los que son propios del procedimiento de licitación pública y el procedimiento administrativo común, como por ejemplo: "flexibilidad, delegación, ausencia de ritualismo, materialidad, verdad, salvo prueba en contrario, publicidad, igualdad de los oferentes, concurrencia, transparencia, información financiera, probidad, equilibrio de la eficacia y el control." DAPKEVICIUS, Rúben Flores, *Manual de Derecho Público*. Derecho Administrativo, Montevideo, Julio César Faria Editores, 2007. t. II, pp. 267-269.

[210] V. impedimentos generales a la participación en la licitación. Uruguay. TOCAF, art. 43.

[211] El el proceso licitatorio uruguayo prevé la formación de comisiones de asesoramiento en las contrataciones que sean superiores a $ 210.000,00 (doscientos diez mil pesos uruguayos). Establece además licitaciones abreviadas cuando el monto no exceda los $ 700.000,00 (setecientos mil pesos uruguayos) y contratación directa cuando el valor de transacción no supere los $ 35.000,00 (treinta y cinco mil pesos uruguayos). Uruguay. TOCAF. V. arts. 33, 53 y 57.

En relación a los plazos de publicación del instrumento de convocatoria, éste deberá realizarse por lo menos 15 (quince) días antes de la fecha de apertura de las propuestas. Ahora bien, si se considerase necesario o deseable una audiencia de licitantes extranjeros, ese plazo de extiende hasta 30 (treinta) días. Hay plazos que pueden ser reducidos a criterio del responsable en casos de urgencia y necesidad, pero nunca podrán ser inferiores a 5 (cinco) o diez (diez) días, respectivamente.

El procedimiento licitatorio uruguayo no se diferencia de los demás en cuanto a la exhaustividad de las exigencias a ser cumplidas para contratar con la administración pública, lo cual debilita el objetivo de las licitaciones: un contrato que asegure precio y calidad y que sea lo más ventajoso posible.

Prueba de eso es que en la fase externa, en lo que se refiere al acto de convocatoria, deberán ser observados los términos y condiciones de licitación, bajo pena de nulidad del acto, siendo la misma complementada por una lista de condiciones específicas para cada concurso que deberán ser rigurosamente cumplidas por los potenciales competidores.

3.10   Venezuela

En Venezuela las contrataciones públicas están regidas por el Decreto N°1.555/2001[212] que proporcionó mayor claridad, aplicabilidad y armonía a las normas licitatorias. La Constitución de Venezuela, al tratar el régimen socioeconómico del país, atribuyó al Estado la responsabilidad de, conjuntamente con la iniciativa privada, promover el desarrollo de la economía nacional, el fortalecimiento de la soberanía y la garantía de una sustentabilidad democrática[213].

Para eso, las relaciones estatales deben estar construidas sobre bases sólidas y refrendadas por los principios gestores de la contratación administrativa. Principios como el de transparencia y el de publicidad tienen un lugar de relevancia dentro del procedimiento licitatorio, ya que la claridad conduce a la certeza jurídica, certeza de un procedimiento legal, justo, eficiente y, por lo tanto, satisfactorio.

En determinadas situaciones los contratos que involucren el interés público necesitarán la aprobación previa de la Asamblea Nacional,

---

[212] V. Venezuela. Decreto N° 1.555/2004 con fuerza de ley de reforma parcial de la Ley de Licitaciones, publicado en la Gaceta Oficial Extraordinaria N° 5.556 del 13.11.2001.
[213] Venezuela. Constitución de Venezuela. V. art. 299.

tanto para contrataciones con nacionales como con extranjeros, privilegiando siempre la formalidad y las obligaciones y garantías que envuelven el acto de contratar[214].

Las reglas, condiciones y criterios deben ser objetivos y claramente definidos en la convocatoria de la licitación, sin vicios o desigualdad de condiciones[215]. Las partes deben sujetarse a las mismas[216], bajo pena de sufrir sanciones.

Dada la seriedad de las Comisiones de Licitación, formadas por miembros de calificada competencia profesional y ética,[217] responsables por la evaluación y aceptación o rechazo de las ofertas, cualquier incumplimiento de los requisitos formales que envuelvan el procedimiento licitatorio conducirá a la anulación del acto[218].

La administración pública, en su deseo de preservar el procedimiento y librarlo de cualquier sospecha de ilegalidad, se ve obligada a proporcionar todos los datos relacionados a la contratación al Servicio Nacional de Contrataciones y dichas informaciones estarán a disposición para la consulta pública, lo que otorga más confiablidad al procedimiento.

Es importante destacar que existe una especie de catastro de datos de los entes interesados en hacer contratos con la administración pública, llamado Registro Nacional de Contratistas[219]. Dicho registro almacena informaciones básicas de las personas inscriptas, físicas o jurídicas, entes públicos o privados, su calificación, clasificación por especialidad, legal y financiera, actualizados anualmente y de gran valor para el ente contratante en el momento de licitar[220].

Sólo a título informativo, en Venezuela se registra la presencia de la licitación electrónica dentro de las modalidades de contratación estatal[221].

---

[214] Ibídem. V. art. 150.
[215] Venezuela. Decreto N° 1.555/2004. V. art. 7°.
[216] Ibídem. V. art. 79. "En la calificación, examen, evaluación y decisión, el ente contratante debe sujetarse a las condiciones de la licitación, según la definición, ponderación y procedimiento establecidos en los pliegos."
[217] Ibídem. V. arts. 11 y 114.
[218] Ibídem. V. arts. 84, 112 y 113.
[219] Ibídem. V. arts. 23, 28, 29 y 32.
[220] Ibídem, V. art. 36. "La inscripción en el Registro Nacional de Contratistas no será necesaria cuando se trate de Licitaciones Anunciadas Internacionalmente, obras científicas o artísticas y servicios altamente especializados de uso esporádico."
[221] Ibídem, V. art. 117.

Se deben observar las excepciones[222] del principio general de la licitación en razón del valor (sin la posibilidad de fraccionar en cuotas) en los casos de compra directa, licitación abreviada y licitación privada. El Poder Ejecutivo, mediante parecer previo del Tribunal de Cuentas, puede autorizar regímenes y procedimientos especiales de contratación, siempre que resulten convenientes para la administración pública, teniendo en cuenta los principios que rigen la contratación administrativa.

La licitación realizada con ente extranjero deberá respetar los convenios con los países incorporados a organismos de comercio, comunidades o convenios aduaneros de integración y en especial, a la Asociación Latinoamericana de Integración (ALADI); y el llamado de entidades extranjeras a participar de la licitación pública será realizado a través de representaciones diplomáticas extranjeras acreditadas en el país[223].

Por último, se ve claramente la supremacía de la administración pública que puede hacer contratos con nacionales o extranjeros, teniendo siempre a su favor las reglas del contrato, sea para rechazar o aceptar una oferta, sea para prorrogar o no un determinado plazo, todo en pro de la propuesta más ventajosa para el Estado.

4 MODELOS LICITATORIOS EN ALGUNOS PAÍSES DE EUROPA

4.1 España

La contratación pública en España está regida por la Ley N° 30/2007 que cuenta con 309 artículos, divididos en 5 (cinco) libros. Esta Ley trata de la configuración general de la contratación de servicios públicos y sus elementos estructurales, destacando la preparación de los contratos, efectos, cumplimiento y extinción de los mismos; la selección del contratado y la adjudicación; y la organización administrativa para gestión de la contratación.

Está basada en los principios que sustentan todo el sistema de contratación pública español, como el de igualdad[224], el de la transparencia

---

[222] Confrontar con Uruguay. TOCAF. V. arts. 32, 33, 40, 41 y 135.
[223] Ibídem. V. Arts. 47 y 52.
[224] Determina que los órganos obligados a licitar deberán observar en los certámenes un tratamiento igualitario y no discriminatorio a todos los licitantes. España. Ley N° 30/2007. V. art. 123.

versus confidencialidad[225], el de la libre participación[226], el de la economicidad[227] y el de la eficiencia en el control del gasto.[228]

Los principios enumerados arriba preconizan la igualdad y libertad de competencia entre los licitantes, así como la publicidad de la contratación. Se destaca además, la valorización de la selección de la oferta más ventajosa.

Para la adjudicación al ganador, la Ley española establece una especie de subasta, donde será considerado el menor precio ofertado juntamente con otros criterios objetivos medibles, a través de una fórmula matemática que encontrará la propuesta más ventajosa.

Debe ser destacada la preocupación de la Ley por el medio ambiente. La idea de garantizar adquisiciones públicas ecológicamente sustentables es clara en la norma española, obligando a los contratos realizados por el sector público (entidades y órganos)[229].

---

[225] La actuación de los órganos debe estar basada en el principio de la transparencia. La publicidad está limitada por la no divulgación de informaciones confidenciales que puedan favorecer a algún licitante. Además, se exige el respeto de la confidencialidad de las informaciones pasadas en los contratos que por su propia naturaleza no puedan ser divulgados, exigiendo expresamente la ley un lapso temporal de 5 (cinco) años, si otra disposición contractual no estableciera un plazo mayor para su resguardo.

[226] Se preconiza la garantía de libertad de acceso a todos los que quieran participar del proceso licitatorio. España. Ley N° 30/2007. V. art. 1°.

[227] Significa cumplimiento del requisito de la selección de la oferta más ventajosa económicamente para la administración pública. La evaluación de las ofertas por los órganos licitantes seguirá varios criterios para el análisis de la más ventajosa, criterios directamente vinculados al objeto del contrato como calidad, precio, formas de revisión contractual, costo, respeto al medio ambiente, características estéticas y funcionales del objeto, manutención, asistencia técnica y servicio post venta. Por otro lado, cuando se valore un criterio de adjudicación, éste necesariamente será el precio más bajo.

[228] Se sostiene un mayor control de los gastos públicos, que impacta en la utilización de los presupuestos para la realización de obras, contratación de servicios y adquisición de bienes.

[229] La Ley dispone sobre aquéllos que están obligados a licitar: Administración Directa General, Administración de las comunidades autónomas y entidades que integran la administración local. Entidades gestoras y servicios de seguridad social. Órganos autónomos, empresas y universidades públicas, agencias estatales y cualquier entidad de derecho público con personalidad jurídica propia. Sociedades mercantiles en cuyo capital participen, directa o indirectamente, entidades de la administración pública o de derecho público. Consorcios de personalidad jurídica propia de la administración pública. Fundaciones constituidas por entidades que integran el sector público. La Mutual de Accidentes y Enfermedades Profesionales de la Seguridad Social. Todos los órganos o entidades con personalidad jurídica que hubieran sido creados específicamente para atender las necesidades de interés general. Las asociaciones formadas por agencias, órganos y entidades mencionados en las líneas anteriores. España. Ley N° 30/2007. V. art. 3°.

La Ley española establece tres procedimientos[230] tradicionales a ser cumplidos por las autoridades públicas: a) Concurso Público[231]; b) Concurso Limitado[232] o c) Negociación[233]. Los contratos menores pueden ser otorgados directamente a cualquier empresa con capacidad de actuar que posea las calificaciones profesionales necesarias para prestar el servicio.

Prevé además cuales son los objetos de contratación por la administración pública que deben seguir el procedimiento de selección pública. Entre ellos: obra (tiene por objeto la concepción y ejecución de obras), provisión (para la adquisición o alquiler de bienes o productos) y servicio (contrato de provisión de servicios).

La presente norma permite, además, la exclusión de servicios de su ámbito de aplicación, detallando taxativamente[234] aquellos servicios que no precisan licitar. Se destacan aquí la relación de servicio de los funcionarios públicos y las leyes laborales de contratación regulada, servicio público cuya utilización por los usuarios requiera el pago de una tasa o precio de venta; los acuerdos de cooperación celebrados por el Gobierno Central con los órganos de gestión y servicios comunes de Previsión Social, las universidades públicas, las Comunidades Autónomas, autarquías locales, organismos autónomos, entre otros. Además de ciertos acuerdos del ámbito de las relaciones internacionales.

En lo expuesto se observa una legislación vanguardista que extrema los cuidados en relación al medio ambiente y el respeto de los tratados de la Comunidad Europea, principalmente en la explotación de servicios o ejecución de obras.

4.2   Francia

La licitación en el Derecho Francés agrega un formato propio apoyado en la Constitución Francesa[235]. Aunque sintética, no prescinde

---

[230] España. Ley Nº 30/2007. V. arts. 110-122.
[231] Concurso Público es un procedimiento por medio del cual cualquier interesado podrá presentar una propuesta.
[232] Concurso Limitado es un procedimiento en el que solamente los interesados invitados pueden solicitar la participación en la selección y presentación de propuestas.
[233] El procedimiento por Negociación se da cuando la autoridad consulta a los licitantes de su elección y acuerda la contratación con más de uno de ellos.
[234] España. Ley Nº 30/2007. V. art. 4º.
[235] La Constitución Francesa del 04.10.1958 se divide en "1 Preámbulo, 17 Títulos y 92 Artículos"; incluye hasta la reforma constitucional practicada en el año 2000.

de las normas inferiores, organizando y sistematizando la cuestión en el Código de Contratos Públicos (*Code de Marchés Publics*).

Vale destacar que en el ordenamiento jurídico francés la institución de la licitación tiene como atributo principal su simplicidad, de lo cual se desprende la gran discrecionalidad otorgada a las autoridades competentes.

En ese sentido, los contratos públicos[236] son negocios onerosos celebrados entre las entidades adjudicantes, en que están obligados a licitar[237] los operadores económicos, públicos o privados, para contratación de obras, provisiones o servicios, considerando siempre los principios orientadores de la contratación pública tales como: el principio de la división de la competencia[238], el de la forma escrita[239], el de la competencia[240] y el de la publicidad[241].

En las licitaciones públicas a título oneroso, de modo general para la contratación de obras, provisión y servicios contratados junto a operadores económicos públicos o privados tendrán como contratantes el Estado y sus instituciones públicas, con excepción de las industriales y comerciales; las autoridades locales e instituciones públicas locales, las entidades públicas o privadas, cuando actúen como agente de una entidad pública sujeta también al Código.

Existe también la preocupación ambiental, que resultó en la exigencia de certificados de calidad. Tales documentos serán emitidos por organizaciones independientes basados en las normas europeas o internacionales de gestión ambiental, tales como la Eco-Gestión y Auditoría (EMAS).

---

[236] Francia. Code de Marchés Publics. V. art. 1º. Ampliar en LECLERC, Nadine Poulet-Gibot, *Droit administratif, sources, moyens, contrôles*, Paris, Bréal, 1995, pp. 131-135.

[237] Ibídem. V. art. 2º.

[238] La selección de los oferentes se llevará a cabo por el Presidente del Consejo General de cada departamento de los organismos públicos en las comunas (territorio local dotado de personalidad propria para gerenciar los asuntos de interés local); los contratos serán celebrados por los alcaldes.

[239] Los contratos públicos exigen la forma escrita, pero en la selección podrá flexibilizarse dependiendo del valor del servicio o del trabajo contratado.

[240] Se aconseja la disputa en cualquier forma de celebración del contrato, exceptuados los casos previstos en la ley que autorizan la contratación directa.

[241] La publicidad es un principio orientador de la licitación francesa. Exige la divulgación del aviso de adjudicación en un boletín especial. En los contratos del Estado la publicación ocurre por lo menos 20 (veinte) días antes de la fecha prevista para la apertura de la propuesta. En las comunas ese plazo es un poco más largo: 30 (treinta) días, por el menor tamaño de los contratos locales.

Por último, se debe resaltar la previsión de rescisión contractual en los casos de presentación de documentos falsos[242]. Terminada la fase de presentación de documentación, la siguiente es el análisis de las propuestas, habiendo margen, inclusive, para un procedimiento electrónico en que las propuestas deben ser acompañadas por un certificado de firma que satisfaga los requisitos del Ministerio de Economía.

Independientemente del valor del contrato, se permite a la entidad adjudicadora que exija que las propuestas sean acompañadas por muestras, modelos o prototipos, además de un presupuesto detallado que contenga todas las informaciones para analizar las cotizaciones.

Predomina el principio de libertad de elección del contratado por parte de la administración y se fijan criterios de valoración y apreciación, mencionados en el anuncio de un concurso público.

En la última etapa, el contrato debe ser celebrado con aquel candidato que presentó a la entidad adjudicadora la propuesta económicamente más ventajosa. Se entiende que no es solamente el precio el que condiciona la elección, ya que las propuestas también deben responder a las especificaciones establecidas en el acto de convocatoria. Pero el precio no deja de ser un criterio importante.

El Código de Contrato Administrativo[243] Francés, en lo referido a las modalidades de elección del contratado, dispone: a) Concurso Público, b) Pedido de Propuestas y c) Contratos Negociados.

El inicio de la modalidad Concurso Público[244] se da a partir de la apertura de competencia entre los posibles candidatos a la contratación y se divide en abierto y restringido. En el procedimiento abierto todos los competidores deben presentar propuestas. En el restringido el acceso es limitado, ya que solamente los proveedores seleccionados por el comprador podrán presentar una oferta.

---

[242] Después de la suscripción del contrato, en caso de registros imprecisos o falta de las informaciones requeridas en los arts. 44 y 46, o negativa a presentar los documentos referidos en los arts. R. 324-4 o R. 324-7 del Código de Trabajo, se aplican las condiciones de rescisión previstas. Francia. Code de Marchés Publics. V. arts. 46 y 47.

[243] Ampliar en CRETELLA JÚNIOR, José, *Direito administrativo comparado*, 3ª. ed., Río de Janeiro, Forense, 1990, pp. 233-240.

[244] Francia. Code de Marchés Publics. V. art. 33: "el concurso es el proceso por el cual la entidad adjudicante elige al vencedor, sin negociación, con base en criterios objetivos previamente dados a conocer a los candidatos. El concurso puede ser abierto o restringido. El concurso es abierto cuando cualquier operador económico puede presentar una oferta. La solicitud es restringida cuando sólo pueden presentar propuestas comerciantes autorizados después de la selección. La elección entre las dos formas de licitación no requiere justificación." (Traducción propia).

Por su parte, el Pedido de Propuestas[245] (diálogo competitivo) es una modalidad utilizada por la administración cuando decide atribuir el objeto del contrato al competidor de su elección con base en la oferta presentada. A través de este procedimiento la entidad licitante promueve un diálogo con los candidatos admitidos a participar para el desarrollo de una propuesta que responda a las necesidades de la administración pública y es a partir de las tratativas con los mismos que serán invitados a presentar las propuestas. Este procedimiento es aplicable cuando el contrato público es considerado complejo.

En los Contratos Negociados la persona responsable del contrato establece a su criterio los debates que considere útiles y necesarios con el candidato elegido. Se divide la adjudicación[246] de contratos negociados entre los que exigen publicidad (con convocatoria previa de interesados) y en los que la misma no es necesaria (no hay competencia).

En la Ley francesa se fijan los límites[247] a ser observados para la contratación directa simplificada de bienes, servicios u obras; donde la adjudicación es libre por parte de la entidad adjudicante. Debajo de esos valores el procedimiento de licitación queda a criterio de la autoridad. Los límites mínimos son valores considerables, lo que puede dar lugar a posibles fraudes[248].

A título informativo, Francia celebra tres tipos de contratos públicos, a saber: a) Obras – construcción de obras de ingeniería civil; b) Provisión – comprar, arrendar, alquiler de bienes o materiales; y c) Servicios – producción de servicios.

Para concluir, nos interesa destacar la preocupación ambiental de la legislación francesa a través de la exigencia de certificados de calidad emitidos por organismos independientes en línea con las normas europeas o internacionales de gestión ambiental; así como también la importancia del precio en la elección de la propuesta económicamente ventajosa.

4.3   Inglaterra

El sistema inglés de contrataciones públicas tiene como base la legislación del Reino Unido y se centra en disposiciones y normas que

---

[245] Francia. Code de Marchés Publics. V. art. 36.
[246] Ibídem, V. art. 35.
[247] Ibídem, V. art. 26, II.
[248] La entidad adjudicadora puede decidir justificadamente que el contrato será celebrado sin competencia en dos casos: si las circunstancias justifican la no apertura para una multiplicidad de competidores, o si el valor estimado es inferior a € 4.000 (cuatro mil euros).

definen la contratación de bienes y servicios, servicios públicos y el establecimiento de reglas de licitación, competencia y adjudicación.

Los contratos públicos en el Derecho Inglés son regidos por una Ley promulgada[249] el 31 de enero de 2006. Y, como es habitual en el estudio del Derecho Anglosajón, la principal característica es que son reglas de derecho consuetudinario.

Los contratos de derecho público se disponen a regular la adquisición por órganos del sector público y de determinadas instituciones para la contratación de bienes, obras o servicios.

La citada Ley se destina a las compras y contratación de bienes y servicios con características de convenciones de derecho común, de derecho consuetudinario, cuya característica principal es que las normas, convenciones y principios están dispersos a través de dispositivos legales, históricos y jurisprudenciales.

La autoridad responsable de la adquisición es una autoridad contratante[250]. Su definición es amplia e incluye el Gobierno Central, autoridades locales, las asociaciones formadas por más entidades adjudicadoras y algún otro "organismo de derecho público" (por ejemplo, Administradores Públicos Registrados, Centros de Defensa Civil, Cuerpo de Bomberos y Órganos de Seguridad Institucional).

El contrato[251] puede tener como objeto la ejecución de obras públicas, servicios o contratos de provisión, pudiendo mezclarse entre sí, lo que llevará a la entidad adjudicadora a determinar, en conformidad con las reglas, el elemento predominante en el contrato y, consecuentemente, el conjunto de reglas que serán aplicadas. Esto es importante para la comprensión de la correcta aplicación de un dispositivo legal donde las reglas varían ligeramente, dependiendo del tipo de contrato[252].

Los servicios son divididos en "Parte A" (o "prioridad") y "Parte B" (o "residual"). Solamente una parte de los servicios son alcanzados por la regulación. La "Parte B"[253] incluye servicios con un

---

[249] V. los instrumentos estaturarios de obtención pública N° 5/2006 de la Inglaterra, Gales y Irlanda del Norte.
[250] V. rol de las autoridades contratantes. V. 3.-(1).
[251] Ampliar en GRAIG, Paul P., *Administrative law*, 5ª. ed., London, Thomson, 2003, pp. 123-134.
[252] Los límites actuales son: £ 3.927.260 (€ 4.845.000) para la adquisición de obras; £ 101.323 (€ 125.000) para la adquisición de provisiones y de £ 156.442 (€ 193.000) para la adquisición de suministros y servicios por parte de otros organismos del sector público.
[253] Los Servicios de "Parte B" incluyen salud, educación, actividades recreativas o deportivas, informática, contabilidad, arquitectónicos y de consultoría.

régimen de menor control institucional, con apenas algunas reglas de aplicación. La Ley considera que estos sólo son de interés para los administradores públicos locales o regionales.

Aunque la propia regulación no exija publicidad previa, existen principios orientadores para los contratos públicos que deben ser obedecidos, tales como transparencia e igualdad de tratamiento.

Las autoridades adjudicadoras también deben adquirirlos en consonancia con los principios fundamentales y generales del derecho administrativo: igualdad, transparencia, imparcialidad y moralidad, aplicables en los contratos de servicios.

Lo que esos principios implican es que el contrato tiene que ser correctamente anunciado, permitiendo alguna forma de competencia leal. La licitación además tendrá en cuenta el alcance de los servicios o bienes a ser adquiridos y la naturaleza de éstos, toda vez que cada comisión nacional o regional tiene una atribución específica de bienes y servicios bajo su tutela, con relación a la publicidad y a la naturaleza de cada contrato.

También en relación a la publicidad, los contratos alcanzados por la legislación inglesa deben ser publicados por medio de un instrumento de convocatoria denominado "JOUE" que es un aviso colocado en un formulario estándar en la prensa oficial del País de Gales. El uso de formularios es obligatorio y deben estar disponibles cuando hubiera disputa electrónica o posibilidad de que los proveedores tengan los instrumentos formales digitalmente.

Por otra parte, todos los interesados pueden presentar una propuesta en relación a la convocatoria. En caso que la licitación quede desierta o fracase, la administración responsable puede convocar a los proveedores e interesados que tengan las mínimas posibilidades o ya hubieran figurado en la lista de proveedores, para que se reúnan con la posibilidad de proveer el servicio o los bienes listados en el instrumento de convocatoria original. Solicitará un presupuesto o la lista previa de precios aplicados por el proveedor.

Los proveedores quedan obligados a responder a la solicitud y a entregar el presupuesto solicitado como parte de una pre-selección. La autoridad evalúa no solamente las propuestas de los proveedores consultados, sino de otros que se presenten como interesados, pero que no reunían todos los requisitos definidos en la convocatoria.

Es posible realizar una negociación con los competidores, ya que no hay restricciones en la norma de licitación inglesa, pero sí existe mención en relación a cuando puede ser realizado dicho procedimiento de negociación.

En la legislación inglesa el Pedido de Propuestas (diálogo competitivo) es un procedimiento nuevo que tiene la ventaja de permitir el ingreso de los participantes en el proceso licitatorio a través de la modalidad de concurso. En ella, los interesados pueden manifestar la voluntad de participar del certamen, pero sólo la autoridad contratante tiene la discrecionalidad de manifestar el deseo de hacerlo utilizando el bien del interés público.

Durante la presentación de la propuesta de precios y ejecución, los proponentes son habilitados individualmente para discutir todos los aspectos del contrato con la autoridad contratante. Las soluciones de ejecución y formas contractuales son trabajadas con cada proponente en base a las ideas y propuestas presentadas. No puede haber por parte de la administración pública "cherry-picking" de las mejores partes de diferentes soluciones individuales, excepto con el consentimiento de los interesados.

Según lo expuesto, se destaca la credibilidad de la autoridad contratante, una vez que el diálogo ha generado soluciones posibles a la administración pública, en que los proponentes remanentes son invitados a presentar una propuesta final en la modalidad de concurso.

4.4 Italia

Una característica notable de las contrataciones públicas[254] en Italia es la terminología. Allí, las contrataciones son conocidas como *Pubblici Incanti* que se clasifican en cuatro modalidades[255] llamadas: a) Subasta Pública, b) Licitación Privada, c) Tratativa Privada; y d) "*Appalto Concorso*". Estos procedimientos deben asegurar el cumplimiento de los preceptos legales pertinentes y la primacía de los principios de economicidad, eficiencia, puntualidad y precisión; así como los de libre competencia, igualdad, no discriminación, transparencia, proporcionalidad y publicidad.

La licitación (*Licitazione Privata*) está destinada a la participación de un determinado número de personas seleccionadas por la

---

[254] Italia. Ley N° 241/1990 y D. Lgs. N° 163/2006, Código de los contratos públicos de obras, provisión y servicios de aplicación de las Directivas N° 2004/17/CE e N° 2004/18/CE.

[255] CONSALES, Biancamaria; LAPERUTA, Lilla, *Compendio di diritto administrativo*, Dogana, Maggioli, 2010, pp. 351-352.

administración, mientras el tipo Tratativa Privada es un procedimiento informal y directo donde se excluye cualquier tipo de competencia por motivos determinados por el interés público y amparados por la ley. Por último tenemos la licitación *"Concorso"* que se aplica cuando no es posible concebir las dimensiones de las obras o servicios.

Los contratos celebrados se rigen por el derecho común[256] y no se diferencian de los contratos celebrados en el ámbito de los particulares. Los contratos y procedimientos en Italia son denominados de evidencia pública (*"evidenza pubblica"*[257]), cuya actividad principal es registrar los contratos ligados al sistema jurídico italiano y se presenta en cuatro fases que serán delineadas más adelante. La elección del contratante está vinculada a procedimientos donde todas las fases son registradas y previstas y todos los actos se someten a una regla instrumental determinada, garantizando así la objetividad y la mejor elección del contratante privado.

La primera fase de la "evidencia" es la deliberación para contratar donde se manifiesta la voluntad de celebrar el contrato. La deliberación para contratar es un acto impulsivo de validez interna por medio del cual la autoridad competente individualiza el interés público y autoriza recurrir al contrato. No necesita ninguna formalidad especial para su efectivización. Junto a la deliberación se requiere la presentación de proyectos de ejecución (*capitolati speciali*) y las opiniones del cuerpo técnico competente.

Acto seguido se da la elección del contratante considerado más idóneo para la ejecución de la prestación a través de un procedimiento de competencia pública (*gara*) en sus cuatro modalidades: Subasta Pública[258], Licitación Privada, Tratativa Privada y *Appalto Concorso*.

La elección del contratante se da por alguno de los cuatro métodos previstos en la Ley de Contabilidad (*Legge di Contabilita*[259]) y siempre es precedida por un instrumento que le da publicidad: aviso de concurso o carta de invitación (*"bando di gara* o *lettera d'invito"*). Los procedimientos pueden ser mecánicos (*Pubblico Incanto*) o competitivos

---

[256] Denominada en otros términos *"Attivitá funzionalizzata"*. Ibídem, p. 346.
[257] Italia. R.D. N° 2440/1923. Ley de contabilidad pública. V. art. 3° e 6°.
[258] Está prevista, además, la "subasta electrónica" que incluye un dispositivo electrónico para la presentación de nuevos precios, corregidos hacia abajo, que se da después de una primera evaluación de las propuestas, permitiendo que sean clasificados a través de un procesamiento automático. Contratos de servicios y contratación de obras públicas, servicios intelectuales, tales como la concepción de una obra, no pueden ser objeto de subastas electrónicas.
[259] Italia. R.D. N° 2440/1923. Ley de contabilidad pública.

(Tratativa Privada); garantísticos, con amplia apertura a la presentación de ofertas, o cerrados, restringidos a un número de participantes ya previamente registrados y habilitados (Licitación Privada). Los casos exceptuados de esta fase son excepcionales y están explicitados en la Ley: el *cottimo fiduciário*, orientado a la ejecución de servicios "simples o uniformes" y los *servizi in economia,* que sirven para la realización de trabajos de mantenimiento ordinario o servicios sin elementos organizativos complejos.

Otra fase es la adjudicación, o sea, la contratación de la mejor propuesta. Por último, la aprobación (*approvazione*) y control (*controllo*) por parte de las autoridades adjudicadoras competentes[260].

La aprobación y el control son condiciones de eficacia del procedimiento de evidencia. De la fase competitiva podemos extraer la etapa de procedimiento *ad evidenza pubblica*, que tiene inicio en el período de ejecución del contrato, regulado por el derecho privado, como ya mencionamos.

Dentro de la ejecución, la administración púbica italiana debe designar una empresa (*direttori dei lavori*) que acompaña el desarrollo de la actividad tendiente a la realización de la obra.

Es posible realizar modificaciones cuantitativas de, como máximo, 20% del valor inicial de la obra, además de las revisiones de precios (*revisione dei prezzi*) atribuidas a la administración, que tiene poder de autotutela de sus intereses a través de los poderes de rescisión y alteración unilateral.

Existe en el sistema italiano un rígido formalismo que se manifiesta a través de la derogación del principio de libertad de las formas y la prevalencia de la literalidad en la interpretación del contrato.

Podemos concluir que la normativa italiana se distinguió por su solución ingeniosa para explicar tales derogaciones al régimen contractual de derecho común. A pesar de eso, la solución que presenta el derecho italiano se encuadra en el seno de un derecho potestativo de la administración pública, con fuerte influencia de matices europeos.

4.5 Portugal

Bajo la óptica del derecho portugués, la licitación adquiere nueva terminología. En Portugal el término "licitación" no es utilizado.

---

[260] Italia. D. Lgs. Nº 163/2006, Código de contratos públicos de obras, provisiones y servicios de aplicación de las Directivas Nº 2004/17/CE y Nº 2004/18/CE. V. art. 3 y 25.

El ordenamiento jurídico del país está introducido en un Código de Contratos Públicos[261] que estableció el regimen aplicable a la recepción, organización y tratamiento de datos relacionados con la ejecución de contratos públicos[262], inclusive en lo relacionado al alquiler o adquisición de bienes muebles, la adquisición de servicios, las concesiones de obras públicas, además de las concesiones de servicios públicos. En relación al ámbito de aplicación, rige para todos los niveles del sector público: Estado, Cámaras Municipales, Autarquías Locales, Institutos, Fundaciones y Asociaciones Públicas.

Un análisis más profundo del texto legal pone de manifiesto que tal dispositivo legal busca la mayor eficiencia en la contratación pública, desburocratizando y simplificando la tramitación de los procedimientos, reduciendo pasos, haciendo más riguroso el monitoreo de la contratación y permitiendo el control del gasto público. Pero se puede afirmar que el Código de Contratos Públicos, a pesar de esos dispositivos, contiene en su seno espacio para la discrecionalidad excesiva, lo que abre espacio para la corrupción[263].

Estudiando las modalidades portuguesas de licitación como forma de procesos pre-contractuales encontramos: a) Concurso Público[264], que puede ser de dos tipos: urgente o normal, b) Concurso Limitado por Calificación Previa, c) Procedimiento de Negociación con publicación previa del anuncio, d) Acuerdo Directo, con consulta directa a uno o varios interesados y el e) *"Dialogo Concorrencial"*.

El Concurso Limitado por Calificación Previa apunta a garantizar que las concesiones sean desarrolladas por entidades competentes y habilitadas. Ya en el Procedimiento de Negociación, lo que se destaca de los demás concursos es exactamente el término "negociación", que implica la existencia de un acuerdo. Es decir, las entidades interesadas

---

[261] El Código de Contratos Públicos Portugués fue aprobado por el Decreto N° 18 del 30.07.2008.
[262] Ampliar en SOUZA, Marcelo Rebelo de, *Lições de direito administrativo*, v. I, Lisboa, Lex, 1999, p. 77.
[263] Corresponde al órgano competente la decisión de contratar y la elección de las entidades invitadas a presentar propuestas en el procedimiento de acuerdo directo. Portugal. Decreto N° 18/2008. V. arts. 113 y 128.
[264] En el caso de contratos de concesión de obras públicas, la elección de Concurso Público o de Concurso Limitado por Calificación Previa, permite la celebración de contratos de cualquier valor, excepto cuando los respectivos anuncios no sean publicados en el Diario Oficial de la Unión Europea, caso en que sólo se permite la celebración de contratos de valor inferior al referido en la línea c) del artículo 7° de la Directiva N° 2004/18/CE, del Parlamento Europeo y del Consejo, del 31 de Marzo. Decreto N° 18/2008. V. art. 19.

deben proceder a una fase de candidatura y sólo después la entidad responsable de la adjudicación selecciona y convoca para la segunda fase de la concesión.

En cuanto al Acuerdo Directo puede ser practicado a través de invitación realizada por las entidades adjudicadoras a uno o varios invitados, pudiendo, además, utilizar el acuerdo simplificado, que es un proceso que sólo se da para la adquisición de bienes y servicios y el alquiler de bienes muebles, siempre que se cumpla el límite establecido en la Ley.

Finalmente, tenemos el *"Diálogo Concorrencial"*[265] que sólo es usado en los casos de celebración de contratos con elevado grado de complejidad, cuando existan circunstancias probadamente excepcionales[266].

En él, imposibilitada la adopción del Concurso Público o del Concurso Limitado, la entidad adjudicadora puede debatir con los interesados en búsqueda de la definición de aquello que se va a contratar, ya que hubo dificultad para definirlo anteriormente.

En cuanto a la ocurrencia, el Concurso Público, el Concurso Limitado y el Acuerdo Directo son los más utilizados, debiendo ser adoptados con criterios de elección determinados[267]. En cuanto a la tramitación procedimental, al principio existe necesidad de que se proceda a la decisión de contratar de alguna entidad, con objeto ya definido en proyectos o planes pre-determinados. Después de esa etapa, se publicará en el Diario Electrónico de la República para su divulgación formal, posibilitando la transparencia y la igualdad en el acto.

Según las reglas de participación, la entidad candidata es una persona individual o colectiva que participa en la fase de calificación de un Concurso Limitado por Calificación Previa, de un Procedimiento de Negociación o de un *"Diálogo concorrencial"*, mediante su presentación. En el mismo sentido es participante la entidad, persona individual o colectiva, que participa en cualquier procedimiento de formación de un contrato, mediante ofrecimiento de una propuesta.

---

[265] Se puede adoptar el *"diálogo concorrencial"* cuando el contrato a celebrar, cualquiera sea su objeto, sea particularmente complejo, imposibilitando la adopción del Concurso Público o del Concurso Limitado por Calificación Previa. Este procedimiento está destinado a permitir a la entidad adjudicadora debatir con los interesados la ejecución del contrato a celebrar (Nº 2).

[266] Portugal. Decreto Nº 18/2008. V. art. 30.

[267] Ibídem. art. 17: "1 – A los efectos del presente Código, el valor del contrato a celebrar es el valor máximo de beneficio económico que, en función del procedimiento adoptado, puede ser obtenido por el adjudicatario con la ejecución de todas las prestaciones que constituyen su objeto."

En la adjudicación, la opción vencedora es la propuesta económicamente más ventajosa y no podrá haber selección por cuestiones personales, lo cual atentaría contra los principios de impersonalidad e igualdad.

De todo ésto se extrae que la norma portuguesa se presenta extensa y en formato complejo, con una cierta fragilidad legal cuando flexibiliza la elección de entidades invitadas permitiendo direccionamientos. Por otro lado, admite los principios generales y las normas que obedecen los preceptos constitucionales y el Código de Procedimiento Administrativo.

A continuación se abordará el análisis de la adquisición pública, haciendo hincapié en la realización de un buen planeamiento y la adecuación de los productos a la utilidad hasta la previsión presupuestaria. Por último se presentará la adquisición electrónica y ecológica.

Gráfico 11 – Licitación comparada en los países del Mercosur (Ítem 2.3)

Países del Mersocur	Normativas principales	Algunos principios adoptados y observaciones
Argentina	Decr. Delgado nº 1023/2001, Ley nº 13.064, Ley nº 22.460, Ley nº22.460, Ley nº 24.156, y Ley nº 19.549.	Cuncurrencia, publicidad, transparencia, igualdad, competencia, legalidad, objetividad, eficiencia y otros. Principales procedimientos de selección: Licitación pública y privada, concurso, remate público y contratación directa.
Brasil	Ley nº 8.666/1993, Ley nº10.520/2002, Ley nº 13.019/2014; Ley nº 12.846/2013, Ley nº 12.462/2011, Ley Comp. nº 123/2006, Ley nº 8.987/1995 y Ley nº9.074/1995.	Isonomía, legalidad, impersonalidad, moralidad, igualdad, publicidad, probidad administrativa, vinculación al instrumento convocatorio, juzgamiento objetivo y de los que le son correlativos. Principales procedimientos de selección: Competencia ("Concorrência" – alto valor), consulta de Precios ("Tomada de preço" – valor mediano), invitación (Convite – valor pequeño), concurso, subasta ("Leilão"), divulgación o publicación oral ("Pregão"). y Consuta.
Bolivia	Decr. nº 27.328/2004	Legalidad, transparencia, publicidad, legalidad, confiabilidad del certamen y presunción de legitimidad. Principales procedimientos de selección: Licitación Pública, contratación electrónica y otros.
Chile	Ley nº 19.886/2003, Reglamento nº 250/2004.	Vinculación al instrumento de convocatoria, adjudicación, igualdad, economicidad y eficiencia. Principales procedimentos de selección: Licitación pública, contratación directa y otros.
Ecuador	Ley nº 15/1989.	Legalidad y otros. Principales procedimientos de selección: Licitación (altísimo valor), Licitación Pública (alto valor), Licitación de precios públicos (valor medio), licitación de precios seleccionados (pequeño valor) y contratación directa (pequeñísimo valor).
Paraguay	Ley nº. 2051/2003 Decreto nº. 53/1993. Reglamentado por el Decreto nº21.909/2003	Economía, eficiencia, igualdad, libre competencia, transparencia, publicidad, simplificación, modernización administrativa, desconcentración de funciones y otros. Principales procedimientos de selección: Licitación pública, concurso de Ofertas, contratación directa y otros.

Perú	Ley nº. 26.850/1997 y las modificaciones de la Ley nº 28.267/2004.	Racionalidad, transparencia, moralidad, libre competencia, imparcialidad, eficiencia, economía, vigencia tecnológica y trato justo e igualitario. Principales procedimientos de selección: Licitación pública, concurso de ofertas, contratación directa y otros.
Uruguay	Ley nº 15.903/1987. TOCAF (Texto Ordenado de Contabilidad y Administración Financiera).	Transparencia, buena fe, publicidad, materialidad frente al formalismo, veracidad, igualdad entre oferentes, fiel cumplimiento del contrato, equilibrio de la eficacia y el control, concurrencia y probidad. Principales procedimientos de selección: Licitación pública, compra directa, licitación abreviada, licitación privada y licitación electrónica.
Venezuela	Decreto nº 1.555/04.	Transparencia, publicidad y los principios que rigen la contratación administrativa. Principales procedimientos de selección: Licitación pública, compra directa, licitación abreviada, licitación privada y licitación electrónica.

Gráfico 12 – Licitación comparada en algunos países de la Europa (Ítem 2.4)

Algunos Paises Europeus	Normativas principales	Algunos principios adoptados y observaciones
España	Ley nº 30/2007	Igualdad, transparencia *versus* confidencialidad, libre participación, economicidad y eficiencia en el control del gasto. Procedimientos tradicionales: Concurso Público, concurso limitado y negociación.
Francia	Código de Contratos Públicos (*Code de Marchés Publics*).	Publicidad, división de la competencia, competencia escrita, simplicidad, libertad de elección del contratado y otros. Modalidades de elección del contratado: Concurso público, pedido de Propuestas (diálogo competitivo) y contratos negociados. Francia celebra tres tipos de contratos públicos, a saber: a) Obras – construcción de obras de ingeniería civil; b) Provisión – comprar, arrendar, alquiler de bienes o materiales; y c) Servicios – producción de servicios.
Inglaterra	Ley nº 5/2006.	El Derecho Anglosajón, la principal característica es que son las reglas de derecho consuetudinario. Principios fundamentales y generales del derecho administrativo: igualdad, publicidad, transparencia, imparcialidad y moralidad, aplicables en los contratos de servicios. Procedimientos tradicionales: Concurso, pedido de propuestas (diálogo competitivo), disputa electrónica y negociación.
Italia	Ley nº241/1990 y D.Lgs. nº163/2006, Código de los contratos públicos de obras, provisión y servicios. Directivas 2004/17/CE, 2004/18/CE. R.D. nº2440/1923 y Ley de contabilidad pública.	Primacía de los principios de economicidad, eficiencia, puntualidad y precisión; así como los de libre competencia, igualdad, no discriminación, transparencia, formalismo, proporcionalidad y publicidad.Principales procedimientos de selección: Subasta pública, licitación privada, tratativa privada, y "*Appalto Concorso*".
Portugal	Dec. nº 18/2008 (Código de Contratos Públicos Portugués).	Igualdad, cuncurrencia, transparencia, impersonalidad, adjudicación, y otros. Principales procedimientos de selección: Concurso público, concurso limitado por calificación previa, acuerdo directo, con consulta directa a uno o varios interesados y el "Diálogo Concorrencial". Por último se presentará la adquisición electrónica y ecológica.

Capítulo 3

ANÁLISIS DE LA ADQUISICIÓN PÚBLICA

Índice: 1. Necesidad de un buen planeamiento. 2. Adecuación de los productos a la utilidad. 3. La previsión presupuestaria. 4. ¿Es factible un registro nacional? 5. Adquisición electrónica. 6. Adquisición ecológica.

1 NECESIDAD DE UN BUEN PLANEAMIENTO

Planeamiento es una palabra de gran relevancia en esta ocasión. Es uno de los aspectos más importantes para el éxito de la licitación, ya que implica la realización de los trabajos de preparación de las etapas que se sucederán. Su objetivo es anticiparse a lo que va a acontecer para la contratación pública. Previendo el camino a ser seguido, se espera alcanzar un mejor resultado en el menor tiempo, con el mínimo de gastos posibles, compatibilizando medios y minimizando los riesgos.

Es un verdadero examen racional anticipado de la cronología de la licitación que tiene como finalidad el establecimiento del objeto a licitar con todas sus especificaciones, la identificación del precio de mercado y del presupuesto utilizado y, además, las condiciones de utilización y almacenamiento que se incluirán en el contrato futuro. La metodología incluye desde la etapa interna de planeamiento hasta las etapas externas determinadas para cada procedimiento según la normativa vigente.

El planeamiento debe prestar especial atención a la definición detallada de la licitación para definir plazos, determinar criterios claros de juzgamiento y condiciones a los licitantes, permisos y licencias requeridas, formas de pago, eventuales ajustes y otras indicaciones obligatorias, estableciendo claramente los elementos decisivos y esenciales para la elaboración del pliego de condiciones. Todo esto se racionaliza en la perspectiva del futuro contrato para evitar imprevistos o dificultades, determinando las características precisas del objeto en los trámites licitatorios.

No basta con seguir simplemente lo que establecen las normas licitatorias[268]. Es fundamental obedecer el rito establecido para cada procedimiento pensando en hacer valer las exigencias legales con claridad y precisión, pero sin que estas sean innecesarias o excesivas. Por eso, el estudio previo de todos sus matices y de los posibles infortunios eleva considerablemente las posibilidades de éxito de la licitación.

Aquí surge un interrogante: ¿pero qué sería un buen planeamiento? Será aquél capaz de realizar un examen pormenorizado previo al hecho licitatorio. Y que imponga rapidez y agilidad en la contratación, precisión en la utilización de los medios adecuados para la mejor ejecución posible y rendimiento para la optimización de los resultados de la administración pública y de los administrados. De hecho, todo dependerá de un planeamiento[269] bien estructurado para que se tenga una licitación exitosa.

Además, las exigencias deben estar orientadas a la elección del mejor contratista, por medio de caminos pre-definidos y simplificados en beneficio de la eficiencia. Esto refleja el grado de organización de la entidad y la preparación de sus funcionarios, ya que la regla es la morosidad en las licitaciones y las fallas que comprometen la programación realizada.

La mayoría de los certámenes licitatorios tienden a ser lentos[270], muchas veces con innumerables recursos admnistrativos y demandas jurídicas, lo cual obviamente encarece el costo pagado por la población.

Es razonable pensar criteriosamente en la ejecución de las licitaciones, anticipando proactivamente infortunios o excesos que puedan provocar la nulidad o acciones judiciales que las atrasarían. El planeamiento minucioso también permite la adopción de medidas que eviten alegar urgencia para justificar la ausencia indebida de ciertos procedimientos o el exceso de contrataciones directas indebidas.

Para lograr un trabajo eficaz se requiere un equipo de funcionarios con sólida preparación técnica, conocimiento y experiencia, remunerado de

---

[268] Ampliar los problemas de la preparación del pliego y el contrato en GORDILLO, Agustín, *Tratado de derecho administrativo*, 9ª. ed., t. II, La defensa del usuario y del administrado, Buenos Aires, Fundación de Derecho Administrativo, 2009, p. 22.
[269] Ampliar en TRINDADE JÚNIOR, Francisco Ulisses da. "Planejamento das Licitações, o planejamento das licitações públicas como fator de eficiência" en *BDJur*, Brasilia, DF, 22 jan. 2010.
[270] "La administración pública responde civilmente por la inercia en responder a una situación que exige su presencia para evitar un hecho dañoso" (Traducción propia). (STF, *Revista de Direito Administrativo*, 97/177).

acuerdo con su calificación. En la práctica, sin embargo, ocurre que la mayoría de las veces no se adopta un criterio técnico para la elección de aquellos que trabajan en la licitación. Se eligen representantes de intereses particulares, nombrados políticamente y sin respetar parámetros morales.

Se debe analizar el todo, anticipando el desarrollo de los procedimientos. Esto significa establecer el por qué y el qué será realizado, quién hará la licitación y cuándo, cómo y dónde ocurrirá. Esto permitirá no ser sorprendidos por eventuales acontecimientos, minimizar costos y tiempo. Significa prever el objeto y su finalidad, la autoridad competente, la cronología de las acciones a llevar a cabo, las cuestiones formales, la localización y el tiempo estimado en que se realizará.

Otra medida a considerar sería la disponibilidad generalizada de datos en base única y el acceso a padrones de proveedores y sus productos. También se buscaría una central de compras que agrupe necesidades de varios organismos y realice adquisiciones en conjunto. Esto permitiría la conjunción de esfuerzos para la satisfacción de necesidades comunes de determinadas entidades a través de una adquisición conjunta y programada, lo cual disminuiría los gastos de personal, los precios, etc.

Lo ideal es realizar un estudio minucioso de costos del proceso licitatorio cuantificando los gastos de recursos humanos (sueldos de funcionarios, gastos de capacitación, etc.), espacios físicos (ocupación, energía eléctrica, etc.) y material de apoyo y expedientes (papel, correo, impresión, etc.), entre otros. Este estudio permitirá determinar la posibilidad de realizarlo o no. Es imprescindible encontrar el punto de equilibrio entre los costos y los recursos comprometidos, sin desperdicios ni atrasos.

Todo esto apunta a lograr el mejor desempeño organizacional que permita disminuir incertezas y economizar costos en busca del fin deseado. Por esto se dice que el planeamiento debe ser sistémico, interactivo y cíclico. De hecho, se debe pensar desde el nacimiento de la propuesta hasta la efectiva adquisición, sin dejar de lado los criterios logísticos, tales como la recepción y almacenamiento de los bienes adquiridos. Además, es crucial la adecuación de los productos a su utilidad, que es el próximo asunto a ser tratado.

2   ADECUACIÓN DE LOS PRODUCTOS A LA UTILIDAD

No basta con adquirir los productos necesarios para la administración pública. Es fundamental que se analice su real utilidad[271]

---

[271] Ampliar en DALLARI, Adilson Abreu, *Aspectos jurídicos da licitação*, 7ª. ed., San Pablo, Saraiva, 2007, p. 3.

para evitar sobrantes y desperdicios. El gestor público, al iniciar un procedimiento de compras, además de las preocupaciones legales, no se debe distanciar de la ética. El objetivo será la mejor aplicación de los presupuestos con el menor costo posible, sin comprometer en exceso los ingresos públicos.

Es imprescindible que todo órgano público cuente con una comisión técnica específica con el objetivo de analizar la necesidad de adquirir determinado producto o servicio, acompañando, *in loco*, su ejecución o utilización. Esto no quiere decir que vaya a existir restricción de uso, sino ampliación del control, alcanzando los resultados deseados tanto en el momento adquisitorio como en la ejecución contractual[272], esta última casi siempre olvidada. Ocurre que en gran parte de las compras públicas no existe acompañamiento de estas fases, dejando al organismo público a la voluntad del contratista.

La fiscalización posterior es fundamental para detectar si los productos o servicios adquiridos están siendo debidamente usados, sin desvíos o mala utilización. Esto generaría, inevitablemente, una compra ineficaz con uso indebido de recursos que podrían ser aplicados para otros fines.

En la adquisición de obras y servicios de ingeniería, por ejemplo, se debe pensar en todo, desde la apertura del proceso hasta la efectiva contratación, estableciendo criterios de elaboración de proyectos básico y ejecutivo, licencias ambientales, presupuesto minucioso, publicación de los avisos, sesiones de la licitación, adjudicación, aceptación o recusación del contratista. Por todo eso, es necesaria la individualización del servicio, la discriminación de las etapas y la explicitación de los métodos de ejecución para el logro del resultado esperado.

De este modo, se considera todo el ciclo de vida del servicio. Esto ocurriría, *v.gr.* en una obra pública consistente en la construcción o reparación de una ruta, donde serán analizados ítems como finalización, estructura, costos locales, mano de obra, tipo de suelo y plazos de finalización. Para su implementación, todo esto requiere el proyecto básico, instalaciones especiales, adquisición de equipamientos y materiales, así como la ejecución y supervisión de la obra pública[273].

El estudio del plazo conclusivo es fundamental. En el ejemplo mencionado de la ruta, las fuertes lluvias y los eventuales deslizamientos

---

[272] Ampliar en LASO, Enrique Sayagues, *La licitación pública*, Montevideo, B de F, 2005, pp. 197-204.
[273] ALTOUNIAN, Cláudio Sarian, *Obras públicas: licitação, contratação, fiscalização e utilização*, 2ª. ed., Brasilia, Fórum, 2009, p. 32.

que se puedan producir como consecuencia de la acción del agua, pueden damnificar seriamente la vía inconclusa, con perjuicios incalculables, además de la pérdida de maquinarias y materiales. Se debe ser proactivo y prever todas las hipótesis posibles, ya que así se originan vías intransitables, haciendo más oneroso el contrato y postergando el término de la obra.

Al final es necesario el análisis del sector de ingeniería para posibilitar la reparación de la citada ruta. Es importante el estudio del servicio a ser realizado, observar el tipo de material que está siendo utilizado y su comparación con otras obras que hayan dado buenos resultados, adoptando previsiones para evitar averías. Por el contrario, se observa frecuentemente al poder público reparando insistentemente la misma ruta en un reducido espacio de tiempo debido a la mala calidad de los materiales y a la falta de planeamiento.

Todo resulta de un plan de gerenciamiento de proyectos para acompañar una obra pública. Este debe contener las metas y directrices prespuestarias, el plan director como instrumento de política territorial y el plan de saneamiento. Se deben incluir, además, un programa de obras, un estudio de viabilidad técnica y económica y un planeamiento de recursos financieros, respondiendo a las exigencias fiscales de las construcciones públicas[274].

Es importante analizar la adecuación del producto a la utilidad, verificando la composición de todos los costos y solicitando la cuantía de beneficio y de gastos indirectos, con la planilla de costos y servicios en una distribuición física y financiera y además, diseño y memorial descriptivo del método y cálculo aplicados.

Es fundamental el desempeño del fiscal de obra que tiene la función de controlar los servicios y equipamiento utilizados, el uso de material, provisiones y recursos humanos, en conformidad con lo que fue previsto en la propuesta inicial[275].

La administración pública se obliga a licitar dentro del marco legal en vigor, con los rigores determinados por el valor de la obra. Todo eso demanda tiempo y ocupa personal. En fin, involucra todo el aparato público para su elaboración, fiscalización y concretización. Hay obras que son llevadas a cabo por la empresa contratada sin que haya una rígida fiscalización acerca de qué se está utilizando, cómo, quién, dónde y de

---

[274] Comparar BIELSA, Rafael, *Principios de derecho administrativo*, Buenos Aires, Universidad Nacional del Litoral, 1942, pp. 167-168. V. OLIVEIRA, Pedro Rocha de, *Obras Públicas: tirando suas dúvidas*, Belo Horizonte, Fórum, 2010, pp.19-24.
[275] *Ibídem*, pp. 192-193.

qué forma. Con la adecuada fiscalización se evitaría la repetición del trabajo mal realizado o la contratación de otro contratista.

De ahí la importancia de un método de fiscalización, haciendo hincapié en que el precio y la calidad deben ir *pari passu*, como si fueran inseparables. Estos son elementos primordiales para la utilización eficiente de los recursos públicos, teniendo como objetivo la satisfacción de las necesidades de la sociedad.

Se averiguan cuidadosamente las prioridades colectivas, definiendo un programa cronológico con estudio de la relación costo y beneficio en relación a la cantidad útil del producto. Por ejemplo, no tendría sentido comprar diez (10) ambulancias para una localidad con cincuenta (50) personas. Se requiere un estudio de las necesidades públicas y una medición de los beneficios ofrecidos, recurriendo a la proporcionalidad de medios.

El gestor público también debe utilizar los medios adecuados al analizar el período y ámbito de utilización del bien, examinando sus particularidades. Siguiendo el ejemplo anterior, es imprescindible un estudio minucioso de sus especifidades al adquirir ambulancias para tráfico por calles dañadas y de acceso difícil, ya que la exigencia de durabilidad deberá ser mayor que la necesaria en vías normales debido al mayor desgaste.

Por lo tanto, se deben estudiar todos los aspectos y particularidades del bien o servicio para no adquirir solamente siguiendo el menor precio inicial y después gastar grandes montos en manutención, lo que lo hará muy oneroso con el correr del tiempo.

Así, en cuanto al abordaje del costo, se debe analizar la durabilidad y la calidad del producto. Por ejemplo, si tenemos un producto "Z" que vale $ 2,00 (dos pesos) y un producto "Y" que cuesta $ 3,00 (tres pesos), este último puede ser la mejor opción a pesar del mayor precio inicial, por tener mayor calidad y durabilidad. Por lo tanto, al realizar el cálculo se deben considerar la vida útil del bien y los atributos inherentes.

Por todo esto se deben especificar las características necesarias del bien deseado, con su utilidad y cualidades esenciales. Es bien sabido que todo trabajo que se precisa corregir no agrega valor, sólo genera costos. Por lo tanto, las irregularidades deben ser eliminadas para alcanzar la excelencia. Al reducir las incertezas, la cantidad de productos que no suman valor disminuirá. Ahora bien, esto requiere que las funciones de operación, supervisión y gerenciamiento funcionen en plenitud.

La creación de un método operacional de compras es esencial para obtener la ecuación deseada en la relación precio y calidad. Midiendo el uso del bien o servicio se pueden reducir gastos evitando productos innecesarios. Para esto se requiere realizar un relevamiento de la necesidad en función del consumo, verificando la demanda pasada y estimando la futura. En fin, las variables a ser trabajadas para la adquisición de un bien o servicio serán: precio, calidad, consumo y utilidad.

Cuando una entidad pública efectúa una compra es esencial tener en mente un precio medio y el costo del producto. Habitualmente la administración pública compra a valores más elevados que los ciudadanos y las empresas privadas, algo que no debería ocurrir ya que es imprescindible alcanzar un costo medio de determinado producto.

Cuando una persona física compra un determinado producto lo hace sin saber si la empresa fabricante está con sus obligaciones fiscales al día. Compra porque su situación económica o financiera se lo permite. Por el contratrio, la entidad pública, para realizar la misma adquisición, debe cumplir ante los órganos de recaudación del Estado nacional, provincial o municipal las normas legales que obligan a exigir la regularidad fiscal del proveedor, entre otras obligaciones. Por esto, todo debe ser pensado para alcanzar el costo de adecuación del producto a la utilidad.

Ese control permite una racionalización de lo que se adquiere, contribuyendo a la eficiencia en las compras públicas y la consecuente disminución de gastos. Para ésto se pueden utilizar herramientas de control tales como el análisis costo-beneficio y el efectivo análisis de aplicación de determinados productos. Esta reducción de costos permitiría que haya una mayor disponibilidad para el desarrollo socio-económico y la disminución de la desigualdad social.

En esta línea, se realizaría un análisis de la utilidad del producto y sus particularidades. Por ejemplo, en la compra de un automóvil popular para circular en calles de tierra. Aunque aparentemente ventajoso por su precio inicial, puede requerir un alto costo de manutención, lo cual haría que fuese cada vez más caro con el transcurso del tiempo. Así, la compra no puede estar basada solamente en el precio inicial más bajo sin observancia de las particularidades del producto y su utilidad.

La finalidad de la licitación es seleccionar la propuesta más ventajosa puesta a disposición de la administración pública, en el sentido de no permitir favoritismos ni privilegios. Lo que ocurre es que ella, en la práctica, compra productos por valores más altos que los de mercado, muchas veces ignorando las reglas presupuestarias estipuladas. Más adelante se estudiará la principal característica que implica la previsión presupuestaria.

3   LA PREVISIÓN PRESUPUESTARIA

Siempre que la administración pública adquiere productos o servicios gasta recursos provenientes de recaudación de impuestos pagados por los ciudadanos. Esos recursos – que tienen diversas finalidades, tales como la adquisición de muebles, inmuebles o la contratación de servicios – deberían permitir satisfacer las necesidades colectivas al menor costo posible.

Inicialmente, para que la administración pueda utilizar el recurso público en la ejecución de sus servicios es necesario planeamiento y autorización legislativa. Así, se sanciona una ley donde son estimados ingresos y gastos para hacer posible las acciones públicas. La ley presupuestaria está íntimamente ligada al planeamiento. Por lo tanto, es imprescindible la capacitación de gestores financieros para que estos puedan identificar quién, cuando, dónde y cómo va a usar el dinero público, garantizando el equilibrio financiero y optimizando las cuentas públicas.

Maximizar recursos es reducir costos. El poder de compra de la administración pública debe ser dirigido hacia el desempeño de aquello que será adquirido, no siendo suficiente la honestidad en la utilización del recurso público. Su empleo debe ser eficaz y eficiente, con capacidad de proveer el desarrollo económico y social del Estado, de erradicar la pobreza y reducir las desigualdades sociales.

El primer paso es el planeamiento, con el examen de la operación de gasto público[276] hasta el pago de la contratación. Esta proyección contiene puntos cruciales que deben ser observados, tales como la justificación de la necesidad de contratación o de adquisición del bien y la seguridad de que existen recursos presupuestarios y financieros[277]. Y ese pago será realizado dentro del plazo establecido.

---

[276] V. el concepto clásico de gasto público de Baleeiro: "aplicación de cierta cuantía, en dinero, por parte de la autoridad o agente público competente, dentro de una autorización legislativa, para ejecución y fin a cargo del gobierno". (Traducción propia). BALEEIRO, Aliomar, *Uma introdução à ciência das finanças*, 15ª. ed., Río de Janeiro, Renovar, 1977, p. 24.
[277] V. entrecruzamiento de materias con el derecho administrativo en GORDILLO, Agustín, t. I, p. VIII-25.

Todo órgano público deberá tener un flujo financiero. Él tiene un presupuesto[278] que autoriza el gasto y estima el monto recaudado. Así, la contratación está basada en una autorización del gasto, sin verificar si el monto recaudado está en armonía con esa erogación. Si el órgano pretende contratar determinado bien o servicio, debe asegurar ese recurso, con la salida de dinero público para el pago del producto licitado.

La previsión presupuestaria es realizada tomando como base los gastos del año anterior. Así, para elaborar un presupuesto más realista se deben prever las necesidades que surgirán. Dentro de esa previsión[279] se encuentra el monto a ser recaudado en determinado período, teniendo como meta cubrir los gastos estimados.

La previsión de recursos debe seguir las normas y procedimientos atinentes a la materia y observar las resoluciones de los tribunales de cuentas, así como la estimación de ingresos y de gastos. Estos deben ser asentados por áreas de interés (educación, salud, seguridad, etc.) y de ahí determinar las adquisiciones de productos y servicios pertinentes, detallándolas por elemento[280].

En relación al gasto público, el organismo aplicará el monto para la adquisición de un producto o servicio, en un compromiso presupuestario[281] para el pago en favor del contratista seleccionado en la licitación. Y no son pocas las formas de violación que, si utilizadas, significan responsabilidad para el agente, sea en sus cláusulas o en cualquier condición instrumental que autoricen. Así, a modo indicativo, es importante destacar algunas cuestiones legales que se observan con frecuencia:

---

[278] Alerta Rivero sobre la organización del servicio público: "Desde el punto de vista financiero, el servicio no tiene ninguna singularidad. Los créditos necesarios para su financiamento están incluidos en el presupuesto general de gastos de la comunidad. Si él obtiene ingresos, éstos se confunden en el conjunto de ingresos presupuestarios, que van a servir de base al conjunto de gastos." (Traducción propia). RIVERO, Jean, *Direito administrativo*, Coimbra, Almedina, 1981, p. 513.

[279] V. lo que sostiene Rosa Júnior: "el examen del gasto público debe anteceder al estudio de los ingresos públicos, a diferencia de lo que ocurre con el concepto económico y privado, esto es, que el gasto debe ser realizado después del cálculo de los ingresos como ocurre normalmente en las empresas privadas". (Traducción propia). ROSA JÚNIOR, Luis Emygdio, *Manual de direito financeiro e direito tributário*, 11ª. ed., Río de Janeiro, Renovar, 1977, p. 23.

[280] V. BEZERRA FILHO, João Eudes, *Contabilidade pública: teoria, técnica de elaboração de balanços*, 3ª. ed., Brasilia, Campus, Río de Janeiro, 2007, p.77.

[281] Brasil adoptó la Ley de Responsabilidad Fiscal como un marco límite de los gastos de personal y la deuda pública en las esferas de la Unión, Estados y Municipios. V. Ley complementaria N° 101/2000.

a) gastos públicos previamente establecidos bajo autorización presupuestaria o en créditos adicionales especiales y extraordinarios, por medio de decreto del jefe del ejecutivo;
b) clasificación adecuada de los créditos y los gastos. Es común verificar la clasificación inadecuada de los gastos y su categoría económica. Así, el elemento de gasto que mantiene el servicio público en actividad continua no puede ser aplicado para adquisición de bienes permanentes;
c) divergencia entre el objeto licitado y el elemento de gasto establecido en el contrato administrativo. Por ejemplo, la partida destinada a la compra de sillas escolares no puede ser utilizada para gastos de vivienda;
d) alteración de la fuente de recursos durante la vigencia del contrato administrativo. Cada gasto tiene una codificación dentro de la clasificación presupuestaria con indicaciones de identificación y vigencia, debiendo esa fuente de recurso permanecer en consonancia con el objeto contractual;
e) realización de gastos fuera de la vigencia contractual, inclusive pagos, gastos o cobranzas fuera de los plazos; o gastos diversos no relacionados con el pliego o contrato originario.

Se observan defectos graves que hacen responsables a los agentes públicos por desobediencia a los dictámenes presupuestarios. La ilegalidad de los casos analizados en este estudio no se limita a la inobservancia de las normas correspondientes a la materia, sino que alcanza la necesidad de obedecer todos los principios que sustentan la administración pública y los elementos constitutivos de las licitaciones públicas.

En este sentido, es frecuente el desvío de finalidad de recursos destinados a estas áreas. El control interno de la finalidad funcional se realizará por medio de investigaciones y rendición de cuentas[282] de todos los responsables.

Indudablemente el gasto integra el presupuesto para cumplimiento de sus funciones elementales. Por lo tanto, se debe analizar la correcta aplicación en búsqueda de la armonía y el equilibrio de ingresos y gastos, evitando la malversación del erario. El gasto público sólo puede ser

---

[282] Se trata de la interpretación de documentos y registros desde el punto de vista técnico, legal y en cuanto a principios prestado por el organismo, receptor del beneficio, al ente público otorgante.

realizado con autorización, respetando los preceptos de la Constitución Nacional, cometiendo un delito aquellas autoridades públicas que desobedezcan la restricción legal.

Obsérvese que el presupuesto permite la visualización comparativa de ingresos y gastos de la administración pública en perfecta demostración de organización y método. También se debe destacar que, además del presupuesto público, existen otros documentos que permiten la visualización de parámetros financieros tales como el balance patrimonial, el balance de ejecución de presupuesto, la rendición de cuentas y otros.

Por otro lado, existen licitaciones realizadas con partidas provenientes de celebración de convenio público[283] con eventual compra de productos y servicios. Es imprescindible mencionar que la naturaleza jurídica de ese acuerdo está intrínsecamente orientada a la convergencia de esfuerzos para el interés público. Si, por ejemplo, un ente público firma un convenio con una organización no gubernamental (ONG) para la construcción de un hospital, de un lado se aporta mano de obra y de otro material para la construcción, sin que haya prestación pecuniaria como forma de pago. Se estaría en presencia de un auténtico convenio administrativo.

El contrato[284] para la construcción de esa obra consistiría, por su parte, en un acuerdo que dispusiera que la edificación estaría subordinada al pago a la otra parte. Como habría expresa contratación (teniendo en consideración el acuerdo entre voluntades opuestas: construcción de obra y pago) se estaría ante un verdadero contrato administrativo en el cual la selección de las empresas constructoras será realizada según las reglas licitatorias[285].

Se espera que nadie contrate para incumplir lo establecido. Los contratantes están sujetos a las cláusulas del acuerdo firmado y a éste se someterán respetando el *pacta sunt servanda*, corolario de las disposiciones observadas en el pacto. Como es bien sabido, el contrato administrativo tiene un procedimiento propio para encuadrarse en la regularidad administrativa que reclama el principio de la legalidad. Entonces, se

---

[283] Ampliar en DURÃO, Pedro, *Convênios e consórcios públicos: gestão, teoria e prática*, Juruá, Curitiba, 2007, pp. 93-94.

[284] En ese sentido GORDILLO afirma que los contratos administrativos tienen primordialmente régimen de derecho público, diametralmente opuestos a los contratos de administración del régimen civil, todos sin reuncia a los principios orientadores del Estado. GORDILLO, Agustín et al, *Contratos administrativos: regímenes de pago y actualización,* Buenos Aires, Astrea, 1988. t. I, pp. 17-18.

[285] Así ocurre en Brasil, donde el ente de naturaleza privada está obligado a seguir las normas de la licitación pública.

someterá el ente privado al procedimiento licitatorio como medio hábil y legitimado, con el objetivo de mantener el acuerdo firmado con la administración pública.

Otra razón es la necesidad de subordinación del gasto público para la efectiva rendición de cuentas a las autoridades superiores o a los tribunales de cuentas[286]. Es importante tener presente que la autoridad administrativa no puede adquirir sillas escolares (bienes muebles) con el remanente de la partida destinada a la construcción de escuelas públicas (contratación de obras públicas). Tampoco se puede comprar merienda escolar (ayuda alimentaria) con el excedente de la partida estipulada para la adquisición de lapiceras (material de consumo). Así, al gastar el dinero público, siempre se debe prestar atención a los rubros en los cuales están dispuestos en el planeamiento y la ley presupuestaria que autoriza para un objeto determinado, sea para la compra de alimentos, sillas, lapiceras, etc., bajo pena de responder por el desvío de finalidad.

La democracia proporciona una nueva herramienta. Es el presupuesto participativo realizado a través de audiencia pública[287], en la cual los ciudadanos y las organizaciones representativas pueden sugerir las áreas prioritarias para destinarle mayor cantidad de recursos públicos. Así se permite la participación popular en la fiscalización y elaboración del presupuesto para patrocinar la adquisición de obras de infraestructura por medio de la licitación. Significa establecer directrices estratégicas en la ejecución de programas para la optimización del desempeño en el mediano y largo plazo, en busca de resultados más efectivos para la sociedad según las prioridades de la ciudadanía.

Lo que se desea es el equilibrio entre lo recaudado y el gasto en el ejercicio financiero, ya que no se puede gastar más de lo que se tiene, ni siquiera los organismos estatales. De ahí la función prioritaria del presupuesto público en la locación de recursos, en conformidad con los programas de gobierno para provisión de bienes y servicios ajustándose a la distribución de renta para fines estatales. Por eso la necesidad de establecer directrices, objetivos para alcanzar las metas, a través de programas que resulten en la integración de esfuerzos gubernamentales. Eso significa establecer las demandas cuantificando el desempeño y costos en busca del resultado final para la satisfacción de las necesidades de la sociedad.

---

[286] BRASIL, Tribunal de Contas da União, *Licitações e contratos, orientações e jurisprudência do TCU*, 4ª. ed., Brasilia, TCU, 2010, p. 33.

[287] Ampliar los procedimientos de audiencia pública en GORDILLO, Agustín, t. I, p. XI–27, y t. II, pp. XI-1-11.

4   ¿ES FACTIBLE UN REGISTRO NACIONAL?

Una alternativa viable es el estudio de precios y la verificación de la calidad de los bienes o servicios con inscripción en un registro nacional[288]. La idea sería poner a disposición información sobre los proveedores y sus productos con el objetivo de minimizar fallas comunes en las contrataciones públicas.

Ese registro actuaría como una especie de Biblioteca de Calidad[289] con un registro previo de proveedores[290] donde estarían especificados los productos y la calidad.

En ese registro sería certificada la calidad, la aplicabilidad y la durabilidad del producto o servicio. Esta especificación debería ser realizada a través de órganos que tengan la competencia adecuada.

Los productos y servicios podrían ser certificados a través de una institución competente para calificarlos dentro de determinados formatos capaces de apreciar las condiciones ofrecidas por la empresa proveedora[291]. Dicha certificación implicaría el análisis del plan interno de calificación de la empresa, la capacitación de la mano de obra, la capacidad financiera para ofrecer el servicio, así como el cumplimiento de las obligaciones fiscales.

Es necesario desarrollar un medio nacional e integrado, extensivo a todo el territorio de la Nación, para estandarizar en un registro las características mínimas y razonables de seguridad que permitan la normalización, la verificación de la reputación de los oferentes, la

---

[288] Ampliar el tema de la inscripción en el registro en GORDILLO, Agustín, *Tratado de derecho administrativo*, 9ª. ed., Fundación de Derecho Administrativo, 2009, p. XII-27. REJTMAN FARAH, Mario, *Régimen de contrataciones de la administración nacional*, Buenos Aires, AbeledoPerrot, 2010, pp. 42-43.

[289] Algunos formatos de registro de calidad funcionan en Brasil como una especie de estandarización mínima tolerada, *v. g.*, como los provenientes de las normas de la Asociación Brasileña de Normas y Técnicas (ABNT), del Instituto Nacional de Metrología, Normalización y Calidad Industrial (INMETRO), la Agencia de Medio Ambiente, etc.

[290] En la ley de licitación brasileña se establece la hipótesis de selección de proveedores por estudio de precios. Se trata del sistema de registro de precios (SRP) en el que los organismos adquieren sus productos a través de una registración de oferentes seleccionados, minimizando gastos como almacenamiento y otros. V. art. 15 de la Ley 8.666/1993. V. también, el principio de la estandarización en MEIRELLES, Hely Lopes, *Licitação e contrato administrativo*, 15ª. ed., San Pablo, Malheiros, 2010, p. 82.

[291] De la misma forma se procede en Brasil con las ONGs a través de la certificación firmada por el Ministerio de Justicia.

competitividad, la certificación e inspección de estos productos y servicios, tanto los producidos en el país como los importados.

Con ese registro nacional la forma tradicional de comprar de la administración pública estaría comprometida. No obstante, en lo relacionado con las obras públicas, el procedimiento clásico continuaría en vigor en virtud de la peculiaridad de cada servicio a ser ejecutado, excepto en lo relativo a las características mínimas necesarias que debe tener una empresa de ingeniería apta para esta prestación, las cuales podrían ser evaluadas previamente.

En relación al formato electrónico adoptado bajo criterios de valor o de contenido, este modelo acataría medios de control previo de la calificación por medio de un registro nacional para designar modos de aceptación mínima de los productos a ser ofertados. El medio electrónico serviría, además, como parámetro en el cual se verificaría el precio.

De lo expuesto se puede llegar a la falsa impresión de violación del principio de igualdad. Sin embargo, no existe violación de tal principio por el simple hecho de que una empresa ofrezca un servicio con un mejor precio que otra. El principio de igualdad tiene que existir sin dejar de considerar aspectos técnicos, profesionales y financieros, así como la credibilidad de la empresa y la certificación de los funcionarios que prestarán determinado servicio.

Dicho ésto, el resultado sería la obtención de productos con mayor durabilidad y una adquisición más rápida por parte de aquellos órganos que no tuvieran tanta carencia del producto. Esa celeridad que existía en el pasado era producto de una compra simple y ligera, sin mayores controles. El administrador, principalmente de municipios pequeños, compraba a un determinado proveedor, o sea, faltaba el producto, se buscaba un proveedor local y se compraba. Era como adquirir lo que se deseaba dentro del esquema de las compras realizadas en el propio hogar.

Las normas licitatorias elaboradas con la finalidad principal de resguardar el principio de igualdad y economicidad poseen, además, otras ocasiones planeadas[292] como seleccionar la propuesta más ventajosa y evitar la sobre-facturación de objetos o servicios licitados.

La sobre-facturación es el resultado de la falta de control y transparencia[293] que deberían regir las adquisiciones públicas. Para una

---

[292] V. nuestro análisis de la licitación comparada (Cap. II), así como la función de los principios en la licitación (Ítem 5 del Cap. I).
[293] V. la distinción entre el principio de la publicidad y el de la transparencia en GORDILLO, Agustín, *Tratado de derecho administrativo,* 9ª. ed., t. II, La defensa del

vigilancia previa tendría que existir un registro nacional donde entrarían la Nación, las provincias, municipios y demás organismos públicos.

En este sentido, actualmente uno de los mayores transtornos para las Comisiones de Licitación es la fase de habilitación de los oferentes. Con el registro, esa fase quedaría eliminada porque la administración pública, al licitar, ya sabría cuáles proveedores estarían habilitados y quien estaría inscripto en el sistema bajo estándares mínimos establecidos.

Cuando se admite la idea de un registro nacional surgen también una serie de dificultades, por ejemplo: ¿Cómo una empresa de Buenos Aires podrá ganar una licitación para recolección de residuos en Mendoza, ubicada a más de 1.000 kilómetros? En realidad, se debe pensar en el precio aplicado en la administración pública adaptado a la realidad de cada región. Cada Provincia tiene su propia legislación tributaria. Se calcularía el precio para cada región, como ocurre en una construcción de obra pública o asimismo en empresas recolectoras de residuos.

En el caso que haya un aspecto discriminatorio en determinado ítem en beneficio de algún objeto o servicio licitado, estos serán dejados de lado. Siguiendo con el ejemplo de la empresa recolectora de residuos, supongamos que se presentan diversos competidores. Se añade la exigencia previa de que la inspección sanitaria sea realizada por un doctor en higiene sanitaria. Se crea entonces una restricción que sólo determinada empresa "A" podrá superar. Es importante destacar que tal inspección no debería ser hecha por parte de la empresa, sino por aquél que contrate el servicio, con responsabilidad solidaria por la fiscalización.

Para concluir, se debe examinar la oportunidad y la convenciencia[294] de la aplicación del registro nacional al régimen licitatorio vigente, respetando los matices técnicos y de calidad de los productos y servicios adquiridos por la administración pública, sin dejar de lado la obediencia a los principios correspondientes a la materia.

5   ADQUISICIÓN ELECTRÓNICA

El desarrollo de nuevas tecnologías de información y del espacio virtual han posibilitado su uso en favor del derecho. La rapidez y la

---

usuario y del administrado, Buenos Aires, Fundación de Derecho Administrativo, 2009, pp. XII-9-10.

[294] Ampliar en ítem 8.1 de GORDILLO, Agustín, *Tratado de derecho administrativo*, t. I, 8ª. ed., Buenos Aires, Fundación de Derecho Administrativo, 2003, pp. I-19-20.

transparencia de las comunicaciones permiten utilizar esas herramientas en beneficio de la colectividad. Y también se convirtieron en un elemento fundamental para lograr la eficacia y la eficiencia en la administración pública.

La actividad financiera del Estado está orientada a satisfacer los intereses de la colectividad por medio de un plan gubernamental con políticas públicas predeterminadas, entre las cuales está la utilización de tecnologías de información. Otro factor importante que vale la pena destacar es la estandarización y acompañamiento de las etapas, esforzándose por la mejor calidad de los gastos públicos, así como la racionalización, gerenciamiento y control de los gastos. Además de eso, la informática, a través de *Internet*, benefició a los más diversos ámbitos, inclusive la licitación, posibilitando una celeridad nunca conocida antes.

El ámbito virtual ha sido valorizado a través del *e-commerce* (comercio electrónico) que permite transacciones voluminosas a través de la red. Esta valorización mundial de los negocios y de *Internet* también alcanza las compras públicas. De hecho, los medios tradicionales de adquisición están cediendo espacio a los formatos electrónicos que demuestran cada vez más seguridad y confiabilidad.

Se debe aclarar que no cualquier tipo de licitación podrá valerse de esta nueva tecnología. Todo dependerá de cada legislación, la cual fijará los límites, tales como los valores utilizados, tipos de producto o servicio, etc. Es por esto que se debe ser muy cauteloso ya que no se trata sólo de agilidad. También otros factores influirán en la elección del procedimiento a seguir.

La efectivización de las compras públicas está limitada al cumplimiento de la propia legislación, la cual define los principios orientadores de actuación del gestor público y especifica detalladamente los procedimientos a ser observados. En la última década se han logrado resultados significativos en la modernización e informatización del aparato estatal. Y la implementación de herramientas y servicios permiten la práctica de nuevas y seguras formas de gerenciamiento y control de gastos públicos.

La utilización de espacios virtuales por parte de organismos estatales (*e-governo*)[295] viene aumentando por su celeridad y seguridad.

---

[295] Pinheiro sostiene en relación a los gobiernos digitales "E-Government": "[...] en el ámbito del derecho administrativo, los principios de publicidad de los actos públicos y probidad administrativa hacen que internet sea un medio extremadamente adecuado no sólo para publicar lo que está siendo realizado sino también para funcionar como canal directo de comunicación con cuidadanos y contribuyentes." (Traducción

También porque permite que los proveedores realicen un planeamiento del proceso productivo con reducción de costos, además de posibilitar una visión clara de los productos y servicios adquiridos. Todo esto amplía la participación de los proveedores e impone más eficacia y legitimidad a los certámenes licitatorios, profundizando el control por parte de la sociedad.

Varias herramientas proporcionan garantías al sistema, como la utilización de una identidad personal e inequívoca, documentos electrónicos y claves de acceso que elevan el nivel de seguridad para el logro de una rápida compra pública.

La adquisición electrónica permite mayor brevedad, economía y desburocratización como consecuencia de su simplicidad y transparencia, ya que cualquier ciudadano o licitante puede acceder a los *links* destinados a las compras[296] y tener acceso *on-line* a las informaciones allí disponibles. Además, el avance tecnológico permite el diálogo electrónico entre los licitantes y los órganos estatales, lo cual acelera los procedimientos, que quedan grabados electrónicamente.

También es posible tener un pre-registro de proveedores[297] junto a los órganos públicos en sistemas unificados, proporcionando acceso rápido a aquellos debidamente cualificados. Otro punto a ser destacado es que estos *sites* de compras gubernamentales contienen todas las informaciones y dan acceso a las licitaciones en curso, haciendo posible la transparencia de los datos.

No es casual que la adquisición electrónica permita la compra de productos y servicios más baratos y una intensa competencia, brindando mayores oportunidades y multiplicidad de oferentes[298]. El gobierno electrónico es una indiscutible herramienta de ciudadanía y de aumento de eficiencia del aparato estatal. Es una auténtica herramienta de desarrollo[299].

El comercio electrónico permite una universalización de servicios a bajos costos procedimentales, pone a disposición de los ciudadanos una estructura avanzada de organización de datos y brinda

---

propia). PINHEIRO, Patrícia Peck, *Direito digital*, 4ª. ed., San Pablo, Saraiva. 2010, p. 276.

[296] Obsérvense *sitios* de licitación electrónica en algunos países: Argentina: www.obrapublica.com; Brasil: www.licitacoes-e.com.br y www.becsp.com.br; y Chile: www.tranamefacil.com.br

[297] V. *infra*, cap. III, ítem 4.

[298] BATISTA, Henrique Gomes; PRESTES, Cristine, *Guia valor econômico das licitações*, San Pablo, Globo, 2007, pp. 88-89.

[299] PINHEIRO, *Op. cit.*, p. 279.

diversas facilidades como intercambio de mensajes, agenda de licitaciones y catálogos de proveedores.

Por esto, un gran desafío en relación a las nuevas tecnologías es la disponibilidad integral de estos servicios para los ciudadanos y el entrenamiento de los funcionarios para ampliar el acceso a la información sobre las licitaciones en la *web*, así como la conversión de los sistemas gubernamentales para permitir el intercambio y la agilidad de los procesos. Obviamente para la aplicabilidad de estos patrones de desempeño y seguridad se requiere la concientización del gobierno y de la sociedad en relación a las ventajas de los medios electrónicos.

Ese nuevo modelo de adquisición pública significará una universalización del acceso gratuito para todos, con aumento de la productividad y economía en cumplimiento de tendencias internacionales. A través de él se permite la participación directa de la colectividad, transparencia, control, democratización de los procesos licitatorios y disminución de la burocracia, ampliando así la efectividad de la acción gubernamental. Se oberva una evolución en la que los organismos estatales buscan adaptarse a la nueva realidad, a pesar del mantenimiento de las formas tradicionales de licitación en las cuales predominan los elevados costos en tiempo y recursos, el almacenamiento físico de procesos y el gasto innecesario en materiales y personal.

Existe resistencia por parte de ciertas entidades a utilizar estos medios por la escasez de puestos de acceso a *Internet*. Son ejemplo de esto algunos intendentes que prefieren no utilizarlos, los cuales agregan el argumento de que con su implementación estarían desprestigiando el comercio o perjudicando a los proveedores locales. Lo que se propone es una estructura electrónica de acceso universal a la información por parte de los ciudadanos y la racionalización del gasto en una gestión transparente y digitalizada.

Se gasta mucho dinero en publicaciones en los diarios y periódicos de gran circulación que podría ser ahorrado a través de la puesta a disposición de los datos y de las condiciones en un portal electrónico de licitaciones nacionales. Es, por lo tanto, un instrumento que no sólo no perjudica la autonomia de los órganos públicos, sino que ofrece información dinámica para las adquisiciones públicas.

Desafortunadamente, no todas las personas ni todos los municipios tienen acceso a los medios electrónicos. Hay que hacer una salvedad para las localidades sin acceso a dichos medios o a *Internet*, sea por la razón que fuere.

Una solución sería que el administrador de ese sistema nacional, como puede ser el Estado nacional, ponga a disposición de esos municipios las herramientas necesarias, creando una estructura a mediano y largo plazo.

La compra pública electrónica puede ser considerada como un medio seguro porque en su utilización no existen distancias geográficas ni restricción de proveedores, además de su celeridad y transparencia.

6 ADQUISICIÓN ECOLÓGICA

En la actualidad se observa un cambio sensible en el sistema ecológico mundial, capaz de comprometer los elementos esenciales para la sobrevivencia del ser humano, tales como la defensa del aire, el agua, el suelo, así como las especies vivientes del ecosistema. Este desorden hiere los derechos del hombre como el derecho a la vida[300], la salud y a un ambiente sustentable[301] para las generaciones actuales y futuras. Debido a la preocupación por el medio ambiente[302] y al inminente peligro de destrucción de la biosfera, este asunto está ganando repercusión en los fórums internacionales, los medios de comunicación y la opinión pública.

Sólo después de la Segunda Guerra Mundial[303] podemos hablar de la formación de una conciencia ambiental[304] que se puso de manifiesto en acciones políticas y jurídicas, iniciando de ese modo la lucha por la

---

[300] El derecho a la vida depende del derecho humano al medio ambiente. Es lo que sostiene FRANCO DEL POZO, Mercedes, *El derecho humano a un medio ambiente adecuado*, Universidad de Deusto, Bilbao, 2000, pp. 48-49.

[301] Es la preocupación visible en algunas constituciones nacionales: Argentina (art. 41-43), Brasil (arts. 23, V y VII, 170, VI, 216 y 225), Bolivia (art. 71), Chile (art. 198), Colombia (arts. 49, 78 y 79), Ecuador (art. 86), Paraguay (arts. 7, 8 y 268), Peru (arts. 22 y 67) y Venezuela (arts. 127). V. *supra*, Anexo II.

[302] Ampliar el concepto de calidad del medio ambiente sano en GORDILLO, Agustín y otros, *Derechos Humanos,* 6ª. ed., Buenos Aires, Fundación de Derecho Administrativo, 2007, pp. VI-11-12. SILVA, José Afonso da, *Direito ambiental constitucional*, 2ª. ed., San Pablo, Malheiros, 1995, pp. 1-4. SIRVINSKAS, Luis Paulo, *Manual de direito ambiental,* 8ª. ed., San Pablo, Saraiva, 2010, p. 103.

[303] En ese sentido, se ratificaron instrumentos de protección de aguas dulces y mar como la Convención de Londres para la prevención de la contaminación del mar el 12 de mayo de 1954, así como otros relacionados al medio ambiente de calidad, como la Declaración Universal de los Derechos del Hombre (Arts. 3º y 251) y la Declaración de Estocolmo (Principios 1 y 13).

[304] V. los marcos históricos del derecho internacional del medio ambiente realizados por FIGUEIREDO, Guilherme José Purvin de, *Curso de direito ambiental*, 3ª. ed., Curitiba, Letra da lei, 2009, pp. 56-58.

(re)construcción del medio ambiente totalmente destruido por las atrocidades y enfermedades de la época.

Dentro de ese escenario evolutivo, la actual administración pública es, incuestionablemente, una compradora potencial[305]. Siendo esto así, tiene la facultad de influenciar el mercado en lo referido a la valoración de productos ecológicamente equilibrados, sea porque puede exigir características básicas para disminuir la agresión al medio ambiente o por la adopción de políticas de reducción de compras y consumos desmedidos.

En este sentido, una de las formas de actuar es utilizar criterios objetivos que permitan tratar de manera equitativa a todos los oferentes. Pero para que esto ocurra es necesario que haya una mejora y una modernización del sistema de compras públicas, ya que el gestor público es, *a priori*, libre para elegir el objeto del contrato. De ahí que se deba obedecer la legislación pertinente en lo referido al procedimiento de adjudicación para que no existan restricciones entre los concursantes que limiten la competitividad o impidan la participación de cualquiera de ellos.

No es extraño recibir noticias acerca de la incineración de remedios vencidos, lo cual genera residuos que afectan enormemente al medio ambiente y al presupuesto público. Esto es el resultado de una compra innecesaria realizada sin un análisis de su efectiva aplicabilidad o utilidad, o aún de los requisitos mínimos de calidad del producto en relación al beneficio que podría proporcionar.

También se podrían mencionar como ejemplo las compras para provisión de merienda escolar, donde se debería indicar a los oferentes cuáles son los productos que, además de ofrecer el mayor valor nutritivo, son ecológicamente adecuados y no contienen toxinas. Con esta medida habría un incentivo del gobierno en lo referido a la producción de alimentos menos tóxicos y menos agresivos para el medio ambiente.

Debido a la gran variedad de productos y servicios que posibilitan el funcionamiento de la maquinaria administrativa, es muy amplio el campo para la racionalización de las compras[306] a través de políticas públicas direccionadas en el sentido de priorizar el medio ambiente para lograr un entorno ambiental saludable.

---

[305] En 2008 las contrataciones públicas representaron el 16,6% del producto interno bruto (PIB) de América Latina. Cf. Boletín estadístico de 2008. Disponible en: www.transparency.org/ Fecha de captura: 27.07.2011.

[306] V. la aplicabilidad del principio de la precaución en ANTUNES, Paulo de Bessa, *Direito ambiental*, 12ª. ed., Río de Janeiro, Lumen Juris, 2010, pp. 28-33.

Para tener éxito es necesario que haya un conocimiento sobre lo que es un producto o servicio ecológicamente aceptado, para lo cual es necesario realizar un estudio de mercado, verificar cuáles son las implicaciones ambientales de utilizar determinado componente y como administrar su adquisición.

Así, es importante la existencia de un equipo interdisciplinario compuesto por técnicos especializados que participarán del proceso de adquisición, con agentes responsables del control de calidad a nivel de mercado porque aún en la búsqueda del precio medio (base de la administración pública) se puede trabajar buscando la calidad de aquello que se adquiere.

También se debe tener en cuenta que además de la compra ecológica, la administración pública puede y debe adoptar métodos operacionales de reducción de compra. Es fundamental la adquisición de productos de buena calidad como forma de reducir el impacto en el medio ambiente. El producto de mala calidad tiene naturalmente una vida útil corta y debe ser sustituido varias veces, lo cual provoca daños y mayores costos. También el hecho de comprar menos es un instrumento fundamental para el combate a la polución. Por lo tanto, es esencial comprar lo que de hecho se necesita y de forma sustentable.

Saber comprar menos es una cuestión de educación y de concientización. Las compras en el sector privado la mayoría de las veces responden a la eficiencia[307] y eficacia en la relación de calidad y costo. Éstas, por no estar sometidas a los rigores licitatorios, ¿hacen posible la adquisición fraudulenta? ¿Será sólo eso? En realidad, el panorama se viene modificando con el formato electrónico de adquisición, donde existen ofertas de precios con más transparencia y publicidad. Abierta a una participación infinita de oferentes, permite comprar por el mejor precio sin dejar de lado la calidad. Sin embargo, este medio no alcanza todas las compras públicas por estar restringido a determinado tipo de productos o servicios. Aún así, es un avance. De este modo, el procedimiento electrónico serviría como parámetro con el cual se examinarán los precios pagados en el ámbito de la administración pública.

Para lograr la efectividad de la adquisición pública lo que se debe tener en mente es la modernización del proceso de adquisiciones, esmerándose para lograr el mejor precio en su nueva versión, o sea, aquélla que comprende la vida útil y el menor daño al medio ambiente[308].

---

[307] V. el principio de la eficiencia en GORDILLO, Agustín, *Op. cit.,* t. II, p. XII-47.
[308] Ampliar los conceptos de la compra ecológica en COMUNIDAD EUROPEA, *Manual de contratos públicos ecológicos*, Luxemburgo, Servicio de Publicaciones Oficiales, 2005.

De este modo, al justificar la necesidad del producto o servicio a ser contratado se deberían indicar, por ejemplo, los resultados deseados y demostrar el menor impacto ambiental. Como ya fue sostenido anteriormente, la propuesta más ventajosa no siempre significará la mejor adquisición. Los perjuicios provocados por una mala compra son enormes, sea en términos de costo o de degradación ambiental.

De hecho, podría ser creado un banco de datos de estandarización[309] donde estarían contenidas las calificaciones de los productos, en una especie de base de datos organizada de manera unificada y simplificada. Con ese registro el formato de compra clásico estaría comprometido. Sin embargo, en lo referido a las obras, el procedimiento usual continuaría en vigor, en virtud de las peculiaridades de los servicios a ser ejecutados.

En las obras y servicios de ingeniería la propia legislación puede exigir que haya un proyecto básico de impacto ambiental, debiendo satisfacer un mínimo de requisitos capaces de proporcionar el menor índice de agresividad al medio ambiente con el menor costo de edificación.

Se deben tener muy en consideración los materiales menos nocivos para el ambiente[310], el volumen de residuos que serán eliminados y la cantidad de materiales que podrán ser reciclados.

Entre las posibles variantes a disposición de la administración pública es esencial que los gestores públicos implementen políticas ambientales educacionales orientadas tanto a la utilización de los productos y servicios públicos, como a la elección del objeto a ser adquirido/contratado para no incurrir en vicios.

Los nuevos abordajes de la administración pública en beneficio de medidas protectoras del medio ambiente desafían a los oferentes a buscar soluciones técnicas innovadoras. Otro factor importante es la posibilidad de eliminar proveedores que hayan infringido leyes o normas ambientales.

Por tales razones, la supranacionalidad[311] se vincula con la compra ecológica para permitir una nueva definición del mercado a través de la adecuación de los costos a los criterios ecológicos para monitorear el desempeño de productos desde la fase de elaboración de las

---

[309] V. nuestros comentarios sobre la factibilidad de un registro nacional en el cap. III, ítem 4.

[310] Considerar el principio jurídico supranacional de la protección de la vida y la integridad de las personas humanas en relación a la contaminación del medio ambiente. V. GORDILLO, Agustín y otros, *Derechos Humanos*, 6ª. ed., Buenos Aires, Fundación de Derecho Administrativo, 2007, p. III-10.

[311] Según señala Agustín GORDILLO "El carácter supranacional es el camino del futuro". V. GORDILLO, Agustín y otros, Íbidem, pp. II-15-16.

materias primas, fuentes y métodos, hasta los medios que impidan un gran volumen de residuos y el daño ambiental.

La idea de sustentabilidad[312] hace referencia a la calidad de vida a través de factores de selección ecológica que permitan la racionalidad en la utilización de los recursos y el reciclaje, previa calificación ambiental del producto.

En este sentido, busca la responsabilidad ambiental en el uso de los recursos naturales. Así se permite la preservación del ecosistema y se evita la agresión a la naturaleza, recurriendo, por ejemplo, al uso de la energía solar, la reutilización del agua, la pavimentación con asfalto ecológico, etc.

La supranacionalidad proveniente de la integración ambiental permite que la administración pública alcance sus prioridades en cuanto a adquisición de productos o servicios a través de una participación que busque una mejora de la calidad de vida, la reducción de desperdicios y costos. De esa forma se posibilita, por ejemplo, la formación de funcionarios y ciudadanos ambientalmente responsables que no tengan dudas en cuanto a que las acciones ambientalmente correctas tienen beneficios económicos y de otros tipos a mediano y largo plazo. Y por esa actitud consciente resulta una licitación sustentable en busca de resultados orientados a la calidad del medio ambiente.

Se trata de pequeños ajustes en las licitaciones existentes para la adecuación y calificación de los productos a ser adquiridos en cumplimiento de las normas supranacionales que hacen valer el uso sustentable y racional de los recursos públicos, permitiendo una vida más equilibrada desde el punto de vista ecológico.

La adquisición ecológica, también denominada licitación sustentable[313] o compra ambientalmente amigable, o eco-adquisición, implica un consumidor responsable que se ocupa de la protección de la salud y el ambiente, está atento a la calidad del producto y compra sólo lo necesario, evitando la adquisición de productos superfluos o que causan algún tipo de daño ambiental[314].

---

[312] A título de ejemplo mencionamos algunos marcos supranacionales orientados a la protección del medio ambiente: Agenda 21, Convención Marco sobre el Cambio Climático, Convención de Biodiversidad y el Protocolo de Florestas.

[313] V. el concepto de licitación sustentable en SANTOS, Murillo Giordan, BARKI, Tereza Villac Pinheiro (Coord.), *Licitações e contratações públicas sustentáveis*, Belo Horizonte, Fórum, 2011, pp. 21-28. Ampliar el contenido del término licitación sustentable en CLEMENT, Simon y otros. *The Procura+ manual, a guide to cost-effective sustainable public procurement*, Munich, Ökum Verlag, 2003. ICLEI, *Procura+*, Sustainable procurement campaign website, Disponible en: www.procuraplus.org Fecha de captura: 27.07.2011.

[314] V. Brasil. Constitución Federal, art. 170, VI y 225, IV. Ley 8.666/1993, art. 6º. "IX – Proyecto básico – conjunto de elementos necesarios y suficientes, con nivel de

La adquisición ecológica es un modelo de respeto al medio ambiente y a la ciudadanía que impone a la administración pública el cumplimiento de los mandatos supranacionales firmados por los países signatarios, como por ejemplo, los compromisos ambientales de las directivas de la Unión Europea[315].

Lo que se desea es la adecuación de los procesos de licitación existentes bajo enfoque ambiental para minimizar las necesidades de compra y reducir costos en una adquisición de productos sustentables. Podríamos mencionar como ejemplo la utilización de productos de limpieza no tóxicos, sistemas de iluminación que preserven el medio ambiente, cartuchos de impresora que produzcan menos residuos tóxicos, etc.

La idea de adquisición ecológica implica efectivizar la compra pública a través del ejemplo para adquirir los productos promoviendo incentivos ambientales e influenciando el mercado[316].

De ahí la importancia del cambio de la actual concepción según la cual satisfacer las necesidades públicas es simplemente comprar aquello que se necesita sin la inclusión de criterios ambientales o sin pensar en los riesgos ecológicos. Debe aumentar la consciencia ambiental[317] de los funcionarios públicos y de la colectividad en general.

No es suficiente comprar lo que la administración pública necesita. Se debe realizar pensando en el mejoramiento ecológico. Por ejemplo, vehículos con baja emisión de gases, edificios públicos con desempeño energético[318], adquisición de productos de limpieza sin sustancias peligrosas, desarrollo de alimentos orgánicos, disminución del gasto de papel, etc.

A continuación se abordarán aspectos de la gestión temeraria a través del análisis, detección y formato de la corrupción, así como algunas de sus prácticas corruptas comunes en la licitación.

---

precisión adecuado, para caracterizar la obra o servicio, o complejo de obras o servicios objeto de licitación, elaborado con base en las indicaciones de los estudios técnicos preliminares, que aseguren la viabilidad técnica y el adecuado tratamiento del impacto ambiental del emprendimiento." (Traducción propia).

[315] V. Directivas Nº 2004/17 y Nº 2004/18 de la Comunidad Europea.
[316] V. Comunidad Europea, *Manual de contratos públicos ecológicos*, Luxemburgo, Servicio de Publicaciones Oficiales, 2005, p. 5.
[317] V. la ética ambiental en CARVALHO, Antônio César Leite de; SANTANA, José Lima, *Direito ambiental brasileiro em perspectiva*, Curitiba, Juruá, 2009, pp. 91-100.
[318] Obsérvese el compromiso de utilización de energías renovables en la Directiva Nº 2001/77 de la Comunidad Europea.

Gráfico 13 – **Necesidad de un Buen Planeamiento (Ítem 3.1)**

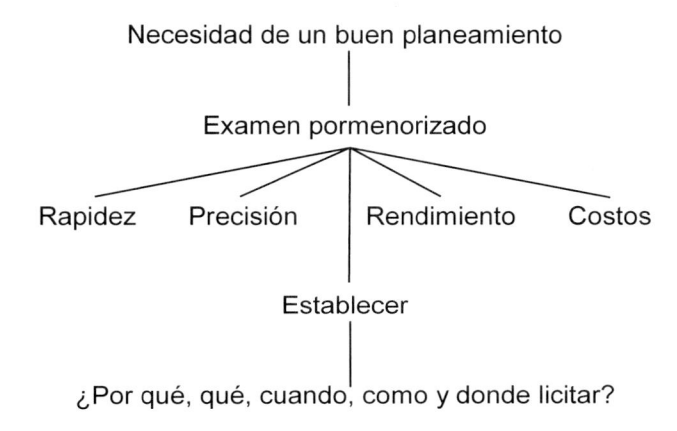

Necesidad de un buen planeamiento

Examen pormenorizado

Rapidez   Precisión   Rendimiento   Costos

Establecer

¿Por qué, qué, cuando, como y donde licitar?

Gráfico 14 – **Adecuación de los Produtos a la Utilidad (Ítem 3.2)**

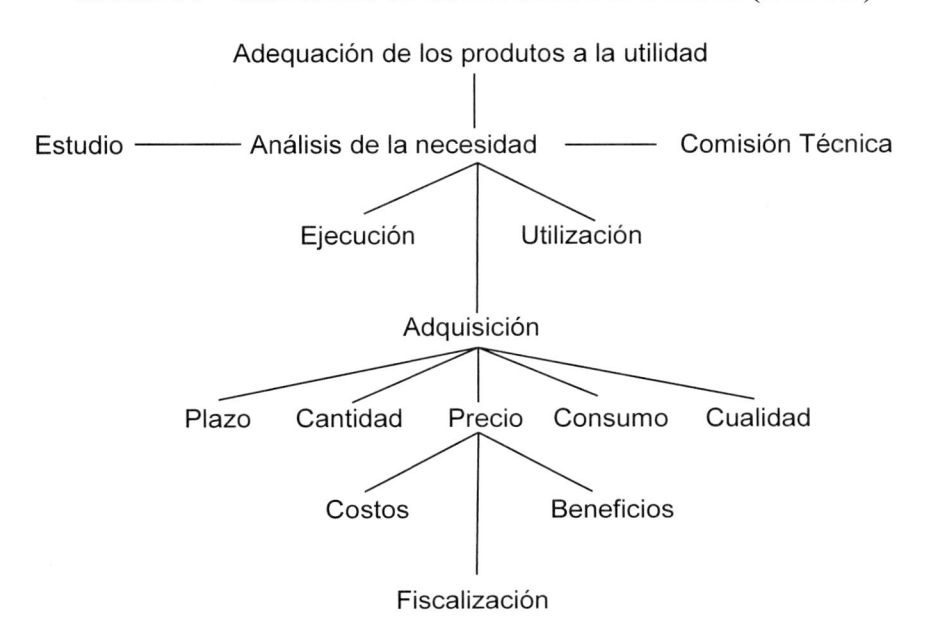

Adecuación de los produtos a la utilidad

Estudio ———— Análisis de la necesidad ———— Comisión Técnica

Ejecución   Utilización

Adquisición

Plazo   Cantidad   Precio   Consumo   Cualidad

Costos   Beneficios

Fiscalización

Gráfico 15 – La Previsión Presupuestaria (Ítem 3.3)

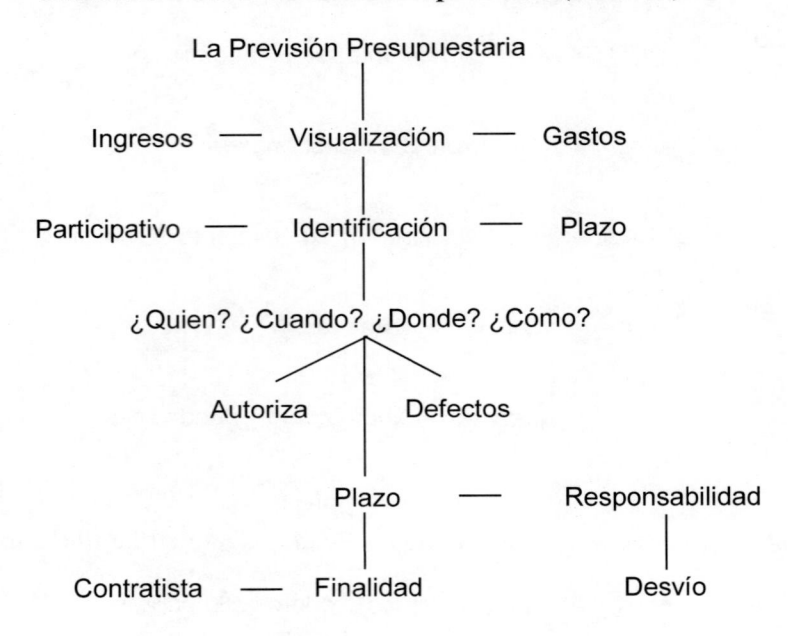

La Previsión Presupuestaria

Ingresos — Visualización — Gastos

Participativo — Identificación — Plazo

¿Quien? ¿Cuando? ¿Donde? ¿Cómo?

Autoriza Defectos

Plazo — Responsabilidad

Contratista — Finalidad Desvío

Gráfico 16 – ¿Es factible un Registro Nacional? (Ítem 3.4)

```
                        Registro Nacional
                       /                \
      Biblioteca de cualidad         Registro integrado

         Capacidad ——— Duralidad ——— Aplicabilidad
                      /        \
                Información   Condiciones
                    |             |
                Proveedores    Productos
                    |             |
                Reputación    Inspección
                    |             |
                Credibilidad  Fiscalización

   Habilitación ——— Modos de acepción ——— Estandares
                                           Mínimos
                    /        |        \
      Contratación Pública  Control   Reducción de fallas
```

Gráfico 17 – Adquisición Electrónica (Ítem 3.5)

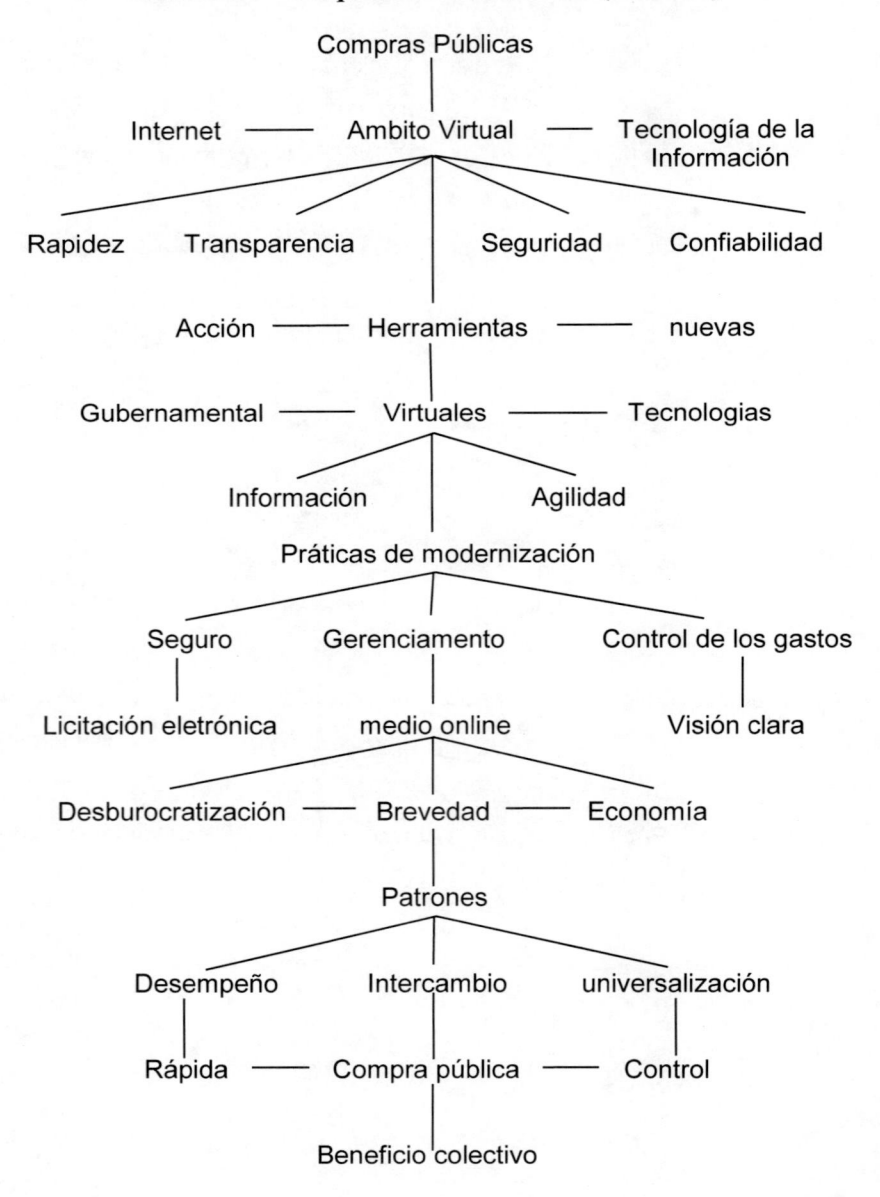

```
                    Compras Públicas
                          |
   Internet ———— Ambito Virtual ———— Tecnología de la
                          |                Información
   Rapidez  Transparencia  Seguridad  Confiabilidad

        Acción ———— Herramientas ———— nuevas
                          |
   Gubernamental ———— Virtuales ———— Tecnologias
                          |
              Información     Agilidad
                 Práticas de modernización
                          |
      Seguro      Gerenciamiento      Control de los gastos
        |                |                     |
   Licitación eletrónica  medio online      Visión clara

   Desburocratización ———— Brevedad ———— Economía
                          |
                      Patrones
                          |
      Desempeño     Intercambio     universalización
         |               |                  |
       Rápida ———— Compra pública ———— Control

                  Beneficio colectivo
```

Gráfico 18 – Adquisición ecológica (Ítem 3.6)

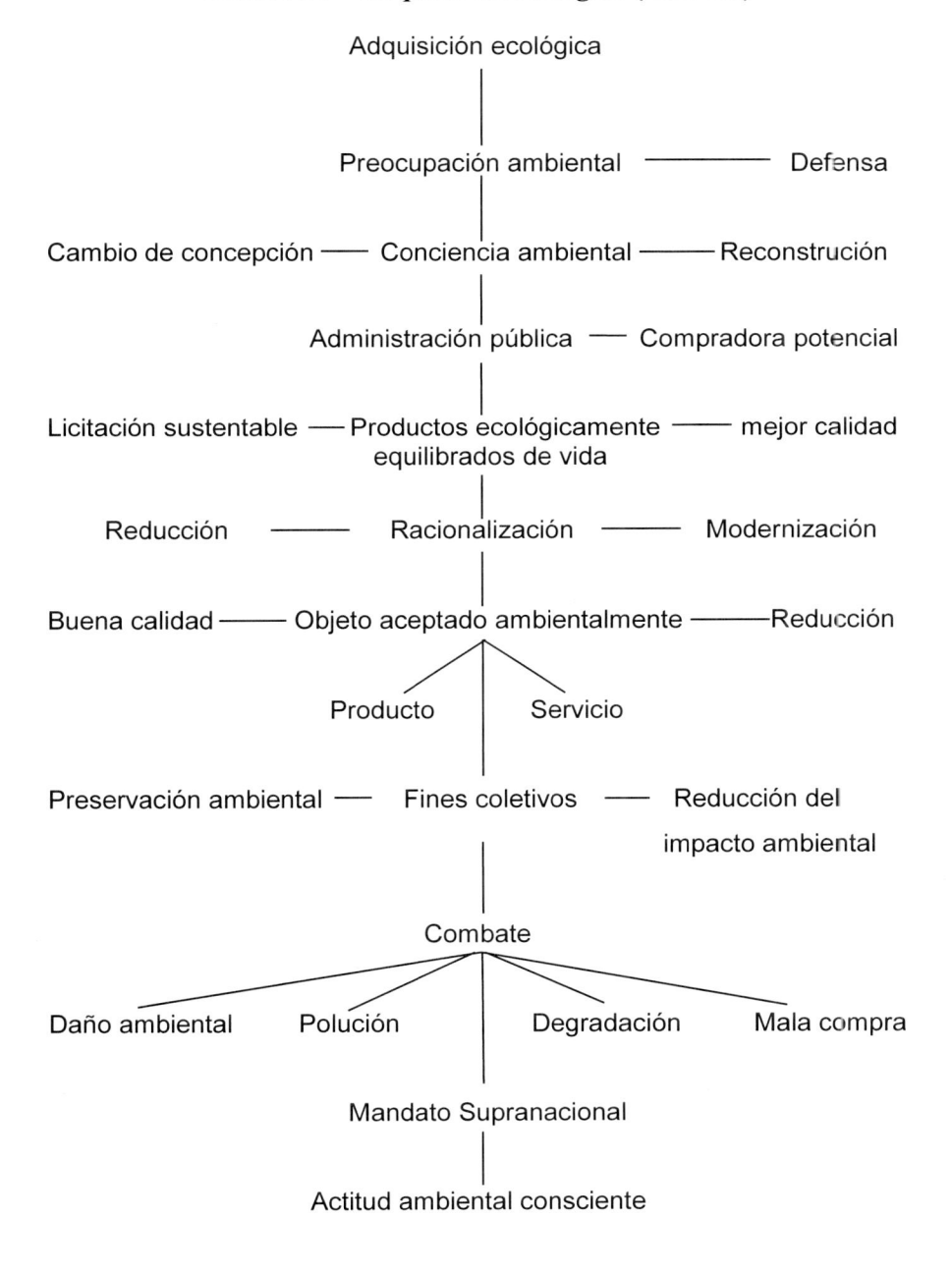

```
                        Adquisición ecológica
                                │
                        Preocupación ambiental ──────── Defensa
                                │
Cambio de concepción ──── Conciencia ambiental ──── Reconstrución
                                │
                        Administración pública ──── Compradora potencial
                                │
Licitación sustentable ──── Productos ecológicamente ──── mejor calidad
                            equilibrados de vida
                                │
        Reducción ──────── Racionalización ──────── Modernización
                                │
Buena calidad ──── Objeto aceptado ambientalmente ──── Reducción
                            ╱       ╲
                      Producto     Servicio

Preservación ambiental ──── Fines coletivos ──── Reducción del
                                │                  impacto ambiental
                                │
                             Combate
                        ╱      │      ╲      ╲
              Daño ambiental  Polución  Degradación  Mala compra
                                │
                        Mandato Supranacional
                                │
                    Actitud ambiental consciente
```

Capítulo 4

CORRUPCIÓN Y GESTIÓN TEMERARIA

Índice: 1. Introducción. 2. Análisis y detección de la corrupción. 3. Formato de la corrupción y de la gestión temeraria. 4. Algunas prácticas corruptas en la licitación. 4.1. Fijación de un presupuesto exageradamente alto de objetos y servicios licitados. 4.2. Definición discriminatoria del objeto o servicio licitado. 4.3. Pseudo publicidad de los actos licitatorios. 4.4. Favoritismo entre los licitantes. 4.5. Presupuesto y estudio de precios equivocados. 4.6. Violación de la reserva de las propuestas. 4.7. Falso juzgamiento objetivo. 4.8. Combinación entre licitantes. 4.9. Dictamen jurídico arreglado. 4.10. Fraccionamiento de valores para modificar la modalidad licitatoria. 4.11. Invocación de falsa excepción que excluya la licitación. 4.12. Desvinculación del reglamento peculiar. 4.13. Ampliación de obra para obtener beneficio económico. 4.14. Montaje posterior de procedimiento formal. 4.15. Creación de empresas ficticias.

1   INTRODUCCIÓN

La corrupción impera como una forma de supervivencia de aquéllos que detentan el poder. El mundo en que vivimos está plagado de hechos corruptos que parecen no tener límites ni fin. Asistimos día a día a diversas formas de fraude. Cada vez que se conoce un nuevo escándalo de corrupción surgen el desprecio, el descrédito y la rebeldía, deteriorándose las estructuras sociales, económicas, culturales y morales de la sociedad.

Es un elemento destructor que acompaña toda la historia del hombre[319]. Además, no se trata de un problema local de una nación en

---

[319] Ampliar las consideraciones históricas de la corrupción en MARTINS, José Antônio, *Corrupção*, San Pablo, Globo, 2008, pp. 25-36. FILGUEIRAS, Fernando, *Corrupção, democracia e legitimidade*, Belo Horizonte, UFMG, 2008, pp. 25-86. SUSINI, Marie-

particular, sino de un fenómeno mundial[320] que alcanza a todos los agrupamientos humanos.

La corrupción es ultrajante. Existen desde formas o técnicas rudimentarias como el soborno, hasta las técnicas más avanzadas para burlar los mecanismos estatales, principalmente en las licitaciones públicas. Diversas formas de control han sido utilizadas para contenerla o erradicarla, pero sin éxito. A pesar de la riqueza y de los avances tecnológicos de la civilización actual, permanece el gran desafío de eliminarla. En este contexto corresponde resaltar la búsqueda de medios supranacionales[321] para contrarrestarla a través de normas de sujeción internacional[322].

Estudiar la corrupción es una necesidad para aquéllos que deseen forjarse un espíritu crítico y adquirir conciencia de su impacto. Ninguna nación prospera con la presencia de semejantes distorsiones que se ven reflejadas en índices[323] que permiten medir su grado[324].

Laure, *Elogio da corrupção: os incorruptíveis e seus corruptos*, Río de Janeiro, Companhia de Freud, 2010, pp. 35-38.

[320] Señaló Huguette LABELLE, Presidenta de Transparency International: "Los altos niveles de corrupción y pobreza constantes que asolan a muchas de las sociedades del mundo representan un desastre humanitario continuo que no puede ser tolerado. Pero incluso en países más privilegiados, en los que la desigualdad en la implementación resulta inquietante, se requiere una iniciativa más activa en la lucha contra la corrupción". LABELLE, Huguette, Disponible en: www.transparency.org Fecha de captura: 02.08.2011.

[321] V. La Convención Interamericana Contra la Corrupción (CICC) de la OEA creada en 1996 y la Convención de las Naciones Unidas contra la Corrupción (CNUCC) de 2003. V. también las distintas fuentes supranacionales en GORDILLO, Agustín y otros, *Derechos Humanos*, 6ª. ed., Buenos Aires, Fundación de Derecho Administrativo, 2007, pp. II-7-14. GORDILLO, Agustín, *Tratado de derecho administrativo*, 10ª. ed., t. I, Parte general, Buenos Aires, Fundación de Derecho Administrativo, 2009, pp. II-20 y VI-15-16.

[322] V. la aplicación de la CICC en el derecho administrativo: "No están los tiempos como para repetir los errores de ignorancia, negación e indiferencia cometidos con los tratados de derechos humanos y la propia Constitución de 1994. Pues no se equivoque el lector ni el intérprete, la comunidad internacional tiene hoy fuerza para exigir su cumplimiento y en último análisis para aplicar ella misma sus sanciones." GORDILLO, Agustín, *Convención Interamericana contra la Corrupción*, Buenos Aires, Editorial Astrea, artículo también publicado en el sitio web: www.gordillo.com. Fecha de captura: 02.03.2012. V. además la creciente internacionalización del derecho y sus efectos en GORDILLO, Agustín, *Cien notas de Agustín: notas asistémicas de un lustro de jurisprudencia de derecho administrativo*, Buenos Aires, Fundación de Derecho Administrativo, 2007, pp. 31-33. GORDILLO, Agustín, *Op. cit.*, t. I, p. IV-1.

[323] El Índice de Percepción de la Corrupción (IPC) de Transparency International se centra en la corrupción en el sector público y la define como el abuso del servicio

Es claro que los perjuicios provocados por esta práctica abominable generan desviación de recursos que podrían ser utilizados para otros fines colectivos.

En realidad la corrupción es una desviación nefasta que afecta a la administración pública y a la sociedad. Es una práctica usual que se lleva a cabo por fuera del sistema legal de manera oscura[325], inclusive en la licitación pública. La corrupción pone de manifiesto la falta de preparación y fundamentalmente de ética de los administradores, así como la ineficacia del aparato administrativo para contrarrestarla.

La gravedad de la corrupción[326] se pone en evidencia cuando se analizan sus causas y efectos en el Estado Democrático de Derecho. Sin embargo, no es un mal sin cura o solución. Se han desarrollado vertientes represivas y normativas para impedirla, quebrando la cadena entre el

---

público para el beneficio particular. Las encuestas utilizadas para su elaboración formulan preguntas relacionadas con este fenómeno e incluyen, por ejemplo: frecuencia y magnitud de los sobornos a funcionarios públicos, pagos irregulares en las contrataciones públicas, malversación de fondos públicos o aspectos que demuestran la solidez y la efectividad de las iniciativas anticorrupción, abarcando de este modo los aspectos administrativos y políticos de la corrupción. Disponible en: www.transparency.org Fecha de captura: 02.08.2011.

[324] El IPC de Transparency International mide los niveles de percepción de corrupción en el sector público en un país determinado y consiste en un índice compuesto que se basa en diversas encuestas a expertos y empresas. El IPC 2008 clasificó a 180 países en una escala de cero (percepción de muy corrupto) a diez (percepción de ausencia de corrupción). Ese año los resultados fueron los siguientes: se ubicaron en las mejores posiciones: 1º) Dinamarca, Nueva Zelandia, Suecia (9,3), 4º) Singapur (9,2), 5º) Finlandia y Suiza (9,0). Por su parte, los países de América del Sur se posicionaron de este modo: 23º) Chile y Uruguay (6,9), 70º) Colombia (3,8), 72º) Perú (3,6), 80º) Brasil (3,5), 102º) Bolivia (3,0), 109º) Argentina (2,9), 138º) Paraguay (2,4), 151º) Ecuador (2,0) y 158º) Venezuela (1,9). V. Los altos niveles de corrupción persistentes en países de bajos ingresos suponen un "desastre humanitario continuo". En un entorno de escándalos corporativos permanentes, los países ricos también muestran retrocesos, Transparency International, Disponible en: www.transparency.org/ Fecha de captura: 02.08.2011.

[325] Obsérvese la definición de corrupción en relación a la violación de las normas: "La definición de la corrupción de acuerdo al criterio de la violación de normas abarca tanto a aquellas normas formales como a las informales. Las normas formales abarcan las leyes sancionadas por los órganos legislativos que regulan los principios establecidos en la Constitución Nacional o los Pactos Internacionales suscriptos por nuestro país, y toda aquella jurisprudencia." SAUTU, Ruth, *Catálogo de prácticas corruptas,* Buenos Aires, Lumiere, 2004, pp. 84-85.

[326] La palabra corrupción significa: "causar destrucción, dañar, destruir, corromper". PLÁCIDO E SILVA, *Vocabulário jurídico*, 3ª. ed., Río de Janeiro, Forense, 1989, p. 575. Y para Norberto BOBBIO es "transacción o cambio entre el que corrompe y quien se deja corromper." BOBBIO, Norberto, *Dicionário de política*, 13ª. ed. Brasilia, UNB, 2007, p. 292.

corruptor, la ganancia y la fragilidad ética. De ahí la importancia de detectar y analizar sus formatos y modalidades.

2 ANÁLISIS Y DETECCIÓN DE LA CORRUPCIÓN

La corrupción[327] funciona como una depravación o perversión capaz de beneficiar a alguien en detrimento de otro u otros. Pero ¿qué es la corrupción? En sentido amplio, funciona como una fuente de penurias y males sociales, una especie de conducta contraria a la ética que no respeta las normas[328], violándolas con el objetivo principal de obtener alguna ventaja para sí o para otro. Genera un aumento de la pobreza y, consecuentemente, obstáculos al progreso y al desarrollo nacional, que conducen a la marginalización social y a la crisis en toda la humanidad.

¿Qué es lo que finalmente lleva a los administradores y políticos sin compromiso ético a abusar de su poder y a sustraer el patrimonio de la nación? Se destaca como causa fundamental la conjunción de factores ideológicos aliados a la impunidad y a la cultura del enriquecimiento a cualquier precio. En este punto surge una pregunta: ¿bajo qué circunstancias se corrompe? La búsqueda de más poder lleva a los administradores corruptos[329], estos en mayoría, a destruir la moralidad de un país, donde a cada instante se revelan fraudes[330] y corrupción descarada sin que haya ningún tipo de medida concreta.

Entre las formas más utilizadas[331] están, indudablemente, la malversación y la dilapidación del patrimonio público y, además, la participación en las ganancias de las licitaciones.

---

[327] La corrupción, derivada del latín, *"corruptĭo"*, significa acción y efecto de corromper y en las organizaciones, especialmente en las públicas, práctica consistente en la utilización de las funciones y medios de aquellas en provecho, económico o de otra índole, de sus gestores. Cf. *Diccionario de la lengua española*, Real Academia Española, 22ª. ed. Disponible en: www.rae.es/rae.html Fecha de captura: 02.08.2011.

[328] Sobre el análisis de textos normativos. V. GORDILLO, Agustín, *El método en derecho*, Madrid, Civitas, 1998, pp. 45-51.

[329] Para un desarrollo del tema ver Agustín GORDILLO, "Un Corte Transversal al Derecho Administrativo: La Convención Interamericana Contra la Corrupción", en LL 1997E, p. 1.091.

[330] V. ejemplos de fraudes practicados en la licitación en SOARES, Inaldo de Vasconcelos, *Fraudes nas gestões públicas e privadas*, Brasilia, Brasília Jurídica, 2005, pp. 114-123. GIL, Antonio de Loureiro, 2ª. ed., *Fraudes informatizadas*, San Pablo, Atlas, 1999, pp. 15-22.

[331] En este punto: "La dimensión política de la corrupción no cabe resolverla tan sólo desde las garantías formales, sino, sobre todo, desde el fomento entre el cuerpo social de una democracia militante. Recordando a Löwenstein, si no se trasciende desde lo meramente semántico al ámbito de lo normativo, los mecanismos de control carecerán

Por tales razones, la licitación[332] se fundamenta en evitar los peligros del arbitrio bajo el argumento de resguardar el prestigio administrativo (moralidad) y de obtener beneficios económicos en las adquisiciones públicas (que sean ventajosas y provechosas), sin comprometer el interés público y la igualdad de los oferentes.

Es importante destacar que el delito licitatorio,[333] que tenía características individuales, hoy tiende a ser un acto colectivo y organizado que a veces presenta conexiones supranacionales. Si la persona que elige delinquir recibe en contrapartida una sanción severa, en el futuro pensará dos o más veces antes de realizarlo nuevamente y servirá de ejemplo disuasorio para toda la sociedad. Sin embargo, esto no es deseable, ya que el Estado no puede resistir los gastos crecientes correspondientes al mantenimiento de los presidios y demás instituciones destinadas a la privación de la libertad.

De hecho, un gran riesgo que afronta cualquier grupo social es la total falta de credibilidad de los miembros en sus instituciones, ya que cuanto mayor es y más difundida está la idea de impunidad, tanto mayores serán las chances de desintegración de dicho grupo. La persona falta de ética[334] actúa con la convicción de que no tendrá sanción. Por esto, la difusión de la ética en la educación es una fuente generadora de soluciones y de atenuación de esta problemática.

Así, de nada sirve la implementación de mecanismos de información y de consulta amplia si no existe un pueblo preparado para recepcionar y entender de qué se trata, ya que en países afectados por el analfabetismo o la alfabetización ficticia no es posible la participación activa en las actividades de la administración pública por más transparente que ella

---

de contenido y, por ello, de eficacia. Frente a esa contracultura, es preciso edificar una cultura de la participación ciudadana que no se resigne a convivir día a día con el cohecho, favoreciendo la intervención de particulares y colectivos comprometidos en la lucha contra la corrupción". V. CAPARRÓS, Eduardo A. Fabián, "La Corrupción Política y Económica: Anotaciones para el Desarrollo de su Estudio", en *La Corrupción: Aspectos Jurídicos y Económicos,* Salamanca, Ratio Legis, 2000, p. 18.

[332] V. en este sentido: BARROS, Sérgio Resende de, *Liberdade e contrato: a crise na licitação,* 2ª. ed. Piracicaba, UNIMEP, 1999, p. 138. DALLARI, Adilson Abreu, *Aspectos jurídicos da licitação,* 7ª. ed., San Pablo, Saraiva, 2007, p. 4. CRETELLA JÚNIOR, José, *Curso de direito administrativo,* 9ª. ed., Río de Janeiro, Forense, 1987, p. 434. TÁCITO, Caio, *Direito administrativo,* San Pablo, Saraiva, 1975, p. 293.

[333] V. GASPARINI, Diógenes, *Crimes na licitação,* 2ª. ed., San Pablo, NDJ, 2001. GRECO FILHO, Vicente, *Dos crimes da lei de licitações,* 2ª. ed., San Pablo, Saraiva, 2007.

[334] Ampliar en FAZZIO JÚNIOR, Waldo, *Corrupção no poder público,* San Pablo, Atlas, 2002.

sea. I Hace falta educación! Este es un punto crucial en los países en desarrollo. Podríamos afirmar que es éste factor el que hace la diferencia.

La educación[335] no sería propiamente la del nivel superior, sino aquélla que establezca el significado de la moral[336] y la decencia[337], las cuales implican algo inmaterial casi inalcanzable en nuestros días, donde la falta de ética y la deshonestidad ganan considerable relieve.

Lo que se observa es la divulgación a través de medios de comunicación orales y escritos de escándalos vacíos e imprecisos para desencadenar investigaciones y provocaciones, probablemente denunciados por algunos que quedaron afuera del reparto de lo obtenido a través de los actos de corrupción.

Son reiterados los escándalos y destituciones de cargos públicos que vienen ocurriendo en los últimos tiempos, noticias que son sustituídas por crímenes cotidianos, tales como robos en serie cometidos por delincuentes pobres. Por su parte, los verdaderos ladrones aprovechan para orquestar renuncias o abandonos de cargos que permitan aplacar el escándalo y evitar la prisión.

Los actos corruptos en la licitación se disfrazan para esconder toda la trama[338] y el juego de poder que comprende miembros de grupos especializados en "generar verdades" en las contrataciones[339] públicas.

Lo que se constata es que peor que la gran noticia sobre la corrupción es la ausencia de acciones concretas para punirla. La corrupción debe ser combatida dentro del sistema legal. Ella sólo existe si hay alguien que corrompe y alguien corrompido. El primero, que es el corruptor – sector privado – trata de obtener alguna ventaja en la licitación, mientras que el corrompido – administración pública – actúa en connivencia con alguien para obtener beneficios particulares y recíprocos. De este modo, se observa la pérdida considerable de valores de los ciudadanos.

---

[335] MARTINS afirma que la educación evitaría la corrupción por ignorancia. V. MARTINS, José Antônio, *Corrupção*, San Pablo, Globo, 2008, p. 45.

[336] V. la explicación de GORDILLO sobre la moral paralela. GORDILLO, Agustín, *La administración paralela*, Madrid, Cuadernos Civitas, 1982, pp. 74-77.

[337] V. dilemas de la moral en la corrupción. V. REISMAN, W. Michael, *¿Remedios contra la corrupción?*, México, Fondo de Cultura Económica, 1981, pp. 225-230.

[338] V. ejemplos en la licitación. TINELLO, Maurício Ricardo, *A Arte da fraude: quando nada é o que parece*, San Pablo, Sicurezza, 2006, pp. 101-105.

[339] V. los Estándares Mínimos de Transparency Internacional para las contrataciones públicas en DELL, Gillian, *Convenciones Anticorrupción en América: lo que la sociedad civil puede hacer para que funcionen*, Berlín, Transparency International, 2006, pp. 81-82. Sobre el régimen de los contratos administrativos. V. GORDILLO, Agustín, DANIELE, Mabel, *Procedimiento administrativo*, 2ª. ed., Buenos Aires, Lexis Nexis, 2006, pp. 32-33.

Por los motivos ya expuestos, es claro que la prisión no es la forma más eficaz para combatirla. Mientras los dirigentes no se concienticen acerca de la necesidad de modificar el panorama educacional de la población y dejen de apadrinar políticos y equipos corruptos para ejercer cargos públicos, nada cambiará. Es preciso una intervención radical de una vez por todas: invertir en educación, dando condiciones de acceso a la cultura y al conocimiento para preparar ciudadanos con un mínimo de honestidad y de ética. No se puede olvidar la importancia de esos valores morales en la preparación de los funcionarios públicos para que éstos ejerzan su tarea con dedicación y honestidad.

Pero ocurre lo contrario: el poder va para el hijo de aquél que todo el tiempo se adueñó del dinero público o para las famosas empresas constituídas para beneficiarse y que forman parte de la facción corrupta. Se inician así los perjuicios provocados por el hecho de detentar el poder. Nos encontramos con el fraude en la licitación, de todas las maneras posibles, de forma que se llega al absurdo de desviar descaradamente las contrataciones hiriendo la igualdad de oportunidades.

Es indudable que la participación de la sociedad es fundamental para el combate a la corrupción. Para esto es necesario el acceso a los procedimientos licitatorios a través de mecanismos que permitan la información en consulta amplia[340] y además, el respeto a los principios[341] y a las normas supranacionales[342].

Es innegable que confrontar la corrupción en las licitaciones implicará facilitar el crecimiento económico y social, dará más seguridad para la inversión nacional y extranjera, robustecerá la confianza[343] en la democracia y el respeto al Estado de Derecho. Con algunas de esas actitudes se combate al crimen organizado, reduciendo el gasto que

---

[340] Mantener y fortalecer los mecanismos que incentiven la participación de la sociedad civil y las organizaciones no gubernamentales en las iniciativas para prevenir la corrupción, de conformidad con el artículo III (11) de la CICC.

[341] V. los principios supranacionales disponibles en la CICC, por ejemplo el principio X que se relaciona con otros pactos internacionales: OIT (1998): principios III, IV, V y VI; Declaración de Río (1992): principios VII, VIII y IX, Declaración Universal de Derechos Humanos (1948): principios I y II.

[342] V. Normativas supranacionales vinculadas al combate a la corrupción: las compras públicas (OEA, art. III(5) y ONU, art. 9), participación de la sociedad (OEA, art. III (11) y ONU art. 13), gestión de las finanzas públicas (OEA, art. II (6) y ONU, art. 9), ética del sector público y códigos de conducta de funcionarios (OEA, art. III (1, 2, 3) y ONU, art. 7 y 8).

[343] V. lo que sostiene GARCÍA sobre la corrupción en la licitación: "La desconfianza es el principio inspirador de la contratación del Estado." GARCÍA, Alejandro Nieto, *La organización del gobierno*, 4ª. ed., Barcelona, Ariel, 1993, pp. 97-99.

significan las compras fraudulentas, con beneficios tanto para el gobierno como para la sociedad en su conjunto.

3 FORMATO DE LA CORRUPCIÓN Y DE LA GESTIÓN TEMERARIA

Toda función administrativa debe ser realizada dentro de la más estricta legalidad de su competencia y dentro del supuesto del logro del interés público. Por lo general, la autoridad que decide no es la que ejecuta, de ahí la dificultad de controlar el mérito administrativo y su realización frente al ejercicio de la voluntad de los representantes.

La idea de Estado descansa en la satisfacción de las necesidades colectivas para permitir que la actual administración pública[344] consolide su objeto en la organización del Estado-poder y sus acciones.

La administración pública está formada por órganos, cargos y agentes que ejecutan sus actividades. Es entonces el aparato del Estado[345] preordenado para la realización de los servicios y políticas gubernamentales con el objetivo de satisfacer el interés general. Podemos afirmar que tiene un poder de decisión[346] en relación a sus atribuciones y dentro de los límites de su competencia, pudiendo deliberar solamente sobre asuntos técnicos, jurídicos, financieros, o en el caso que resulte conveniente, sobre sus propios actos, bajo el nombre de mérito administrativo. Por lo tanto, administrar es regir bienes e intereses generales en concordancia con los límites de la ley.

En verdad, este conjunto de terminologías e instrumentos burocráticos que el gobernante[347] tiene a mano conduce a una gerencia

---

[344] En otro enfoque, la administración pública tiene como objetivo regir la máquina estatal de manera neutra e instrumental, basándose en los fines colectivos. Cf. DI PIETRO, Maria Sylvia Zanella, *Direito administrativo*, 24ª. ed., San Pablo, Atlas, 2011, p. 51.

[345] V. consideraciones sobre liberalismo y democracia: D'AURIA, Aníbal, *Estado y democracia: propuestas para una teoría del estado demo-representativo*, Buenos Aires, Docencia, 1996, pp. 54-67.

[346] En este sentido, Norberto Bobbio establece los límites del poder de decisión: "Del Estado de derecho en sentido fuerte, que es aquel propio de la doctrina liberal, son parte integrante todos los mecanismos constitucionales que impiden u obstaculizan el ejercicio arbitrario o ilegítimo del poder e impiden y desincentivan el abuso o el ejercicio ilegal del poder." (Traducción propia). BOBBIO, Norberto, *Liberalismo e democracia*, 6ª. ed., San Pablo, Brasiliense, 2000, p. 19.

[347] Calogero Pizzolo alerta: "La opinión pública al observar las acciones del gobierno y dar a conocer su juicio, cumple con la función democratizadora. Esta función tiene como fin en sí mismo asegurar cierto grado de conformidad o consenso entre la

bastante ineficiente si la comparamos con las diversas formas de administración privada de las grandes empresas. Parece que en la gestión pública todo se realiza de la mejor manera para que las cosas salgan mal, para que camine lentamente y en respuesta a intereses ocultos de algunos privilegiados, maquillando la verdad tras la cortina de la legalidad.

Los flujos de influencia de poder[348] permiten cambiar los medios admitiendo a veces realizar una contratación directa por dispensa de licitación en vez de seleccionar la mejor propuesta a partir de la competencia entre los oferentes. Aquí opera el disimulo por medios e interpretaciones oscuras para fines no colectivos, a través de acuerdos entre los funcionarios y los intereses gubernamentales. No es casual que en algunos países la contratación sin licitación alcance altos porcentajes[349] en relación a la selección de contratista estatal propiamente dicha[350].

No es una visión pesimista, ni se espera de cada cosa lo peor,[351] pero la realidad[352] confirma lo enunciado. Por lo general, el administrador

---

acción de gobierno, por una parte, y la opinión extra-gubernamental por la otra." En: PIZZOLO, Calogero, *Democracia, opinión pública y prensa: en la construcción de un paradigma*, Buenos Aires, Ediciones Jurídicas Cuyo, 1997, p. 368.

[348] Aníbal D'AURIA, al hablar de los flujos de influencia de poder, lo hace diferenciando el poder sistémico del poder comunicativo: "Es decir, en la medida en que los flujos de influencia se objetivan en regímenes de poder, podemos distinguir dos flujos de poder contrapuestos: el poder sistémico, poder que se autorreproduce y adquiere vida propia como el monstruo de Frankenstein que termina imponiéndose sobre su propio creador; y el poder comunicativo, surgido de los acuerdos libremente consensuados entre interlocutores capaces de argumentar y actuar conforme a lo acordado, sin que el poder generado se desate de las razones que lo legitiman (o sea: sin que el poder adquiera vida propia, sin que el poder desarrolle su propia lógica de funcionamiento y se vuelva "sistema"). En síntesis: el poder sistémico es un poder que se vivencia como héteroimpuesto por los actores, mientras que el poder comunicativo es un poder auto impuesto libremente por los mismos actores." D'AURIA, Aníbal, *Análisis político: poder, derecho y democracia,* Colección académica, Buenos Aires, La ley, 2004, p. 22.

[349] Algunos ejemplos de proporciones relevantes de contratación directa son: Argentina (49,6%) y Brasil (40%). Información por tipo de procedimientos en el año 2009, disponible en: www.argentinacompra.gov.br Fecha de captura: 20.08.2011.

[350] Ampliar sus distintos regímenes en FIORINI, Bartolomé A., MATA, Ismael, *Licitación pública*, Buenos Aires, AbeledoPerrot, 1972, pp. 53-69. V. también *infra*, los ítems 4 y 7 del capítulo I.

[351] V. sobre la visión anarquista del derecho como "una reflexión radical sobre la libertad." D'AURIA, Aníbal [et.al.], *El anarquismo frente al derecho: lecturas sobre propiedad, familia, Estado y justicia,* Buenos Aires, Libras de Anarres, 2007, pp. 11-17.

[352] "La racionalidad política (razón práctica) se presenta como una racionalidad de segundo grado que viene a encauzar la lucha permanente entre egoístas racionales para evitar que la sociedad se autodestruya." D'AURIA, Aníbal, Conferencia sobre las pasiones en el pensamiento político, Jul-dic 2006, *Revista Crítica Jurídica*, n° 25, Buenos Aires, UNAM - Instituto de Investigaciones Jurídicas, 2006, pp. 302-303.

público no consigue contener todos los desvíos. Estas prácticas no son fácilmente visibles. La administración pública, creada para gerenciar los intereses colectivos, impide el acceso o la aproximación de aquellos a quienes representa – el administrado o el ciudadano –, negando todos los argumentos lógicos que comprenden la génesis del Estado, el gobierno y los ciudadanos.

Por más que la ley sea perfecta y permita un buen gerenciamiento, en la administración pública deben existir siempre el control y la planificación para poder alcanzar un mejor nivel en los servicios públicos y una total transparencia[353] en sus actividades. Esta noción teórica, por más que esté consolidada en las diversas administraciones públicas, no se corresponde con la realidad. Lo que observamos son comisionados y funcionarios mal preparados que desconocen sus limitaciones y que no obedecen los deseos de los ciudadanos, quienes son la razón de existencia de todo el aparato administrativo.

De esta gestión ineficaz y temeraria nacen por lo general las perversiones administrativas, denominadas corrupción[354]. La corrupción puede ser directa o indirecta. La primera obtiene ventajas inmediatas por el acto ilícito cometido, sin intermediarios; mientras la segunda tiene lugar en el momento en que se obtienen beneficios transversales o favores por un acto cometido en detrimento de la administración.

No podemos negar la existencia de tentativas y modelos anticorrupción utilizados por la administración pública. Sin embargo, parece que mientras los legisladores perfeccionan sus normas para evitar desvíos y ofrecer una gestión eficiente[355], algunos encuentran maneras de burlarlas, haciéndonos dudar sobre la verdadera intención del legislador: si realmente deseaba el bien colectivo o solamente ofrecer subterfugios para sus socios.

Con ello concluimos las consideraciones acerca de las formas de la corrupción y la gestión temeraria y pasamos a la identificación de algunas prácticas corruptas.

---

[353] V. el principio supranacional de la CICC, art. III, inc. 5°. V. también GORDILLO, Agustín, *Tratado de derecho administrativo,* 9ª. ed., t. II, La defensa del usuario y del administrado, Buenos Aires, Fundación de Derecho Administrativo, 2009, pp. XII-11-12.

[354] V. REISMAN, W. Michael, *¿Remedios contra la corrupción? Cohecho, cruzadas y reformas,* México, 1981, pp.108-120. SAUTU, Ruth, *Catálogo de prácticas corruptas,* Buenos Aires, Lumiere, 2004, pp. 36-38. Comparar con el art.10 – Anticorrupción en el Decreto N° 1023/2001 y Decreto N° 436/2000.

[355] V. FERRER, Florencia, *Gestão pública eficiente: impactos econômicos de governos invasores,* 3ª. ed., Río de Janeiro, Elsevier, 2007. GORDILLO, Agustín, *Ibídem,* p. XII-47.

4 ALGUNAS PRÁCTICAS CORRUPTAS EN LA LICITACIÓN

En líneas generales, el particular tiene total libertad para adquirir, ceder o locar bienes, a diferencia de la administración pública[356] que, volcada al interés colectivo, se ve obligada a licitar bajo la idea de competición justa e igualitaria[357].

Sin embargo, en las licitaciones públicas lo que se observa es un gran conjunto de vicios recurrentes[358] y fraudes no por ignorancia, sino por la mala fe de sus ejecutores. Los medios de comunicación no se cansan de informar a los ciudadanos sobre licitaciones fraudulentas en las estructuras administrativas, que se transforman en hechos corrientes, desvirtuando así las normas y los fines colectivos. Los fraudes se convirtieron en algo habitual y los funcionarios gozan de impunidad, lo cual permite vislumbrar que esta situación continuará.

Este cuadro de situación debe ser identificado y trabajado para modificarlo y responder a los deseos de la sociedad en cumplimiento de las normativas nacionales y supranacionales. La legislación licitatoria[359] es clara, objetiva y prevé los procedimientos legales desde el planeamiento hasta la contratación pública, mientras que los ejecutores[360] insisten en crear formas para violarla en beneficio propio.

---

[356] V. el estudio del ejercicio de la función administrativa en GORDILLO, Agustín, *Tratado de derecho administrativo*, 10ª. ed., t. I, Parte general, Buenos Aires, Fundación de Derecho Administrativo, 2009, pp. V-1-2. Y, aún SANTOS, Alvacir Correa dos, *Princípio da eficiência da administração pública*, San Pablo, LTr, 2003. Aníbal D'AURIA sugiere la creación de "administraciones públicas cooperativas" apoyadas en el principio democrático de "un hombre, un voto", en el sentido de que la sociedad tenga el poder de asegurar el menor precio posible al servicio. D'AURIA, Aníbal, *Democracia y cooperativismo*, Buenos Aires, UBA, 1977, p. 25. D'AURIA, Aníbal, *Análisis político: poder, derecho y democracia*, Colección académica, Buenos Aires, La ley, 2004, pp. 82-83.

[357] Teniendo como base esta expresión, la licitación aparece como "la posibilidad de que se formulen propuestas entre las cuales será seleccionada la más conveniente para la celebración del contrato." (Traducción propia). DI PIETRO, Maria Sylvia Zanella, *Direito administrativo*, 24ª. ed., San Pablo, Atlas, 2011, p. 356.

[358] Ampliar los vicios de sujeto, formalización, requisitos procedimentales, motivo, objeto, finalidad y causa en FREIRE, André Luiz, *Manutenção e retirada dos contratos administrativos inválidos*, San Pablo, Malheiros, 2008, pp. 104-118. Y ver elementos, vicios y nulidades del acto administrativo en la competencia, voluntad, objeto y forma en GORDILLO, Agustín, *El acto administrativo (noción, nulidades, vicios, los actos de gobierno)*, Buenos Aires, AbeledoPerrot, 1962, pp. 153-158.

[359] V. *infra*, algunos modelos licitatorios comparados en el capítulo II.

[360] V. algunos fraudes de los gestores públicos, funcionarios, empleados de empresas y terceros sin vínculo con la administración como puntos vulnerables en el servicio

En este sentido señalamos algunas prácticas[361] corruptas realizadas a pesar de las normas jurídicas generales[362].

4.1) Fijación de un presupuesto exageradamente alto de objetos y servicios licitados. Se establecen valores altos en los pliegos[363] de condiciones con fines ocultos para así adjudicar la licitación al proveedor de objetos o servicios con precios más altos. Esto provoca la adquisición de productos[364] de menor calidad y durabilidad, además de gastos públicos exagerados.

Esta práctica permite que el particular, en connivencia con algún funcionario o autoridad, pueda realizar transferencia de recursos recibidos por el servicio u obra ejecutada. Esta es tan común que ya se establecen porcentuales sobre el monto licitado, desarrollándose un verdadero comercio inmoral. En estas conductas intervienen equipos especializados de lobbistas que desvirtúan la verdadera esencia de la actividad administrativa que es lograr el bien común de la forma más económica y eficaz posible. Así, los funcionarios corruptos impiden lograrlo al buscar ventajas ilícitas.

4.2) Definición discriminatoria del objeto o servicio licitado. Se sabe que en las compras públicas es sumamente importante que se haga una definición detallada del objeto o servicio a ser adquirido. La regla es que no se disponga ninguna particularidad que pueda perjudicar la competitividad de los oferentes, aunque hay situaciones que son admisibles. Se permite que sea colocado un detalle que distinga una propuesta de las demás con motivo previamente justificado.

---

público en SOARES, Inaldo de Vasconcelos, *Fraudes nas gestões públicas e privadas*, Brasilia, Brasilia Jurídica, 2005, pp. 86-88.

[361] Sobre el conocimiento práctico. V. GORDILLO, Agustín, NIETTO, Alejandro, *Las limitaciones del conocimiento jurídico,* Madrid, Trata, 2003, pp. 32-34. Ampliar los criterios cruzados para tipificar prácticas corruptas: transferencias patrimoniales, contratos, servicios, otorgamiento de privilegios, abuso de poder, favoritismo, clientelismo, trucos y estratagemas. SAUTU, Ruth, *Catálogo de prácticas corruptas,* Buenos Aires, Lumiere, 2004, pp. 92-94.

[362] Para una mejor disposición y comprensión presentamos las prácticas corruptas en etapas: 1) corrupción licitatoria o precontractual en los ítems 1 hasta 11; 2) corrupción durante la ejecución de los contratos, en los ítems 12 y 13; y 3) corrupción en los contratos ya ejecutados, en los ítems 14 y 15.

[363] V. el pliego dirigido en GORDILLO, Agustín, *Tratado de derecho administrativo*, 9ª. ed., t. II, La defensa del usuario y del administrado, Buenos Aires, Fundación de Derecho Administrativo, 2009, pp. XII-12-13.

[364] V. *infra*, análisis de la adquisición pública en el capítulo III.

Por ejemplo, en la selección pública de recolectores de residuos es esencial la inclusión de la recolección selectiva con supervisión de profesionales calificados. Esta especificación no constituye un obstáculo para la participación de los oferentes en el certamen, sólo implica el requerimiento de una mejor aptitud para la prestación del servicio.

El vicio más común consiste en disponer una minucia que impida una disputa equilibrada y que favorezca a algún competidor. Tal medida atenta contra el sistema estatal de selección para privilegiar a alguien en detrimento de los demás, por el simple hecho de exigir en el pliego características innecesarias. Se trata de un tipo de licitación dirigida configurada en connivencia[365] entre funcionarios y empresas para que sea colocado un ítem[366] que las beneficie en relación a los otros oferentes, haciéndolas ganar a cambio de coimas o favores.

4.3) Pseudo publicidad de los actos licitatorios. La transparencia es un ítem sumamente relevante en el Estado democrático de derecho, ya que lo que está en juego es el dinero público que proviene de la comunidad. En este sentido observamos una práctica abusiva al publicar pliegos de condiciones[367] en lugares que no están expuestos al público o la utilización de otros medios oscuros con el objeto de dar cumplimiento a la formalidad del acto y no de alcanzar su objetivo mayor que es la real transparencia y el amplio conocimiento del certamen.

Con tal medida se impide la competitividad que debe tener la licitación al proveer un oferente elegido por una autoridad inescrupulosa. Esto se realiza disimuladamente, colocando los actos de convocatoria[368] en un mural local, labrándose certificación con fecha ficticia para impedir la participación de posibles concurrentes. Es una práctica común y de fácil justificación pero con difícil constatación del vicio, salvo denuncias concretas por parte de aquéllos que no fueron favorecidos o que

---

[365] FIORINI y MATA ya señalaban que "la connivencia entre el agente y un oferente, que provoca el trato desigual, es tan perniciosa como la que acontece entre los mismos oferentes". FIORINI, Bartolomé A., MATA, Ismael, *Licitación pública*, Buenos Aires, AbeledoPerrot, 1972, p. 48.

[366] También llamado pliego "a medida". SAUTU, Ruth, *Catálogo de prácticas corruptas*, Buenos Aires, Lumiere, 2004, p. 111.

[367] V. publicaciones de los pliegos en LASO, Enrique Sayagues, *La licitación pública,* Montevideo, B de F, 2005, pp.111-113. Y, *infra*, pp. 43-44. GORDILLO, Agustín, *Tratado de derecho administrativo*, 9ª. ed., t. II, La defensa del usuario y del administrado, Buenos Aires, Fundación de Derecho Administrativo, 2009, pp. XII-11-12.

[368] Ampliar el alcance general en "El llamado a licitación" en COMADIRA, Julio Rodolfo, *La licitación pública*, Buenos Aires, Depalma, 2000, pp. 7-8.

rompieron el acuerdo fraudulento. Podría darse de esta forma: el funcionario da publicidad al pliego pero orientando su contenido a tres oferentes con los cuales ya acordó previamente. Estos presentan valores combinados entre sí, lo que permite la victoria anticipada de uno de ellos, el cual pagará un porcentaje a los otros dos pseudo competidores.

En este contexto, la utilización de medios electrónicos para divulgación de los actos procedimentales permitiría más economía, sin uso de la publicación tradicional en boletines impresos. Los portales de compras públicas de *Internet* ofrecen dinamismo, transparencia e impiden desvíos en las licitaciones.

4.4) Favoritismo entre los licitantes. Un gran principio democrático es la igualdad[369] entre todos los competidores, la verdadera igualdad que impide el favoritismo[370]. No constituyen favoritismo las condiciones mínimas exigidas por la administración en el acto licitatorio ni las formas[371] legales de desempate. Por el contrario, los altos funcionarios de la administración, con el objeto de privilegiar a algún proveedor, a veces imponen algún requisito específico para descartar a sus oponentes, o sea conseguir que gane aquél que mantiene con ellos una relación fraudulenta. Esas ventajas pueden ser incentivos fiscales diferenciados que favorezcan a determinados productos fabricados en unidades federativas que tengan menor carga tributaria.

4.5) Presupuesto y estudio de precios equivocados. Durante la etapa interna de la licitación el presupuesto y el pedido de precios son puntos cruciales para definir valores. Sin embargo, este procedimiento puede ser simulado con el objeto de alcanzar precios irreales y favorecer una propuesta determinada. A veces se suele poner un precio pequeño para alcanzar un determinado oferente en detrimento de otros. Eso significa alterar el precio medio de un producto o servicio para que su bajo valor posibilite la victoria de un oferente "A", el cual en una situación real vería rechazada su propuesta por inaplicabilidad. Todo esto

---

[369] Obsérvese "la igualdad en la licitación". GORDILLO, Agustín, *Tratado de derecho administrativo,* 9ª. ed., t. II, La defensa del usuario y del administrado, Buenos Aires, Fundación de Derecho Administrativo, 2009, pp. XII-19-20.

[370] El procedimiento debe facilitar la concurrencia de oferentes. Es lo que señala LASO, Enrique Sayagues, *La licitación pública,* Montevideo, B de F, 2005, pp. 117-118. V. el correcto tratamiento igualitario en FIORINI, Bartolomé A., MATA, Ismael, *Licitación pública,* Buenos Aires, AbeledoPerrot, 1972, pp. 43-46.

[371] V. "Vícios na licitação precedente". FIGUEIREDO, Lúcia Valle, *Extinção dos contratos administrativos,* 2ª. ed., San Pablo, Malheiros, 1998, pp. 75-76.

en general es una trama entre autoridades, funcionarios y particulares beneficiarios.

4.6) Violación de la reserva de las propuestas. La reserva de las propuestas[372] es una consecuencia de la igualdad entre los licitantes, de manera que ninguno sepa con antelación el contenido de las propuestas del otro para evitar ventajas. La reserva debe existir hasta la fecha y hora fijadas en acto público para la apertura de todos los sobres al mismo tiempo, lo cual sucederá después de la habilitación de los proponentes[373].

En este sentido aquél que de manera engañosa abra anticipadamente las propuestas, sea para comparar los valores antes del momento establecido o para informar a determinado proveedor, hará que el procedimiento sea anulado y sufra las penalidades previstas en la ley. Una manera absurda de violar el sobre es someterlo al vapor, permitiendo que el envoltorio se abra para su visualización y después pegarlo nuevamente como si nada hubiese sucedido.

La solución para evitar esta práctica sería exigir que además del envoltorio pegado tenga un lacre numerado que se rompa completamente al manipularlo y que los sobres se guarden en local con fiscalización conjunta. Se podría seguir el ejemplo de las medidas de seguridad adoptadas en los sobres utilizados en los envíos bancarios internos.

4.7) Falso juzgamiento objetivo. La administración pública establece criterios objetivos para evaluar las propuestas ofrecidas con el fin de evitar la discriminación[374]. Esto da transparencia a la licitación y proporciona un medio concreto para elegir la mejor propuesta. Pero sabemos que, lamentablemente, se crean pseudo criterios[375] con la intención de favorecer algunas propuestas en detrimento de otras.

Se crea una puntuación tendenciosa de valores para que ésta favorezca al oferente que detenta el criterio de mayor peso. Esto significa

---

[372] "El acto de la apertura de los sobres o propuestas se manifiesta por operaciones materiales para hacer conocer a todos los concurrentes las ofertas presentadas." FIORINI, Bartolomé A., MATA, Ismael, *Licitación pública*, Buenos Aires, AbeledoPerrot, 1972, p. 130. Ampliar las formas de presentación de las propuestas en LASO, Enrique Sayagues, *La licitación pública,* Montevideo, B de F, 2005, pp. 30 y 32.
[373] Brasil adopta esta peculiaridad legal. Brasil. Ley N° 8.666/1993. V. art. 3°, par. 3° y art. 43, par. 1°.
[374] V. *infra*, las ofertas, el juzgamiento y la adjudicación en el ítem 6.3 del capítulo I.
[375] V. los requisitos sin propósitos en GORDILLO, Agustín, *Tratado de derecho administrativo,* 9ª. ed., t. II, La defensa del usuario y del administrado, Buenos Aires, Fundación de Derecho Administrativo, 2009, XII-37.

elaborar un pliego en condiciones desiguales[376] para beneficiar a alguien y después recibir la retribución acordada. El juzgamiento objetivo tiene como finalidad evitar la discrecionalidad y la subjetividad en la clasificación de las propuestas.

4.8) Combinación entre licitantes. La licitación es obligatoria para la administración pública, estando prohibido cualquier acto ficticio o velado. No obstante, se conocen diversos procesos fraudulentos en donde los licitantes,[377] en privado, manipulan los precios para que resulte vencedor alguno de ellos, el cual en el momento de la contratación otorgará un porcentaje a los demás proponentes.

Se trata de una hipótesis donde el desenlace ya está previamente establecido por los jugadores. Es el llamado "juego de cartas marcadas". Los demás licitantes sólo participan para figurar y legitimar una falsa competencia en la cual ya se sabe de antemano a quien será adjudicado[378] el objeto licitado. Es un fraude realizado a través del acuerdo entre los oferentes, generalmente sin participación de los funcionarios.

4.9) Dictamen jurídico arreglado. El dictamen jurídico funciona como una opinión técnica o un juicio de valor[379] en los procedimientos administrativos que busca convencer o colaborar con la toma de decisiones a las autoridades administrativas. Es un verdadero acto de trabajo intelectual[380] en el cual se realizan alusiones jurídicas de carácter consultivo, exteriorizado en formato escrito.

---

[376] Ampliar la igualdad en los pliegos en COMADIRA, Julio Rodolfo, *La licitación pública*, Buenos Aires, Depalma, 2000, pp. 46-48.

[377] Hay por la venta de los pliegos una ayuda de la administración para que los interesados sepan de su existencia y formen "clubes" para acordar cómo van a ofertar y a qué precios. Advierte sobre esta práctica corrupta Agustín GORDILLO. Cf. GORDILLO, Agustín, *Tratado de derecho administrativo*, 9ª. ed., t. II, La defensa del usuario y del administrado, Buenos Aires, Fundación de Derecho Administrativo, 2009, pp. XII-10-11.

[378] V. la forma correcta de la adjudicación en LASO, Enrique Sayagues, *La licitación pública*, Montevideo, B de F, 2005, pp. 38 y 194.

[379] V. el valor jurídico de los dictámenes. FIORINI, Bartolomé A., MATA, Ismael, *Licitación Pública*, Buenos Aires, AbeledoPerrot, 1972, p. 138. DURÃO, Pedro, *Técnica de parecer: como fazer um dictamen jurídico*, Curitiba, Juruá, 2007, p. 29. V. el concepto legal en el anexo I, art. 1.1.9. del Decreto N° 333/1985.

[380] Vale ratificar las enseñanzas de Cassagne sobre los actos de opinión: "[...] son productos de una labor intelectiva y traducen siempre una 'declaración', tomando este término en el sentido de exteriorización del pensamiento, de extrinsecación de un proceso intelectual". CASSAGNE, Juan Carlos, *El acto administrativo*, 2.ed., Buenos Aires, AbeledoPerrot, 1974, p. 92.

Así, estando el proceso licitatorio en condiciones de análisis, se aclaran todas las posibilidades jurídicas sobre la demanda administrativa, indicando acepciones doctrinarias y bases normativas. Por lo tanto resulta abusivo formular un dictamen para implantar una tesis jurídica ilícita para ajustar intereses o favorecer a terceros. Significa colocar el contenido de modo que se adapte a otra cosa, disponiendo de modo conveniente a la administración pública o a intereses ajenos y en contra de la ciudadanía[381].

Es una práctica absurda e inadmisible en la que algunos agentes estatales arreglan con autoridades o particulares para obtener algún tipo de beneficio. Corresponde realizar un análisis criterioso y responsable en cada caso concreto, donde existen derechos y deberes recíprocos de ética y profesionalismo. Por esto de nada servirían el conocimiento técnico y el perfeccionamiento científico si el dictamen no es realizado de forma honesta, inequívoca[382], independiente y a favor del interés público, a veces en contra de los deseos del propio gobierno que comanda el aparato administrativo.

4.10) Fraccionamiento de valores para modificar la modalidad licitatoria. La licitación admite modalidades por valores, aumentando o disminuyendo la formalidad del procedimiento. En este aspecto, el administrador, buscando escapar de una modalidad más rigurosa, fracciona los valores con el objetivo de concretar la adquisición en una modalidad más tenue.

Un ejemplo sería la compra pública de treinta (30) fotocopiadoras que debería ser realizada con valor global de "X" en un certamen único. Para dejar de lado los rigores de la licitación ésta se fragmenta y se adquieren diez (10) unidades por mes. Esta burla es realizada por el funcionario para permitir el pago directo a determinado oferente, escapando de la disputa regular.

4.11) Invocación de falsa excepción que excluya la licitación. La licitación es obligatoria para todos los entes y entidades de la administración pública, así como para los fondos especiales o cualquier entidad controlada directa o indirectamente por las personas jurídicas de derecho público. Sólo la ley puede designar la posibilidad de dejar de

---

[381] V. la responsabilidad en el dictamen. GOROSTEGUI, Beltrán, *El dictamen jurídico administrativo*, Buenos Aires, El Derecho, 2010, pp. 113-116. DURÃO, Pedro, *Ibídem*, pp. 65-66.

[382] Cuando se emite un dictamen se aspira a decir una verdad en un juicio de certeza. Cf. FIORINI, Bartolomé A., MATA, Ismael, *Ibídem,* p. 143.

licitar[383] o sustituirla por otra modalidad de licitación. Estas exenciones son admitidas por ley para casos excepcionales. Se autoriza la contratación directa[384] en caso de guerra, grave alteración del orden (huelgas, motines), emergencia o calamidad pública (inundaciones, sequías, epidemias) y cuando no haya interesados.

La práctica consiste en invocar una excepción que excluya la licitación y la disputa regular, provocando direccionamientos oblicuos y el beneficio a determinado oferente. Se verifica un desvío de conducta por parte del administrador cuando simula alguna de las situaciones antes descriptas o cuando firma un pedido de exención sin verificar su real necesidad.

4.12) Desvinculación del reglamento peculiar. El Pliego de Condiciones[385] es la regla del acto licitatorio que enmarca todo el procedimiento y define los pasos a seguir hasta el suministro del objeto o la contratación del servicio u obra. Es un acto reglado que obliga a todos a cumplir las reglas establecidas. Es la ley interna de la licitación y los participantes no pueden desviarse de sus normas. Pero estos reglamentos pueden revelarse inadecuados a los propósitos de la administración pública, en cuyo caso pueden ser corregidos a tiempo a través de aditamentos o de la expedición de un nuevo pliego.

Un ejemplo de desvinculación sería el caso de subcontración[386] no prevista en el pliego, así como la presentación de servicio continuo fuera de los parámetros descriptos previamente, acción deshonesta realizada en connivencia entre funcionarios y proveedores.

4.13) Ampliación de obra para obtener beneficio económico. Se trata de la contratación para ejecución de determinada obra incorporando servicios innecesarios e imprevistos para beneficio de los corruptos. Es una práctica en la que los agentes públicos y las empresas se ponen de

---

[383] Así es en Brasil. Ley N° 8.666/1993. V. arts. 17, 24 y 25.
[384] V. *infra*, aplicación y excepciones de la licitación en el ítem 6.3 del capítulo I. Brasil adopta las hipótesis de contratación directa por dispensa e inexigibilidad de licitación. Brasil. Ley N° 8.666/1993. V. Art. 24 y 25. V. también FERNANDES, Jorge Ulisses Jacoby, *Contratação direta sem licitação*, 5ª. ed., Brasilia Jurídica, 2000. V. *infra*, ítem 7 del capítulo I.
[385] V. *infra*, los pliegos de condiciones y formalidades en el ítem 6.1 del capítulo I.
[386] "La subcontratación debe consentir a administración pública después de verificar en que límite ella está siendo propuesta y el resguardo del interés público comprometido". (Traducción propia). Es lo que sostiene GASPARINI, Diógenes, *Direito Administrativo*, 16ª. ed., San Pablo, Saraiva, 2011, p. 811.

acuerdo para abultar el presupuesto de una licitación y obtener de ese modo ventajas y fines personales[387/388].

4.14) Montaje posterior de procedimiento formal. La licitación es un procedimiento formal para realizar compras públicas que incluye actos y etapas definidos por ley. Por lo tanto es considerado abusivo montar un procedimiento después de haber adquirido el objeto o servicio como manera de legitimar una compra hecha de manera ilegal. Parece algo imposible de realizar, pero lo vemos en el día a día de algunas administraciones locales, que para favorecer[389] a determinado proveedor montan a *posteriori* los aspectos formales de la licitación.

Se trata de una praxis llevada a cabo por autoridad irresponsable que autoriza la realización de determinado servicio u objeto. Esto es frecuente en la administración frágil y sin compromiso ético, siempre asegurada por la falta de transparencia y fiscalización que garantizan la impunidad[390].

4.15) Creación de empresas ficticias. Otra situación que se constata son las empresas "fantasmas" o aquéllas constituidas a nombre de testaferros. Éstas muestran su existencia a través de documentos falsos con el objetivo de emitir notas fiscales simuladas, cobrando un porcentaje previamente acordado del valor de la supuesta prestación de servicio o de la compra simulada de productos.

Esta práctica usual en la administración pública municipal también burla al fisco ya que jamás serán recaudados los impuestos dado que las empresas ni siquiera existen. Esas empresas no tienen existencia

---

[387] Ampliar en SAUTU, Ruth, *Catálogo de prácticas corruptas,* Buenos Aires, Lumiere, 2004, pp. 104-105.

[388] En Brasil es posible hasta un porcentual delimitado para impedir alteración extrema o impedir nueva licitación. V. Ley N° 8.666/1993, art. 65, par. 1°. Ampliar en FRANÇA, Maria Adelaide de Campos, *Comentários a lei de licitações e contratos,* San Pablo, Saraiva, 2011, pp. 226-227.

[389] SOUZA, Fátima Regina de, *Manual básico de licitação,* San Pablo, Nobel, 1997, p. 15: "El proceso de licitación debe alejar cualquier sospecha de favorecimiento y garantizar que el dinero público sea utilizado con cautela y eficiencia. La licitación es la forma más clara de someterse a los principios de las actividades de la Administración Pública." (Traducción propia).

[390] V. los crímenes de responsabilidad de los prefectos y concejales en Brasil. Decreto-ley N° 201/1967, art. 1. Y, la Ley de improbidad administrativa, Ley N° 8.429/1992. Ley de responsabilidad fiscal, Ley N° 101/2000. Ampliar en COSTA, Tito, *Responsabilidade de prefeitos e vereadores*, 3ª. ed., San Pablo, Revista dos Tribunais, 1988.

real ni física ni jurídica: la dirección es ficticia y también lo son los actos jurídicos. Así, el patrimonio público es perjudicado por la inexistencia del servicio. Pero sí existe el desvío de partidas para los funcionarios que, en connivencia con particulares, prorraterán entre sí el gasto por el servicio no prestado.

El Estado democrático de derecho autoriza que los entes estatales sean representados por altos funcionarios del poder. Este poder no es absoluto ni ilimitado, como lo era en la época del imperio o durante el período absolutista. En la actualidad este poder instrumental del Estado tiene barreras legales que lo limitan.

Como vemos, el poder está envuelto en una malla formada por normas y principios. Cuando se rebasan esos límites, sus transgresores cometen abuso de poder. Este desvío de poder[391] se manifiesta de dos maneras: exceso de poder (excede los límites de su competencia) y abuso de poder (se tiene competencia, pero se aleja del interés público en detrimento del desempeño administrativo).

La opinión pública[392] está en la mira de los gobernantes, por eso la importancia de medios interactivos con la sociedad para que esta pueda denunciar procedimientos y alertar sobre la malversación del erario público, sin olvidar el destacado papel de la prensa[393] como forma de controlar por medio de críticas las acciones del poder estatal.

No obstante, corresponde resaltar que tanto el poder como el deber emanan de las normas jurídicas bajo el imperativo de la moralidad y la

---

[391] "El desvío de poder es una de las especies de abuso de poder." (Traducción propia). DI PIETRO, Maria Sylvia Zanella, *Direito administrativo*, 24ª. ed., San Pablo, Atlas, 2011, p. 123.

[392] Alerta Calogero PIZZOLO: "La opinión pública al observar las acciones del gobierno y dar a conocer su juicio, cumple con la función democratizadora. Esta función tiene como fin en sí mismo, asegurar cierto grado de conformidad o consenso entre la acción de gobierno, por una parte, y la opinión extra-gubernamental por la otra." PIZZOLO, Calogero, *Democracia, opinión pública y prensa: en la construcción de un paradigma*, Buenos Aires, Ediciones Jurídicas Cuyo, 1997, p. 368.

[393] Es obvio que la prensa debe tener compromiso con la verdad: "Es decir, en el Estado democrático de derecho lo que se espera del sujeto emisor de una noticia, como postura que denota aprecio por la verdad, es el diligente contacto con las fuentes de información, examinándolas y confrontándolas, así como el uso de todos los medios disponibles a su alcance, como medidas profilácticas, para asegurarse de la idoneidad del hecho antes de su divulgación. La verdad subjetiva se resume, como se ve, en el encargo o deber de cautela exigido del comunicador." (Traducción propia). FARIAS, Edilsom, *Liberdade de expressão e comunicação: teoria e proteção constitucional*, San Pablo, Revista dos Tribunais, 2004, p. 91.

ética[394]. La ley confiere poderes a los agentes públicos para que actúen dentro de los límites de su competencia, investidos de autoridad con el objetivo de imponer medidas a los ciudadanos[395] en pro del bien común.

Los poderes administrativos concedidos a los agentes públicos para implementar los intereses de la comunidad les imponen un deber, o sea, ellos se obligan a ejercerlos dentro de los límites de sus atribuciones, estando prohibida la inercia o la desidia.

Resulta importante destacar también que dichos poderes están investidos de dos características: irrenunciabilidad[396] y obligatoriedad[397]. Esta potestad estatal funciona como el propio deber frente a los ciudadanos. Por otro lado, la administración privada no tiene esas características. A modo de ejemplo, una universidad privada tiene absoluta libertad para contratar un profesor para que dé una conferencia o incluso dicte un curso, mientras la universidad pública solamente podrá hacerlo obedeciendo las reglas de licitación o de concursos públicos impuestas por el orden jurídico.

Por último queremos señalar que los establecimientos integrantes de la administración pública siguen sujetos a exigencias relacionadas a las instalaciones, equipamientos y herramientas adecuadas, así como a la asistencia y responsabilidad[398] técnica, siempre atentos a las normas vigentes.

Es fundamental atender las exigencias democráticas que buscan impedir las irregularidades y los fraudes en las licitaciones, para que la veracidad de las informaciones[399] y documentos[400] anexados a los procedimientos sean de entera responsabilidad de la administración.

---

[394] V. los códigos de ética de la administración pública en MARTINS JÚNIOR, Wallace Paiva, *Probidade administrativa,* 4ª. ed., San Pablo, Saraiva, 2009, pp. 121-126.

[395] Es interesante observar lo que dice CRETELLA JÚNIOR: "[...] la Administración Pública debe facultar, en principio, a todos los ciudadanos a prestar servicios públicos, repartiendo de manera igualitaria a todos los que cumplan con determinados requisitos, indispensables para la utilización del beneficio y fijados en el reglamento" (Traducción propia). CRETELLA JÚNIOR, José, *Curso de direito administrativo,* 3ª. ed., Río de Janeiro, Forense, 2000, p. 367.

[396] Cf. Manuel Maria DIEZ: "Son (las potestades) irrenunciables [...]." DIEZ, Manuel Maria, *Manual de derecho administrativo,* t. I, Buenos Aires, Plus Ultra, 1971, p. 41.

[397] SANTOS FILHO, José Carvalho dos, *Manual de direito administrativo,* 22ª. ed., Río de Janeiro, Lúmen Júris, 2009, p. 45.

[398] GORDILLO, Agustín, *Tratado de derecho administrativo,* 10ª. ed., t. I, Parte general, Buenos Aires, Fundación de Derecho Administrativo, 2009, pp. XIII-31-32.

[399] V. los fraudes practicados en los sistemas de informaciones en la licitación. SOARES, Inaldo de Vasconcelos, *Fraudes nas gestões públicas e privadas,* Brasilia, Brasilia Jurídica, 2005, pp. 101-106.

Los agentes públicos serán responsabilizados administrativamente por los daños causados al erario en el caso de que quede demostrado el desvío de finalidad o la malversación de los recursos públicos, sin perjuicio de otras sanciones civiles o criminales que puedan corresponder sea a través de copias registradas ante escribano o ante un servidor de la administración, bajo las penas impuestas por la ley.

Dentro de esta perspectiva existe con frecuencia desvío de finalidad de los recursos destinados a estas áreas, donde el control interno de la fidelidad funcional se realiza a través de levantamientos o rendición de cuentas[401] de todos los responsables[402] por los bienes o valores públicos.

En la sección siguiente analizaremos la supranacionalidad en la licitación.

---

[400] Sobre los análisis documentales. V. GORDILLO, Agustín, *El método en derecho*, Madrid, Civitas, 1998, pp. 37-42.

[401] Se trata de la interpretación de documentos y registros desde el punto de vista técnico y legal.

[402] Ampliar en los ítems 5.20, 5.21 y 5.22 en LOBÃO, Marcelo Meireles, *Responsabilidade do estado pela desconstituição de contratos administrativos em razão de vícios de nulidade*, San Pablo, Malheiros, 2008, pp. 129-130. FREIRE, André Luiz, *Manutenção e retirada dos contratos administrativos inválidos*, San Pablo, Malheiros, 2008, pp. 156-166. MARTINS JÚNIOR, Wallace Paiva, *Probidade administrativa*, 4ª. ed., San Pablo, Saraiva, 2009, pp. 472-489. TRIBIÑO, Carlos R., *El fiscal del estado: la representación del estado y el control de la actividad administrativa*, Buenos Aires, Ábaco, 2001, pp. 70-71.

Licitación Pública – Parámetro y Supranacionalidad   169

Gráfico 19 – Análisis y Detección de la Corrupción (Ítem 4)

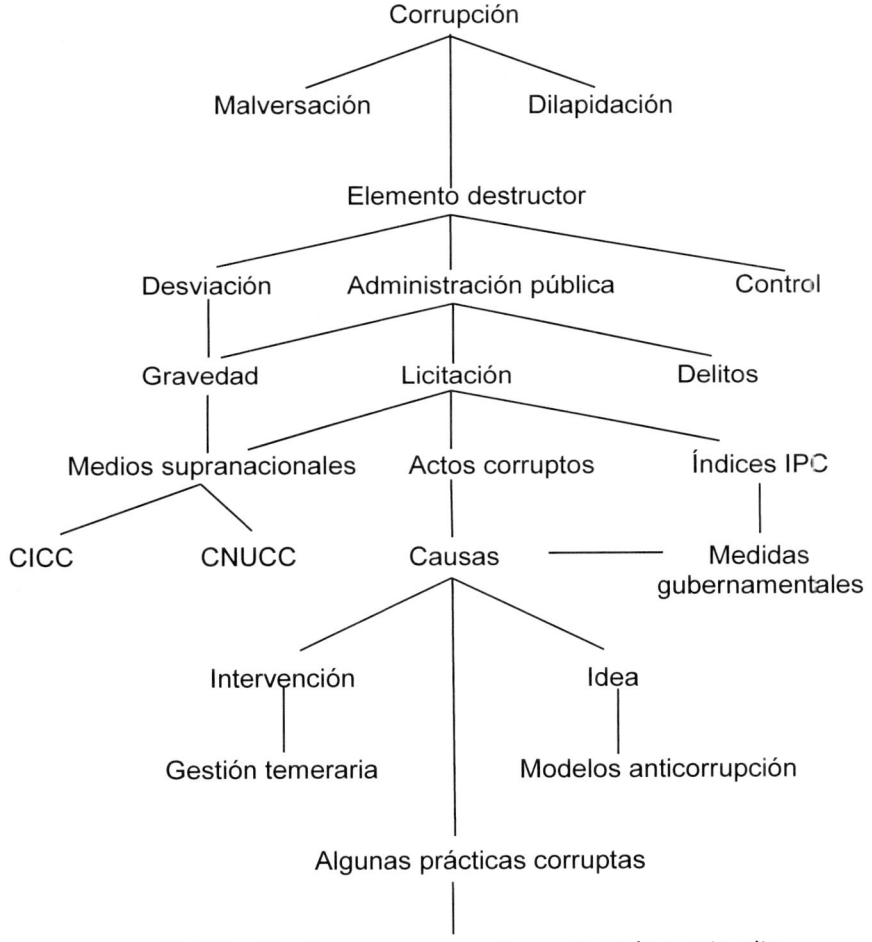

```
                            Corrupción
                           /         \
                  Malversación      Dilapidación
                           
                       Elemento destructor
                      /         |         \
              Desviación   Administración pública   Control
                  |              |
              Gravedad       Licitación        Delitos
                  |              |
        Medios supranacionales   Actos corruptos   Índices IPC
           /         \                |
        CICC       CNUCC           Causas ———— Medidas
                                      |          gubernamentales
                                 /        \
                          Intervención     Idea
                              |             |
                       Gestión temeraria   Modelos anticorrupción
                                      |
                         Algunas prácticas corruptas
                                      |
```

1) Fijación de un presupuesto exageradamente alto
2) Definición discriminatoria del objeto o servicio licitado
3) Pseudo publicidad de los actos licitatorios
4) Favoritismo entre los licitantes
5) Presupuesto y estudio de precios equivocados
6) Violación de la reserva de las propuestas

7) Falso juzgamiento objetivo
8) Combinación entre licitantes
9) Dictamen jurídico arreglado
10) Fraccionamiento de valores para modificar la modalidad
11) Invocación falsa de excepción que excluya la licitación
12) Desvinculación del reglamento peculiar
13) Ampliación de obra para obtener beneficio económico
14) Montaje posterior de procedimiento formal
15) Creación de empresas ficticias

Sección II

SUPRANACIONALIDAD EN LA LICITACIÓN

Capítulo 5

LA SUPRANACIONALIDAD DEL DERECHO ADMINISTRATIVO

Índice: 1. El proceso globalizador y sus efectos. 2. Tipología constructiva de la supranacionalidad del derecho. 3. La supranacionalidad del derecho y la fuerza jurídica de los principios. 4. Supranacionalidad del derecho administrativo: ¿Opacidad, incertidumbre y realidad?

1 EL PROCESO GLOBALIZADOR Y SUS EFECTOS

La supranacionalidad surgió debido a las transformaciones de las últimas décadas del siglo pasado frente a la mundialización del flujo comercial, con el objetivo de unificar las legislaciones nacionales y ampliar las relaciones externas de los Estados. Evidentemente, la evolución técnico-jurídica hace que desaparezca[403] la línea divisoria entre el derecho nacional y el derecho internacional. En este sentido, el Derecho supranacional se presenta como irreversible. Una vez asumido el compromiso, éste debe ser cumplido, bajo pena de sanciones.

La Convención como derecho supranacional elimina el dogma según el cual el gobierno interno de cada país detenta un "poder incondicionado e ilimitado"[404]. De acuerdo con la Convención de Viena[405], una vez establecida la supranacionalidad, el Estado parte no puede infringir (conducta positiva de hacer algo contrario) o ignorar (conducta negativa de no hacer) las cláusulas del pacto firmado, invocando a *posteriori* preceptos constitucionales y matices internos.

---

[403] KELSEN, Hans, *Teoria Pura do Direito,* 5ª. ed., San Pablo, Martins Fontes, 1996, p. 364.
[404] GORDILLO, Agustín, *Derechos Humanos,* 6ª. ed., Buenos Aires, Fundación de Derecho Administrativo, 2007, p. III-1.
[405] V. Convención de Viena, art. 27.

Además, el proceso integrador de la supranacionalidad no encuentra límites, permitiendo el alcance de metas económicas y sociales más provechosas que las del derecho interno. Ésta es una concepción de un Estado unitario. Partiendo de estas ideas, es innecesaria la reforma constitucional para adecuar la norma interna a los compromisos asumidos en sus acuerdos recíprocos.

No se debe confundir la supranacionalidad con la supraconstitucionalidad[406]. El primer término hace referencia al cumplimiento de las tratativas de los Estados parte, sin que haya una necesidad imperiosa de su inserción en el ordenamiento constitucional nacional. La supraconstitucionalidad es el contenido que está por encima de la propia Constitución, proveniente de ámbitos internacionales. Tienen connotaciones distintas, a pesar de ser similares. Por ejemplo, el principio de la dignidad de la persona humana, en cuanto presente en las constituciones nacionales, se materializa internamente, pero su amplitud se tornó universal. Así, todo está relacionado con el ámbito de alcance y aplicación del término.

La supranacionalidad es un concepto que se va extendiendo y que tiene mayor recepción en los países europeos. Es verdad que el derecho administrativo y sus operadores precisan conocerlo y entender sus matices para la aplicación práctica. No es admisible disociar esta rama del conocimiento de nuevas concepciones favorables a la colectividad, finalidad primaria de la administración pública. De ahí la necesidad de superar las dificultades provenientes de esos cambios y de utilizarlos pragmáticamente.

En primer lugar, la difusión y multiplicación de organizaciones no estatales que actúan transnacionalmente estableciendo relaciones entre sí, con Estados y entidades privadas, hizo que pasaran de la autorregulación en las respectivas áreas de actuación a vincular el poder público a la observancia de los dictámenes de sus reglamentos. De este modo, ejercen influencia en la actividad legislativa y administrativa de los Estados.

Surgieron innumerables organizaciones internacionales[407] con el objetivo de reglamentar situaciones no alcanzadas por la

---

[406] Ampliar en GORDILLO, Agustín, *Op. cit.*, pp. III-5-9.
[407] Como sostiene Justen Filho en relación a la influencia de la globalización: "[...] el resultado práctico consiste en la uniformización cultural de los diversos países, en la reducción de los poderes políticos estatales, en la revisión del concepto de soberanía, en la intensificación del comercio mundial, en el predominio de las empresas transnacionales y en el preponderancia de concepciones económicas para la organización de la vida individual y colectiva". (Traducción propia). JUSTEN FILHO, Marçal, *Curso de direito administrativo*, San Pablo, Saraiva, 2005, p. 16.

actividad estatal. El constante desafío por parte de organismos transnacionales en diversas áreas[408] tiene como resultado el establecimiento de un conjunto de principios y reglas que supera los límites territoriales de los Estados, difundiéndose en escala integradora y que se denomina derecho administrativo supranacional. El concepto en sí no tiene mayor valor académico en la actualidad, aunque se lo mencione más asiduamente. Ni siquiera es una estructura teórica nueva, ya que, como fue demostrado, hemos coexistido con otras denominaciones similares[409] desde antaño.

Es factible que el objetivo principal del derecho administrativo supranacional no sea la simple reglamentación de reglas sustantivas sino procedimentales, buscando la aplicación de esas reglas y principios procesuales, tales como el de la responsabilidad, transparencia e integración. Del mismo modo, no se puede confundir derecho administrativo supranacional que trata de la relación mutua entre las esferas administrativas nacional y supranacional, con derecho internacional público, que se refiere a las reglas aplicadas internamente en las organizaciones diseminadas entre las naciones.

En síntesis, la actuación estatal por medio de la adhesión a tratados y convenciones amplían su propia reglamentación interna, no incluyendo todas las situaciones que puedan ocurrir por imposición mundial, pero determinando que áreas significativas sean reguladas, directa o indirectamente por organismos no estatales, relacionándose entre sí, sujetos privados y Estados, interviniendo[410] en las reglas nacionales y actividades del poder público estatal.

Como consecuencia de la reglamentación mundial hoy vivenciada, se creó un espacio global administrativo que va más allá del área de actuación del derecho internacional y del derecho administrativo interno, convirtiéndose en un ámbito de reglamentación marcado por la obligatoriedad, sin límite espacial, diferente de las relaciones internas del propio Estado.

Es un ejemplo de actuación en este campo el desarrollo de criterios innovadores en la licitación relacionados con el cuidado del

---

[408] Como ejemplo de ello: preservación del medio ambiente, erradicación de la corrupción, protección de derechos fundamentales del hombre y otros.
[409] La lista de denominaciones es innumerable, por ejemplo: derecho administrativo global, derecho administrativo transnacional y otros.
[410] Como advierte LOBO sobre la superioridad del derecho comunitario sobre las normas nacionales contrarias. V. LOBO, Maria Teresa Cárcamo, *Ordenamento jurídico comunitário*: União Européia-Mercosul, Belo Horizonte, Del Rey, 1997, p. 43.

medio ambiente[411], que van desde la reducción del consumo de energía y los costos de almacenamiento, la disminución de la emisión de contaminantes, hasta evitar el derroche y adoptar productos originados en fuentes orgánicas o reciclables, entre otros. La idea es minimizar el impacto ambiental de las acciones administrativas estatales, utilizando criterios ecológicos de selección por medio de la adquisición pública sustentable[412].

Es así que este nuevo espacio está surgiendo, como campo jurídico imprescindible para definir los procedimientos adoptados por organismos externos influenciando su aplicación en el derecho interno de los países integrantes para producir decisiones administrativas que obededezcan a criterios supranacionales extensibles a otras instituciones mundiales. Veáse a continuación nuestro estudio sobre la tipología constructiva de la supranacionalidad del derecho.

2 TIPOLOGÍA CONSTRUCTIVA DE LA SUPRANACIONALIDAD DEL DERECHO

Los procesos de integración económica y supranacionalidad política están cada vez más desarrollados en el mundo. Desde tiempos remotos, el hombre se ha unido para superar obstáculos. La aldea global[413] es una muestra más. Surgida en un escenario de cambio constante y hasta, a veces, contradictorio, hoy se la encuentra en los ámbitos[414] económicos, gubernamentales y comerciales.

¿Por qué hay que integrarse? Porque en el grupo, los países miembros pueden distribuir las tareas en forma comunitaria y compartir

---

[411] V. ONU. *Protocolo de Kioto*, La Convención Marco de las Naciones Unidas sobre el cambio climático, aprobada en Nueva York el 9 de mayo de 1992, con el fin de promover el desarrollo sustentable al cumplir los compromisos cuantificados de limitación y reducción de las emisiones de contaminantes.

[412] V. *infra*, Cap. III, Ítem 3.

[413] Ampliar en BERCHOLC, Jorge O (et. at.), *El estado y la globalización*, Buenos Aires, Ediar, 2008; BEZERRA DE FARIAS, Flávio, *A globalização e o estado cosmopolita*, San Pablo, Cortez, 2001; CARBONELL, Miguel (et. at.), *La globalización y el orden jurídico*, Bogotá, Universidad Externado de Colombia, 2007; IANNI, Octavio, *Teorias da globalização*, 4ª. ed., Río de Janeiro, Civilização Brasileira, 1977; PIZZOLO, Calogero, *Globalización e integración, ensayo de una teoria general*, Buenos Aires, Ediar, 2002.

[414] Se ha utilizado el término "globalización" para indicar un conjunto de factores que produjeron una alteración radical, de orden político, social, económico y cultural en todos los países. JUSTEN FILHO, Marçal, *Curso de Direito Administrativo*, San Pablo, Saraiva, 2005, p. 16.

los elementos sin disminuir su soberanía. En la actualidad, es la cultura la responsable de esta unión y no los conflictos armados.

Un claro ejemplo de integración es el Mercosur[415] – a pesar de algunas resistencias –, en el cual, si bien existen raíces culturales, costumbres y ciclos históricos de procesos militares e independencia comunes a sus miembros, son los valores económicos los que inspiran esa unión y los que, de forma secundaria, le darán su identidad en el futuro. Otro factor importante – y difícil de perpetuar en el tiempo – está en el plano jurídico, en donde la elaboración de normas obedece a un complejo sistema de aceptación entre los países integrantes.

No caben dudas de que la mundialización capitalista es un proceso de construcción de espacios supranacionales que sólo tendrá éxito a través de un flujo comercial internacional y de medidas y competencias que dejen de ser privativas de los Estados nacionales.

Otro aspecto para destacar es la proliferación de tratados que, con el ánimo de reforzar el vínculo y formar un Estado supranacional, a veces puede generar nuevas dificultades.

La pregunta es, entonces: ¿Cómo se logra la integración? Diversos factores pueden fomentar la integración (las identidades culturales, costumbres, idiomas, factores económicos, entre otros) aunque sólo será efectiva si se pueden establecer medidas y objetivos comunes y minimizar las cuestiones personales y nacionales. En primer lugar, hay que erradicar las diferencias existentes, para que todos puedan cumplir las normas eficazmente. Es obvio que también hay otras situaciones críticas que se deben analizar – como las diferencias sociales, la indigencia y las inestabilidades políticas[416] –, porque pueden impedir la universalización de los mecanismos.

---

[415] Ampliar en BAHIA, Saulo José Casali. "A supranacionalidade do Mercosul", en *Mercosul: lições do período de transitoriedade,* San Pablo, Instituto Brasileiro de Direito Constitucional, 1998. Y, también en GARÉ, Belter Copello, et al. (org.), *Mercosur balances y perspectivas,* Montevideo, Fundación de Cultura Universitaria, 1996; DARTAYETE, María Cristina, "Armonización de las normas en el Mercosur", en *Revista de Direito do Mercosul*, Buenos Aires, feb., 1999; EGUIVAR, Luis A., BOIERO, Rodolfo R. Rua, *Mercosur*, Buenos Aires, La Ley, 1991; SALOMONI, J., "Reforma del Estado y Mercosur", en CHIARELLI, Carlos Alberto Gomes (Coord.). *Temas de Integração com enfoques no Mercosul,* v. 1, San Pablo, LTr, 1997.

[416] V. comentarios sobre las formas de participación en los procesos políticos. SANCARI, Sebastián, *Límites de la participación política institucionalizada en el sistema político argentino,* pp. 2-4. Disponible en www.fundacionmgimenezabad.es/ Fecha de captura: 02.08.2011.

Estas alianzas presentan puntos positivos y negativos, a saber:

Cuadro 2 – Ventajas y desventajas de la supranacionalidad

Ventajas	Desventajas
Decisión conjunta entre países integrantes	Supuesta disminución de la soberanía
Facilidades de relaciones públicas y diplomáticas	Posible disminución de la igualdad de los gobernantes
Control conjunto de la economía	Disparidad económica entre países
Procesos comparativos	Influencia internacional
Legitimidad y poder conjunto en la superación de conflictos y crisis	Crisis de legitimidad y juego político
Integración de principios y valores normativos	Ineficiencia en la administración y dificultad para aceptar las transformaciones
Aplicación de derechos y normas supranacionales	Ineficacia y falta de cumplimiento de derechos y normas supranacionales

En el cuadro se observan las principales diferencias y problemas que pueden surgir en el momento de identificar los valores de la supranacionalidad en el proceso de transformación[417]. Una correcta aplicación de los instrumentos permitiría reducir gastos públicos y obtener resultados efectivos.

Es evidente que estos preceptos supranacionales deben interactuar con la normativa interna de cada país en un verdadero proceso de transformación integrador. Así, ellos son perfectamente aplicados, aunque haya una norma interna contraria, también en las licitaciones para disminuir gastos, eliminar prácticas corruptas, dar mayor transparencia y actuar con razonabilidad en la compra del mejor producto en los diversos procedimientos de selección pública. Pese a ser un proceso en construcción, corresponde a las autoridades administrativas y operadores de derecho hacer valer sus concepciones fijadas por los Estados adherentes.

Queda clara la imperiosa necesidad de adaptación por parte de los países integrantes del proceso cooperativo a las innovaciones técnico-jurídicas. Seguidamente trataremos algunas características de la supranacionalidad del derecho y la fuerza jurídica de los principios.

---

[417] Al reflexionar sobre la globalización y su impacto en los Estados modernos ORTIZ decía que la "legitimidad histórica del Estado Nación también es objetada (mas allá o mas acá de las intenciones) desde el punto de vista normativo". ORTIZ, Túlio. E, *Estado posmoderno y globalización: transformación del Estado-nación argentino*, Buenos Aires, Facultad de Derecho de la UBA, 2006, pp. 22-23.

3 LA SUPRANACIONALIDAD DEL DERECHO Y LA FUERZA JURÍDICA DE LOS PRINCIPIOS

Cuando se piensa en la supranacionalidad y en sus diversos aspectos no se puede dejar de lado la necesidad de unificar los preceptos normativos. Para tal fin se deben universalizar tanto las herramientas jurídicas como los principios. Al hacerlo, el Estado entraría en crisis porque se crearían una serie de instrumentos que harían desaparecer la clásica definición de soberanía –algo que es evidente hasta para aquéllos que se niegan a reconocer esta vertiente de integración.

La expresión presenta algunos problemas metodológicos, politológicos y hasta lingüísticos, ya que ha llevado a errores de traducción y ha dado por tierra con los conceptos tradicionales de Estado. La estatalidad está dada por marcos geográficos, políticos y de población, y su definición va más allá de una posible universalidad[418].

El no poder delimitar un territorio, tener que compartir mercados y hasta modificar el sistema jurídico nacional – debido a una cierta internacionalización constitucional – ha tenido como consecuencia la ampliación de criterios innovadores en las licitaciones y sus aplicabilidad en el derecho interno[419] de cada país. Como resultado, el derecho también debe expandirse, abarcar otros espacios geográficos y valorar[420] los principios.

Para lograr que los principios se convirtieran en normas, hubo que recorrer un camino arduo y difícil. Su aplicación en el derecho era subsidiaria, por lo cual carecía de fuerza normativa. Sin embargo, después del pre-positivismo, la jurisprudencia y la doctrina comenzaron a interpretarlos con fuerza valorativa[421].

---

[418] WEIS, Carlos, *Direitos humanos contemporâneos,* San Pablo, Malheiros, 2006, pp. 112-116.

[419] Ampliar en GORDILLO, Agustín, *Derechos Humanos,* p. II-13.

[420] GUIBOURG realiza un alerta axiológico de los principios. V. GUIBOURG, Ricardo A., *El fenómeno normativo*: *acción, norma y sistema*, Buenos Aires, Astrea, 1987, pp. 151-155.

[421] BASTOS hace una reflexión acerca de la valoración de los principios y reglas: "[…] sin importar cuales fueran las singularidades que separan a los principios de las reglas, ninguna de las dos está por encima de la otra. Tanto las reglas como los principios son parte del mismo ordenamiento jurídico; lo que nos lleva a la conclusión de que todas las normas tienen el mismo nivel jerárquico. No obstante, es posible identificar el hecho de que ciertas normas – léase, aquéllas cuya lógica se funda en principios – a medida que pierden precisión de contenido (i.e. densidad semántica), adquieren un carácter que les permite abarcar un área mucho más grande. En consecuencia, lo que pierden en carga normativa lo ganan en fuerza valorativa al expandirse por sobre un

Con el advenimiento de las Constituciones, los principios se transformaron en la columna principal de todo el ordenamiento jurídico[422]. A propósito, cabe recordar la diferencia que existe entre principios y reglas. Hay que remarcar que la norma es el género dentro del cual los principios y las reglas son especies. En primer lugar, el concepto de principio[423] abarca las bases fundamentales del sistema jurídico, sirviendo en la práctica de protección de los derechos.

Los principios, como norma jurídica general, no se circunscriben a una situación individual, son más abstractos – como el principio de la dignidad humana o el principio de igualdad, en los que trasluce su interpretación circunstancial, valorativa, sin preponderancia, más armónica. Es innegable que los principios tienen una función integradora, que les da operabilidad a las normas y marcan la tendencia actual del derecho, como elementos de optimización[424].

La violación de un principio es una ofensa, no solamente para una norma jurídica, sino para todo el sistema normativo, dado que se convierte en la mayor ilegalidad e inconstitucionalidad que se pueda cometer en relación a esos principios.

Los principios esbozados en la Constitución Nacional se deben interpretar en forma sistemática y no individualmente, y se debe tener en

---

sinfín de otras normas." (Traducción propia). BASTOS, Celso Ribeiro, *Curso de direito constitucional,* 22ª. ed., San Pablo, Saraiva, 2001, p. 55.

[422] En tal sentido, BONAVIDES afirma que "[...] las Constituciones recientemente promulgadas acentúan la hegemonía axiológica de los principios y los convierten en el pedestal normativo sobre el cual se asienta todo el edificio jurídico de los nuevos sistemas constitucionales." (Traducción propia). BONAVIDES, Paulo, *Curso de direito constitucional,* 11ª. ed., San Pablo, Malheiros, 2001, p. 237.

[423] En la visión de Bandeira de Mello el principio "[...] es, por definición, el mandamiento central de un sistema, su verdadero cimiento, la disposición fundamental que se irradia sobre las diferentes normas y crea su espíritu, que sirve de criterio para una comprensión precisa e inteligente, y que define con exactitud la lógica y la racionalidad del sistema normativo, al cual le confiere una tónica y un sentido armónico. Es el conocimiento de los principios que preside a la intelección de las diferentes partes lo que ha dado origen a nuestro sistema jurídico positivo." (Traducción propia). BANDEIRA DE MELLO, Celso Antônio, *Elementos de direito administrativo,* San Pablo, Revista dos Tribunais, 1980, p. 230.

[424] Según Canotilho, no tienen otro sentido: "Al convertirse en elementos de optimización, los principios permiten la equiparación de valores – ya que no obedecen, como las reglas, "a la lógica de todo o nada" –, a través de la ponderación de otros principios eventualmente discordantes; las reglas no dan lugar a cualquier otra solución, ya que, si tienen validez, sus preceptos se deben cumplir estrictamente, ni más ni menos." (Traducción propia). CANOTILHO, José Joaquim Gomes, *Direito constitucional,* Coimbra, Almedina, 1995, p. 168.

cuenta, cuando el caso así lo requiriera, la realidad fáctica a fin[425] de adaptar las normas a la evolución social.

Lo ideal sería que hubiese una preponderancia de los principios constitucionales ahora en estudio – i.e. la libertad, la intimidad y la dignidad de la persona humana – para que formaran un trípode constitucional. Lo que ocurre es que éstos no siempre son absolutos y al haber incompatibilidades entre ellos, necesitan un juez para encontrar el equilibrio, ya que ningún principio debe prevalecer sobre otro.

Con respecto al principio de libertad, se puede decir que es absoluto hasta cierto punto. Cuando se lo utiliza para fines que están por encima de los inherentes al ser humano, se lo debe considerar en términos relativos. El elemento sociológico es fundamental en este tema, dado que, en concepciones como la socialista lo colectivo se antepone a lo individual. Otro punto a tener en cuenta es la invasión de la intimidad del individuo por parte de los órganos estatales, lo que ocurre debido al avance de la tecnología: escuchas telefónicas, quiebra del secreto bancario, investigaciones del patrimonio personal, seguimientos a distancia, etc.

El derecho se vale de principios[426]. A decir verdad, los principios se emplean para resolver diversos problemas judiciales, ya que si la justicia fuera extrema, no habría derecho porque perdería su carácter social. Por su parte, hay un juego de principios[427] que está por detrás de las reglas, en otras palabras, se ponderan los principios para equilibrar las fuerzas del derecho y de la norma. La aplicación de los principios valoriza la actividad del funcionario – sea éste un magistrado o un administrador público – por su poder de interpretación, dado que los principios predominan sobre las reglas.

Por otra parte, es cierto que los tratados internacionales, al estar basados en normas reales, se han convertido en una importante fuente de derecho. Si bien tienen una vida material que se modifica constantemente, siguen una verticalidad normativa. Además, la Constitución Nacional

---

[425] Ávila ve el principio en la dimensión de finalidad: "Se pueden disociar las especies normativas, a fin de utilizarlas como hipótesis de trabajo para el proceso aplicativo, conforme a su significado primario. En tal sentido, el significado preliminar de los dispositivos puede hallarse en la dimensión del comportamiento (regla), de la finalidad (principio) y/o del método (postulado)." (Traducción propia). ÁVILA, Humberto, *Teoria dos princípios da definição à aplicação dos princípios jurídicos*, 7ª. ed., San Pablo, Malheiros, 2007, p. 45.

[426] DWORKIN, Ronald, *O império do direito,* 2ª. ed., San Pablo, Martins Fontes, 2007, p. 490.

[427] Para una mejor explicación nos remitimos a ALEXY, Robert, *Teoría de los derechos fundamentales,* Madrid, Centro de Estudios Constitucionales, 1993, pp. 83-88.

dispone que los tratados están por sobre las leyes a fin de comprometerlos en un modelo internacional de derechos humanos.

De existir alguna contrariedad entre la norma superior y un tratado, prevalecerán los preceptos constitucionales, aunque sólo en la parte dogmática. Esta práctica recibe el nombre de bloqueo nacional y busca fomentar el cumplimiento de la norma superior de cada sistema. Sin embargo, hay tratados que están a nivel de la Constitución Nacional cuando conciernen a los derechos humanos, y hasta por sobre los supranacionales – aunque ambos estén por encima de las leyes.

Una verdad aflora: las fuentes son válidas según las circunstancias de cada país, sus aspectos culturales y sociológicos y la realidad material que está en discusión. En consecuencia, se debe a las normas internacionales interpretar de forma sistemática y concreta, con buena fe y razonabilidad. Obsérvese que la buena fe[428] apoyada en la franqueza es un principio que está incluido en el propio texto de la convención.

Se debe garantir el principio de razonabilidad[429] no solamente en la reglamentación constitucional, sino también a nivel supranacional, disposición incluida en la Convención de Viena; así como otros principios jurídicos sectoriales de supranacionalidad como protección de la vida, integridad y salud humana frente a la contaminación del medio ambiente, dignidad de la persona humana, derecho a la participación, licitación sustentable, etc. Este principio universal rige para impedir ciertas arbitrariedades, inclusive aquellas aplicables en licitaciones desmedidas o en selecciones de ofertas llevadas a cabo según el capricho de las autoridades administrativas.

Para la concretización de esos principios se debe observar cuidadosamente el principio del debido proceso legal[430]. Este sin dudas representa la legitimación de la aplicación de los mecanismos preventivos y represivos en el combate a la inmoralidad pública, siendo el corolario de la validación de las puniciones de aquellos que cometen actos ímprobos. Se vale, por lo tanto, del *due process law* frente a los

---

[428] V. VERDROSS, Alfred, *Derecho internacional público*, 4ª. ed., Madrid, Aquilar, 1963, p. 82; MENEZES, Wagner, *Direito Internacional na América Latina*, Curitiba, Juruá, 2007, p. 211. Comparar con la buena fe en la actuación de la administración pública: GIACOMUZZI, José Guilherme, *A moralidade administrativa e boa-fé da administração pública: o conteúdo dogmático da moralidade administrativa*, San Pablo, Malheiros, 2002, pp. 240-245.

[429] GORDILLO, Agustín, *Derecho humanos*, p. III-10 y en *Tratado de derecho administrativo*, t. I, pp. VI-27-29.

[430] Cf. Convención Interamericana de Derechos Humanos, arts. 8° y 25.

procedimientos de licitación y obstaculiza algunas prácticas corruptas[431] provenientes de ella. Aquí se desdobla el principio de la legalidad para hacer cumplir los procedimientos de selección determinando la publicidad en las contrataciones estatales, audiencias públicas[432] en las adquisiciones de grandes montos y otros. Todo en una verdadera imposición del orden jurídico supranacional[433].

Partiendo de estas premisas, se entiende que los principios constitucionales no son axiomas jurídicos o verdades absolutas, ya que están inmersos en la mutación natural de los valores sociopolíticos de toda sociedad políticamente organizada.

Son elementos de optimización, mientras que las reglas son directivas válidas en el contexto fáctico de la supranacionalidad.

4 SUPRANACIONALIDAD DEL DERECHO ADMINISTRATIVO: ¿OPACIDAD, INCERTIDUMBRE O REALIDAD?

El derecho administrativo es una rama del derecho público que tiene como objeto organizar al Estado y hacerlo cumplir sus obligaciones para con la comunidad. Su evolución ha ido marchando al ritmo de las transformaciones que sufre la sociedad: en los Estados Absolutistas ha acompañado a la realeza, en los Estados Democráticos a la administración burocrática del pasado y a las administraciones gerenciales de hoy en día. En este punto surge el interrogante: ¿Puede una rama jurídica del derecho público de un país estar vinculado a otros Estados soberanos? Es evidente que no se puede satisfacer el interés común con las estructuras estatales tradicionales. Por otra parte, es fundamental que se analice la Constitución para lograr que sus contenidos sean coherentes con las normas y pactos externos –i.e. tratados y pactos internacionales.

Lo lógico sería que en la diversidad se lograra un complemento que pudiera abarcar todo un nuevo espectro de situaciones derivadas de la mundialización capitalista. Esto demostraría que se puede llegar a integrar

---

[431] V. algunos ejemplos en este trabajo, *infra*, cap. IV, ítem 4.
[432] V. el procedimiento y naturaleza de audiencia pública en GORDILLO, Agustín, *Tratado de derecho administrativo*, t. II, pp. XI-2-10. Véase, además, la idea de pertinencia, consensualidad y participación en MOREIRA NETO, Diogo de Figueiredo, *Mutações do direito admnistrativo*, 2ª. ed., Río de Janeiro, Forense, 2003, pp. 199-218.
[433] Cf. Convención Interamericana contra la corrupción (CICC), art. III, inciso 5°. Ampliar en GORDILLO, Agustín, *Op. cit.,* p. III-10 y en *Tratado de derecho administrativo*, t. I, pp. VI-29-31.

sin perder soberanía[434]. En ese contexto, la supranacionalidad del derecho administrativo sería la complementariedad en la cual se apoyarían los diversos sistemas jurídicos. En otras palabras, la intención es aprovechar el momento de transformación por el que atraviesan los sistemas jurídicos[435], para alcanzar una expansión o, al menos, una revisión normativa.

El avance en las relaciones sociales y en los fines colectivos ha dejado atrás los conceptos tradicionales del derecho. De hecho, el egoísmo de algunos Estados los ha llevado a lucrar con esta situación a través de una manipulación del poder – no comprenden que complementarse no significa perder soberanía[436]. Por ejemplo, puede haber un tratado por el cual dos países limítrofes se beneficien. Esta sería una integración de gran valor para el derecho administrativo que sirve de complementariedad.

Es innegable que esta realidad ha creado una zona de conflicto entre el derecho internacional, el constitucional y el administrativo. Sin embargo, ¿existe alguna solución? La Constitución es el derecho fundamental, el que le garantiza al ciudadano el principio de supremacía, mientras que el derecho internacional rige para los tratados y para algunos derechos humanos complementarios a la Carta Suprema – siempre y cuando sean coherentes con ella desde el punto de vista histórico, metodológico y axiológico.

Un tratado es un acto jurídico complejo entre Estados soberanos, que se obligan a observar el *"pacta sunt servanda"*. Además, es un claro ejemplo de la mundialización capitalista dado que amplía el marco del derecho constitucional. Por otra parte, es indudable que las guerras han planteado una revisión del sistema constitucional para que los Estados puedan incorporar los derechos naturales del hombre.

Como resultado, surgieron los derechos humanos con la idea de evitar que el poder del Estado excediera los límites de la dignidad. La comunidad internacional ha convertido los derechos humanos en una ideología y ha institucionalizado su acatamiento. Esta idea universal[437]

---

[434] Ampliar en FERRAJOLI, Luigi, *A soberania no mundo moderno*, San Pablo, Martins Fontes, 2002; FURLAN, Fernando de Magalhães, *Supranacionalidade nas associações de estados, repensando a soberania*, Curitiba, Juruá, 2008.

[435] Agrega Guibourg refiriéndose a la neutralidad, objetividad y consenso contra la actitud subjetiva, ésta como obstáculo al avance científico en que "la consistencia lógica del modelo es un requisito aceptado por casi todos, al menos en abstracto." GUIBOURG, Ricardo A., *Pensar en las normas*, Buenos Aires, Eudeba, 1999, pp. 167-169.

[436] V. los distintos conceptos de soberanía en FLEINER-GERSTER, Thomas, *Teoria geral do estado*, San Pablo, Martins Fontes, 2006, pp. 226-233. Comparar con las actuales características en los ítems 3 y 4 de HUSEK, Carlos Roberto, *Curso de Direito Internacional Público*, 4ª. ed., San Pablo, LTr, 2002, pp. 117-119.

[437] La idea de la ciudadanía universal es antigua. V. CATALANO, Pierangelo, "Princípios jurídicos e esperança de uma futura 'autoridade pública universal'", en *Revista de Informação Legislativa*, Brasilia, ano 41, nº. 162, abr./jun., 2004, p. 333.

establece que el hombre es el centro de atención, independientemente de que puedan existir sociedades que, por no aceptar este concepto, ya que son libres de decidir como quieren organizarse, sufran alguna sanción.

Son normas obligatorias que moldean la disciplina social y crean un espacio de igualdad. De hecho, la supranacionalidad no puede ser vista como una metáfora. Ella es efectiva y aplicable, sin agotarse en su texto. Ella debe ser vivida en las relaciones sociales concretas y aplicada en el ámbito interno. Es por eso que sería injusto ver la mundialización capitalista sólo como la multiplicación de capital y de trabajo sin fronteras – como expresan algunos movimientos en su contra[438].

Todo concepto es ambiguo por definición por lo que, sólo por medio de la epistemología, podemos discernir sus acepciones. La existencia del concepto fija un conjunto de términos para facilitar su entendimiento y sirve para despolitizar sus connotaciones.

Kelsen consideraba que la supranacionalidad era sinónimo de concentración. Como pensaba que el mundo se iba a ir centralizando a medida que fuera evolucionando, elaboró toda su Teoría Pura sobre bases antropológicas. Pensaba que el hombre era malo por naturaleza y que sólo podría vivir en sociedad si lo presionasen o lo sancionasen – esto explica por qué el Estado está centralizado pero puede aplicar sanciones individuales. Avizoraba una pluralidad de normas[439], un orden jurídico internacional descentralizado y un Estado que centralizaría las sanciones. Sostenía que el derecho puede tener cualquier contenido para regular una conducta y que la supranacionalidad se puede alcanzar sólo cuando hay una concentración verdadera. Por otra parte, creía en la verticalidad y en la jerarquía, ya que si las normas estuviesen en un mismo plano, no habría un orden jurídico. Gordillo[440] menciona la estrecha aproximación kelseniana para la aplicación de la norma jurídica interna en los casos en que haya incumplimiento de las normas establecidas en la Convención, debiendo tanto el Tribunal nacional como el internacional anular conductas que se alejen de los preceptos jurídicos, ya que no hay sanción específica y expresa.

Kant[441] concebía el derecho[442] como un conjunto de condiciones por medio de las cuales el arbitrio de uno puede estar de acuerdo con el

---

LINDGREN, J. A. Alves, *Os direitos humanos como tema global*, Brasilia, Perspectiva, 1994. p. 37.
[438] V. DANTAS, Miguel Calmon, *Constitucionalismo dirigente e pós-modernidade*, San Pablo, Saraiva, 2009, pp. 358-359.
[439] V. KELSEN, Hans, *Teoria geral do direito e do Estado*, San Pablo, Matins Fontes, 2003, pp. 434-444 y 516-517.
[440] GORDILLO, Agustín, *Derechos humanos*, 6ª. ed., Buenos Aires, Fundación de Derecho Administrativo, 2007, p. III-6.
[441] V. ANDRADE, Melanie Merlin de, SALDANHA, Eduardo, *Immanuel Kant: idealismo e carta da ONU*, Curitiba, Juruá, 2008, p. 47.

arbitrio de otro, según una ley universal de libertad. Para él, el derecho internacional era el derecho de gentes[443], porque entendía que todo orden externo era extra-estatal. La historia del derecho internacional es una reseña de la modernización, de las transformaciones desde el tiempo de las colonizaciones. Ese pensamiento nos lleva a imaginar la posibilidad de nuevos horizontes – de una unificación de instituciones.

La realidad es que hemos alcanzado un equilibrio en relación a espacios comunes, que también se extiende al derecho administrativo y que se ve reflejado en valores que ya no son exclusivos de cada Estado soberano, sino comunes a todos, como son los principios, la ética de la administración pública, la rapidez y economía del erario, entre otros.

Queda claro, entonces, que, aún sin modificar los aspectos particulares del derecho administrativo de cada Estado Nacional, es posible encontrar principios comunes a cualquier organización administrativa pública – simple o compleja –, como por ejemplo: deber de eficiencia y probidad en las licitaciones; control de responsabilidad de los actos administrativos; inalienabilidad de los derechos públicos; paridad en los servicios públicos; distribución equitativa de los bienes públicos; motivación y auto-tutela de los actos de los gobiernos; formalidad y obediencia de los instrumentos públicos; entre otros.

Lo difícil no es aceptar la supranacionalidad de estas instituciones, sino que sean eficaces. En síntesis, el derecho administrativo puede llegar a ser supranacional siempre y cuando se complementen los sistemas, en una línea sin retorno[444]. Sin duda es una realidad mundial, debiéndose siempre respetar las diferencias entre los entes integrantes, siendo ésta la razón por la cual los países siguen por ese camino. Ciertamente no será fácil, pero plausible, porque su esencia está en la búsqueda de un modelo de Estado social y equilibrado, frente al concepto de universalización para garantizar los derechos fundamentales del ciudadano, dentro de un orden jurídico supremo.

Dicho esto, se realizará un examen del sistema frente a las normas de fondo y forma en una realidad integradora para después hacer una confrontación con el manejo de las normas y de la seguridad.

---

[442] KANT, Immanuel, *Filosofía de la historia: qué es la Ilustración,* La Plata, Derramar, 2004, pp. 119-128; KANT, Immanuel, *Cómo orientarse en el pensamiento,* Buenos Aires, Quadrata, 2006, pp. 64-74.
[443] KANT, Immanuel, *La paz perpetua,* Madrid, Espasa Calpe, 2003, pp. 107-111.
[444] GORDILLO, Agustín, *Op. cit.,* pp. II-15 y III-2.

Gráfico 20 – El Proceso Globalizador y sus Efectos (Ítem 5.1)

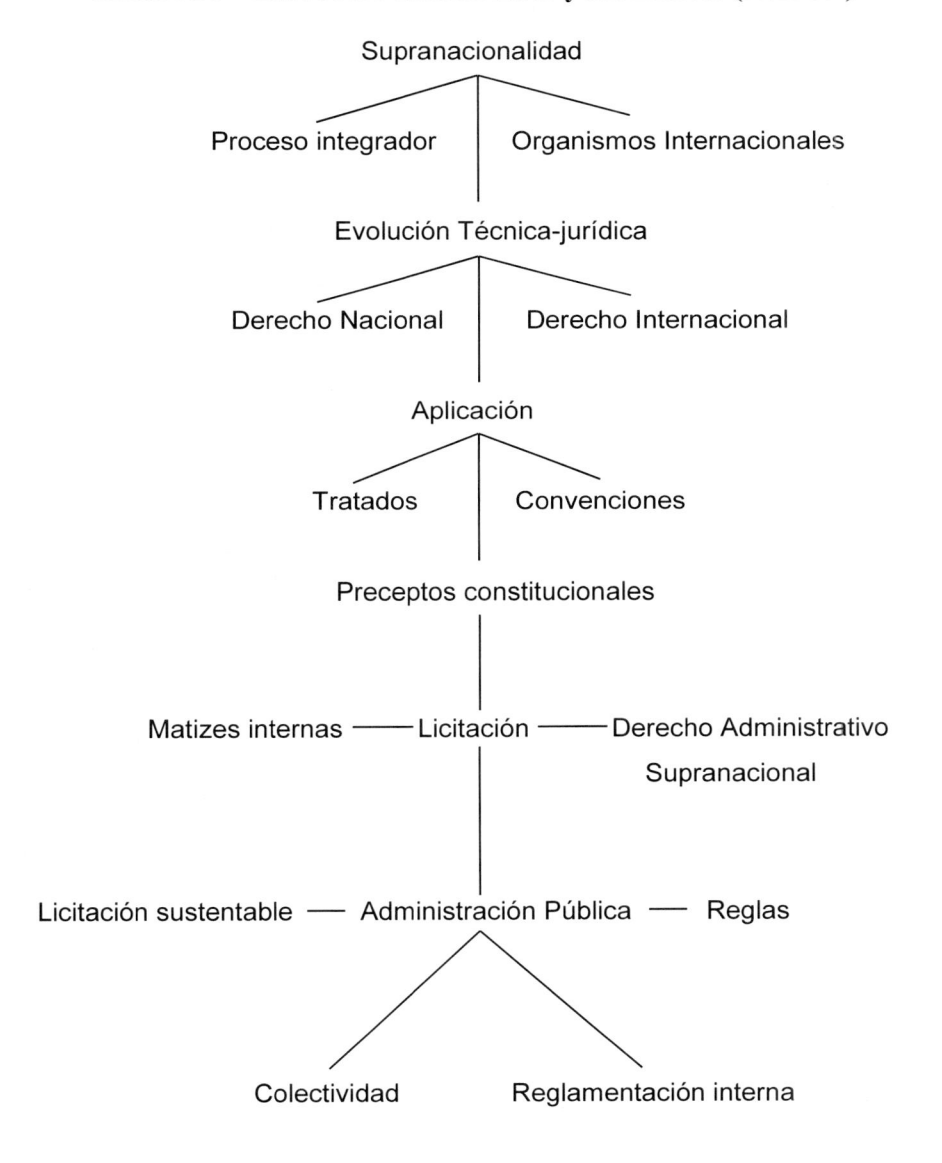

```
                        Supranacionalidad
                       ╱        │        ╲
         Proceso integrador     │     Organismos Internacionales
                                │
                     Evolución Técnica-jurídica
                       ╱        │        ╲
             Derecho Nacional   │   Derecho Internacional
                                │
                           Aplicación
                         ╱      │      ╲
                   Tratados     │    Convenciones
                                │
                      Preceptos constitucionales


   Matizes internas ──────── Licitación ──────── Derecho Administrativo
                                │                      Supranacional
                                │
   Licitación sustentable ──── Administración Pública ──── Reglas
                                ╱         ╲
                        Colectividad   Reglamentación interna
```

Gráfico 21 – Tipología Constructiva de la Supranacionalidad del Derecho (Ítem 5.2)

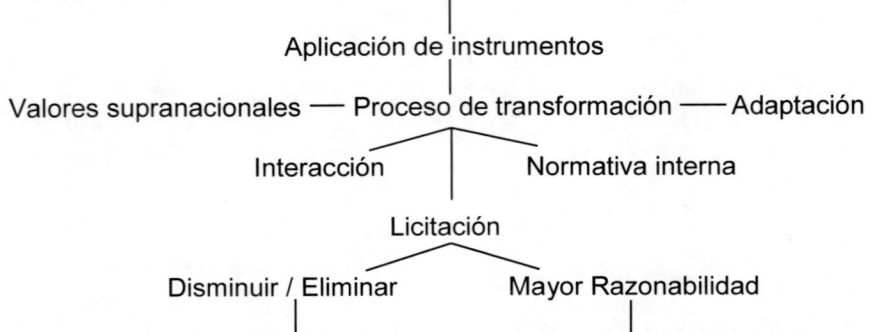

Integración ——— Aldea global

Distribuir Tareas | Construcción de espacios Supranacionales

Universalización

Proceso en construcción | Estado Supranacional

Alianzas | Forma comunitaria

Ventajas	Desventajas
Decisión conjunta entre países integrantes	Supuesta disminución de la soberanía
Facilidades de relaciones públicas y diplomáticas	Posible disminución de la igualdad de los gobernantes
Control conjunto de la economía	Disparidad económica entre países
Procesos comparativos	Influencia internacional
Legitimidad y poder conjunto en la superación de conflictos y crisis	Crisis de legitimidad y juego político
Integración de principios y valores normativos	Ineficiencia en la administración y dificultad para aceptar las transformaciones
Aplicación de derechos y normas supranacionales	Ineficacia y falta de cumplimiento de derechos y normas supranacionales

Aplicación de instrumentos

Valores supranacionales —— Proceso de transformación —— Adaptación

Interacción | Normativa interna

Licitación

Disminuir / Eliminar | Mayor Razonabilidad

Gastos / Corrupciones | Transparencia en la compra

Gráfico 22 – Supranacionalidad del Derecho y Principios (Ítem 5.3 y 5.4)

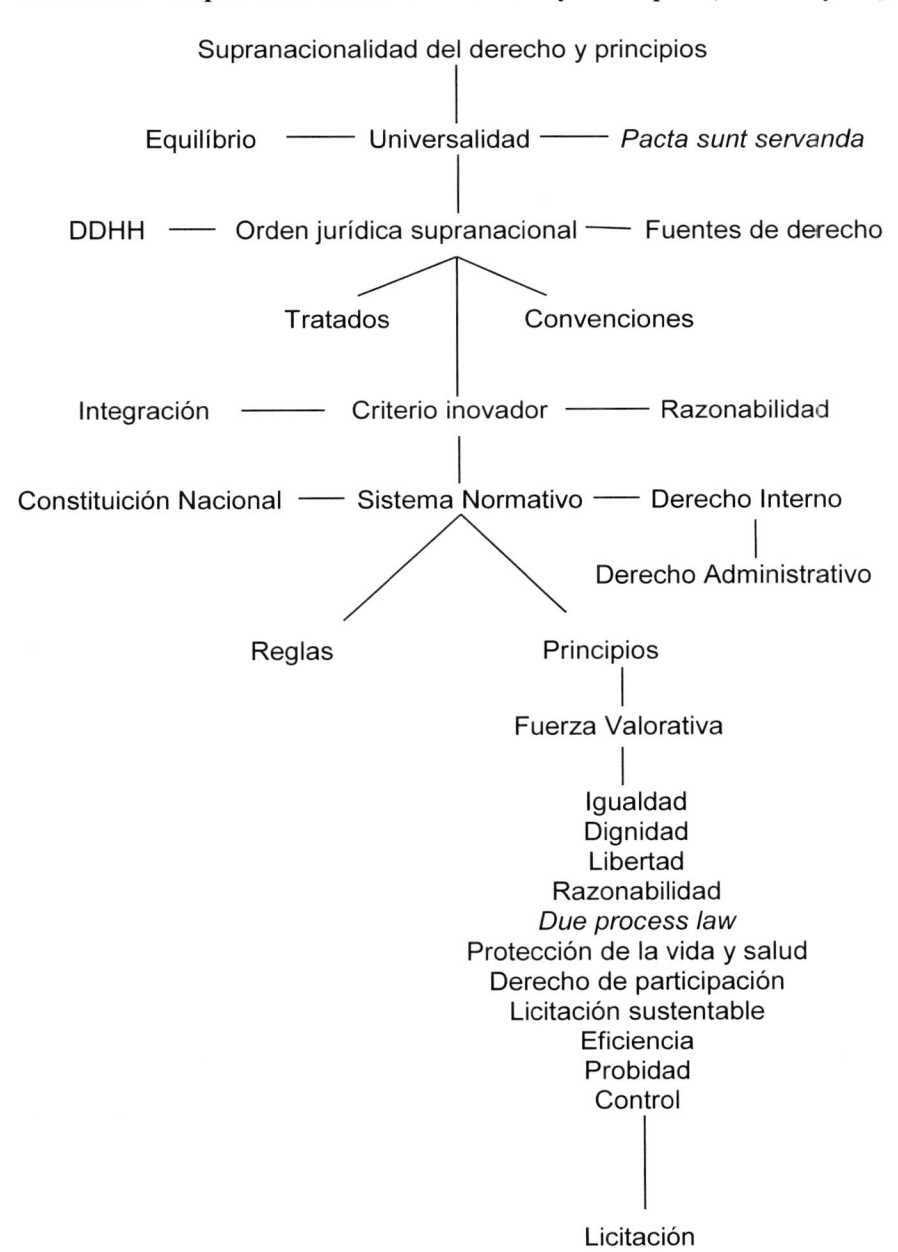

Supranacionalidad del derecho y principios

Equilíbrio —— Universalidad —— *Pacta sunt servanda*

DDHH —— Orden jurídica supranacional —— Fuentes de derecho

Tratados   Convenciones

Integración —— Criterio inovador —— Razonabilidad

Constituición Nacional —— Sistema Normativo —— Derecho Interno

Derecho Administrativo

Reglas   Principios

Fuerza Valorativa

Igualdad
Dignidad
Libertad
Razonabilidad
Due process law
Protección de la vida y salud
Derecho de participación
Licitación sustentable
Eficiencia
Probidad
Control

Licitación

Capítulo 6

CONFRONTACIÓN ENTRE EL SISTEMA Y LAS NORMAS LICITATORIAS

Índice: 1. Introducción. 2. El sistema y la realidad. 3. Derecho y realidad: discontinuidad legal y fáctica. 4. Manejo de las normas y de la seguridad

1 INTRODUCCIÓN

Este capítulo analiza el papel que el derecho juega en la realidad y busca delinear algunos aspectos y conceptos distintivos, a la luz de las normas dictadas por el poder público. En primera instancia, se hará un repaso general de los sistemas y de la dominación por medio de la norma y, a *posteriori*, se ahondará en la necesidad de identificar objetos para así proyectar una realidad óntica[445]. En tal sentido, haremos un análisis del derecho administrativo y su discontinuidad legal y fáctica para, más adelante, centrarnos en el manejo de las normas y de la seguridad.

Tras analizar el universo y sus sistemas en general y las teorías engendradas a fin de aclarar inquietudes en diversas áreas, surge la pregunta: ¿Cómo funciona el derecho en su universo y sistemas jurídicos? Para entenderlo, habría que imaginar primero un grupo de metales que se funden y vierten en moldes, de formas variadas, para crear diversos modelos o apariencias. El derecho funciona de igual manera para abarcar las conductas humanas en sociedad, también se amolda a cualquier forma. De hecho, la historia ha dado profusos ejemplos del uso del sistema jurídico para afirmar las peores ideas de dominación.

---

[445] La palabra "óntica" proviene del griego "όν" u "όντoc" que identifica al ser o individuo. Cf. *Diccionario de la lengua española*, Real Academia Española, 22ª. ed., Disponible en: www.rae.es/rae.html Fecha de captura: 20.08.2011.

Como las estrellas en el firmamento, que no se ven durante el día porque las ofusca la luz del sol, así es la ciencia del derecho, con su inmensidad de normas provenientes de diversos ordenamientos jurídicos. En tal sentido, existen millones de normas visibles e invisibles, que intentan enmarcar el albedrío de su destinatario para que éste no desobedezca[446] los principios.

Tener la facultad, autorización o fuerza para hacer algo, es tener la posibilidad de influir o dominar. La dominación y el poder[447] siempre han existido. La dominación parece estar íntimamente ligada al hombre y a su historia, ya que éste constantemente ha necesitado sobreponerse a alguien o algo.

En definitiva, todo surgió, en cierta forma, de principios, que sirvieron de base para nuevos ordenamientos que limitaran el poder. Eso explica por qué algunos dogmas son cuestionados. Es imposible concebir las leyes en el sistema jurídico sin pensar primero en los principios. Nuestra curiosidad, por otra parte, nos lleva constantemente a explorar el vínculo entre el derecho y la realidad.

2   EL SISTEMA EN UNA REALIDAD INTEGRADORA

El sistema[448] es un medio de integración de la realidad que funciona como un conjunto, con finalidad específica, objeto y elementos. Para entender su finalidad, primero hay que elegir el sujeto del sistema, ya que el objeto[449] estará dado por el formato en el que éste se presente: abierto o cerrado. El sistema abierto funciona alimentándose constantemente de nuevas reglamentaciones, mientras que el sistema cerrado es meramente descriptivo y posee estructuras fijas que, evidentemente, no se adaptan a las modificaciones de la realidad.

---

[446] Gordillo identifica el nacimiento de un parasistema como el verdadero pseudo sistema normativo. GORDILLO, Agustín, *La administración paralela,* Madrid, Cuadernos Civitas, 1982, pp. 29 y 119.

[447] CAÑAL, al referirse al poder y su fuerza, expresa: "[...] el poder político es distinto del poder real. Este último es el que decide las acciones y una de ellas puede ser su propia legitimación para convertirse en poder político o no. Por lo tanto, el poder político depende del poder real y pueden coincidir en una misma entidad o no. [...] el poder es real sólo si tiene la fuerza para serlo. Luego, si el poder real decide convertirse en poder político, se legitima." CAÑAL, Diana, *Filosofía del derecho: una propuesta interactiva*, Buenos Aires, Quorum, 2005, p. 26.

[448] Ampliar en GUIBOURG, Ricardo A., *El fenómeno normativo*: acción, norma y sistema, Buenos Aires, Astrea, 1987, pp. 159-162.

[449] Entiéndase por objeto todo lo que es real o que un sujeto pueda realizar, que derive en un derecho o una obligación.

En el campo jurídico, puede haber varios elementos o sistemas que atañan al mismo objeto. ¿Qué son los elementos? Aquéllos que varían conforme el objeto y la finalidad. En consecuencia, la realidad integradora se proyecta teniendo en cuenta las transformaciones y el momento histórico específico de la humanidad.

En este contexto, la identificación de circunstancias de naturaleza adversa, como la ausencia de desarrollo económico y social, es de suma importancia para la internalización garantizadora de los derechos humanos; así como la falta de prosperidad en una administración en constante crisis, la pobreza, un medio ambiente comprometido, inundaciones frecuentes, transformaciones climáticas, devastaciones y catástrofes.

Por cierto, la administración pública que manifiesta no tener condiciones fácticas de proporcionar una mejor calidad de vida y oportunidades igualitarias está expresando un mero discurso político.

En ese sentido: ¿Será que realmente hay una apertura democrática de acceso a los derechos sociales? Ésta es una pregunta que sólo el tiempo podrá responder, en la medida en que haya compromiso de los administradores públicos y de los propios ciudadanos para dar respuesta a las reales necesidades de la sociedad.

No vale la pena perder el tiempo en discusiones estériles. Es necesario poner en práctica soluciones factibles y sustentables en el tiempo y seguir siempre adelante, visualizando un futuro promisorio. Se debe tener como perspectiva el colectivo y analizar el sistema como un proceso en transformación que se renueva a través de crisis.

En realidad, la supranacionalidad abre perspectivas inesperadas, pudiendo los Tribunales internacionales juzgar y sentenciar aquéllos que violaron los derechos del ciudadano, invalidando los actos cometidos en licitaciones arbitrarias, sin necesidad de admisión constitucional nacional, obviamente siempre que el Estado forme parte del pacto.

La individualización del objeto[450] es fundamental para hacer valer la correlación entre la esencia y la realidad[451]. Es a través del objeto que se identifica el campo de interpretación del derecho y se llega al

---

[450] Es la realidad mediante un objeto en una manifestación óntica: "La realidad no sólo está representada por la ciencia; los hombres poseemos la capacidad de manifestarnos a través de la experiencia y la razón, asumiendo la realidad como la manifestación óntica del absoluto." OYAGUE, Lazarte; EVELYN, Saby, *El pensamiento filosófico de Pedro Zulen: educación, hombre y filosofía*, Programa Cybertesis PERÚ –sisbib, Lima, Universidad Nacional Mayor de San Marcos, 2006, ítem nº. 260, Disponible en: http://sisbib.unmsm.edu.pe/ Fecha de captura: 02.08.2011.

[451] Por eso, Zulen afirma: "El tipo de la realidad no debe buscarse en el reino que estudia y describe la ciencia, sino en el campo de nuestra propia individualidad". ZULEN, Pedro, *La filosofía de lo inexpresable: bosquejo de una interpretación y una crítica de la filosofía de Bergson*, Lima, Sanmarti, 1920, p. 62.

sistema pertinente como representación parcial de la realidad para la construcción de la verdad[452]. La licitación, por ejemplo, debe representar la moralidad en la compra de productos – obras, servicios y bienes – para la administración pública, concebido para impedir obstáculos y promover la adquisición igualitaria y honesta de las necesidades colectivas.

Sin lugar a dudas, en el límite de todo sistema siempre hay elementos que entran y salen, en un perfecto equilibrio. Lo que no se puede dejar de lado es la obligación de aprovechar al máximo la realidad vivida dado que la norma jurídica está íntimamente ligada a la finalidad, a la temporalidad y al espacio.

La eficacia de todo sistema dependerá del nivel de acatamiento de las normas. Es menester, entonces, que la teoría del derecho administrativo se adapte a la necesidad de la comunidad para regular las conductas humanas[453] a favor de la colectividad. En la práctica el desafío parece radicar en la interpretación del conjunto de reglas y principios que se deben operar en la integración de ciertos hechos que integran la materia que hoy enfrenta fuertes controversias. Dicho esto, es claro que cada intérprete del derecho desempeña sus funciones a la luz de sus dogmas individuales y académicos, aplicando soluciones distintas para cada situación. No hay una estandarización de medidas ni criterios comunes, ni podrían existir, ya que cada interpretación será realizada sobre hechos individuales

Es verdad que, para que la norma se pueda aplicar, tiene que haber una estructura abierta en la cual, por ejemplo, la Constitución – por ser el compendio de normas y formas fundamentales – sea la que convalide toda norma inferior que esté dentro de sus lineamientos y declare nula aquella que no lo esté.

3   EL DERECHO Y LA REALIDAD: DISCOTINUIDAD LEGAL Y FÁCTICA

La racionalidad de un sistema depende de la forma en que se obtiene la eficacia normativa. La razonabilidad[454] – i.e. la interpretación

---

[452] V. GUIBOURG, Ricardo A, *La construcción del pensamiento, decisiones metodológicas,* Buenos Aires, Colihue, 2008, pp. 57-65.

[453] Destaca CAÑAL: "Si es función del derecho regular las conductas humanas, y la experiencia indicara que lo hace mal, es sabio para el sistema que busque su preservación y encuentre la forma de legalizar la caída por falta de acatamiento. [...] Si bien los juzgadores tienen su propia visión del fenómeno, deben contemplar la de la comunidad." CAÑAL. Diana, *Filosofía del derecho: una propuesta interactiva,* Buenos Aires, Quórum, 2005, pp. 56-57.

[454] Hay que tener en cuenta la opinión de CAÑAL para mantener la seguridad jurídica: "La seguridad jurídica es sólo un problema de racionalidad: cuando ella depende de lo

que realizan aquéllos que están encargados de su funcionamiento – está supeditada a los elementos que posean para decidir en cada caso concreto.

El sistema no puede funcionar con pareceres aislados y desmedidos. Es necesaria la coherencia[455] de los hechos en el sistema para que se realice la interpretación, aceptando las innovaciones frente a las diversas fuentes supranacionales[456]. Eso significa la persecución del ideal deseado en los tratados con el objetivo de hacer valer lo que fuera acordado por los países integrantes.

Puede ocurrir también que el administrador público y sus consultores interpreten la norma conforme sus deseos de poder y no lo que resultaría más beneficioso para la sociedad. En tales casos, existen doctrinas y fallos que garantizan la corrección de cualquier posición que derive de un dictamen[457] o una sentencia.

En perjuicio del sistema propuesto existe una discontinuidad legal y fáctica en la que algunos operadores del derecho –y también funcionarios y consultores públicos– insisten en satisfacer sus intereses particulares o en provecho de sus gobernantes con total impunidad de sus actos. Esto no debería existir, ya que es totalmente plausible mantener un sistema sustentado en los ideales de preservación de los derechos y garantías fundamentales.

---

que el grupo dominante considere razonable, implica un intento por negar la arbitrariedad." CANÃL, Diana, *Decisiones judiciales: la relación entre normas de fondo y de forma,* Buenos Aires, Quórum, 2006, p. 15.

[455] Según Cañal: "Esta forma de entender el derecho nos devuelve al criterio de la racionalidad, fundado en la coherencia del sistema normativo a través de principios formales constituidos al crear el entramado normativo, y al de la razonabilidad convocada al interpretar las normas sustanciales, en su aplicación al caso concreto." *Ibídem.* p. 23.

[456] GORDILLO, por su parte, al explicar las fuentes supranacionales del derecho administrativo sostiene: "Una interpretación a) realista y sensata, b) valiosa o justa, c) teleológica o finalista, d) que tome cuenta de la circunstancia fáctica que determinó nuestra adhesión, no puede sino buscar aquellos métodos de interpretación que en cada caso aseguren mejor la efectividad y vigencia de tales normas y principios. O sea, debemos buscar y aceptar de corazón las innovaciones del sistema que nos permitan gozar de una mayor efectividad de nuestros derechos." GORDILLO, Agustín, *Tratado de derecho administrativo,* Buenos Aires, Fundación de Derecho Administrativo, 2009, t. IV, Parte General, 10ª. ed, p. VI-18. V. OLVERA, Miguel Alejandro Lopez, *La instancia administrativa,* Buenos Aires, Ediar, 2008, pp. 235-238.

[457] Hay un dictamen que en una verdadera acrobacia jurídica consiente la exención de una licitación desobedeciendo los criterios de la ética, neutralidad y legalidad. DURÃO, Pedro, *Técnica de parecer: como fazer um dictamen jurídico,* Curitiba, Juruá, 2007, p. 41.

En el ámbito del derecho administrativo, particularmente, los casos permiten diversas soluciones, dado que éstas son producto de la interpretación del operador del derecho. En ciertas ocasiones, ante una misma demanda judicial administrativa, con igual elemento y objeto, se han dictado sentencias totalmente disímiles. Parece una incoherencia del derecho; no obstante, es ahí donde reside el poder de la interpretación del magistrado en cada casuística – como si fuera una comedia jurídica en la cual dos operadores del derecho pueden interpretar el mismo caso de forma diferente, contradiciendo la aplicación fría de la norma.

Es por eso que la norma de fondo debe expresar *lo que es*, mientras que la norma de forma mostrar *como es*, y puede estar regulada de forma opuesta a la primera. Esta falacia de argumentos deja entrever que el legislador no cumple con su función plenamente, ya que algunas veces delega en los jueces la facultad de hacer interpretaciones inter subjetivas para lograr que el derecho se aproxime a la realidad, por medio de la coherencia[458].

De aquí surge la importancia de entender lo que es la licitación y los diversos formatos procedimentales que ella puede adoptar en cada situación. Se deben analizar las normas sustantivas referidas a la especie, junto con las formalidades y reglas procedimentales exigidas para cada tipo de adquisición pública, según la legislación interna, pero sin olvidar las cuestiones supranacionales, realizando una interconexión sistémica y coherente del todo.

La realidad es que esto no viene ocurriendo. Los intérpretes y la máquina administrativa, ante la gran cantidad de procesos y la acelerada búsqueda de cumplir apenas los mínimos criterios jurídicos, hacen una interpretación superficial de sus contenidos y sólo realizan un estudio riguroso en los casos que tengan repercusión pública. Sin embargo, es necesario que se mantengan los sectores jurídicos para dar vida al esquema y que la Carta Suprema sea el ápice normativo, dado que los miedos y opiniones públicas, al carecer de una racionalidad genuina, no sirven de parámetro para la construcción de la convivencia.

A lo sumo se usará la interpretación legítima de los casos en su aplicación en el sistema nacional y supranacional para después analizar sus reflejos en la licitación pública. A continuación se reflexionará sobre el manejo de las normas y seguridad.

---

[458] Foucault ya había hecho hincapié en el principio de coherencia: "Una disciplina no es la suma de todo aquello que se puede decir –que sea cierto– sobre algo; ni es el conjunto de todo lo que se puede aceptar de él, a través del principio de coherencia o sistematización." (Traducción propia). FOUCAULT, Michel, *L'Ordre du discours,* Leçon inaugurale ao Collège de France prononcée le 2 décembre 1970, Paris, Gallimard, 1971, p. 15.

4   MANEJO DE LAS NORMAS Y SEGURIDAD

Las preguntas, entonces, son inevitables: ¿Cómo se maneja un sistema? ¿Cómo se puede estar seguro ante tantas variantes? Dado que no se puede ser esclavo del sistema ni esperar que la verdad surja huérfana de racionalidad, es obvio que son las variaciones de criterios las que, en última instancia, inclinarán la balanza hacia uno u otro lado.

Es importante reflexionar ante las disposiciones. Si bien es complejo, la razonabilidad – con un enfoque profundo en los principios – nos brinda seguridad. El derecho tiene que ser coherente[459] con otros sistemas, si se busca el bienestar común.

Por ejemplo, si una ley de procedimiento administrativo ya rigiera en la mayoría de los países, el juez tendría que interpretar la problemática tomando en cuenta todos los elementos del sistema y no quedarse sólo con lo prescripto en la norma infraconstitucional. La norma de forma es la que brindará las garantías procesales y el análisis de las normas de fondo el contenido substancial.

Por otro lado, algunos países[460] manejan las normas según la conveniencia de sus gobernantes – a través de los legisladores – para incluir preceptos que excluyan la debida selección pública, ampliando las modalidades de alejamiento de la licitación.

La coherencia hay que encontrarla no sólo en la cadena normativa[461] de un país sino también en los tratados y convenciones internacionales que garantizan los derechos de los individuos y todos los principios concernientes a la materia. La idea de entrecruzar normas es válida si la persona que las cumple entiende que la función más importante de las mismas es impulsar el cumplimiento de la norma

---

[459] Guibourg explica la lógica deóntica deseable en el sistema de esta naturaleza: i.e. que sea coherente o consistente, completo e independiente. V. ECHAVE, Delia Teresa, URGUIJO, María Eugenia y GUIBOURG, Ricardo A., *Lógica, proposición y norma*, Buenos Aires, Astrea, 2008, pp. 145-148.

[460] Es el caso de Brasil, en el que la exención de licitación posee más de treinta hipótesis legales de exclusión, estas incrementadas paulatinamente por períodos gubernamentales, algunas en flagrante casuismo. V. Brasil, Ley Nº 8.666/1993, art. 24, incisos I-XXXI.

[461] Según Gordillo: "Una de las mayores dificultades de la aplicación del ordenamiento jurídico administrativo es partir de las normas y principios supranacionales y constitucionales y luego ir subsumiendo en ellas las normas de rango legislativo y reglamentario con decreciente valor normativo. El no jurista tiende a invertir el orden de jerarquía normativa y dar mayor importancia al más mínimo reglamento, aunque contravenga los principios generales del derecho, normas y principios legales, constitucionales y supraconstitucionales, etc." GORDILLO, Agustín, *Introducción al derecho,* Buenos Aires, La Ley, 2007, p. 31.

superior. De hecho, en una relación horizontal, los valores deben ser los mismos, es decir los contenidos de una norma deben coincidir con los de otra del mismo nivel, para así mantener la armonía en el sistema, sin olvidar las normativas supranacionales.

Cada derecho construye su propia pirámide, es por eso que, para interpretarlo, primero hay que ponderar su momento histórico. En definitiva, la racionalidad es el derecho propio mientras que la razonabilidad es el derecho en vista de la realidad. Todo sistema, para ser completo, tiene que ser coherente; es decir, para elaborar una sentencia en el presente, se debe antes analizar el pasado. Como resultado, el futuro se vuelve previsible.

El derecho administrativo debe brindar las garantías necesarias, tanto en un caso concreto como en los casos generales; es por eso que la interpretación jurídica se torna compleja. De todos modos, hay que convenir que los legisladores, a veces, parecen equivocarse a propósito para que no se respeten las normas existentes o bien, para que dejen brechas. De algo podemos estar seguros: cuando no funcionan las garantías jurídicas, funcionan las políticas; y es innegable que, si no hay control, el desorden es total. Éste es el formato que se adapta a una autoridad política que desea perpetuarse en el poder.

De más está decir que la importancia de la licitación radica en los regímenes constitucionales del Mercosur y en las instancias legales de los países involucrados[462], para asegurar una mayor amplitud a la interpretación de la normas y de la seguridad.

Según lo expuesto, se demostrarán los valores supranacionales en la licitación pública con el fin de analizar su aporte teleológico y substancial, los pactos y principios aplicables y se presentarán algunas propuestas de perfeccionamiento de sus criterios.

---

[462] V. *infra*, cap. III, ítems 1-3.

Licitación Pública – Parámetro y Supranacionalidad   199

Gráfico 23 – Confrontación entre el Sistema y las Normas Licitatorias (Ítem 6)

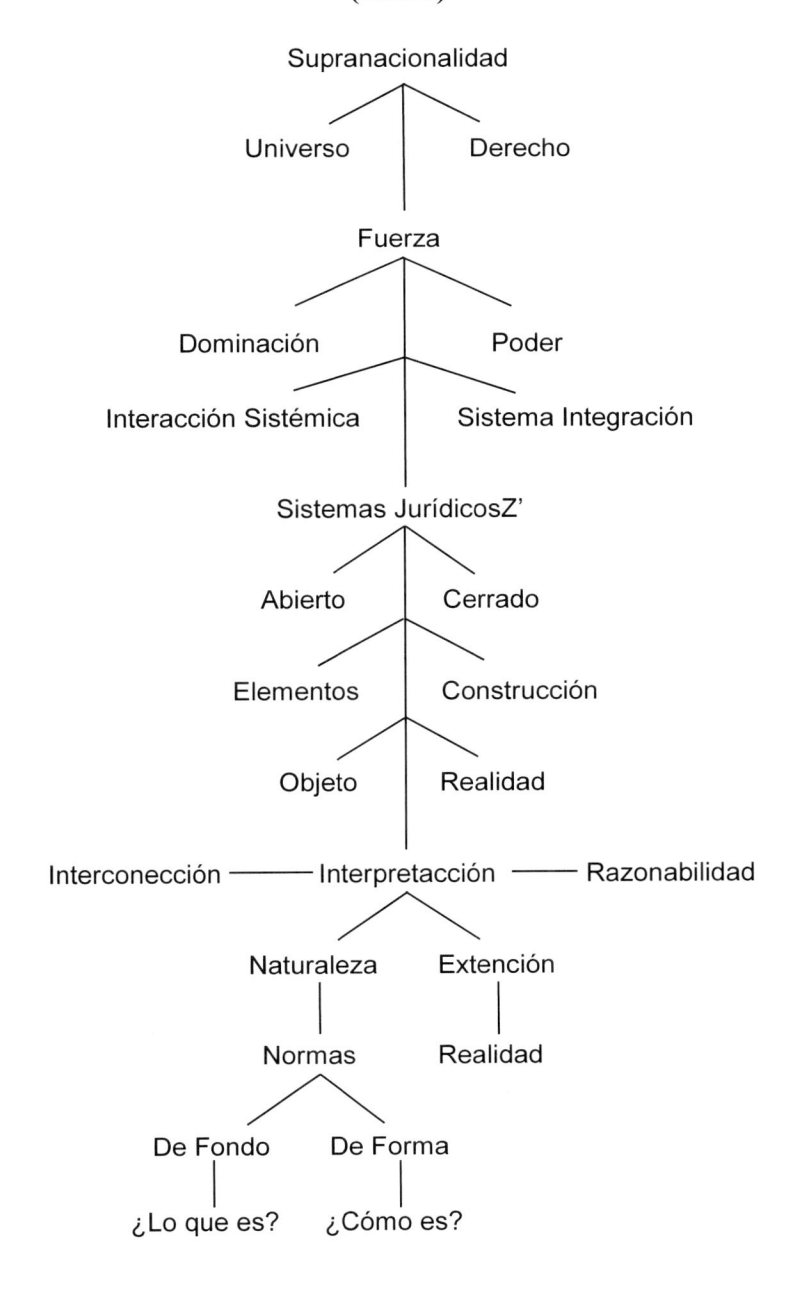

```
                        Supranacionalidad
                         /           \
                   Universo          Derecho
                          \         /
                           Fuerza
                          /      \
                  Dominación      Poder
                         \        /
              Interacción Sistémica   Sistema Integración
                           \      /
                      Sistemas JurídicosZ'
                          /       \
                     Abierto       Cerrado
                          \       /
                     Elementos    Construcción
                           \     /
                       Objeto    Realidad
                           \    /
   Interconección ——— Interpretacción ——— Razonabilidad
                          /      \
                   Naturaleza    Extención
                        |           |
                     Normas      Realidad
                     /     \
                De Fondo   De Forma
                   |          |
             ¿Lo que es?   ¿Cómo es?
```

Capítulo 7

VALORES SUPRANACIONALES EN LA LICITACIÓN PÚBLICA

Índice: 1. *Aporte teleológico y substancial de la supranacionalidad.* 2. *Rasgos salientes de los organismos y fuentes supranacionales.* 3. *Aplicación de los pactos y principios supranacionales en la licitación.* 4. *El perfeccionamiento de los criterios licitatorios.*

1 APORTE TELEOLÓGICO Y SUBSTANCIAL DE LA SUPRANACIONALIDAD

Explicar la supranacionalidad frente a la licitación es buscar los argumentos que relacionan un hecho con otro (aspecto teleológico), para dar paso a las enseñanzas esenciales y fundamentales para la aplicación de un contenido correcto (aspecto sustancial).

La supranacionalidad implica un acatamiento en el ámbito interno de las normas generales admitidas en tratados internacionales bajo cualquier contenido normativo, incluso en las licitaciones públicas. Esto significa que la aceptación de una norma externa mediante convalidación de un Estado conlleva la aceptación interna de sus parámetros.

No hay ningún impedimento para que las reglas de derechos humanos que buscan proporcionar dignidad humana e igualdad entre todos puedan integrar el derecho administrativo. Es un error pensar que tales premisas solamente pueden ser acogidas en otras áreas del derecho y no en funciones administrativas ejercidas por los órganos estatales.

No es válido sostener que los preceptos que sustentan la dignidad humana sólo son aplicables para contener la violencia en Estados autoritarios. En los Estados posmodernos existe el reconocimiento de la igualdad de todos los ciudadanos y el derecho de que haya una participación igualitaria, sea frente a los servicios públicos o en los eventos licitatorios en la condición de licitante o de ciudadano fiscalizador del uso del dinero público.

Esa noción nace de las principales transformaciones resultantes de la globalización[463] y de la internacionalización en relación a la teoría general del derecho administrativo que reside en la preservación de los derechos fundamentales, incluso de las minorías, como medio de restringir el ejercicio abusivo del poder jurídico.

La idea de humanización del derecho administrativo autoriza una revisión de conceptos y formas bajo la tutela de otros programas y de propuestas para la actividad administrativa. Las autoridades y la administración pública[464] tienen que tener muy en claro que su razón de ser es servir a la colectividad y responder al ciudadano, y no limitarse a permanecer en el cargo o a satisfacer los deseos de los superiores.

Es por eso que se produce una especie de ascenso imperceptible del derecho administrativo global[465] que designa un esfuerzo sistemático en diversas naciones y en sus configuraciones internacionales relacionadas con el derecho administrativo de gobernanza global. Subyace la idea de regulación y gestión transgubernamental para enfrentar los efectos de un mundo globalizado en sus diversas áreas que no pueden ser tratados por medidas y reglamentos administrativos. Esa postura implica la admisión de tratados internacionales y redes de cooperación intergubernamentales que modifiquen decisiones de ámbito interno en favor del nivel global.

---

[463] DOMINGO, Rafael, *El derecho global*, Medellín-Colombia, Biblioteca Jurídica Diké, 2009; HERRERA, Mauricio Baquero (et. at.), *El derecho en el contexto de la globalización*, Bogotá, Universidad Externa de Colombia, 2007; ORTIZ, Túlio E., *Estado posmoderno y globalización: transformación del Estado-nación argentino*, Buenos Aires, Facultad de Derecho de la UBA, 2006; ORTIZ, Túlio E., PARDI, María Laura (Coord), *Estado posmoderno y globalización, transformación del Estado-nación argentino*, Buenos Aires, Facultad de Derecho de la Universidad de Buenos Aires, 2006; TEUBNER, Gunther, *El derecho como sistema autopoiético de la sociedad global*, Perú, ARA, 2005. V. la dimensión utópica de la globalización en PASSOS, J. J. Calmon de, "O futuro do Estado e do direito do estado: democracia, globalização e nacionalismo", en *Revista Brasileira de Direito Público (RBDP)*, Belo Horizonte, año 1, n°. 1, Abr-jun. 2003, pp. 21-22.

[464] En realidad: "La personalización del derecho administrativo propicia reconocer que la administración pública no es un valor en sí misma. También aquí la directriz principal es la democracia y el respeto a los derechos fundamentales." (Traducción propia). JUSTEN FILHO, Marçal, *Curso de direito administrativo*, San Pablo, Saraiva, 2005, p. 46.

[465] Ampliar en KINGSBURY, Benedict, KRISCH, Nico, STEWART, Ricardo B., "El surgimiento del Derecho Administrativo Global," en *Res pública argentina*, 2007-3:25, Buenos Aires, RPA, 2007; RATTON, Sanchez Michelle, "The Global Administrative Law Project: A review from Brazil," en *Res Pública Argentina*, 2008-3:7 Buenos Aires, RPA, 2008.

El recorrido retrata la lenta e inevitable adaptación de las medidas internas a la transnacionalización[466], proveniente de una interrelación entre un sistema jurídico nacional y los tratados que permiten nuevos mecanismos de derecho administrativo a través de reglas y decisiones intergubernamentales. Esto conduce al desafío de pensar que las autoridades deberían desarrollar sistemas que puedan garantizar el régimen internacional, incluyendo la adopción de principios, prácticas y mecanismos adecuados a la participación y que respeten la utilización de recursos eficaces con transparencia, decisión fundamentada y legalidad.

En realidad, la administración pública adopta elementos característicos del Estado de derecho basados en la proporcionalidad para la prohibición de excesos, en la concordancia práctica y razonabilidad de sus medidas[467], así como en los conceptos de protección y control[468]. La acción administrativa no debe depender del arbitrio de la autoridad. Obedece a un ordenamiento y principios determinados.

La estructura de un espacio administrativo supranacional implica el concepto de bloques económicos, no sólo por la admisión de tratados sino también por la sumisión de las normas internas a la reglamentación y a los dictámenes comunes. Esto significa que el derecho administrativo debe abrir el ámbito interno a los regímenes de cooperación y de supranacionalidad del derecho con vistas a permitir una acción colectiva a favor de la dignidad humana.

Aquí no se expresa simplemente el contenido de funciones reguladoras de organismos internacionales para impedir pactos económicos o de importantes grupos económicos. Creemos que el gobierno estatal también debe estar regido por normas de ese tipo, provenientes de otros Estados parte. La expresión supranacionalidad trasciende la mera noción de soberanía nacional y conduce a un campo de incidencia de una nueva concepción cuando traba relaciones entre Estados y entre éstos y los ciudadanos en el marco de un naciente espacio jurídico de integración.

---

[466] V. BITENCOURT NETO, Eurico, "Direito administrativo transnacional", en *Revista Brasileira de Direito Público – RBDP*. Belo Horizonte, Fórum, 2009, Ano 7, n° 24, jan/mar, pp. 12-13.

[467] V. Ítem 3.6, "Principio de la proporcionalidad" en PEÑA DE MORAES, Guilheme, *Curso de direito constitucional*, 3ª. ed., San Pablo, Atlas, 2010, pp. 124-126.

[468] Es lo que afirma ALEXI: "la exacta proporcionalidad que debe orientar toda la acción administrativa (Verhaltnismassigkeit des Verwaltungshandelns); el concepto de la protección, de la confianza de los destinatarios de la acción de la Administración Pública (das Gebot des Vertrauenschutzes); por último, la necesidad de controles internos y externos para asegurar la manutención del Estado de Derecho (Verwaltungskontrollen auf dem Rechtslaatprinzip)." (Traducción propia). ALEXI, Robert, *Teoria dos Direitos Fundamentais*, San Pablo, Malheiros, 2008, p. 94.

Esto denota la urgente necesidad de adoptar medidas efectivas en el ámbito interno para alcanzar instrumentos de eficiencia y legitimidad de la función administrativa, así como garantizar la plenitud de los derechos de los ciudadanos[469], incluso los de carácter técnico.

Esta interconexión entre las normas administrativas[470] y la comunidad internacional permite intensificar la obediencia al sistema jurídico como un todo y valorizar las garantías de procedimiento, incluso para reforzar los principios y las reglas licitatorias ante la necesidad de optimizar el funcionamiento público.

Sin menospreciar las normas licitatorias de cada país, esto significa afirmar que es posible lograr mejor desempeño y resultados en la adquisición de bienes y servicios públicos por parte de los órganos estatales si esta ocurre en el marco de los preceptos supranacionales y de la dignidad humana, maximizando la adecuación integradora propuesta.

2 RASGOS SALIENTES DE LOS ORGANISMOS Y FUENTES SUPRANACIONALES

Desde sus orígenes el hombre lucha por la supervivencia procurando la unión para la superación de las dificultades comunes. De ahí se derivan las innumerables formas de agrupación humana: clanes, tribus, ciudades, hasta los Estados naciones contemporáneos. Todo esto permitió que las actuales sociedades pudieran, a través del esfuerzo común, superar obstáculos de orden social, económico, cultural, etc.

Esas medidas tuvieron origen en coyunturas diferentes con la finalidad de instituir organismos internacionales que unificaran un orden jurídico supranacional para afrontar problemas comunes. Los Estados patrocinaron la existencia de entidades internacionales con el objetivo de concertar medidas comunes para garantizar derechos e imponer obligaciones.

Estos organismos internacionales son verdaderas entidades colectivas que agrupan intereses de sus Estados miembros unificando deseos en busca de una solución determinada. Ellos actúan por convención de Estados soberanos, adquiriendo forma propia por creación mediante tratado[471], y funcionan independientemente de sus creadores.

---
[469] Ampliar los conceptos en "A cidadania para além do Estado" en MIRANDA, Jorge, *Teoria do estado e da constituição*, 2ª. ed., Río de Janeiro, Forense, 2009, pp. 112-116.
[470] Ampliar las competencias administrativas en PEÑA DE MORAES, Guilheme, *Curso de direito constitucional*, 3ª. ed., San Pablo, Atlas, 2010, p. 356.
[471] V. la definición de Tratado en la Convención de Viena, art. 2º., 1: "un acuerdo internacional regido por el derecho internacional y celebrado por escrito entre uno o

Estos entes se legitiman como sujetos de derecho internacional público por consentimiento libre y mutuo de aquellos que los constituyen para el ejercicio interdependiente y autónomo en situaciones jurídicas definidas, erigiéndose en verdaderos modelos de gobierno global[472].

El asunto es ampliamente estudiado por la doctrina[473], correspondiendo aquí destacar sólo aquellos organismos que puedan tener alguna relación con las reglas de la supranacionalidad en la licitación. Se trata de organismos – no beligerantes – que puedan significar mejoras de los parámetros licitatorios y de los medios para evitar desvíos de la administración pública.

Se destacan los entes que poseen normas de protección contra abusos estatales en los procedimientos licitatorios, para alcanzar soluciones más eficaces o perfeccionamiento y convalidación de los derechos humanos. La pretensión es que cualquier interesado o ciudadano tenga a su disposición medios de tutela internacional, donde preceptos normativos contengan obligaciones generales para que los Estados signatarios respeten o hagan respetar la aplicabilidad de regímenes jurídicos superiores y complementarios a favor de la transparencia de las adquisiciones públicas.

Como organismo universal se debe destacar la ONU (Organización de las Naciones Unidas)[474], que cumple sus propósitos[475] generales a través de agencias especiales: FAO (Organización de las Naciones Unidas para la Agricultura y la Alimentación), OIT (Organización Internacional del Trabajo), OMC (Organización Mundial del Comercio), UNESCO (Organización de las Naciones Unidas para la Educación, la Ciencia y la Cultura), OMS (Organización Mundial de la Salud),

---

varios Estados y una o varias organizaciones internacionales; o entre organizaciones internacionales".

[472] KINGBURY, Benedict, KRISCH, Nico, STEWART, Richard B., "El surgimiento del derecho global", en *Res Pública Argentina*, 25: 2007-3, oct-dec.2007, Buenos Aires, RPA, 2007, pp. 26-27.

[473] TIBURCIO, Carmen, BARROSO, Luís Roberto, *O direito internacional contemporâneo, estudos em homenagem ao professor Jacob Dolinger,* Río de Janeiro, Renovar, 2006; HUSEK, Carlos Roberto, *Curso de direito internacional público*, 4ª. ed., San Pablo, LTr, 2002; REZEK, Francisco, *Direito Internacional Público*, 10ª. ed., San Pablo, Saraiva, 2006.

[474] Se mencionan solamente aquellas que contienen algún dispositivo en el análisis supranacional de la licitación. Ampliar en ACCIOLY, Hildebrando, SILVA, Geraldo Eulálio do Nascimento, *Manual de direito internacional público*, 15ª. ed., San Pablo, Saraiva, 2002; REZEK, Francisco, *Direito internacional público*, 10ª. ed., San Pablo, Saraiva, 2006; FURLAN, Fernando de Magalhães, *Supranacionalidade nas associações de estados, repensando a soberania,* Curitiba, Juruá, 2008.

[475] Véanse sus propósitos y principios en los arts. 1 y 2 de la Carta de la ONU.

PNUMA (Programa de las Naciones Unidas para el Medio Ambiente), BIRD (Banco Internacional de Reconstrucción y Desarrollo) y PNUD (Programa de las Naciones Unidas para el Desarrollo), entre otras.

De los organismos de integración regional[476] se extraen preceptos que fortalecen el papel del ciudadano en esta área, sea en la adopción de normas comunes o con la aproximación de posiciones, también en la prestación de servicios convergentes y en la libre competencia para la mejor selección de contratistas. Son ejemplos de esta unión de soberanías[477] que ganan estructura jurídica institucional en modelos integradores: la Unión Europea (UE), la Organización de los Estados Americanos (OEA) y el Mercado Común del Sur (Mercosur).

La Comunidad Europea[478] (CE), bajo el Tratado de Nice, introdujo medios alternativos para el cuidado del medio ambiente en las licitaciones públicas de sus Estados, lo cual permite adoptar soluciones ecológicamente sustentables. Esto posibilita realizar un análisis valorativo previo de los objetos a ser adquiridos por la administración pública a fin de reducir costos y preservar el ambiente. Los pliegos deben incluir en sus criterios de selección medidas de protección ambiental. Por ejemplo, las lámparas deben consumir el mínimo de energía eléctrica, el papel debe ser reciclable, los vehículos no contaminantes, etc.

Otra norma importante adoptada en la Unión Europea[479] es la ampliación participativa a través de audiencias públicas previas a las compras gubernamentales. Aquí se destaca la madurez de la relación entre la administración pública, el proveedor y el ciudadano para que de forma conjunta puedan discutir aquello que sea mejor para el interés público, obedeciendo al principio de la igualdad y la transparencia. También son relevantes las medidas de combate a la corrupción que impide, directa o indirectamente, el desarrollo de los países.

---

[476] Ampliar en LEWANDWSKI, Enrique Ricardo, *Globalização, regionalização e soberania,* San Pablo, Juarez de Oliveira, 2004.
[477] V. lo que sostiene Furlan: "la transferencia de poderes, o la alienación (concesión o delegación) de porciones de la soberanía a entes supranacionales no parece retirar del Estado el deber-poder de proteger a sus ciudadanos. Al contrario, les otorga el derecho de buscar una protección ampliada y más efectiva de sus intereses y derechos". (Traducción propia). FURLAN, Fernando de Magalhães, *Integração e soberania: o Brasil e o Mercosul*, San Pablo, Aduaneiras, 2004.
[478] RIDEAU, Joël, Droit institutionnel de l'Union et des communautés européennes, 5ª. ed., Paris, Librairie générale de droit et de jurisprudence, 1995, RIDEAU, Joël, Juridictions internationales et contrôle du respect des traités constitutifs des organisations internationales, Paris, Librairie générale de droit et de jurisprudence, 1969.
[479] ACCIOLY, Elizabeth, Mercosul & União Européia, estrutura jurídico-institucional, 3ª. ed., Curitiba, Juruá, 2008.

Otro organismo de fin regional es la OEA (Organización de los Estados Americanos). Esta alianza de países americanos cumple sus finalidades[480] por medio de organismos[481] especiales[482], *v. gr.* Consejo Interamericano para la Educación, la Ciencia y la Cultura (CIECC), Consejo Interamericano Económico y Social (CIES), Comité Jurídico Interamericano (CII), Comisión Interamericana de Derechos Humanos (CIDH), Organización Panamericana de la Salud (OPS) y Banco Interamericano de Desarrollo (BID).

Además se destacan las organizaciones con fines especializados, tales como la Organización de Cooperación y Desarrollo Económico (OCDE). Éstas, a pesar de sus distintas[483] estructuras y responsabilidades, derivan de sus normas supranacionales medidas de mayor control en el uso de los presupuestos de los Estados integrantes, lo cual permite mayor transparencia en las licitaciones.

El Mercado Común del Sur (Mercosur) nace como solución integradora de los fines comunitarios propuestos para la superación de problemas comunes[484]. Algunos instrumentos supranacionales[485] del Mercosur pueden ser aplicados[486], como el Tratado de Asunción (1991), el Protocolo de Brasilia (1991), el Protocolo de Buenos Aires[487] (1994), el Protocolo de Ouro Preto (1994) y el Protocolo de Olivos (2004), que contienen preceptos protectores de los formatos aplicables a la licitación.

---

[480] Véase sus fines y principios en los arts. 2 y 3 de la carta de la OEA.

[481] Ampliar en HUSEK, Carlos Roberto, *Curso de direito internacional público,* 4ª. ed., San Pablo, LTr, 2002, pp. 131-136.

[482] V. Carta de la OEA: CIES –art. 93, CIECC –arts. 99-100, CII –arts. 105-107, CIDH – arts. 112, etc.

[483] V. SEITENFUS, Ricardo Antônio Silva, *Manual das organizações internacionais,* San Pablo, Livraria do Advogado, 1997; LARRAÑAGA, Félix Alfredo, *Organismos internacionais de comércio*, San Pablo, Lex, 2007.

[484] V. MENEZES, Wagner, *Direito internacional na América Latina*, Curitiba, Juruá, 2007, pp. 139-192.

[485] Ampliar en BAHIA, Saulo José Casali, "A supranacionalidade no Mercosul", en BASTOS, Celso Ribeiro e Finkelstein, Cláudio (Coods.), *Mercosul: lições do período de transitoriedade*, San Pablo, Instituto Brasileiro de Direito Constitucional, 1998, pp. 193-198.

[486] Ejemplos de fallos (súmulas) del Superior Tribunal de Justicia (STJ) Brasileño: "La mercadería importada de un país signatario del Acuerdo General sobre Aranceles Aduaneros y Comercio (GATT) está exenta del Impuesto de Circulación de Mercadería (ICMS)." Fallo (Súmula) nº 20); y "bacalao importado de país signatario del GATT está exento del ICMS" Fallo (Súmula) nº 71.

[487] El Protocolo de Buenos Aires trata de la jurisdicción internacional en materia contractual.

De este proceso integrador de América Latina se destacan también otros acuerdos de relevancia: OLAE (Organización Latinoamericana de Energía), ALALC/ALADI (Asociación Latinoamericana de Libre Comercio), NAFTA (Acuerdo Norteamericano de Libre Comercio) y el ALCA (Área de Libre Comercio de las Américas). Es evidente que existe un sinnúmero de organizaciones[488] internacionales que actúan en el escenario mundial en las más variadas áreas de influencia, pero que no son relevantes para este estudio.

En este contexto se aplican los ámbitos de interpretación[489]: normativo, operacional, hermenéutico y jurisprudencial de los derechos humanos. El plano jurisprudencial trata las aplicaciones concretas y las soluciones de casos; el normativo de los tratados, convenciones y protocolos protectores; el operacional se refiere a los mecanismos de implementación, como las opiniones consultivas; y finalmente, el hermenéutico, que se encarga de la interpretación evolutiva y de resguardo de la concreta historicidad.

La operacionalización de esos mecanismos debe ser revisada periódicamente por comisiones organizadas para tal fin, objetivando y acompañando el desarrollo de las fuentes[490] supranacionales, sean ellas: jurisprudenciales, normativas y dictámenes.

En este sentido, la jurisprudencia supranacional es una fuente del derecho comunitario, a pesar de posturas que sostienen lo contrario. Se presenta como un medio auxiliar de interpretación para la aplicación al derecho interno. Esto demuestra un estadio avanzado de integración regional, v. g., Unión Europea.

Seguidamente se abordarán las normas que engloba: tratados, convenciones, reglamentos y demás documentos cuyo contenido pueda afectar el derecho licitatorio de los países integrantes para perfeccionar sus modos de actuación. Los dictámenes[491] se apoyan de forma operacional en opiniones jurídicas no vinculantes, destinados a orientar y

---

[488] El estudio se refiere solamente a los organismos internacionales que contengan preceptos relacionados con la licitación pública, por lo tanto, no se detiene en otros de naturaleza belicosa (Ej. Organización del Tratado del Atlántico Norte (OTAN), Tratado Interamericano de Asistencia Recíproca (TIAR); y de orden privado (Ej. Organizaciones No Gubernamentales como Amnistía Internacional, el Comité Internacional de la Cruz Roja (CICR), Greenpeace, Médicos Sin Fronteras (MSF); entre otros.
[489] FRANÇA, Limongi R., *Hermenêutica jurídica*, 9ª. ed., San Pablo, Revistas dos Tribunais, 2009, pp. 20-11.
[490] GORDILLO, Agustín, *Op. cit.*, *Derechos humanos,* pp. II-7-19.
[491] V. en la Unión Europea (UE): Directiva Nº 77/62/CEE y Nº 90/531/CEE. Y, también, Estatuto del Consejo Internacional de Justicia (CIJ), art. 59.

sensibilizar la actuación de determinado ente. La Corte Interamericana de Derechos Humanos tiene los órganos consultivos y comisiones que emiten opiniones en formato consultivo, pero que son seguidas por los países, lo cual se entiende como un respaldo a esta Corte internacional.

Las normas supranacionales implican la universalización de la ciudadanía. Firmados los compromisos, éstos jamás pueden ser desobedecidos bajo el argumento de estar cumpliendo una norma interna, ni se pueden poner en duda los parámetros comunes asumidos y el "*pacta sunt servanda*" debido a su soberanía en relación a la normativa nacional.

Acertadamente Gordillo[492] afirma que la supranacionalidad es una tendencia progresiva de la definición de los derechos protegidos, competencia progresiva supranacional y progresiva operatividad del sistema. La finalidad es crear vínculos entre naciones que estén en la misma situación de desarrollo para fomentar una amplia integración.

La supranacionalidad es de orden jurídico supremo, teniendo superioridad y legitimidad siempre que sea aplicable. Este horizonte alcanza la dignidad de la persona humana.

De estas premisas referidas a los organismos y fuentes internacionales se sigue el estudio de la aplicación de los pactos y principios supranacionales en la licitación.

3 APLICACIÓN DE LOS PACTOS Y LOS PRINCIPIOS SUPRANACIONALES EN LA LICITACIÓN

El poder constituyente supranacional impone la universalización de derechos autorizados por los Estados signatarios de la integración. La ciudadanía universal reorganiza la colectividad para legitimarlo[493].

Surge, entonces, el interrogante: ¿Cómo se puede transformar si su situación interna sigue siendo tan dispar –en donde todos los esfuerzos se canalicen en pos de una nueva forma de cooperación–? La respuesta está en la cooperación internacional como medio de integración[494]. De esta integración surgen los pactos para la confluencia de sus ideales y superación conjunta de problemas comunes. Lo que se pretende es la

---

[492] Ampliar en "La creciente internacionalización del derecho" en GORDILLO, Agustín, *Op. cit.*, *Derechos humanos,* pp. III-1-6.
[493] RODRIGUES, Maurício Andreiuolo, *Poder constituinte supranacional: esse novo personagem*, Puerto Alegre, Sergio Antonio Fabris, 2000, p. 115.
[494] Ampliar en DANTAS, Ivo, LIMA, Marcos Costa, MEDEIROS, Marcelo de Almeida, *Processo de integração regional: o político, o econômico e o jurídico nas relações internacionais*, Curitiba, Juruá, 2001, p. 16.

defensa de los valores esenciales en una concepción normativa supranacional.

Sin embargo, este nuevo orden jurídico nace de la confluencia de esfuerzos de los Estados integrantes que se unen –i.e. Unión Europea y Mercosur– para compartir premisas regionales. En este pundo surge otra pregunta: ¿Por qué tanto trabajo y movilización para dinamizar valores comunes en la solución de problemas de los miembros si éstos no son aplicados? Sería una verdadera hipocresía si estas normas supranacionales no pudiesen ser puestas en práctica. Conviene, por lo tanto, pensar[495] en su empleo en la esfera interna de cada Estado parte, rechazando las interpretaciones que puedan impedir su aplicación *in concreto*.

Así, si dos o más normas internas permiten varias interpretaciones, es indispensable seguir aquella que sea más compatible con el texto de la convención. Esta es la verdadera supranacionalidad que se aplica directamente sin que haya reglamento interno que lo autorice.

La propia Convención de Viena[496] se sustenta en la buena fe ya que no existe ningún elemento específico[497] sobre la aplicabilidad de sanciones cuando no se cumplan sus preceptos. Los jueces deben aplicar las penalidades tomando como parámetro las normas internas. Una de las formas de hacer cumplir lo establecido en los tratados es establecer multas pecuniarias ejemplificadoras para reparar o desalentar futuras violaciones.

Una medida efectiva sería la comunicación amplia a la comunidad, con publicación de la sentencia en el ordenamiento jurídico supranacional para hacer valer de forma preventiva y represiva eventuales lesiones a los derechos humanos[498]. Véase, por lo tanto, uno de los formatos que reafirman la tendencia supranacional de los pactos, entre otras innovaciones.

Por lo expuesto resulta claro que otros principios supranacionales[499] son aplicables para alcanzar una solución equilibrada e impedir arbitrariedades, como la razonabilidad y proporcionalidad bajo garantía

---

[495] V. el método y las orientaciones aplicables en GORDILLO, Agustín, *Tratado de derecho administrativo*, 10ª. ed., t. I, Parte general, Buenos Aires, Fundación de Derecho Administrativo, 2009, pp. I-37-38.
[496] V. Convención de Viena, art. 31, inciso I.
[497] No existe en Argentina y Brasil. Véase la idea de interdependencia firmada en el Continente Europeo, i. e. Constitución de Portugal, art. 8º., Tratado de Roma, art. 89, etc.
[498] Ampliar en GORDILLO, Agustín, *Op. cit.*, *Derechos humanos,* pp. III-7-8.
[499] Ampliar en GORDILLO, Agustín, *Op. cit.*, *Derechos humanos,* pp. III-9-10; y en *Tratado de derecho administrativo,* 10ª. ed., t. I, Parte general, Buenos Aires, Fundación de Derecho Administrativo, 2009, pp. VI-27-37.

del *"due process law"*. Por lo tanto es factible aplicar los tratados de derechos humanos para la protección del debido proceso legal en las licitaciones y el uso correcto de los presupuestos públicos.

Por eso, las normas de derechos humanos son perfectamente aplicables a la naturaleza de la licitación pública, la cual experimenta un amplio desvío en sus procedimientos con el perjuicio que ello implica para las garantías individuales por la indebida utilización del erario público.

Pese a la existencia de un conjunto de principios y normas sectoriales de la licitación[500], éstos no pueden ignorar los imperativos supranacionales. Los valores son fundamentales para interactuar sin distinción. Lo que se pretende son actitudes dignas[501] que impongan respeto en la utilización de los procedimientos licitatorios para que puedan recuperar así su credibilidad.

Es por esta razón que se adoptan los preceptos de la Convención Interamericana contra la Corrupción (CICC), creada en el ámbito de la OEA en 1996. Es un instrumento orientado a desarrollar los mecanismos aceptados por los Estados Partes para combatir, prevenir y erradicar la corrupción en el ejercicio de la función pública. Los signatarios se comprometen a implementar medidas de orden jurídico y administrativo interno para su erradicación.

Un punto a destacar son las negociaciones millonarias que abren espacio para las corrupciones transnacionales, lo cual se puede evitar con la cooperación de los signatarios, impidiéndose así la gestión pública ímproba.

No se puede dejar de mencionar que en la administración pública la malversación de fondos públicos y la impunidad son hechos corrientes. Estas circunstancias despreciables perjudican seriamente la democracia representativa y, consecuentemente, las garantías individuales. Además de eso, la desconfianza colectiva en la licitación va más allá de los aspectos normativos, convirtiéndose en objetos de ironía y ridiculización para muchos que desconocen el derecho.

Son evidentes los perjuicios que la corrupción provoca a la sociedad y al patrimonio público: compromete el crecimiento económico, deslegitima las instituciones políticas, provoca el descrédito de los servicios públicos y favorece la proliferación del crimen organizado. De este modo, la integración internacional es de suma importancia para los

---

[500] V. *infra*, cap. I y II.
[501] Cf. GUIBOURG "la dignidad inspira respeto". V. GUIBOURG, Ricardo A., *Pensar en las normas,* Buenos Aires, Eudeba, 1999, pp. 46-48.

países ya que les permite conocer técnicas e intercambiar experiencias en el combate a la corrupción. Posibilita también que las técnicas y procedimientos más avanzados sean aplicados en cada Estado, siempre teniendo en cuenta las particularidades culturales de cada país.

Los organismos internacionales desempeñan un papel fundamental en la ampliación del conocimiento de las técnicas de combate a la corrupción. Esto ocurre no solamente en las interconexiones internacionales, sino también en el ámbito interno para alejar la difundida amenaza, quebrando construcciones jurídicas tradicionales. Es fuente de divergencias porque aparentemente sólo el reglamento licitatorio interno tendría validez.

Los dictámenes de la convención tienen como finalidad primordial legitimar las instituciones públicas, evitando la práctica de delitos atentatorios contra el orden moral, la sociedad y el proprio ciudadano. Otro aspecto a ser destacado es la cuestión de la posibilidad de extradición[502] por la comisión de delitos consignados en la convención.

Teniendo la corrupción una connotación de trascendencia universal, es de vital importancia para la administración pública la posibilidad de utilizar herramientas supranacionales de derechos humanos para adquirir bienes y servicios.

De ahí la importancia del principio de cooperación como esencia del texto de la convención, que implica la idea de armonización de la legislación a ser seguida por los Estados Partes. Cada uno de esos Estados realizará su propio sistema normativo que será incorporado en el cuerpo de la Convención, sin perjuicio de las demás legislaciones específicas como derecho civil, penal, administrativo, etc.

Se extraen del texto conductas típicas del ejercicio del cargo público, lo cual nos da la seguridad que a partir del momento en que los reglamentos incluidos en la Convención sean aplicados en el procedimiento licitatorio, inevitablemente se estará creando una administración pública ética y transparente.

La supranacionalidad es una realidad sin retorno. En las últimas décadas del siglo pasado la velocidad de circulación de la información y del conocimiento adquirió una magnitud sin precedentes, no debiendo el intérprete, el administrador y el ciudadano permanecer ajenos a estas transformaciones. Es necesario incluir a todos los co-autores en una gestión participativa, proporcionando la oportunidad de que las personas

---

[502] Comparar la prohibición de extradición en otras normas supranacionales: Pacto de San José de Costa Rica, art. 22, ítem 7. Y, aún, sobre la soberanía nacional en Brasil, V. art. 4º de la Constitución Federal.

sean partícipes en la gestión pública, fiscalizando y controlando las actividades ejecutivas, incluida la licitación.

Es fundamental que el Estado, en tanto principal responsable de la cosa pública, inicie su proceso de interacción con las normas supranacionales para la prestación de los servicios públicos y vincule sus conductas a los valores morales y los principios democráticos.

Algunos de los aspectos más notables de la mundialización capitalista son la intensidad y el dinamismo de sus mecanismos y procesos de transformación.

El elemento central de este proceso es la importancia que ha cobrado la tecnología a nivel mundial, gracias a los medios de comunicación visual y virtual. Es innegable que se han convertido en la cara visible de la sociedad contemporánea. Dicho desarrollo tecnológico implica una disponibilidad de inversión y perspectivas económicas, que, en general, producen grandes cambios a nivel cultural.

4 EL PERFECCIONAMIENTO DE LOS CRITERIOS LICITATORIOS

Aunque la licitación esté consolidada en las Constituciones[503] y leyes específicas de diversos países[504] y sea objeto de respetados estudios, muestra matices y fallas al ser confrontada en la práctica por los operadores del derecho.

El abordaje de la supranacionalidad en relación a los aspectos teleológicos y axiológicos de los principios en la licitación va a permitir la elucidación de posibles lagunas en la interpretación de los hechos con el objetivo de impedir una gestión temeraria en donde se pervierta el sistema jurídico.

Perfeccionar esta instancia significa respetar las normas de ámbito interno y hacer valer los parámetros supranacionales incorporados en cada país. Se debe recordar que en los pueblos de la antigüedad y la Edad Media la centralización del poder en las manos de un soberano fue sufriendo modificaciones hasta llegar el momento de rescatar los conceptos reales de la dignidad humana[505] impuestos al poder.

---

[503] V. por ej. dispositivos sobre las contrataciones en las constituciones de algunos países: Brasil, arts. 22, XXVII, 37, XXI, 173, III y 175; Colombia, arts. 267-269, 273, 334 y 352; y Paraguay, arts. 57, 70, 81, 176 y 183.

[504] V. Licitación comparada, *infra*, cap. II.

[505] Como señala Justen Filho: "A lo largo del tiempo, el Estado brasileño nunca ha asumido al ser humano, ni la dignidad humana como tampoco los derechos

Este tránsito por nuevas vertientes se produce en los marcos de un sistema supranacionalizado para reconocer la transparencia, la protección de las libertades, los principios y el control. La inoperancia de la burocracia gubernamental esconde una descomposición ética en relación a la licitación que se traduce en prácticas turbias, algunas ya indicadas en el capítulo anterior.

El análisis de las formas de corrupción exige un profundo estudio de todo el sistema administrativo y de la manera en que las instituciones utilizan los procesos de control del erario. Se sabe que para erradicar los fraudes es necesario crear mecanismos eficaces de transparencia y fiscalización.

Durante las etapas de ejecución del proceso licitatorio existen maneras de prevenir los fraudes. Pero si en el combate a la ilegalidad no existe interacción entre los órganos administrativos, el ciudadano y la iniciativa privada, es muy posible que estos delitos ocurran, dando lugar al abuso de poder por parte del licitador en beneficio propio. En estos casos suelen utilizarse instrumentos arbitrarios que terminan por favorecer a los agentes públicos y a las empresas involucradas que buscan ganancias desmesuradas sin importar los medios para alcanzarlas. Así se benefician con ventajas impropias que normalmente les son concedidas por funcionarios corruptos y que, entre otras cosas, provoca la disminución de la eficiencia en la utilización de los recursos públicos con un considerable perjuicio para la sociedad.

Recordemos que en la época medieval se utilizaba un sistema de licitación llamado de *"Vela y Pregón"*[506] donde se declaraba el vencedor al apagarse la vela. La experiencia nos muestra que si dicha situación tuviese lugar en la actualidad, alguno de los probables oferentes, después de haber efectuado su propuesta, buscaría apagar la vela con un soplido disimulado para así vencer el certamen, olvidándose de que la finalidad de la licitación es adquirir el bien que satisfaga de la mejor forma posible las aspiraciones públicas.

---

fundamentales o los valores fundamentales. Al menos estas concepciones jamás han sido acompañadas de algún efecto concreto o práctico, que se prolongase más allá del discurso electoral." (Traducción propia). JUSTEN FILHO, Marçal, *Curso de Direito Administrativo,* San Pablo, Saraiva, 2005, p. 16.

[506] El sistema antiguo de licitación "Vela y Pregón": "en donde era pregonada la obra deseada y, mientras ardía una vela, los constructores interesados efectuaban sus ofertas. El vendedor sería declarado en el exacto momento en que se extinguiese la llama y, en caso de que alguien hubiese hecho su oferta antes de esta extinción, sería considerado el licitante vencedor." (Traducción propia). MEIRELES, Hely Lopes, *Licitação e contrato administrativo,* 15ª. ed., Malheiros, San Pablo, 2010, p. 54.

Resulta evidente que los modelos licitatorios actuales deben ser perfeccionados o reformulados dentro de una administración vanguardista que tenga en consideración la universalidad de los derechos humanos. Esto significa la aceptación normativa por parte de la administración pública de la dignidad humana admitida en los tratados. Implica la corrección y orientación permanente de los agentes públicos para que ejerzan sus funciones de acuerdo al ordenamiento jurídico vigente.

Para dicho control se permite utilizar el principio de autotutela como forma de corregir sus propios actos, revocándolos o anulándolos, cuando fueran inoportunos o ilegales. La licitación se identifica como competición previa al contrato público por medio de diferentes modalidades en el plano interno, constitucional y supranacional.

La supranacionalidad aquí mencionada no ofende la soberanía de cada país, incluso porque ya ha sido admitida a través de diversos tratados[507], ni fragiliza las normas internas estatuidas. Por el contrario, confirma el deseo colectivo de igualdad y dignidad humana, incidiendo en los diversos principios de orden público inherentes al tema[508] y la constitución.

Resulta indispensable reflexionar sobre las formas de impedir la corrupción y el fraude en la licitación, apartando las deficiencias del modelo burocrático, en obediencia a un sistema jurídico y al propósito social de la misma. No será necesario crear nuevas leyes sino adecuar las diversas normas existentes al fin pretendido.

El hecho de que todo ciudadano tenga acceso total y simplificado a los procedimientos reduce las desigualdades sociales y permite un acompañamiento fácil y transparente del uso del dinero público. Urge destacar algunos puntos que mejorarían las formas de licitación:

1) Implementar medios de compra rápidos y transparentes, con amplia e irrestricta divulgación, resguardando los casos excepcionales. Aprovechar los instrumentos electrónicos para informar la existencia de esos mecanismos y esclarecer a los ciudadanos acerca de sus derechos universales frente a las licitaciones, tanto en el ámbito nacional como en el provincial y el municipal, creando conciencia de la importancia de su participación como fiscalizadores y corresponsables junto a la administración pública.

---

[507] Como ejemplo ya mencionamos: Convención Interamericana contra la Corrupción – CICC. V. art. 3, inc. 5, y Convención de las Naciones Unidas contra la Corrupción – CNUCC. V. art. 9.
[508] V. *infra*, cap. I, ítem 5.

2) Utilizar medios electrónicos suficientes para asegurar una verdadera igualdad de condiciones, simplicidad de procedimientos, amplia comparación de ofertas y vasta divulgación, con menor burocracia. Permitir por medios tecnológicos como Internet, la economía y transparencia de los gastos públicos a través de portales que posibiliten acompañar los movimientos de los recursos públicos, evitando monopolios y contrataciones cruzadas.

3) Crear un medio fácil y práctico de captación de denuncias con establecimiento de oficinas y sitios electrónicos para acompañamientos de la Defensoría y del Ministerio Público, con la suficiente divulgación para que los ciudadanos puedan conocerlos. Esta es una medida importante porque la mayoría de los ciudadanos no tienen conocimiento sobre a quién se tienen que dirigir para informar sobre eventuales desvíos: obras inconclusas, remedios vencidos, objetos almacenados sin distribución, bienes o servicios adquiridos que no funcionan o no alcanzan la finalidad para la cual fueron adquiridos. Estos medios de interacción deben estar bajo el dominio de órganos neutros, como puede ser la fiscalía.

4) Usar medios de participación popular en las licitaciones importantes, tales como audiencias públicas, en las que el funcionario público del órgano licitador pueda regatear mejores precios. Esto permitiría una negociación directa con los licitantes, con ofertas sucesivas y valores siempre inferiores a la última oferta registrada en el sistema de informaciones, hasta que se proclame un único vencedor.

5) Crear medios que impidan la concentración de la renta en las grandes empresas para que exista una mejor distribución de la renta en el país. Asimismo, se debe impedir la formación de carteles[509] a través de acciones efectivas por parte de los órganos de control y fiscalización.

6) Inducir el crecimiento en las compras gubernamentales de los sectores menos favorecidos de la economía y la participación de empresas pequeñas y medianas. A modo de ejemplo, Brasil[510] instituyó una serie de beneficios en las

---

[509] V. *infra*, la práctica corrupta de la licitación en el cap. IV, ítem 4.8
[510] Brasil. Ley complementaria N° 123/2006. Estatuto Nacional de la Microempresa –ME y de la Empresa de Pequeño Porte –EPP. Ampliar en LIMA, Jonas, *Licitações à luz*

licitaciones, tanto para las empresas pequeñas como para los microempresarios, permitiendo de esta manera una mayor competitividad en la disputa por nuevos contratos administrativos. Dada esta preferencia por las microempresas y las de pequeño porte en los procesos licitatorios y debido a los beneficios fiscales que acabarían por colocarlas en situación más ventajosa, esta disposición prácticamente inviabiliza la contratación de las grandes empresas.

Conforme lo expuesto, los beneficios otorgados a las microempresas y a las empresas pequeñas para participar en calidad de proveedores en procedimientos licitatorios organizados por entes públicos terminaron instituyendo un criterio de discriminación inadecuado atentatorio contra los derechos e intereses colectivos tutelados por la misma licitación[511]. Por esta razón fue adoptado un criterio diferente que respete la finalidad de la licitación: el logro de la mejor contratación posible para la administración pública.

Se concluye que, aunque se encuentren y perfeccionen las formas de realizar las compras de bienes y servicios públicos, las prácticas delictivas continúan. Cuanto más evoluciona el procedimiento licitatorio, más evolucionan las maneras de burlarlo. La corrupción es realmente ventajosa cuando las ganancias esperadas sobrepasan las blandas sanciones que por ventura se apliquen.

Una de las soluciones propuestas sería imponer la práctica de auditorías externas de todos los procedimientos después de concluidos. El combate debe ser severo y continuo, y no limitarse a los aspectos materiales, sino a las etapas de formación, buscando disminuir las redes de organizaciones ilícitas, tanto públicas como privadas.

---

do novo estatuto da microempresa, Campinas-San Pablo, Servanda, 2008. SANTANA, Jair Eduardo, GUIMARÃES, Edgar, *Licitações e o novo estatuto da pequena e microempresa: reflexos práticos da LC nº 123/2006*, 2ª. ed., Belo Horizonte, Fórum, 2009.

[511] Sobre la posibilidad de inconstitucionalidad. V. JUSTEN FILHO, Marçal, *Comentários ao estatuto das microempresas e das licitações públicas*, Dialéticas, San Pablo, 2007.

Gráfico 24 – Aporte Teleológico y Sustancial de la Supranacionalidad (Ítem 7.1)

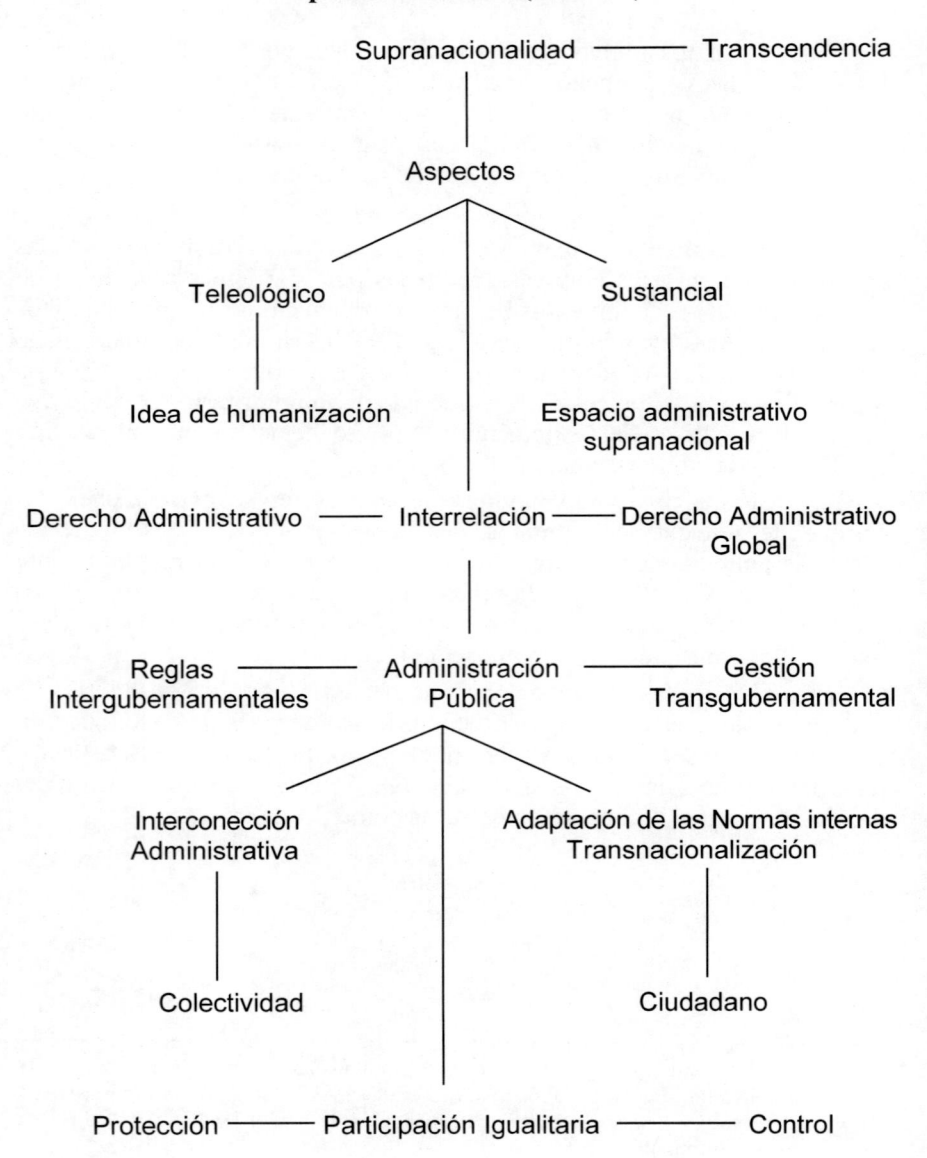

```
          Supranacionalidad ──────── Transcendencia
                  │
              Aspectos
               ╱     ╲
        Teleológico   Sustancial
            │             │
    Idea de humanización  Espacio administrativo
                              supranacional

Derecho Administrativo ──── Interrelación ──── Derecho Administrativo
                                 │                    Global
                                 │
        Reglas ──────── Administración ──────── Gestión
   Intergubernamentales    Pública           Transgubernamental
                         ╱        ╲
              Interconección    Adaptación de las Normas internas
              Administrativa         Transnacionalización
                    │                        │
              Colectividad               Ciudadano

        Protección ──── Participación Igualitaria ──── Control
```

Gráfico 25 – Rasgos Salientes de los Organismos y Fuentes Supranacionales (Ítem 7.2)

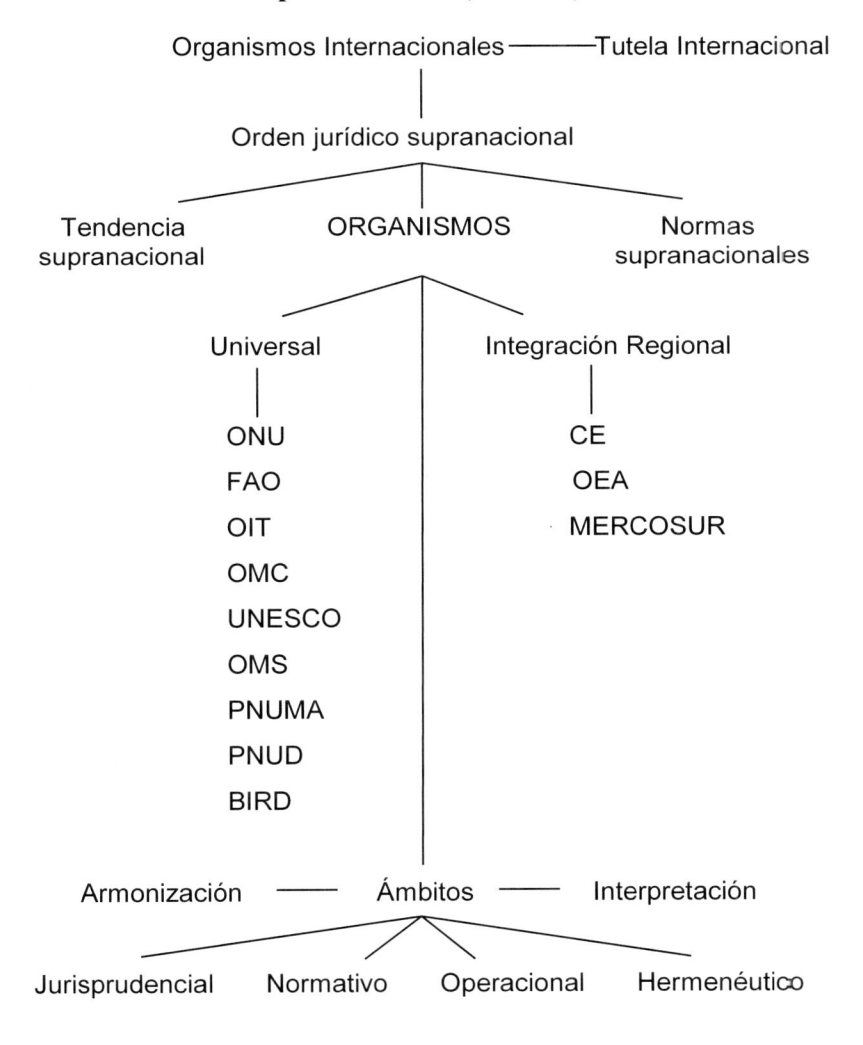

Organismos Internacionales ———— Tutela Internacional

Orden jurídico supranacional

- Tendencia supranacional
- ORGANISMOS
- Normas supranacionales

Universal
- ONU
- FAO
- OIT
- OMC
- UNESCO
- OMS
- PNUMA
- PNUD
- BIRD

Integración Regional
- CE
- OEA
- MERCOSUR

Armonización ——— Ámbitos ——— Interpretación

Jurisprudencial Normativo Operacional Hermenéutico

Gráfico 26 – Aplicación de los Pactos y Principios Supranacionales (Ítem 7.3)

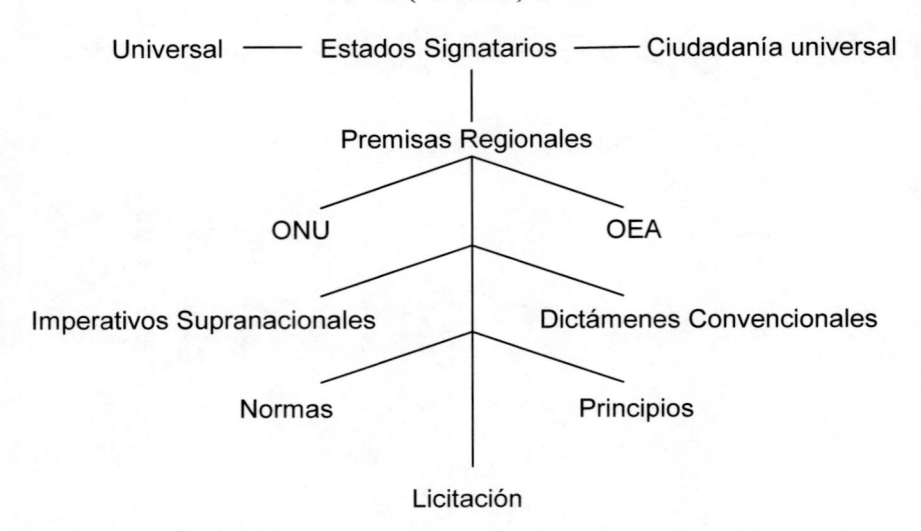

Universal —— Estados Signatarios —— Ciudadanía universal

Premisas Regionales

ONU — OEA

Imperativos Supranacionales — Dictámenes Convencionales

Normas — Principios

Licitación

Gráfico 27– El Perfeccionamento de los Criterios Licilitarios (Ítem 7.4)

Perfeccionamento de los criterios licitatorios

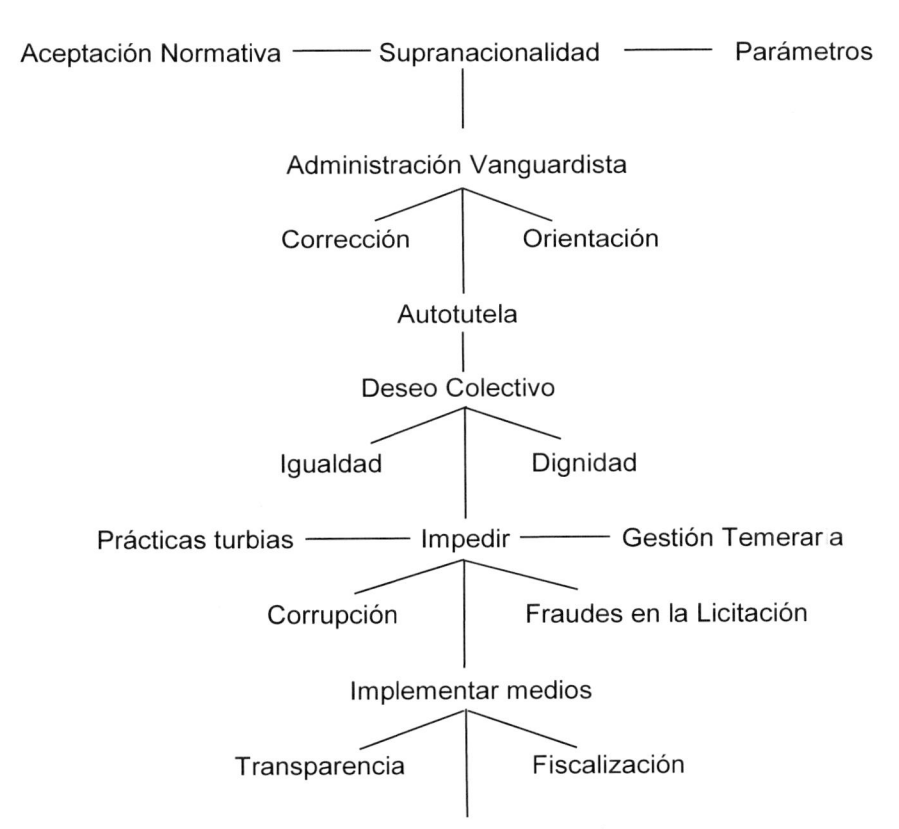

Aceptación Normativa ——— Supranacionalidad ——— Parámetros

Administración Vanguardista

Corrección   Orientación

Autotutela

Deseo Colectivo

Igualdad   Dignidad

Prácticas turbias ——— Impedir ——— Gestión Temeraria

Corrupción   Fraudes en la Licitación

Implementar medios

Transparencia   Fiscalización

1) Medios de compra rápidos y transparentes
2) Medios electrónicos
3) Medio fácil y práctico de captación de denuncias
4) Medios de participación popular
5) Medios que impidan la concentración de la renda
6) Medios de crecimiento en las compras gubernamentales de los sectores menos favorecidos de la economía

Capítulo 8

IMPACTO DE LA SUPRANACIONALIDAD EN EL RÉGIMEN LICITATORIO

Índice: 1. *Recepción y transformación en la administración pública.* 2. *Compatibilidad y algunos ejemplos.* 3. *Ventajas, obstáculos y consecuencias en la licitación.* 4. *Control nacional y supranacional de la licitación.*

1 RECEPCIÓN Y TRANSFORMACIÓN EN LA ADMINISTRACIÓN PÚBLICA

Algo que fue establecido frente a organismos internacionales debe ser cumplido, caso contrario sería una falacia de instancia gubernamental[512] por parte de aquellos que representan al país. Aquello que fue acordado debe ser cumplido, y el incumplimiento de sus preceptos representaría un engaño internacional. Algunos países se limitan a establecer posturas compartidas con informes y estudios estadísticos, dando algún tipo de satisfacción al organismo internacional, pero sin aplicar una política firme en beneficio de las directrices supranacionales.

Esos parámetros políticos escapan al alcance del operador del derecho. Este debe conocer todos los aspectos normativos, sean del ámbito nacional o supranacional. Es así que aquel que se manifiesta en las licitaciones o el magistrado que decide casos concretos debe conocer y apoyar su discernimiento en esa nueva vertiente supranacional, aplicable sin duda en la licitación. No puede el juez desconocer el

---

[512] Ampliar el tema en Charaudeau sobre la presión política supranacional que impone reglas de funcionamento, atribuyéndose para sí un poder de control. V. CHARAUDEAU, Patrick, *Discurso Político*, San Pablo, Contexto, 2008, p. 57.

derecho, ni tampoco aquellos que emiten sus dictámenes, bajo el pretexto de que tal medida no puede ser utilizada.

De este modo, la recepción de la supranacionalidad en la licitación no admite vacilación en su aplicación. Ella debe recibir la debida atención, desde los actos de planeamiento hasta las sucesivas etapas, y también en el análisis estructural de los pliegos, como forma de responder a las recomendaciones internacionales, sin desprecio de las normas licitatorias de cada país y otros dispositivos.

Por tal motivo, se impone a la administración pública de cada país promover medios que permitan la adaptación de sus procedimientos de selección, capacitando a sus funcionarios para la perpetuación de las normas supranacionales que se armonicen con cada régimen licitatorio. No es una tarea fácil. Los legisladores postergan o tienen temor de modificar las leyes licitatorias.

La verdad es que la utilización de las herramientas supranacionales en la licitación proporciona una concepción moderna de la administración pública encuadrada en los derechos fundamentales. A partir de un abordaje genérico acerca de los derechos del hombre se percibe que para concretarlos es necesaria la observancia de la dignidad de la persona humana, ya que este principio es el instrumento sintetizador de todo el derecho, ápice del Estado Democrático de Derecho. Funciona como catalizador de normas constitucionales e infraconstitucionales de cualquier ordenamiento jurídico.

Significa que aquellos derechos inherentes al hombre[513], como libertad (primera dimensión) e igualdad (segunda dimensión) subordinan la administración pública, en cuanto prestadora de servicios públicos, y además, a los órganos licitatorios en la adquisición de bienes y servicios, sin intervenir en la soberanía de cada Estado. Estos derechos se remontan a la Declaración de Derechos Humanos y pactos internacionales para garantizar su prevalencia frente a eventuales desvíos, incluso en procedimientos administrativos.

El punto de contacto es la dignidad humana[514]. Ésta es la razón por la cual, para que exista una Constitución son indispensables el reconocimiento y la garantía, de lo que se desprende la legitimidad del orden jurídico-constitucional de un país. Esto significa afirmar que la

---

[513] Se tratan de los derechos fundamentales civiles, políticos y otros. BOBBIO, Norberto, *Era dos direitos,* Río de Janeiro, Elsevier, 2004, p. 34. BONAVIDES, Paulo, *Curso de Direito Constitucional,* San Pablo, Malheiros, 1997, 7ª. ed., p. 517.

[514] Cf. Art. 16 de la Declaración Francesa de los Derechos del Hombre y del Ciudadano (1789).

dignidad humana parte de la idea de desarrollo y protección de las personas como base de todos los derechos constitucionales consagrados. Se admite además la vinculación de este principio a otros derechos que no constan explícitamente, en primer plano, en algunas normas infraconstitucionales.

Por eso, todos los derechos deben ser interpretados a la luz de este principio. Radica ahí su importancia, integradora e instrumental del derecho, en un intento de redefinir la democracia y su observancia efectiva.

Sirve también para permitir una hermenéutica axiológica del sistema supranacional, frente a las reglas y principios licitatorios. Es factible utilizar las herramientas supranacionales[515] en el ámbito de los derechos fundamentales, como propulsoras de medidas que aseguren un mayor equilibrio y continuidad de una administración ética y eficaz, a nivel nacional e internacional.

Renovar el Estado en las relaciones internacionales no es diferente a repensar los aspectos internos, porque se observan las relaciones de los Estados involucrados y los ciudadanos para ampliar la seguridad de sus protegidos. De esta manera, se visualizan las normas supranacionales vigentes[516], asumiendo sus principios y legitimándolos como instrumentos de interpretación o anulándolos cuando sea necesario, proyectando formas institucionales y garantías jurídicas para su realización.

Dentro de este escenario vanguardista no existiría la lógica jurídica de los administradores con aberrantes desviaciones de finalidad y prácticas corruptas[517]. La solución podría ser muy simple: la observancia de una real interpretación de los derechos fundamentales, *in casu,* en la

---

[515] DUPUY admite la vida en una sociedad relacional. DUPUY, René Jean, *Le droit Internacional,* Paris, Presses Universitaires de France, 1976, p. 20.

[516] Es de resaltar que el poder constituyente supranacional tiene efectos centrípetos, capaz de someter las diversas construcciones nacionales al poder de sus directrices. V. infra, el cap. VII y ampliar en RODRIGUES, Maurício Andreiuolo, *Poder constituinte supranacional: esse novo personagem,* Puerto Alegre: Sérgio Antônio Fabris, 2000. Es un formato legítimo de ciudadanía universal que surge de la voluntad de los países integrantes en un nuevo concepto de soberanía. V. LENZA, Pedro. *Curso de direito constitucional,* 16ª. ed., Saraiva, San Pablo, 2012, p. 93. En la Constitución de Brasil (art. 5º, § 3º - EC 45/2004) y de Argentina (art. 75, ítem 24), *verbis gratia,* los tratados y convenciones internacionales de derechos humanos tienen jerarquía superior a las leyes, sin que esto pueda afectar la soberanía nacional.

[517] V. Ejemplos de prácticas corruptas en el cap. IV, ítem 4.

licitación, mejorando el control, la planificación y la fiscalización de las compras públicas y de las actividades de interés público.

En otro plano, aunque ya revelada la conexión directa con el principio de dignidad humana, es importante extraer conjeturas básicas de concretización del ejercicio del poder ciudadano frente a las actividades administrativas, en especial en el *iter* licitatorio.

Es necesario recalcar que resulta arriesgado el uso de los medios más simples de control y fiscalización de ese procedimiento sin la debida concientización del pueblo. Por otra parte, debido a la excesiva burocracia para acceder a los documentos públicos, el propio poder licitador genera la falta de transparencia, ya que esto impide el acompañamiento de todas las fases licitatorias.

Un hecho innovador en el mundo es el medio licitatorio virtual, que abre grandes perspectivas debido a su rapidez, transparencia y efectividad práctica, compatibles con una administración seria, ética y sin burocracia. Bajo la influencia de los derechos fundamentales en los sistemas democráticos vale afirmar que se podrían suprimir o superar vacíos para lograr que las licitaciones tengan más operatividad, credibilidad y amplitud.

Otro punto relevante es entender la necesidad de que se realicen auditorías externas para acompañar la ejecución de los contratos y sus resultados. Es en esta etapa donde con frecuencia aparecen los desvíos o imperfecciones que no condicen con lo exigido y propuesto por el contratante.

Aún así, surgen algunos interrogantes: ¿Cómo se hará efectiva su compatibilidad? ¿Existen ejemplos concretos de aplicación de la supranacionalidad en la licitación? Es lo que veremos a continuación.

2   COMPATIBILIDAD Y ALGUNOS EJEMPLOS

Trazar los puntos delimitadores de la supranacionalidad en la licitación es una tarea que merece atención para que se pueda establecer la forma deseada por los países signatarios. No es un trabajo fácil perpetuar algo que fue acordado internacionalmente y hacerlo repercutir en el ámbito interno, donde existen diversos obstáculos normativos. Por otra parte, la receptividad de esos preceptos no puede ser dejada de lado como una simple ilusión de las autoridades gubernamentales. Ella representa un avance sustancial en el régimen licitatorio amparado por deseos compartidos de los países integrados en busca del respeto de la dignidad humana en la selección pública de objetos o servicios.

De todo lo antedicho se desprende que la licitación tradicional es un verdadero engaño, atada a la burocracia y a métodos que no proporcionan celeridad ni economía en los gastos públicos. Estos métodos atávicos son mantenidos por temor a realizar cambios estructurales en la licitación y, a veces, por el miedo a las acciones tendientes a lograr un mayor control y transparencia. De ahí que las actitudes egoístas orientadas a la manutención de lo viejo, sin considerar la coyuntura contemporánea, no pueden perdurar. Es la supranacionalidad producto de una unidad ultra estatal, una de las prescripciones, entre otros dispositivos, tendiente a mejorar y a hacer progresar las instituciones como un todo y la conducta de los agentes públicos. Es un camino sin retorno y quien quede rezagado permanecerá estancado en los antiguos formatos burocráticos licitatorios.

Se trata de una unidad admitida y pensada conjuntamente por países cooperantes, marcada profundamente por un período evolutivo de naciones que pretenden compatibilizar experiencias para mejorar derechos reconocidos, aquellos atinentes a la dignidad humana, al servicio público eficiente y eficaz y a la forma de adquisición pública. Esto representa un avance de aquellos que conviven en un espacio no geográfico y desean construir mejores lazos en beneficio de sus habitantes. En este sentido, se destacan algunos ejemplos que representan muy bien la aplicación de la supranacionalidad en la licitación en el Brasil.

El primero de ellos es la licitación sustentable que permite una adquisición pública que contemple la preservación del medio ambiente, como fue desarrollado en la Unión Europea[518] con la adopción de nuevos expedientes contractuales y selectivos que incluyen consideraciones ambientales[519].

En Brasil, [520] la adquisición ecológica[521] en las provincias de Minas Gerais y San Pablo[522] dio el puntapié inicial al imponer una

---

[518] V. el cap. III, 3 y ampliar los conceptos de la compra ecológica en COMUNIDAD EUROPEA, *Manual de contratos públicos ecológicos*, Luxemburgo, Servicio de Publicaciones Oficiales, 2005. Y en las Directivas de la Comunidad Europea, N° 2004/17/CE e N° 2004/18/CE. V. también BIDERMAN, Rachel, *Guia de Compras Públicas Sustentáveis, ICLEI* – Governos Locais pela Sustentabilidade, Uso do poder de compra do governo para a promoção do desenvolvimento sustentável. 2. ed., Río de Janeiro, FGV, 2008. V. Comisión Europea, *¡Compras Ecológicas! Manual sobre a Contratação Pública Ecológica*, Luxemburgo, Oficina de Publicaciones Oficiales de las Comunidades Europeas, 2005.

[519] V. el cap. III, 3.

[520] V. Compras sustentables en el portal del Gobierno Federal site: http://cpsustentaveis.planejamento.gov.br/. Ampliar en BIDERMAN, Rachel, *Guia de Compras Públicas*

compra que preserve el medio ambiente. Por acatamiento a normativas supranacionales, esas entidades gubernamentales se vieron en la obligación de efectuar adquisiciones de productos y servicios que mejorasen la calidad del medio ambiente, garantizando una economía sustentable, algo que no habría ocurrido tan rápidamente sin las medidas de organismos internacionales[523]. Sin embargo, estas medidas pioneras aún permanecen sin aplicar en otros entes estatales que no toman en serio esta preocupación.

Un segundo ejemplo es el uso de la supranacionalidad en el combate a la corrupción en las licitaciones y contrataciones públicas. La supranacionalidad vino a establecer medidas más transparentes para los

---

Sustentáveis, ICLEI – Governos Locais pela Sustentabilidade, Secretariado para América Latina y el Caribe (LACS), Servicio Federal. Disponible en: www.comprasnet. gov.br/ Fecha de captura: 02.03.2012. Y, Brasil, Gobierno Federal, *Guia de Compras Públicas Sustentáveis para administração federal*, disponible en: www.abic.com.br/ publique/media/CPQ_Informativo053-Marco.pdf

[521] V. Brasil. Constitución Federal, art. 170, VI y 225, §1°, IV. Y, a) art. 4°, I de la Ley N° 6.938/1981: "la Política Nacional del Medio Ambiente tendrá como finalidad la compatibilización del desenvolvimiento económico-social con la preservación de la calidad del medio ambiente y del equilibrio ecológico"; b) art.72, § 8°, V de la Ley N° 9.605/1998 establece sanciones restrictivas por infracciones ambientales: "prohibición de contratar con la Administración Pública, por un período de hasta 3 (tres) años"; c) Decreto Federal N° 2.783/1998, prohibe a entidades del gobierno federal comprar productos o equipamientos que contengan sustancias degradantes de la capa de ozono; d) Instrucción Normativa N° 1/2010, establece criterios de sustentabilidad ambiental en la adquisición de bienes, contratación de servicios u obras por la Administración Pública Federal directa, autárquica y fundacional y da otras directrices. (Traducción propia).

[522] V. algunas iniciativas adoptadas por el Estado de San Pablo. PIMENTEL, Cleusa; ITANI, Elza; D'AMICO, Valéria, *Curso de licitação e contratações sustentáveis: módulo I-II*, San Pablo, FUNDAP, 2011. Disponible en: www.governoemrede. sp.gov.br/ead/. Fecha de captura: 26.02.2012. Ampliar ejemplos de compras ecológicas en el Estado de San Pablo en el sitio: www.comprassustentaveis.net/ Y en el sitio de la BEC: www.bec.sp.gov.br

[523] Brasil, a ej. del Dec. 4.410/2002, promulga la Convención Interamericana contra la Corrupción (CICC), del 29 de marzo de 1996; Dec. 1.171/1994, instituye el Código de Ética Profesional del Servidor Civil del Ejecutivo Federal. V. postura de la Corte de Cuentas de Brasil (TCU). Brasil. Sentencia Final 0841/2008, Acta 17 – Plenario TCU, Relator Augusto Nardes: "Auditoría Operacional. Unidad de Conservación Floresta Nacional de Tapajó. Irregularidad en la licitación para explotación sustentable del área de preservación. Deficiencias en el proceso gerencial a cargo de las entidades gubernamentales y privadas involucradas. Audiencias. Formación de proceso apartado de representación para análisis de las razones de justificativa. Determinaciones y justificativa." (Traducción propia).

gastos públicos[524]. Se destacó por la economía, integridad y control participativo de los ciudadanos. Obsérvese que esto no se limitó al empleo de medidas coercitivas en el ámbito interno, sino que institucionalizó y estandarizó un conjunto de medidas ultra nacionales.

La prescripción fue adoptada en el Brasil, lo cual se evidencia en las acciones del gobierno federal a través de los sitios electrónicos: transparencia Brasil y del portal de la transparencia[525]. Allí se incluyen los ingresos y los gastos públicos federales, a los cuales puede acceder cualquier ciudadano. Esta actitud fue acompañada por acciones más firmes por parte de la Ministerio Público y la Policía Federal en el combate a las defraudaciones licitatorias, con diversas acciones combinadas y prisión de los involucrados en diversos Estados de la Federación[526]. Pese a estos avances, la estructura estadual y municipal aún carece de transparencia en el uso de los presupuestos y no existe un adecuado control y fiscalización.

Por otra parte, la dificultad de percepción y desvíos en la licitación, la mayoría de las veces, son favorecidos por el cumplimiento documental exigido o la simulación de éstos en los procesos analizados. El operador del derecho, al visualizar los hechos licitatorios examina el caso concreto y su pertinencia jurídica, sin conseguir identificar actos de defraudación sin el apoyo de otros órganos o de una fiscalización *in locu*, o a través de una denuncia efectiva. Entre otras medidas que pueden reducir significativamente los ilícitos licitatorios podemos mencionar también la capacitación y especialización en el combate a la corrupción.

---

[524] V. los juzgados sobre la Convención contra la Corrupción de la Corte de Cuentas de Brasil (TCU): a) Sentencia Final 0517/2005, Acta 15 – Plenario, Relator Lincon Magalhães da Rocha: "Investigación de Auditoría Operacional. Gestión de la ética en el ámbito de la Funasa. Recomendaciones. Determinación. Comunicaciones. Archivo"; b) Sentencia Final 1331/2005, Acta 33 – Plenario, Relator Marcos Bemquerer: "Informe de Investigación de Auditoría. Gestión de la ética en el BNDES. Recomendaciones. Instrucción al Ministro de Estado de Desarrollo Económico, Industria y Comercio Exterior y a la Comisión de Ética Pública." (Traducción propia).

[525] V. el sitio web: www.transparencia.gov.br. aprobado por el Decreto N° 5.482/2005 y reglamentado por la Portaria Interministerial N° 140/2006. Disponibles en: www.portaldatransparencia.gov.br/. En este sitio web se pueden obtener todos los datos de ejecución presupuestaria, licitaciones, contratos, convenios por modalidad, año, situación, unidad gestora, registro nacional de empresas no autorizadas y suspendidas (Ceis).

[526] Ej. de operaciones: "trucatto" (2011), "geleira" (2011), "convite certo" (2011), "navalha" (2007), "sanguessugas" (2006), entre otras inúmeras que interrumpieron acciones de grupos especializados en fraudes licitatorios, provocando la prisión de los implicados y la recuperación de partidas desviadas en Brasil. V. lista de operaciones llevadas a cabo: www.dpf.gov.br/ Fecha de captura: 02.06.2012.

Un tercer ejemplo es la licitación con utilización de partidas provenientes del Banco Mundial (BM), Banco Internacional de Reconstrucción y Desarrollo (BIRD) y del Programa de las Naciones Unidas para el Desarrollo (PNUD)[527]. En estos casos el país receptor obedece y se adecua a las imposiciones internacionales, ya que aquél que financia un proyecto determina las condiciones para su utilización.

Por eso, el país cede a las imposiciones supranacionales en el combate a la corrupción en la licitación, bajo pena de no percepción de los montos deseados y de la no activación de programas internacionales. Existe un reglamento específico que será obedecido internamente. Así ha sido realizado en Brasil[528] al cumplir las reglas y reglamentaciones para recibir los financiamientos del BM, BIRD y del PNUD[529].

Un cuarto ejemplo es la posibilidad de arbitraje[530] en la contratación pública, que permite la intermediación en la solución

---

[527] En el *Manual de Desembolsos* aparece una descripción completa de los procedimientos empleados (está disponible en la Página de Internet del Banco Mundial: www.worldbank.org/projects Banco Internacional de Reconstrucción y Desarrollo (BIRD): www.bancomundial.org/ Fecha de captura: 02.03.2012. BARROSO, Luis Roberto; SOUTO, Marcos Juruena Villela, *Aquisição de bens financiados pelo BIRD*, Boletim de licitações e contratos. Ano X, n. 8, San Pablo: NDJ, 1997.

[528] Obsérvese sentencias del Tribunal de Cuentas de la Unión (TCU): a) Sobre o BIRD: Decisión 0622/2001 Acta 34 – Plenario, Relator Iram Saraiva: "Solicitud de auditoría para averiguar posibles irregularidades en el proceso de licitación de la Licitación Pública Internacional nº 001/2000. Contrato entre el BIRD y el Estado de Espírito Santo. Unión como parte co-partícipe, en los términos del Contrato de Garantía firmado. Informe de Auditoría en el PRODESAN tratado en el TC-016.527/1999-2. Toma de conocimiento de la Solicitud. En los autos al TC-016.527/1999-2. Información al interesado." b) Sobre el PNUD: TCU. Sentencia Final 0114/2006 Acta 04 – Plenario. Relator Augusto Nardes: Representación acerca de la necesidad de inclusión, en el Manual de Convergencia de Normas Licitatorias aprobado por la Sentencia Final nº 946/2004 - Plenario, de dispositivos que versen respecto a las modalidades de licitación de pregão y el sistema de registro de precios. Aplicabilidad de las normas propuestas por el PNUD con los ajustes propuestos por la unidad técnica. Archivo de los autos. Acción de envío de la Sentencia Final al Ministro das Relaciones Exteriores y al representante del PNUD. En igual sentido: Sentencia Final 4770/2011 Ata 21 - Plenario. (Traducción propia).

[529] V. programas desarrollados. Disponible en: www.mdgfund.org/es/page/ourprogrammes

[530] Ampliar en TAWIL, Guido Santiago, "Cómo acomodar expectativas culturales divergentes en el arbitraje", en: *Revista de Arbitragem e Mediação*, v. 1, n. 3, p. 91-93, set./dez. 2004. TAWIL, Guido Santiago, LIMA, Ignacio J. Minorini, "El Estado y el arbitraje: primera aproximación", en: *Revista de arbitragem e mediação*, v. 4, n. 14, p. 99-150, jul./set. 2007. TAWIL, Guido Santiago; ZULETA, Eduardo, *El arbitraje comercial internacional: estudio de la convención de Nueva York con motivo de su*

eventual de divergencias. Todo esto representa un verdadero avance. En Brasil[531], el arbitraje goza de respeto por la posibilidad de mediación en conflictos por parte de un árbitro definido entre las partes. La dificultad radica en establecer cuando es posible la aplicación del arbitraje y cuales los hechos que pueden ser mediados.

Es cierto que cualquier mediación será rechazada en la contratación pública cuando contraríe las normas vigentes en cada país y el interés colectivo. Por este medio se buscar solucionar divergencias entre eventuales contendientes para la resolución de litigio por decisión arbitral.

El quinto ejemplo es la utilización de compra electrónica. El gobierno brasileño sabiamente utiliza medios electrónicos para compras y servicios de compras comunes a través de portales electrónicos oficiales[532], y de sitios del Banco de Brasil y de la "Caixa Econômica Federal"[533]. Esta adquisición virtual tiene muchas ventajas y se convirtió en la modalidad licitatoria más utilizada en el Brasil. Es lo sucede con el pregón electrónico[534], que racionaliza medios, proporciona economía e impone celeridad para seleccionar bienes y servicios comunes por el

---

50° aniversario, Buenos Aires, AbeledoPerrot, 2008. BITENCOURT, Sidney, *Licitações internacionais*, Belo Horizonte, Fórum, 2012.

[531] V. Brasil. Ley N° 9.307/1996. Existe controversia en Brasil: Cf. Sentencia: Sentencia Final 1099/2006 Ata 27 – Plenario, Relator Augusto Nardes: "FISCOBRAS. Investigación de auditoría. Inclusión de cláusula de arbitraje. Determinación. Información a la comisión mixta de planes, presupuestos públicos y fiscalización del Congreso Nacional. Es ilegal, con desprecio a los principios de derecho público, la previsión, en contrato administrativo, de la adopción de juicio arbitral para la solución de conflictos." (Traducción propia).

[532] V. portal de compras en: www.comprasnet.gov.br/ Y, aún: Instrucción Normativa N° 3/2011 (Reglamenta procedimientos para la operacionalización del pregón, en la forma electrónica, para adquisición de bienes y servicios comunes, en el ámbito de los órganos y entidades integrantes del Sistema de Servicios Generales - SISG, así como los órganos y entidades que firmaran condiciones de Adhesión para utilizar el Sistema Integrado de Administración de Servicios Generales – SIASG. Instrucción Normativa N° 02/2010 (Reglamenta normas para el funcionamiento del Sistema de Registro Unificado de Proveedores - SICAF en el ámbito de los órganos y entidades integrantes del Sistema de Servicios Generales – SISG).

[533] La "Caixa Econômica Federal" é banco público orientado para o desenvolvimento *econômico* e social del brasil. V. el sitio: www.caixa.gov.br/. Fecha de captura: 12.06.2012.

[534] Cf. Brasil. Constitución Federal, art. 37, XXI; Ley N° 10.520/2002, Dec. Federal N° 3.555/2000 N° 5.540/2005. Ampliar el tema en JUSTEN FILHO, Marçal, *Pregão: Comentários à legislação do pregão comum e eletrônico*, 5ª. ed., San Pablo, Dialética, 2009.

menor precio en una competición virtual, con la posibilidad del organismo oficial de reducir valores en beneficio del interés público.

Tales medidas permiten la moderación en el gasto a través de la adquisición de bienes cuyas características están estandarizadas y disponibles en el mercado. Aquí encontramos, tal como se mencionó anteriormente, las dificultades generadas por operadores del derecho que sólo se encargan de analizar valores técnico-jurídicos y de iniciar la licitación, sin acompañar todo el desarrollo hasta la ejecución y finalización de la contratación pública. La educación continua de ese procedimiento hará que la propia colectividad acompañe el proceso de adquisición, para lo cual es necesario que se realice una campaña educativa destinada tanto al personal responsable del inicio de la licitación como a la colectividad que realizará dicho acompañamiento. Esto hará la diferencia, caso contrario, el resultado será ineficaz.

Este sistema abarca aquellas compras de pequeño valor y permite una mayor proximidad y negociación con el proveedor del producto. Nótese que la elección de esta modalidad de licitación ha demostrado una ventaja significativa para la administración pública en términos de reducción de burocracia, ya que antes las compras eran realizadas utilizando fax, e-mails no muy bien estructurados y procedimientos manuales que dificultaban sobremanera todo el proceso y principalmente el contacto directo con los proveedores locales. Representa así un avance significativo, provechoso y transparente, ya que todo se da *on-line* y el ciudadano puede participar efectivamente para controlar y fiscalizar los trámites efectuados.

El sexto ejemplo está dado por los beneficios obtenidos de audiencias públicas en las licitaciones[535]. Brasil[536] adoptó ese formato supranacional en la selección para la realización de obras públicas de

---

[535] Ampliar el carácter prescriptivo y los principios generales en GORDILLO, Agustín, *Tratado de derecho administrativo*, 9ª. ed., t. II, La defensa del usuario y del administrado, Buenos Aires, Fundación de Derecho Administrativo, 2009, pp. X-8-13. Y, en FIGUEIREDO, Lúcia Valle, Instrumentos da administração concensual: A Audiência pública e sua finalidade. *Revista eletrônica de direito administrativo econômico*. Salvador, IBDP, n. 11, ago-oct, 2007. Disponible en: www.direitodoestado.com/revista/redae Fecha de captura: 12.06.2012. V. Argentina. Ley N° 6 sobre la Audiencia Pública de la Ciudad de Buenos Aires. Disponible en: www.aaba.org.ar/. Fecha de captura: 09.07.2002. Reglamento de Audiencias Públicas de la Ciudad de Buenos Aires: www.gba.gov.ar/mosp/fiduciario/reglamento.htm.

[536] V. sentencia del TCU – Brasil: Sentencia Final 2690/2011, Acta 42 – Plenario, Relator Augusto Sherman Cavalcanti: "Informe de Auditoría. Fiscobras 2010. Indicios de irregularidades en procedimiento licitatorio. Obstrucción a la fiscalización del TCU. Audiencias públicas. Rechazo parcial de las razones de justificativa. Determinación." (Traducción propia).

altísimo valor. Esta modalidad se sustenta en una mayor participación y permite una amplia discusión antes de la elaboración de los pliegos orientado a proporcionar el resultado esperado. Así, en licitaciones con sumas mayores a 150 millones de reales, estas deben ser antecedidas por audiencias públicas[537]. Esto fue lo que sucedió en el caso de la construcción de puentes, estadios y en la pavimentación de autopistas federales para el Campeonato Mundial de Futbol.

Esta medida posibilitó una mayor participación para discutir previamente medios eficaces de cumplimiento del objeto de la licitación y estudiar conjuntamente eventuales errores en la ejecución de obras públicas de gran relevancia. Es obvio, entonces, la observancia del principio de eficiencia, igualdad y participación, ya que permite sugerir mejoras en las contrataciones de grandes montos. Esto ocurrió en el Régimen Diferenciado de Contrataciones Públicas (RDC – Ley N° 12.462/2011) para la realización de los Juegos en Brasil, la Copa de las Federaciones (2013), la Copa del Mundo (2014) y los Juegos Olímpicos (2016) que estableció imposiciones y otros mecanismos que proporcionaron celeridad y cumplimiento de las tareas al adjudicatario.

De todo esto se observa la ampliación de los mecanismos licitatorios por medio de preceptos de la supranacionalidad que funcionan como un elemento más para la persecución del equilibrio y el éxito de las compras públicas.

3   VENTAJAS, OBSTÁCULOS Y CONSECUENCIAS EN LA LICITACIÓN

Importa ahora identificar utilidades y dificultades que puedan surgir del empleo de la supranacionalidad en la licitación. Nos planteamos algunos interrogantes: ¿cuál sería su utilidad en la licitación? ¿Qué podría mejorar con su aplicación? Por diversos aspectos, son innegables sus méritos en la contratación pública.[538] La valoración integral de derechos fundamentales y humanos permite una licitación más justa y limpia, capaz de ser medida y comparada entre los países signatarios. Es fundamental asegurarles a éstos algunos derechos clave en la licitación:

---

[537] V. Brasil, art. 39 da Ley N° 8.666/1993.
[538] V. ARAÚJO, Durvalina: "[...] la ventaja de utilizar las normas de la supranacionalidad en la licitación es mejorar el control, el planeamiento y la fiscalización de las compras públicas en las actividades de interés público." (Traducción propia) ARAUJO, Durvalina, Devido processo legal na licitação pública, Revista da Escola Superior da Magistratuta/SE, N° 15, Aracaju, ESMESE, 2011, p. 377.

solidaridad, eficiencia, igualdad, control, protección del medio ambiente e integración.

¿Y cuáles sus obstáculos? Las objeciones se van debilitando y minimizando con el correr del tiempo, con la ampliación del conocimiento del tema por parte de los políticos, legisladores, magistrados, operadores del derecho y funcionarios públicos. Fue así que están siendo aceptados o en fase de aceptación diversos aspectos de los derechos humanos, tales como la igualdad de género, el sincretismo religioso, la igualdad racial, la violencia doméstica, el combate a la homofobia, la lucha contra la corrupción, etc.

Por su parte, la Comisión Europea ha propuesto la evaluación de impacto de proyectos presentados al Poder Legislativo para la verificación de factores efectivos de la futura ley. Lo que se pretende es un examen pormenorizado de costos y beneficios para la sociedad y el análisis de los recursos que serán utilizados para su ejecución. La experiencia brasileña permite comprobar una trayectoria ascendente, con ejemplos concretos que dieron resultados en el examen de posibles errores legislativos, con la utilización de estudios comprensivos, lo cual permitió la discusión y el mejoramiento de las leyes. La idea no es corregir todas las miserias legislativas, sino inhibirlas a través de un análisis más profundo sobre temas relevantes, inclusive en beneficio de nuevas propuestas legislativas en relación a las actuales formas de licitación.

De aquí surge la relevancia de adicionar algunas ventajas y desventajas de su utilización. Obsérvese el cuadro sinóptico que será comentado a continuación.

Cuadro 3 – Ventajas, Derechos-clave y Obstáculos de la Supranacionalidad en la Licitación

Ventajas	Derechos-clave	Obstáculos
1) Aplicación de estándares internacionales	Solidaridad	Resistencia en el ámbito interno
2) Optimización de acciones gubernamentales	Eficiencia	Objeción de aceptación
3) Diseños estandarizados más efectivos y procesos comparativos	Igualdad	Adaptación de patrones internos
4) Mayor combate a la	Control	Rechazo a la interferencia externa

corrupción y control compartido de desvíos		
5) Empleo de la sustentabilidad	Medio ambiente	Reluctancia en su aplicabilidad y disparidad económica entre países
6) Esfuerzo conjunto en la superación de conflictos	Integración	Ineficiencia y dificultad para aceptar las transformaciones

1) La aplicación de modelos internacionales proporciona una orientación equilibrada y de carácter progresivo de países integrados fruto de amplia discusión en beneficio de una mejora común. No obstante, existen algunas resistencias políticas e internas, desventaja que puede ser superada con una cultura diseminada y ampliada sobre el tema, y con capacitación de operadores del derecho y de funcionarios públicos. Los cambios de paradigmas no son fáciles, necesitan una maduración de la idea y la diseminación del formato.

En realidad, no es lo nuevo lo que hará la diferencia en la actuación gubernamental y estructural de un país, sino especialmente la voluntad de transformar lo antiguo. Esto es así porque la evolución de los procesos sólo tendrá éxito si estuviera incorporada como meta de desarrollo, con objetivos firmes, y no como una mera moda pasajera. Además, no se debe olvidar que cada Estado tiene sus características propias que deben ser respetadas.

2) La supranacionalidad también perfecciona las acciones gubernamentales. Ya que la mayor transparencia y racionalidad en la utilización de los fondos públicos libera recursos que pueden ser utilizados en otros programas de interés estatal. Es evidente que la supranacionalidad no es un fin en sí misma. Es un medio que no limita los formatos legales existentes, permite uniformizar e impedir formas desastrosas ya experimentadas. En contrapartida, observamos objeciones a la aceptación de esos nuevos parámetros por recelos administrativos y egocentrismos.

El cambio es algo fuerte. Las miserias administrativas impregnan todo el accionar de los gobernantes y funcionarios, no porque la intención sea necesariamente la de perjudicar, sino también porque el temor a cualquier cambio es muy grande. Así, se requiere la existencia de agentes multiplicadores dispuestos a revolucionar la mentalidad cerrada y burocrática de los funcionarios públicos y que hagan ver la importancia de la adecuación de los actos gubernamentales a los nuevos tiempos. Los movimientos transnacionales son un hecho y si no se los acompaña, no hay forma de que el Estado sobreviva de forma equilibrada o se desarrolle. Todo es una cuestión de tiempo, aunque siempre existe el temor en cuanto a la pérdida de supremacía estatal.

3) Otra ventaja es el diseño estandarizado y efectivo de procesos comparativos. Este avance permite una expresa visualización de lo que fue realizado en cada nación, lo que se puede realizar y cómo se prospera, observando puntos críticos y vulnerables. La comparación constituye un medio de equilibrio para que todas las naciones puedan estar en el mismo nivel en busca de desafíos comunes. Como obstáculo a la necesaria adaptación de estándares internos en la licitación se mencionan medios selectivos lentos e inadecuados que no permiten una elección igualitaria y justa.

Por otro lado, no significa que con las debidas adaptaciones no se puedan dar las transformaciones esenciales necesarias para el desarrollo de un modelo transnacional. Todo se irá transformando a medida que se ponga en práctica el modelo deseado. Una estrategia es no permanecer en marcha lenta dejando de acompañar el cambio de escenario mundial. Esto, en realidad, no puede ser abordado de forma aleatoria y efímera, sino que debe emprenderse un proceso de integración gradual.

4) La supranacionalidad, además, permite progresar en la lucha contra la corrupción a través del control compartido de desvíos. Evidentemente los medios supranacionales concurren con aquéllos utilizados internamente, sin perjuicio de lo ya existente. Es un plus que favorece el combate a la corrupción, inclusive en la licitación. En oposición a este avance, el rechazo interno a la interferencia externa está representado no sólo por los gobiernos, sino también por aquellos que no desean la mejora del sistema.

Es importante destacar que sólo habrá intervención de Estados-miembros formadores de la convención cuando se agoten los medios internos de combate a la corrupción. Así, se deben utilizar los preceptos transnacionales de forma subsidiaria y proporcional, y no podrá tratarse de mera sumisión a otra nación dejando de lado las medidas constitucionales y legales existentes internamente. Actuar de otra forma sería herir la soberanía interna y éste no es el objetivo. La finalidad es unir fuerzas y avanzar en el ámbito mundial.

5) Es notoria la ventaja del empleo del criterio de la sustentabilidad en las compras públicas en beneficio del medio ambiente. En objeción a este beneficio nos encontramos con la reluctancia en su aplicabilidad por indolencia o ingenuidad según la cual los recursos

ambientales estarán siempre disponibles para todos y, por lo tanto, no es necesaria su preservación. Otro obstáculo es la disparidad económica entre naciones, que hace que algunas cuenten con los medios necesarios para invertir en la protección del medio ambiente y otras más pobres tengan siempre otras prioridades, sea la salud, la educación, la vivienda u otras.

Se destacan como criterios de selección preocupados por la cuestión ambiental[539] la elección de proveedores que demuestren cumplir criterios ambientales, formas de adjudicación[540] que privilegien prácticas ecológicas o métodos de protección ambiental, compra de objetos con reducción de desperdicios, cláusulas de ejecución que garanticen menos daños ambientales, entre otros[541].

6) El avance del esfuerzo combinado en la superación del conflicto es otra ventaja de la supranacionalidad. Sin duda los organismos pensando en conjunto para la resolución de problemas comunes puede ayudar a solucionarlos. Pese a la ineficiencia de las administraciones públicas, esos preceptos supranacionales tienden a consolidarse permitiendo el progreso deseado. Otro obstáculo sería la dificultad de aceptar esas transformaciones, que son el resultado de una maduración conjunta de los gestores y funcionarios públicos.

Se puede observar el provecho de la supranacionalidad en la licitación al permitir su utilidad de manera más armónica, equilibrada y justa. Esos parámetros son capaces de indicar un progreso de ese instrumento jurídico tan loable. No se debe olvidar que se trata de un medio que sólo tendrá éxito a través del equilibrio de hombres justos y éticos, que no rechacen la debida fiscalización y el control por los medios más amplios posibles.

En realidad, las consecuencias de la supranacionalidad en la licitación serán siempre provechosas para la colectividad. Se trata de una ampliación que viene a reforzar la protección de los preceptos y principios licitatorios patrios, y en este sentido, es un medio de fiscalización más, además de los ya existentes. Sus beneficios exceden a los supuestos perjuicios que pueda provocar.

---

[539] V. infra, capítulo III, ítem 3.
[540] V. Brasil. Sentencia Final del Tribunal de Justicia. STJ del 17.09.2002, Proceso C-513/99, Caso Concórdia Bus.
[541] Ampliar criterios ecológicos aplicables en la licitación por la Comisión Europea en las Directivas N° 2004/17/CE e N° 2004/18/CE.

¿Cuáles serían sus consecuencias en la licitación? El resultado sería positivo en la aplicación de medidas que ciertamente mejorarían el régimen licitatorio:

1) *Anteposición supranacional a las normas internas.* El proceso legislativo interno ante la burocracia impuesta es lento y lleno de obstáculos. Es importante establecer que las reglas de derecho internacional público no son regidas por un órgano central. Cuando se presentan conflictos, las cuestiones son resueltas por negociación directa, arbitraje o mediación. Así, la adopción de los dictámenes internacionales del llamado derecho comunitario es realizada con parsimonia, ya que en Brasil existe un reglamento central. De este modo, solamente aquellas reglas acordadas son las que deben ser cumplidas por los socios. De ahí la importancia de esa anteposición, ya que ser proactivo dentro del contexto de mejora de la prestación de servicios públicos por medio de directrices de naciones más desarrolladas es de un costo-beneficio indescriptible, por ser beneficiada toda la sociedad. Las acciones pasaron a ser transparentes y accesibles. Es un hecho corriente en Brasil que los administradores públicos, ante una ley licitatoria llena de trabas burocráticas, dieran lugar a licitaciones fraudulentas y acciones corruptas, como, por ejemplo, la contratación de obras de gran valor por la modalidad de dispensa de la licitación.

2) *Ampliación de la eficiencia por la transparencia.* Son innecesarias mayores digresiones acerca de la transparencia. Pero repito, los cuidados deben ser reforzados, tales como trabajos orientados a la concientización del ciudadano acerca de que puede y debe acompañar los trámites, educación continua, desde el proceso de planeamiento hasta el final de la obra o servicio y la continuidad de los mismos. De nada sirve tener un procedimiento dentro de patrones legales y éticos si la ejecución, finalización y manutención no son acompañados.

3) *Aumento de la credibilidad gubernamental y política.* Es indiscutible la repercusión pública y política. Primero porque demuestra la pro-actividad de la gobernanza en el sentido de integración con naciones desarrolladas en la provisión de información y conocimiento en las contrataciones y servicios públicos, ya que el acompañamiento será de nivel

internacional, incluyendo control y fiscalización. Segundo, será el aumento de la participación del ciudadano, para lo cual es imprescindible el acompañamiento de todos los segmentos de la sociedad. No es un camino fácil, sino de transformaciones inéditas, debido al modo engañoso de aquellos que deciden cómo y de qué modo irá a acontecer determinada acción gubernamental. No es suficiente con tener ley. Es preciso, antes que nada la conciencia ética en la aplicabilidad de ésta, lo cual no se observa. Son innumerables los casos divulgados por los medios de comunicación de acciones deshonestas en el ámbito de las licitaciones.

4) *Mejora de la prestación del servicio.* Es innegable que uno de los objetivos finales es la mejora sensible en la prestación de servicios públicos, para lo cual se requiere una modificación de parámetros estructurales y humanitarios de la organización administrativa con el objetivo de la unidad, o sea, la tarea consiste en que el proceso sea participativo desde el comienzo. La tarea es ardua y de cambios gigantescos. Es imprescindible un cambio de paradigmas, para que no ocurra una reestructuración inocua a nivel de cúpula que deje afuera a los gestores del área correspondiente. Sólo de esa forma la mejora de los servicios será visible.

5) *Valoración de la sustentabilidad y conciencia ambiental.* Hablar de conciencia ambiental parece algo inalcanzable. Sólo a partir de esa idea como valor sustentable para la sobrevivencia de las instituciones es que podrá dar impulso al sistema de compras con esa visión. Si así no fuera, habrá un compromiso mundial. La valoración ambiental está intrínsecamente ligada al momento de planeamiento de la adquisición de productos y servicios hasta la conclusión, inclusive la manutención de la obra o servicio. Es una práctica común que el poder público sólo se ocupe de la adquisición, sin tener en cuenta la cuestión ambiental.

6) *Desarrollo interno por la celeridad y economía.* Las dimensiones celeridad y economía requieren una adecuación estructural equilibrada y armónica, sin obstáculos políticos o burocráticos que puedan inviabilizarlas. La administración pública no puede adoptar únicamente el criterio del costo

más bajo, sin incorporar las cuestiones de la sustentabilidad y calidad. Por todo esto es necesario que se preste atención a la economía mundial a partir de una concepción mayor: la institucionalización de la supranacionalidad, con la condición de estructurar primero al Estado internamente. La intención de copiar modelos internacionales sin los instrumentos legales y supranacionales vinculados con la Constitución sería un verdadero caos.

4 CONTROL NACIONAL Y SUPRANACIONAL DE LA LICITACIÓN

Controlar significa acompañar o monitorear algo. Nada funciona sin el debido control y fiscalización. Esto es así tanto en la esfera privada como en el sector público. Parece ser que donde hay una persona humana se debe aplicar el seguimiento de sus acciones para que éstas no fracasen. Ante esta realidad, es absolutamente imprescindible tener conciencia de la inevitabilidad del control de todos los actos de la administración pública, incluida obviamente la licitación, por estar en juego el interés público.

Por tales razones, el control de la licitación se aplica en los ámbitos nacionales y supranacionales. Lo que se pretende demostrar aquí es que este medio de adquisición pública es digno de control interno en sus países[542] y de gerencia supranacional por organismos internacionales. Es lo que se explicará a continuación.

En la esfera de cada país, el control interno será ejercido por medio de cada uno de los órganos que lleve a cabo la selección pública y, previamente, por los consultores públicos que analizan sus procesos y determinan las exigencias legales a ser cumplidas. Ese control administrativo permite el acompañamiento de las etapas internas y externas de la licitación por parte de órganos encargados de la fiscalización y la ejecución de las contrataciones públicas. Por su parte, cualquier ciudadano o participante de la licitación puede visualizar los autos y presenciar sus etapas, anticipándose a eventuales irregularidades.

En ese sentido, además, se puede interponer una representación para investigación de ilícitos, reclamo administrativo en oposición de

---

[542] Ampliar el tema en FRANÇA, Philip Gil, *O controle da Administração Pública*, 2. ed., San Pablo, Rt, 2008; GUIMARÃES, Edgar, *Controle das Licitações Públicas*, San Pablo, Dialética, 2002.

actos licitatorios y pedido de reconsideración para la corrección de eventuales infortunios o errores transcriptos en pareceres o en la motivación de actos administrativos[543]. También es posible la presentación de recursos jerárquicos propios, aquellos interpuestos verticalmente en el mismo órgano, y además, recursos jerárquicos que permitan el reexamen de medidas tomadas por un órgano diferente al órgano licitante.

El Ministerio Público[544] ha ejercido un papel fundamental en la fiscalización de las licitaciones por su desempeño eficiente y neutro para identificar funcionarios incompetentes, autoridades irresponsables y grupos especializados en defraudaciones en las licitaciones. Estos son denunciados y procesados en la *persecutio criminis* y para la devolución de los valores extraídos de las arcas públicas. Lo que sucede es que el *Parquet* no puede estar en todos los lugares al mismo tiempo. Precisa estar al frente de algún proceso licitatorio irregular o recibir denuncia para iniciar los procedimientos de investigación. Esa función tiene un papel importante en la desarticulación de esquemas fraudulentos en las licitaciones por su profesionalismo y garantías constitucionales.

En la Procuradoria de las Provincias brasileñas y en la Abogacia General de la Unión (AGU) en que el abogado público, seleccionado en rigorosos concursos públicos, detenta un *múmus* público de control interno de legalidad y de moralidad administrativas de los actos practicados en nombre de la administración pública, sin perjuicio de la competencia de los órganos técnicos específicos, correspondiéndole, entre otras tareas: a) proceder obligatoriamente al examen jurídico de todo documento público, proceso administrativo, licitación, convenio, anteproyecto, proyecto, minuta de contrato y contrato, en el ámbito público; b) proponer la anulación del acto administrativo que considere lesivo al interés público o que atente contra los principios de moralidad o legalidad administrativa.

A ejemplo, varias son las obras inacabadas. Surge una cuestión: ¿La obra fue presupuestada por debajo del valor de mercado o realmente la intención era el desvío? Los propios técnicos ligados a la

---

[543] Ampliar en TAWIL, Guido Santiago, MONTI, Laura Mercedes, *La motivación del acto administrativo*, Buenos Aires, Depalma, 1998. Y, aún, COMADIRA, Julio Rodolfo, *El acto administrativo*, Buenos Aires, La Ley, 2006, pp. 43-46. GIGENA, Julio Isidro Altamira, *Acto Administrativo*, Córdoba, Advocatus, 2008, pp. 43-45.

[544] V. Ley Orgánica de la Fiscalía de Estado - Argentina. art. 38 del Dec-ley N° 7.543/1969 y sus modificaciones. Ampliar en TRIBIÑO, Carlos R., *El Fiscal de Estado*, Buenos Aires, Depalma, 2001.

administración realizan el acuerdo político-administrativo que conduce a la mala administración y corrupción enmascarada.

El técnico que tiene el deber de fiscalizar enmascara su deber y así provoca un verdadero efecto dominó, dónde el ciudadano es impedido de ejercer su papel fiscalizador por varios motivos, tales como desconocimiento legal o timidez, o aún, no se quiere comprometer debido a las represalias políticas o administrativas. Esto para aquéllos que ejercen un cargo público. Por más que exista la libertad de pensamiento y de expresión es un engaño, o mejor dicho una quimera. Por lo tanto, la idea de divulgación del resultado de la sentencia a nivel mundial tiene una repercusión bastante positiva en el proceso de transformación. No obstante, se debe reconocer que en Brasil ese proceso, a pesar de las arremetidas, avanza a pasos lentos. Pero a partir del momento en que tenga estudiosos sobre el tema y comience la divulgación con más efectividad, irá avanzando paulatinamente.

En Brasil, la Controladoria General de la Unión (CGU) tiene la misión de acompañar la ejecución de los contratos de los organismos públicos. Realizará inspecciones y fiscalizaciones de los objetos y servicios licitatorios, identificando la correcta aplicación de los recursos y la ejecución del contrato, según el medio vinculante originario (pliego o modalidad de invitación). En esta tarea, se destaca el monitoreo presencial en los locales en que es almacenado el objeto licitado y en las obras públicas para identificar eventuales irregularidades, sean obras inacabadas o paralizadas. Se trata de un órgano gubernamental[545] al cual le corresponde la protección del patrimonio público y el desarrollo de la transparencia, a través de correcciones y auditorías para prevención y combate a la corrupción.

El Control Legislativo le corresponderá la verificación del correcto empleo del presupuesto público, ésta bajo tutela de los representantes del pueblo. Aquí se abrirá un procedimiento fiscalizador para la constatación de anormalidades en el uso del erario público, pudiendo, según la gravedad de los hechos, ser creada una comisión parlamentaria de investigación (CPI) para la determinación precisa de los desvíos y de las conductas de autoridades y parlamentarios implicados en los mismos.

El Tribunal de Cuentas ejerce un papel relevante en el control de los gastos públicos ejecutados en las licitaciones. Como órgano auxiliar del parlamento, realiza inspecciones y auditorías contables,

---

[545] Brasil. Controladoria General de la Unión (CGU). V. sitio: www.cgu.gov.br/ Fecha de captura: 12.06.2012.

financieras, presupuestarias, operacionales y patrimoniales de las unidades federativas del país. Esta importante función ha conseguido identificar obras irregulares, como aquellas inacabadas o paralizadas, a través de un programa anual de fiscalización que permitió la identificación de graves irregularidades: sobre precios, anormalidades licitatorias y en la administración de contratos, ejecución presupuestaria y reajustes irregulares, alteración indebida del proyecto, contratación sin licitación, pagos por servicios no realizados, desvío de finalidad, entre otros.

Esto órgano de control administrativo le compete juzgar las cuentas de los administradores y demás responsables por dineros, bienes y valores públicos de la administración directa e indirecta, incluidas las fundaciones y sociedades instituidas y mantenidas por el poder público federal, y las cuentas de aquéllos que dieran causa a pérdida, extravío u otra irregularidad que provoque perjuicio al erario[546].

La Secretaría de Derechos Humanos se ocupará de la violación de convenciones y tratados internacionales que protejan la dignidad humana y otras garantías fundamentales. Se verifica el cumplimiento en el hecho licitatorio de las principales normas supranacionales aplicables en la licitación y los contratos públicos, sean referidas a exigencias ambientales, participación popular, audiencia pública o elementos anti corrupción.

El control popular es aquél llevado a cabo por cualquier ciudadano a quien cabe fiscalizar cualquier licitación y proponer medios esclarecedores de eventuales irregularidades. Es el llamado control social por parte del ciudadano en protección de cuestiones comunes en un Estado Democrático de Derecho. Además, cualquiera puede peticionar al órgano licitante o en otras instituciones fiscalizadoras, como por ejemplo: Ministerio Público, Procuraduría del Estado, Asamblea Legislativa, Tribunal de Cuentas, Secretaría de Derechos Humanos y hasta en la Orden de los Abogados de Brasil. Lo que se pretende es el control social por parte de aquél que paga sus impuestos y no quiere ver una aplicación inadecuada de los mimos.

La Orden de los Abogados de Brasil (OAB), desempeña un importante control social, funcionando como institución controladora de actos irregulares. La OAB recientemente propuso la creación de un Tribunal Penal del Mercosur, que, según la propuesta, tendrá legitimidad para "procesar, juzgar y ejecutar personas físicas acusadas y condenadas por practicar crímenes transnacionales – entre los crímenes se encuentra

---

[546] Brasil. CF, art. 71, II; Ley 8.443, de 1992, art. 1º, I. Argentina. Constituición de la Nación, comparar con el art. 85.

"corrupción en licitaciones transnacionales" – que incluyan los estados partes del Bloque (Argentina, Brasil, Paraguay y Uruguay), que debe funcionar como un Tribunal Penal Regional"[547].

Además de eso, el control judicial ha logrado buenos resultados cuando fue iniciado por demandas judiciales. Este tema está intrínsecamente ligado al mencionado en el ítem anterior, las trabas existentes en las leyes y la morosidad de la justicia, hasta la investigación del supuesto crimen tienden a veces a generar impunidad. La celeridad, compromiso, decoro y eficiencia son de suma importancia para un resultado eficaz.

Aquí surge una pregunta: ¿por qué este control, por más prudente que sea, no inhibe las defraudaciones licitatorias? Falta una conciencia pública acerca de que los valores en juego en una licitación pertenecen a todos y también es una realidad la existencia de autoridades que administran el patrimonio púbico sin someterse a los controles existentes. Si bien existe todo un aparato estructural y legal, todavía falta conciencia, agilidad y pro actividad. Varios son los casos que ocurren en Brasil con hechos de este tipo, que generan impunidad, permiten que los corruptos permanezcan en el poder.

El control supranacional puede ser realizado por los organismos internacionales mediante petición de cualquier país a la Organización de las Naciones Unidas (ONU) y a la Organización de los Estados Americanos (OEA)[548], esta a través de la Comisión Interamericana de Derechos Humanos, que verificará los alegatos y procederá a la investigación correspondiente de manera ética, parcial, imparcial y gratuita.

En la ONU también las denuncias pueden ser recibidas por medio impreso o electrónico, que las analizará e iniciará la debida investigación[549]. Es lo que sucede con la política de combate al fraude en

---

[547] Cf. artículo publicado en el diario electrónico de la Red "O Globo". Site: http://oglobo.globo.com/mundo/ Fecha de captura: 10.04.2012.

[548] Las denuncias en la OEA pueden ser presentadas por uno de los siguientes medios: a) Formulario electrónico de peticiones: www.cidh.oas.org/; b) Correo electrónico: cidhdenuncias@oas.org; c) Correo postal: Comisión Interamericana de Derechos Humanos, 1889 F Street NW, Washington, DC, 20006, Estados Unidos. Los Estados miembros de la OEA han ratificado todos los tratados.

[549] Las denuncias en la ONU serán interpuestas en nombre de Oficina de Auditoría e Investigaciones (OAI) por una empresa de servicios independientes para garantizar confidencialidad, a través de las siguientes opciones: a) Formulario electrónico de peticiones; b) Correo electrónico: undphotline@tnwinc.com (dirección de correo electrónico de una empresa independiente); y c) Correo postal: Sub-Director (Investigaciones), Oficina de Auditoría e Investigaciones (OAI), Programa de las Naciones Unidas para el Desarrollo, 220 East 42nd Street, 23rd Floor, New York, NY 10017, USA.

las actividades del PNUD, que somete a los proyectos que financia a la investigación de la conducta de contratistas, funcionarios y otros implicados en actos licitatorios clandestinos. El control supranacional posibilita una investigación impersonal, neutra e instrumental por parte de organismos internacionales.

El simple establecimiento de pactos internacionales entre estados-parte no garantiza la efectividad, ya que es preciso que se establezca una estructura y un derecho aplicables, con eficacia en las decisiones para recorrer un camino orientado a la integración y garantir uniformidad en las normas del derecho integrado, coadjuyando las decisiones en los tratados.

Es inviable un proceso de estas características sin profesionalismo, ya que se precisa celeridad y respuestas rápidas, bajo pena de caer en los mismos errores del derecho interno. No es esa la intención. Es necesario que el acceso de los ciudadanos sea igualitario, creándose una autoridad central a la que se le pueda realizar sugerencias sin obstáculos, y que esa autoridad tenga poderes plenos para actuar dentro de lo que fue pactado, interpretando y aplicando el derecho integrado. Si así no lo hiciera, las naciones continuarán utilizando los preceptos internos bajo el manto del principio mayor de cada estado-parte: la soberanía.

Para esto es necesario que se transfieran esos poderes a un órgano central con competencias claras y objetivas que administre las reglas pactadas del bloque de integración. Además es imprescindible la interpretación uniforme de lo que fue pactado dentro del sistema formado para que los ciudadanos no tengan solamente un derecho subjetivo, sino que sea estructurado a tal punto que proporcione a los destinatarios mecanismos para ejercer efectivamente ese derecho. Se requiere un sistema jurídico completo y esto no es una utopía. Estamos ante un hecho internacional sin retorno, que es la supranacionalidad con reglas uniformes aplicables igualitariamente a los estados-parte del derecho integrado, respetando siempre las peculiaridades, cultura, economía, política y costumbres de cada uno de ellos.

La concretización de los preceptos de la supranacionalidad no puede perder de vista que cada estado-parte impone estar bien estructurado y equilibrado para auxiliar esas cuestiones transnacionales. Este camino debe ser sedimentado con seriedad y compromiso. En cualquier transformación existen posiciones antagónicas, algunas de ellas son favorables a la persistencia del modelo intergubernamental, otras a las reglas de la supranacionalidad.

Es fundamental en esta marcha no olvidar los derechos y las libertades fundamentales que direccionan la unión de los pueblos. La búsqueda de homogeneidad de aspectos políticos y económicos es de suma importancia para el éxito de la unión integrada. Se debe buscar la primacía del principio del ordenamiento comunitario sobre el nacional sin que ofenda la soberanía de cada nación.

Vale recordar que insistir en la hipervalorización de los preceptos internos y la soberanía no prosperará ante el impulso integrador. La supranacionalidad está viva en las convenciones firmadas, permaneciendo válido el consejo de engendrar medios para su mayor eficacia y operacionalización. Es por esto que varios aspectos deben ser tenidos muy en cuenta, como ya fue sostenido antes en esta investigación, y que para dar un cierre más completo volvemos a citar: a) aplicación homogénea y uniforme del derecho integrado a fin de responder a la unión formada para que no haya distorsiones; b) aporte sustancial para cumplimiento de derechos humanos en las licitaciones; c) cambio cualitativo para la incorporación de un derecho supranacional; d) el acceso a las denuncias debe estar muy bien estructurado, con los medios adecuados para tal fin, sin trabas burocráticas; e) creación de un Tribunal de justicia pleno, esto es, con autoridad en las decisiones; f) divulgación de las sentencias con amplio acceso, tanto en nivel internacional como nacional, entre otras posibles.

Es lógico que esta producción no tiene el don de agotar el tema. Sería una quimera pensar de tal forma. Es sólo el inicio de una trayectoria que va madurando durante la evolución del derecho integrador juntamente con las experiencias de cada toma de decisión. Pero lo importante es no perder de vista el objetivo de este estudio. Dentro de mi ejercicio profesional, pese a las resistencias encontradas, busco permanentemente poner en práctica los preceptos analizados.

El aporte intelectual tiene un papel importante en el direccionamiento de los acontecimientos. Esta es la razón de ser, aunque sea pequeña ante el aparato político y burocrático implicado. Es suficiente para sembrar la idea de avanzar respetando: ciudadano, sociedad, integración y erario público. Es indudable la posibilidad de incrementar la supranacionalidad en la licitación para hacer valer la igualdad y honestidad de selección, ampliando los derechos del ciudadano de exigir al Estado que se abstenga de practicar actos que atenten contra el orden legítimo. Una tarea de proporciones grandiosas, pero posible.

Gráfico 28 – Recepción y Consecuencias (Ítem 8.1)

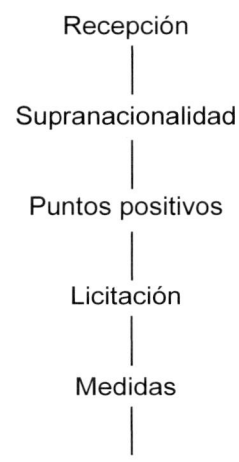

Recepción
|
Supranacionalidad
|
Puntos positivos
|
Licitación
|
Medidas
|
Transformación de la administración

Gráfico 29 – Compatibilidad y Experimentación (Ítem 8.2)

Supranacionalidad en la licitación
|
Compatibilidad

Avance　　　　　Compatibilidad de experiencia

Licitación tradicional　　　Licitación moderna

Licitación sustentable

Combate a la corrupción

Partidas del BM, BIRD y PNUD

Arbitraje

Compra electrónica

Audiencias públicas

Gráfico 30 – Ventajas y Desventajas de la Supranacionalidad (Ítem 8.3)

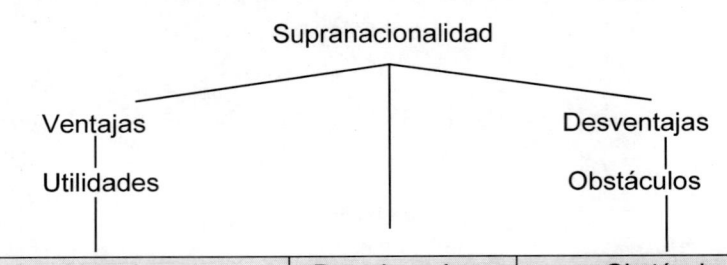

Supranacionalidad

Ventajas — Utilidades

Desventajas — Obstáculos

Ventajas	Derechos-clave	Obstáculos
7) Aplicación de estándares internacionales	Solidaridad	Resistencia en el ámbito interno
8) Optimización de acciones gubernamentales	Eficiencia	Objeción de aceptación
9) Diseños estandarizados más efectivos y procesos comparativos	Igualdad	Adaptación de patrones internos
10) Mayor combate a la corrupción y control compartido de desvíos	Control	Rechazo a la interferencia externa
11) Empleo de la sustentabilidad	Medio ambiente	Reluctancia en su aplicabilidad y disparidad económica entre países
12) Esfuerzo conjunto en la superación de conflictos	Integración	Ineficiencia y dificultad para aceptar las transformaciones

Consecuencias en la licitación

1) Anteposición supranacional a las normas internas.
2) Ampliación de la eficiencia por la transparencia.
3) Aumento de la credibilidad gubernamental y política.
4) Mejora de la prestación del servicio.
5) Valoración de la sustentabilidad y conciencia ambiental.
6) Desarrollo interno por la celeridad y economía.

Gráfico 31 – Control Nacional y Supranacional en la Licitación (Ítem 8.4)

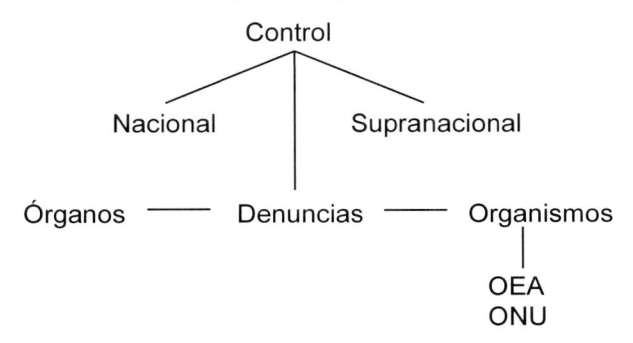

```
                        Control
                   ╱      │      ╲
            Nacional      │      Supranacional
                          │
        Órganos ——— Denuncias ——— Organismos
                                       │
                                      OEA
                                      ONU
```

CONSIDERACIONES FINALES

Trazar el régimen jurídico de cooperación administrativa a partir de su expresión doctrinaria hasta la dogmática es estabelecer la naturaliza jurídica de los institutos pertinentes al tema. De acuerdo a las notas introductorias esta pesquisa fueelaborada com el escopo de analizar la actuacion pública de la administración ante las formas actuales de cooperación administrativa y sus diferencias ante las enseñanzas respectivas y de la vigente Carta Política.

Analizar el régimen jurídico de la licitación en la perspectiva de la supranacionalidad contribuye a establecer normas y sistemas que garanticen eficiencia administrativa y la debida protección de la dignidad humana.

Esta tesis procedió describiendo la actuación de la administración pública en virtud de los principios fundamentales que rigen actualmente a la licitación y en relación con algunos aspectos universales de los derechos humanos.

El Estado en su evolución busca satisfacer las necesidades de la comunidad, transformándose para lograr más eficiencia en la prestación de servicios públicos. Y una de esas modificaciones necesarias en las licitaciones es garantizar el establecimiento de criterios justos e igualitarios en cuanto a la elección de los licitantes. Por tal motivo el presente estudio es una contribución a la introducción de la supranacionalidad como una manera de combatir la corrupción.

Del análisis realizado en los capítulos podemos arribar a las siguientes conclusiones:

1. Los procesos de integración económica y supranacionalidad política están cada vez más desarrollados en el mundo. El proceso de construcción de espacios supranacionales sólo tendrá éxito a través de medidas y competencias que dejen de ser privativas de los Estados nacionales[550].

---

[550] V. el cap. V, ítem 1.

2. Los preceptos supranacionales deben interactuar con la normativa interna de cada país en un verdadero proceso de transformación integrador. Ellos también son perfectamente aplicables en las licitaciones públicas, aunque haya una norma interna contraria, con la finalidad de disminuir gastos, eliminar prácticas corruptas, dar mayor transparencia y actuar con razonabilidad en la compra del mejor producto. Esto significa que la aceptación de una norma externa mediante convalidación de un Estado implica someterse internamente a sus parámetros[551].

3. La supranacionalidad no ofende la soberanía de los países ni fragiliza las normas internas estatuidas e incluso ya ha sido admitida a través de diversos tratados[552]. Confirma el deseo colectivo de igualdad y dignidad humana, incidiendo en los diversos principios de orden público inherentes al tema y la constitución. Por último, surge la necesidad de mejorar el tecnicismo jurídico[553] aplicado a la licitación y apoyarlo en los principios y en la supranacionalidad[554].

4. Es necesaria la coherencia de los hechos en el sistema para que se realice la interpretación, aceptando las innovaciones para incorporar las diversas fuentes supranacionales en la licitación. Eso significa la persecución del ideal deseado en los tratados con el objetivo de hacer valer lo que fuera acordado por los países integrantes[555].

5. En perjuicio del sistema propuesto existe una discontinuidad legal y fáctica debido a que algunos operadores del derecho – y también funcionarios y consultores públicos – insisten en

---

[551] V. el cap. I, 4-7, cap. III, 2-6, y cap. VII, 1.

[552] Por ejemplo la Carta de la ONU, la Declaración Universal de Derechos Humanos, la Carta de la OEA, la Declaración Americana de los Derechos y Deberes del Hombre, la Convención Americana sobre Derechos Humanos (pacto de San José), el Tratado de Asunción (Decreto N° 350/1991), el Protocolo de Brasilia (Decreto N° 922/1993), el Protocolo de Ouro Preto (Decreto N° 1901/1996), el Protocolo de Ushuaia (Decreto N° 4210/2002), el Protocolo de Olivos (Decreto N° 4982/2004), el Protocolo de Cooperación y Asistencia Jurisdiccional (Decreto N° 2.067/1996), el Protocolo de Buenos Aires (Decreto N° 2.095/1996), el Protocolo de Medidas Cautelares (Decreto N° 2.626/1997), el Protocolo de Defensa de la Competencia del Mercosur (Decreto N° 3.602/2000), el Acuerdo sobre Arbitraje Comercial Internacional del Mercosur (Decreto N° 4.719/2003).

[553] V. el cap. II, 1, cap. V, 2 y 4, y cap. VII, 1 y 2.

[554] V. el cap. I, 5, cap. V, 3 y cap. VI, 3

[555] V. el cap. II, 1, cap. V, 2 y cap. VI, 2-3.

satisfacer sus intereses particulares o de determinados grupos y además gozan de impunidad en sus actos. Es posible mantener un sistema sustentado en la preservación de los derechos y garantías fundamentales[556].

6. La corrupción es un fenómeno universal. En particular, las grandes licitaciones abren espacio para la corrupción transnacional. Esta, con todos los perjuicios que provoca a la sociedad y al patrimonio público, se puede evitar a través de la cooperación entre los países signatarios de los diversos tratados para impedir la gestión pública ímproba y la malversación de fondos públicos. La administración pública tiene la posibilidad de utilizar herramientas supranacionales de derechos humanos para adquirir bienes y servicios, adoptando los preceptos de la Convención Interamericana contra la Corrupción (CICC), la Convención de las Naciones Unidas contra la Corrupción (CNUCC), entre otras. En ellas se establecieron los principios que rigen las contrataciones públicas transparentes[557].

7. La supranacionalidad abre perspectivas. Los tratados y acuerdos internacionales imponen obligaciones y responsabilidades a los Estados y a las personas bajo su competencia, brindando la oportunidad para un cambio cualitativo hacia un derecho supranacional. Los Tribunales Internacionales pueden juzgar y sentenciar a aquéllos que violaron los derechos del ciudadano e invalidar los actos cometidos en licitaciones arbitrarias, sin necesidad de admisión constitucional nacional, obviamente siempre que el Estado forme parte del pacto[558].

8. Las autoridades deben desarrollar sistemas que puedan garantizar el régimen internacional, incluyendo la adopción de prácticas y mecanismos de captación de denuncias a través de sitios electrónicos y otros medios que permitan la participación de los ciudadanos en la licitación, la amplia fiscalización por parte de los mismos y la utilización de recursos eficaces con transparencia y control[559].

9. El medio licitatorio virtual es muy promisorio debido a su rapidez, transparencia y efectividad práctica, compatibles

---

[556] V. el cap. VI, 1-2 y cap. IX, 2.
[557] V. el cap. I, 2-7 y cap. IV, 2-4.
[558] V. el cap. V. 2-3, cap. VI-2 y cap. VII, 1-4.
[559] V. el cap. I, 5-6, cap. II, 1, cap. III, 3 y 5, cap. IV, 2-3, y cap. V, 1.

con una administración democrática seria, ética y sin burocracia. Bajo la influencia de los derechos fundamentales se podrían suprimir o superar vacíos para lograr que las licitaciones tengan más operatividad, credibilidad y amplitud[560].

10. La compra ecológica permite la incorporación de criterios supranacionales para la preservación del medio ambiente[561]. Esto hará posible monitorear el desempeño de los productos desde la fase de extracción de las materias primas hasta la elaboración, extremando las medidas para que las fuentes, métodos y procesos sean sustentables ecológicamente e impidan un gran volumen de residuos y el daño ambiental. Por eso en las licitaciones se deberán incluir los materiales menos nocivos para el ambiente y analizar la cantidad de materiales que podrán ser reciclados[562].

11. Se impone al sector público la economicidad o principio de la eficiencia en la contratación para prohibir el mal uso y desperdicio del dinero público. No está de más recordar que la administración pública está jurídica y moralmente obligada a adoptar la solución más eficaz y económica para la satisfacción del interés público en beneficio de la sociedad[563].

12. Se requiere fomentar la madurez de la relación entre la administración pública, el proveedor y el ciudadano para que puedan discutir aquello que es mejor para el interés público. Un vínculo maduro posibilitaría la ampliación participativa a través de audiencias públicas previas a las compras gubernamentales. Éstas son importantes medidas de combate a la corrupción, la cual impide, directa o indirectamente, el desarrollo de los países[564].

13. La licitación comparada posibilita contrastar la legislación correspondiente al procedimiento licitatorio de diferentes países. Atendidas las especificidades de cada uno de ellos, se

---

[560] V. el cap. II, 3-4, cap. III, 5 y cap. VII, 4.
[561] Como por ejemplo la Declaración de Estocolmo, la Declaración de Río, Agenda 21, la Convención sobre la Diversidad Biológica, la Convención-Cuadro de las Naciones Unidas sobre el Cambio del Clima, la Convención de Viena para la Protección de la Capa de Ozono.
[562] V. el cap. II, 5, cap. V, 4-5, cap. VII, 3-4, y cap. VIII, 2.
[563] V. el cap. I, 6-7, cap. III, 2, y cap. VIII, 2.
[564] V. el cap. I, 2-5, cap. IV, 1-3 y cap. V, 4.

pueden identificar las normas que dictan acerca de contratos y compras en la esfera pública, muchas veces sin atentar contra los preceptos supranacionales[565]. La administración pública debe ser técnica e instrumental para así poder definir una gestión favorable a la colectividad. Nada en el pliego debe estar oculto a fin de proporcionar una selección justa y limpia. Por ello debe contener una correcta designación del objeto o servicio licitado con contenido lícito y posible, estar sometido al rigor normativo y a los principios que permitan una justa competencia, incluso aquellos de carácter supranacional[566].

14. Con sus actuales estructuras jurídicas el Mercado Común del Sur no permite una relación armónica que pueda responder a los intereses de los países que lo componen, especialmente en lo relativo a la licitación y la corrupción. La integración de los países pone de manifiesto la necesidad de modificar los preceptos del derecho interno de cada Estado miembro con el fin de que las leyes locales se amolden a la nueva realidad generada por el proceso integrador, tal como sucedió en el Mercado Común Europeo. Son innegables los beneficios que las compras públicas generan al sistema integrador generado por el Mercado Común del Sur. Los países que lo forman deben empezar a desarrollar sistemas y modelos con el objetivo de acelerar ese campo de integración, poco explotado hasta el momento[567].

15. La supranacionalidad implica un acatamiento en el ámbito interno de las normas generales admitidas en tratados internacionales bajo cualquier contenido normativo, incluso en las licitaciones públicas. La aceptación de una norma externa mediante convalidación de un Estado significa la aceptación interna de sus parámetros. La vinculación entre las normas administrativas internas y las supranacionales permite intensificar la obediencia al sistema jurídico como un todo y valorizar las garantías de procedimiento, incluso para reforzar los principios y las reglas licitatorias en lo referido a la necesidad de optimizar la utilización del erario sin menospreciar las normas licitatorias de cada país[568].

---

[565] V. el cap. II, 1-4.
[566] V. el cap. I, 6-7, cap. III, 3, cap. V, 3-4, cap. VII, 1-3 y cap. VIII, 1-2.
[567] V. el cap. II, 3-4 y cap. IV, 1-3, cap. VIII, 3.
[568] V. el cap. I, 4-5, cap. II, 3-4 y cap. VIII, 1.

16. Es un equívoco pensar que los preceptos que sustentan la dignidad humana sólo deberían ser aceptados para contener la violencia en los Estados autoritarios. En los Estados posmodernos existe el reconocimiento de la igualdad de todos los ciudadanos y el derecho a una participación igualitaria, sea en relación a los servicios públicos o en los eventos licitatorios en la condición de licitante o de ciudadano fiscalizador del uso del dinero público[569].

17. Es necesario adoptar medidas efectivas en el ámbito interno para alcanzar instrumentos de eficiencia y legitimidad de la función administrativa, así como garantizar la plenitud de los derechos de los ciudadanos. Esto posibilitará un mejor desempeño en la adquisición de bienes y servicios públicos por parte de los órganos estatales. La supranacionalidad va a permitir la elucidación de posibles lagunas en la interpretación de los hechos e impedir una gestión temeraria que pervierta el sistema jurídico. Esto significa respetar las normas del ámbito interno y hacer valer los parámetros supranacionales incorporados en cada país[570].

Desde la perspectiva abordada, podemos ver que el tema no se agota en este estudio sobre la supranacionalidad y en el régimen legal de la licitación, ya que requiere una diligencia constante y un profundo análisis de los reclamos de la sociedad para poder solucionar los conflictos de los ciudadanos y de la administración pública.

---

[569] V. el cap. V, 3 cap. IX, 2, y cap. VIII, 4.
[570] V. el cap. IV, 1-4, cap. VII, 4, y cap. VIII, 1-4.

REFERENCIAS

ABBAGNANO, NICOLA, *História da filosofia*, V. I, 5ª. ed., Lisboa, Presença, 1991.
ACCIOLY, Elizabeth, *Mercosul & união européia, estrutura jurídico-institucional*, 3ª. ed., Curitiba, Juruá, 2008.
ACCIOLY, Hildebrando, SILVA, Geraldo Eulálio do Nascimento, *Manual de Direito Internacional Público*, 15ª. ed., San Pablo, Saraiva, 2002.
AGAMBEN, Giorgio, *A linguagem e a morte: um seminário sobre o lugar da negatividade,* Belo Horizonte, Humanitas-UFMG, 2006.
ALEXY, Robert, *Teoria dos direitos fundamentais*, 5ª. ed., San Pablo, Malheiros, 2008.
ALTOUNIAN, Cláudio Sarian, *Obras públicas: licitação, contratação, fiscalização e utilização*, 2ª. ed., Brasilia, Fórum, 2009.
AMARAL, Antônio Carlos Cintra de, *Ato administrativo, licitações e contratos administrativos,* San Pablo, Malheiros, 1995.
ANDRADE, Melanie Merlin de, SALDANHA, Eduardo, *Immanuel Kant: idealismo e carta da ONU*, Curitiba, Juruá, 2008.
ANTUNES, Paulo de Bessa, *Direito ambiental*, 12ª. ed., Río de Janeiro, Lumen Juris, 2010.
APEL, Karl-Otto, *La globalización y una ética de la responsabilidad: reflexiones filosóficas acerca de la globalización*, Buenos Aires, Prometeo Libros, 2007.
ARISTOTELES, *Metafísica*, Barcelona, Océano, 2002.
ARRIGHI, Jean Michel, *Organização dos Estados Unidos*, San Pablo, Manole, 2004.
ÁVILA, Humberto, *Teoria dos Princípios, da definição à aplicação dos princípios jurídicos*, 7ª. ed., San Pablo, Malheiros, 2007.
AZAMBUJA, Darcy, *Teoria Geral do Estado,* 18ª. ed., Puerto Alegre, Globo, 1979.
AZEVEDO, Plauto Faraco, *Ecocivilização: ambiente e direito do limiar da vida*, 2ª. ed., San Pablo, Revista dos Tribunais, 2008.
BAHIA, Saulo José Casali, "A supranacionalidade no Mercosul", en BASTOS, Celso Ribeiro e FINKELSTEIN, Cláudio (Coods.), *Mercosul: lições do período de transitoriedade*, San Pablo, Instituto Brasileiro de Direito Constitucional, 1998.

BALBÍN, Carlos F., *Manual de derecho administrativo*, Buenos Aires, La Ley, 2011.
BALEEIRO, Aliomar, *Uma introdução à ciência das finanças*, 15ª. ed., Río de Janeiro, Renovar, 1977.
BANDEIRA DE MELLO, Celso Antônio, *Curso de direito administrativo*, 28ª. ed., Malheiros, San Pablo, 2011.
_____, *Discricionariedade e controle jurisdicional*, 2ª. ed., San Pablo, Malheiros Editores, 1998.
_____, *Elementos de direito administrativo*, San Pablo, Revista dos Tribunais, 1980.
_____, *O conteúdo jurídico do princípio da igualdade*, 3ª. ed., San Pablo, Malheiros, 2010.
BARBEIRO, Herótido, *História Geral*, San Pablo, Moderna, 1976.
BARROS, Sérgio Resende de, *Liberdade e contrato: a crise na licitação*, 2ª. ed. Piracicaba, UNIMEP, 1999.
BARROS, Wellington Pacheco, *Manual de direito administrativo*, Puerto Alegre, Livraria do Advogado, 2008.
BARROSO, Luis Roberto; SOUTO, Marcos Juruena Villela, *Aquisição de bens financiados pelo BIRD*, Boletim de licitações e contratos. Ano X, nº 8, São Paulo: NDJ, 1997.
BASTOS, Celso Ribeiro, *Curso de direito constitucional*, 22ª. ed., San Pablo, Saraiva, 2001.
BATISTA, Henrique Gomes; PRESTES, Cristine, *Guia valor econômico das licitações*, San Pablo, Globo, 2004.
BAZILLI, Roberto Ribeiro, MIRANDA, Sandra Julien, *Licitação à luz do direito positivo*, San Pablo, Malheiros, 1999.
BERCHOLC, Jorge O., *El sistema político e institucional en la Argentina*, Buenos Aires, Lajouane, 2006.
_____, *El estado y la globalización*, Buenos Aires, Ediar, 2008.
_____, "El Estado y la globalización: La dinámica política de los procesos de integración supranacional", en Cuadernillo del VII Cursos Intensivos de Postgrado, Buenos Aires, UBA, 2007. Bercholc, Jorge, *El sistema político e institucional en la Argentina*, Buenos Aires, Lajouane, 2006.
BEZERRA DE FARIAS, Flávio, *A globalização e o estado cosmopolita*, San Pablo, Cortez, 2001.
BEZERRA FILHO, João Eudes, *Contabilidade Pública: teoria, técnica de elaboração de balanços*, 3ª. ed., Brasilia, Campus, Río de Janeiro, 2007.
BEZERRA, Marcos Otávio, *Corrupção: um estudo sobre poder público e relações pessoais no Brasil*, Río de Janeiro, Relume-Dumará, 1995.
BIAGI, Marta, *Investigación científica, guía práctica para desarollar proyectos y tesis*, Morón, Praia, 2005.
BIDERMAN, Rachel, *Guia de Compras Públicas Sustentáveis, ICLEI - Governos Locais pela Sustentabilidade*, Uso do poder de compra do governo

para a promoção do desenvolvimento sustentável. 2ª. ed., Río de Janeiro, FGV, 2008.
BIELSA, Rafael, *Principios de derecho administrativo*, Buenos Aires, Universidad Nacional del Litoral, 1942.
BITENCOURT NETO, Eurico, "Direito administrativo transnacional", en *Revista Brasileira de Direito Público* – RBDP, Ano 7, nº 24, jan/mar, pp. 12-13, Belo Horizonte, Fórum, 2009.
BITENCOURT, Sidney, *Licitações internacionais*, Belo Horizonte, Fórum, 2012.
BITTAR, Carlos Alberto, *Contornos atuais de teoria dos contratos*, San Pablo, Revista dos tribunais, 1993.
BLANCHET, Luiz Alberto, *Licitação, o edital à luz da nova lei*, 2ª. ed., Curitiba, Juruá, 1994.
_____, *Roteiro pratico das licitações,* 6ª. ed., Curitiba, Juruá, 2003.
BOBBIO, Norberto, *As ideologias e o poder em crise*, 4ª. ed.. Brasilia, Universidade de Brasília, 1999.
_____, *Dicionário de política*, 13ª. ed., v. I y II, Brasilia, UNB, 2007.
_____, *Era dos direitos,* Río de Janeiro, Elsevier, 2004.
_____, *Igualdade e liberdade*, 4ª. ed., Río de Janeiro, Ediouro, 2000.
_____, *O futuro da democracia*, 7ª. ed., San Pablo, Paz e Terra, 2000.
BONAFONT, Laura Chaqués, *Redes de políticas públicas*, Madrid, Siglo XXI de España editores, 2004.
BONAVIDES, Paulo, *Ciência Política*, 12ª. ed., San Pablo, Malheiros, 2006.
_____, *Curso de direito constitucional,* 11ª. ed., San Pablo, Malheiros, 2001.
BOTASSI, Carlos Alfredo, *Contratos de la administración provincial*, Buenos Aires, Scotti, 1996.
BOTTA, Mirta A., *Tesis, tesinas, monografias e informes*, 2ª. ed., Buenos Aires, Biblos, 2007.
BOUZAS, Roberto, FANELLI, José M, *Mercosur: integración y crecimiento*, Buenos Aires, Altamira, 2002.
BRAGA, Valeschka e Silva, Princípios da proporcionalidade e da razoabilidade, *Curitiba, Juruá, 2004.*
BRASIL, Tribunal de Contas da União, *Licitações e contratos, orientações e jurisprudência do TCU*, 4ª. ed., Brasília, TCU, 2010.
_____, *Guia de compras públicas sustentáveis para administração federal*, disponible en: www.abic.com.br/publique/media/CPQ_Informativo053-Marco.pdf
BREWER-CARÍAS, Allan R., *Derecho administrativo*, t. I y II, Bogotá, Universidad Externado de Colombia, 2006.
BRITTO, Carlos Ayres, *O perfil constitucional da licitação*, Curitiba, Znt, 1997.
CACHAPUZ DE MEDEIROS, Antônio Paulo, *O poder de celebrar tratados: competência dos poderes constituídos para a celebração de tratados, à luz do*

direito internacional, do direito comparado e do direito constitucional brasileiro, Puerto Alegre, Sergio Antonio Fabris, 1995.
CADEMARTORI, Daniela, *O Diálogo democrático,* Curitiba, Juruá, 2007.
CAÑAL, Diana, *Decisiones judiciales: la relación entre normas de fondo y de forma,* Buenos Aires, Quórum, 2006.
_____, *Filosofía del derecho: una propuesta interactiva,* Buenos Aires, Quorum, 2005.
CANOTILHO, José Joaquim Gomes, *Direito constitucional,* Coimbra, Almedina, 1995.
CAPARRÓS, Eduardo A. Fabián, "La Corrupción Política y Económica: Anotaciones para el Desarrollo de su Estudio", en *La Corrupción: Aspectos Jurídicos y Económicos,* Salamanca, Ratio Legis, 2000.
CAPUTI, Maria Claudia, *La ética pública,* Buenos aires, De palma, 2000.
CARBONELL, Miguel (et. at.), *La globalización y el orden jurídico,* Bogotá, Universidad Externado de Colombia, 2007.
CARVALHO FILHO, José dos Santos, *Manual de direito administrativo,* 22ª. ed., Río de Janeiro, Lúmen Juris, 2009.
CARVALHO, Antônio César Leite de; SANTANA, José Lima, *Direito ambiental brasileiro em perspectiva,* Curitiba, Juruá, 2009.
CARVALHO, Fábio Lins de Lessa, *O princípio da impessoalidade nas licitações,* Maceió, EDUFAL, 2005.
CASANOVA, Pablo González, *O colonialismo global e a democracia,* Río de Janeiro, Civilização Brasileira, 1995.
CASSAGNE, Juan Carlos, *Derecho administrativo,* t I y II, 8ª. ed., Buenos Aires, AbeledoPerrot, 2006.
CASSESE, Sabino, "Il diritto amministrativo globale: una instroduzione", en *Rivista trimestrale di diritto pubblico,* v. 2, Roma, 2005, pp. 331-357.
_____, *La crisis del estado,* Buenos Aires, Abeledoperrot, 2007.
CASTRO, Marcus Faro de, *Política e relações internacionais: fundamentos clássicos,* Brasilia, UNB, 2005.
CATALANO, Pierangelo, "Princípios jurídicos e esperança de uma futura 'autoridade pública universal'", en *Revista de Informação Legislativa,* Brasilia, año 41, nº. 162 abr./jun., 2004, p. 333.
CAVALCANTI, Bianor Scelza, *El gerente ecualizador: estrategias de gestión para el sector público,* Buenos Aires, Jefatura de Gabinete de Ministros, 2007.
CHARAUDEAU, Patrick, *Discurso Político,* San Pablo, Contexto, 2008.
CHEVALLIER, Jean-Jacques. *História do pensamento político*: *da cidade-estado ao apogeu do Estado-Nação monárquico,* t. I, Trad. Roberto Cortes de Lacerda, Río de Janeiro, Guanabara Koogan, 1982.
CHIARELLI, Carlos Alberto Gomes (Coord.). *Temas de Integração com enfoques no Mercosul,* San Pablo, LTr, 1997.
CHIZZOTTI, Antonio; TREVISAN, Antoninho Marmo; et. al, *O combate à corrupção nas prefeituras do Brasil,* San Pablo, 2005.

CIMMA, Enrique Silva, *Derecho administrativo chileno y comparado: introducción y fuentes*, 5ª. ed., Santiago, Jurídica de Chile, 2009.

CIURO CALDANI, Miguel Ángel, *Derecho y política*, Buenos Aires, Depalma, 1976.

_____, "Nota sobre la asunción y la deserción 'convertidoras' de valores", *Revista del Centro I.F.J. y F.S.*, nº. 29, Disponible en www.centrode filosofia.org.ar

_____, *Bases de la integracion jurídica trialista para la ponderación de los principios*, Revista del Centro I. F.J. y F.S., Disponible en http://www.centrode filosofia.org.ar

_____, *Estado del conocimiento en la investigación jurídica, líneas de investigación e impacto social de la producción científica*, Revista del Centro I.F.J.y F.S., Investigación y Docencia nº. 39, Disponible en http://www.centrode filosofia.org.ar

_____, *Integración y sociedad civil, en la búsqueda de la complejidad para la integración*. Revista del Centro I.F.J. y F.S. nº. 29, Disponible en http://www.centrode filosofia.org.ar

_____, *Ubicación de la justicia en el mundo del valor: el asalto al valor justicia*, Revista del Centro I.F.J. y F.S. Investigación y Docencia nº. 39, Disponible en http://www.centrode filosofia.org.ar

CLEMENT, Simon y otros. *The Procura+ manual, a guide to cost-effective sustainable public procurement*, Munich, Ökum Verlag, 2003.

CLEVES, Gonzalo A. Ramírez, *El derecho en el contexto de la globalización*, Universidad Externado de Colombia, Bogotá, 2007.

COELHO, Fábio Ulhoa, *Para entender Kelsen*, 4ª. ed., Saraiva, San Pablo, 2001.

COLATUONO, Pablo Ángel Gutiérrez, *Administración pública, juridicidad y derechos humanos*, Buenos Aires, AbeledoPerrot, 2009.

COMADIRA, Julio Rodolfo, *Derecho Administrativo, acto administrativo, procedimiento administrativo, otros estudios* , 2ª. ed., Buenos Aires, AbeledoPerrot, 2003.

_____, *La licitación pública*, Buenos Aires, Depalma, 2000.

_____, *El acto administrativo*, Buenos Aires, La Ley, 2006.

COMISIÓN EUROPEA, *¡Compras Ecológicas! Manual sobre a Contratação Pública Ecológica,* Luxemburgo, Oficina de Publicaciones Oficiales de las Comunidades Europeas, 2005.

COMUNIDAD EUROPEIA, *Manual de contratos públicos ecológicos*, Luxemburgo, Serviço de publicaciones oficiales, 2005.

CONSALES, Biancamaria; LAPERUTA, Lilla. *Compendio di diritto amministrativo*. Dogana: Maggioli, 2010.

COSSIO, Carlos, *La valoración jurídica y la ciencia del derecho*. 2ª. ed., Buenos Aires, 1954.

COSTA, Helena Regina Lobo da, *A dignidade humana: teorias de prevenção geral positiva,* San Pablo, Revista dos Tribunais, 2008.

COURTIS, Christian, *El umbral de la ciudadanía: el significado de los derechos sociales en el estado social constitucional*, Buenos Aires, Del Puerto, 2006.

CRETELLA JÚNIOR, José, *Curso de direito administrativo*, 9ª. ed., Río de Janeiro, Forense, 1987.

_____, *Direito administrativo comparado*, 3ª. ed., Río de Janeiro, Forense, 1990.

CUSINS, Peter, *Gerente de sucesso, liderança e eficácia*, 8ª. ed., San Pablo, Clio Editora, 2003.

D'AURIA, Aníbal y otros, *Orígenes del pensamiento político argentino*, Buenos Aires, Docencia, 2000.

D'AURIA, Aníbal, *Análisis político: poder, derecho y democracia*, Colección académica. Buenos Aires, La ley, 2004.

_____, *Estado y democracia: propuestas para una teoría del estado demo-representativo*, Buenos Aires, Docencia, 1996.

DABIN, Jean, *Doctrine Génerale de L'État*, Paris, Sirey, 1939.

DAHL, Robert, *Sobre a democracia*. Trad. Beatriz Sidou. Brasilia: Editora Universidade de Brasília, 2009.

DALLARI, Adilson Abreu, *Aspectos jurídicos da licitação*, 7ª. ed., San Pablo, Saraiva, 2007.

DALLARI, Dalmo de Abreu, *O futuro do estado*, San Pablo, Saraiva, 2001.

DANTAS, Ivo, LIMA, Marcos Costa, MEDEIROS, Marcelo de Almeida, *Processo de integração regional: o político, o econômico e o jurídico nas relações internacionais*, Curitiba, Juruá, 2001.

DANTAS, Miguel Calmon, *Constitucionalismo dirigente e pós-modernidade*, San Pablo, Saraiva, 2009.

DAPKEVICIUS, Rubén Flores, *Manual de derecho público, derecho administrativo*, Montevideo, B de F, 2007.

DARTAYETE, María Cristina, "Armonización de las normas en el Mercosur". En *Revista de Direito do Mercosul*, Buenos Aires, feb., 1999.

DE OLIVEIRA, Gustavo Justino, *Direito Administrativo democrático*, Belo Horizonte, Forúm, 2010,

DELIUS, Chrish; GATZEMEIER, Mattias, *Historia de la filosofía: desde la antigüedad hasta nuestros días*, Barcelona, Könemann, 2005.

DELL Gillian, *Convenciones Anticorrupción en América: lo que la sociedad civil puede hacer para que funcionen*, Traducido por Jennifer Baez, Berlín, Transparency International, 2006.

DI PIETRO, Maria Sylvia Zanella, *Direito administrativo*, 24ª. ed., San Pablo, Atlas, 2011.

_____, *Temas polêmicos sobre licitações e contratos*, 5ª. ed., San Pablo, Malheiros, 2001.

DIAS, Jefferson Aparecido, *Princípio da eficiência e moralidade administrativa*, 2ª. ed, Curitiba, Juruá, 2008.

DIEZ, Manuel María, *Manual de derecho administrativo,* t. I, Buenos Aires, Plus Ultra, 1971.
DINIZ, Maria Helena, *Compêndio de introdução à ciência do direito*, 10ª. ed., San Pablo, Saraiva, 1998.
DOMINGO, Rafael, *El derecho global*, Medellín-Colombia, Biblioteca jurídica Diké, 2009.
DUARTE, João Ribeiro Mathias, *Desenvolvimento do procedimento licitatório*, San Pablo, UNESP, 2004.
DUCRET, A.P., *Evolução dos métodos de licitação de obras públicas em diversos países*, San Pablo, Sinduscon-SP, 1995.
DUPUY, René Jean, *Lê droit Internacional,* Paris, Presses Universitaires de France, 1976.
DURÃO, Pedro, *Convênios e consórcios públicos*, 4ª. ed., Curitiba, Juruá, 2014.
_____, *Técnica de parecer: como fazer um dictamen jurídico,* 2ª. ed., Curitiba, Juruá, 2014.
_____, *Transformaciones del derecho administrativo*, Buenos Aires, Livro & Bites, 2008.
_____, *Direito administrativo, resumos e aplicações objetivas*, 4ª. ed., Salvador, Viajuridica, 2014.
_____, *Lei orgânica do município de Aracaju comentada,* Câmara Municipal de Aracaju, Aracaju, Criação, 2012.
DURKHEIM, Émile, *Las reglas del método sociológico*, Buenos Aires, Libertador, 2006.
DWORKIN, Ronald, *O império do direito,* 2ª. ed., San Pablo, Martins Fontes, 2007.
ECHAVE, Delia Teresa, URGUIJO, Maria Eugenia y GUIBOURG, Ricardo A., *Lógica, proposición y norma,* Buenos Aires, Astrea, 2008.
EGUIVAR, Luis A., BOIERO, Rodolfo R. Rua, *Mercosur*, Buenos Aires, La Ley, 1991.
ESCOLA, Hector Jorge, *Tratado integral de los contratos administrativos, parte general*, t. I, Buenos Aires, Depalma, 1977.
FARRANDO, Ismael, *Contratos administrativos*, Buenos Aires, AbeledoPerrot, 2002.
FARIA, Edimur Ferreira, *Curso de direito administrativo positivo*, 2ª. ed.. Belo Horizonte, Del Rey, 1999.
FARIAS, Edilsom, *Liberdade de expressão e comunicação: Teoria e Proteção Constitucional,* San Pablo, Revista dos Tribunais, 2004,
FAZZIO JÚNIOR, Waldo, *Corrupção no poder público,* San Pablo, Atlas, 2002.
FERNANDES, Jorge Ulisses Jacoby*, Contratação direta sem licitação*, 5ª. ed., Brasília Jurídica, 2000.
FERRAJOLI, Luigi, *A soberania no mundo moderno,* San Pablo, Martins Fontes, 2002.

FERREIRA, João Sanches, *Da licitação na modalidade de convite, manual prático*, Curitiba, Juruá, 2003.

FERRER, Florencia, *Gestão pública eficiente: impactos econômicos de governos invadores*, 3ª. ed., Río de Janeiro, Elsevier, 2007.

FIGUEIREDO, Guilherme José Purvin de, *Curso de direito ambiental*, 3ª. ed., Curitiba, Letra da lei, 2009.

_____, *Direito ambiental e a saúde dos trabalhadores*, San Pablo, LTr, 2000.

FIGUEIREDO, Lúcia Valle, *Direitos dos licitantes*, 4ª. ed, San Pablo, Malheiros, 1994.

_____, *Extinção dos contratos administrativos*, 2ª. ed., San Pablo, Malheiros, 1998.

FIGUEIREDO, Lúcia Valle, FERRAZ, Sérgio, *Dispensa e inexigibilidade de licitação*, 2ª ed., San Pablo, RT, 1992.

_____, Instrumentos da administração concensual: A Audiência pública e sua finalidade. *Revista eletrônica de direito administrativo econômico*. Salvador, IBDP, n° 11, ago-oct, 2007. Disponible en www.direitodoestado.com/revista/redae

FILGUEIRAS, Fernando, *Corrupção, democracia e legitimidade*, Belo Horizonte, UFMG, 2008.

FILHO, Benedicto de Tolosa, *Contratando sem licitação*, Río de Janeiro, GZ, 2010.

FIORINI, Bartolomé A., MATA, Ismael, *Licitación Pública*, Buenos Aires, AbeledoPerrot, 1972.

FLEINER-GERSTER, Thomas, *Teoria geral do estado*, San Pablo, Martins Fontes, 2006.

FOUCAULT, Michel, *Em defesa da Sociedade*, San Pablo, Martins Fontes, 2005.

_____, *L'Ordre du discours, leçon inaugurale ao Collège de France prononcée le 2 décembre 1970*, Paris, Gallimard, 1971.

_____, *Resumo dos cursos do collegé de france* 1970-1982, Río de Janeiro, Jorge Zahar, 1971.

FRAGA, Mirtô, *O conflito entre o tratado internacional e a norma de direito interno*. Forense: Río de Janeiro, 1997.

FRANÇA, Limongi R., *Hermenêutica jurídica*, 9ª. ed. San Pablo, Revistas dos Tribunais, 2009.

FRANÇA, Philip Gil, *O controle da Administração Pública*, 2. ed., San Pablo, RT, 2008.

FRANCO DEL POZO, Mercedes, *El derecho humano a un medio ambiente adecuado*, Universidad de deusto, Bilbao, 2000.

FRANCO SOBRINHO, Manoel de Oliveira, *Obrigações administrativas*, Curitiba, Genesis, 1994.

FREIRE, André Luiz, *Manutenção e retirada dos contratos administrativos invalidos*, San Pablo, Malheiros, 2008.

FREYRE, Gilberto, *Casa grande & senzala, formação da família brasileira sob o regime da economia patriarcal*, 34ª. ed., Río de Janeiro, Record, 1998.

FUENMAYOR, Ronald de Jesús Chacín, *Algunas notas sobre la teoría de la interpretación judicial de Carlos Cossio,* Revista de filosofía práctica Dikaiosyne, n° 10, Venezuela, Universidad de los Andes, jun/2003.

FURLAN, Fernando de Magalhães, *Integração e soberania: o Brasil e o Mercosul,* San Paulo, Aduaneiras, 2004.

_____, *Supranacionalidade nas associações de estados, repensando a soberania,* Curitiba, Juruá, 2008.

GALARDA, Carlos, *Licitações técnica e preço, aquisição de bens e serviços de informática e automação*, Curitiba, Juruá, 2003.

GARCÍA, Sanz Agustín A. M., "Información pública pero no tanto. El nuevo procedimiento para denunciar incumplimientos del Reglamento de Acceso a la Información Pública," en *RPA,* 2008-2:7

_____, "La publicidad de las normas a través de Internet como estándar mínimo para que sean exigibles," en *RPA,* 2008-3:55

_____, "Licitación pública v. contratación directa: ¿la batalla perdida?," en *RPA,* 2006-3:75

GARCIA, Alejandro Nieto, *La organización del gobierno*, 4ª. ed., Barcelona, Ariel, 1993.

GARCÍA, Flávio Amaral, *Licitações & Contratos Administrativos*, 3ª ed., Río de Janeiro, Lumen Juris, 2010.

GARCIA, Maria Cristina, *Corrupção e pervesidade do estado e a nova ordem mundial*, San Pablo, Edicon, 2006.

GARCÍA, Sarmiento y otros, *Estudios de derecho administrativo*, Buenos Aires, De Palma, 1995.

GARE, Belter Copello, et al. (org.), *Mercosur balances y perspectivas,* Montevideo, Fundación de Cultura Universitaria, 1996.

GASPARINI, Diógenes, *Crimes na licitação,* 2ª. ed., San Pablo, NDJ, 2001.

_____, *Direito Administrativo*, 16ª. ed., San Pablo, Saraiva, 2011.

GATTY, Jean, *Principios de una nueva teoría del estado,* Buenos Aires, Eudeba, 2005.

GRAIG, Paul P., *Administrative law*, 5ª. ed., London, Thompson, 2003.

GENY, François, *Método de interpretación y fuentes en el derecho privado*, 2ª. ed., Madrid, Reus, 1925.

GIACOMUZZI, José Guilherme, A moralidade administrativa e a boa-fé da administração pública, San Pablo, Malheiros, 2002.

GIL, Antonio de Loureiro, 2ª. ed., *Fraudes informatizadas*, San Pablo, Atlas, 1999.

GIGENA, Julio Isidro Altamira, *Acto Administrativo*, Córdoba, Advocatus, 2008.

GUIMARÃES, Edgar, *Controle das Licitações Públicas*, San Pablo, Dialética, 2002.

GOLDSCHMIDT, Werner, *Introducción al derecho: estructura del mundo jurídico,* Buenos Aires, Aquillar, 1960.

_____, *Introducción filosófica al Derecho,* 6ª. ed., Buenos Aires, Depalma, 1987

GÓMEZ, Nicolás, *Ética, transparencia y lucha contra la corrupción en la administración pública,* Buenos Aires, Oficina Anticorrupción, Ministerio de Justicia y Derechos Humanos de la Nación, 2009.

GORDILLO, Agustín y otros, *Contratos administrativos: regímenes de pago y actualización,* t. 1., Buenos Aires, Astrea, 1988.

_____, *Derechos Humanos,* 6ª. ed., Buenos Aires, Fundación de Derecho Administrativo, 2007.

GORDILLO, Agustín, NIETTO, Alejandro, *Las limitaciones del conocimiento jurídico,* Madrid, Trata, 2003.

GORDILLO, Agustín, *Cien notas de Agustín. Notas asistémicas de un lustro de jurisprudencia de derecho administrativo,* Buenos Aires, Fundación de Derecho Administrativo, 2007.

_____, *Derechos Humanos,* 6ª. ed., Buenos Aires, Fundación de Derecho Administrativo, 2007.

_____, *El método en derecho,* Madrid, Civitas, 1998.

_____, *Introducción al derecho,* Buenos Aires, La Ley, 2007.

_____, *La administración paralela,* Madrid, Cuadernos Civitas, 1982.

_____, (dir.) *Procedimiento administrativo,* 2. ed., Buenos Aires, Lexis Nexis, 2006.

_____, *Tratado de derecho administrativo,* 10ª. ed., t. I, Parte general, Buenos Aires, Fundación de Derecho Administrativo, 2009.

_____, *Tratado de derecho administrativo,* 9ª. ed., t. II, La defensa del usuario y del administrado, Buenos Aires, Fundación de Derecho Administrativo, 2009.

_____, *Tratado de derecho administrativo,* 9ª. ed., t. III, El acto administrativo, Buenos Aires, Fundación de Derecho Administrativo, 2007.

_____, *Tratado de derecho administrativo,* 9ª. ed., t. IV, El procedimiento administrativo, Buenos Aires, Fundación de Derecho Administrativo, 2006.

_____, *Tratado de derecho administrativo y obras selectas,* t. V, Primeras obras, Buenos Aires, Fundación de Derecho Administrativo, 2012.

_____, *Tratado de derecho administrativo y obras selectas,* t. VI, El método en derecho y la administración paralela, Buenos Aires, Fundación de Derecho Administrativo, 2012.

_____, *El acto administrativo (noción, nulidades, vicios, los actos de gobierno),* Buenos Aires, AbeledoPerrot, 1962.

_____, "Hacia la unidad del orden jurídico mundial," en *RPA* 2009-1:47.

_____, "Convención interamericana contra la corrupción", Disponible en <www.gordillo. org>.

_____, "La creciente internacionalización del derecho. Consecuencias en el régimen de las fuentes del ordenamiento jurídico," en *Doctrina pública,* 2004-XXVI-2, Buenos Aires, RAP, 2005, pp. 213-226.

_____, "La creciente internacionalización del derecho", en Fernández Ruiz, Jorge (coord.), *Perspectivas del derecho administrativo en el siglo XXI,* México D-F., Universidad Nacional Autónoma de México, 2002.

_____, "La mutación del contrato administrativo," en AA.VV., *Cuestiones de contratos administrativos en homenaje a Julio Rodolfo Comadira*, Buenos Aires, Rap, 2007.

_____, "Os contratos administrativos na hora atual", en la *Revista de direito administrativo aplicado*, año 3°, n° 8, Curitiba, Genesis Editora, 1996.

GOROSTEGUI, Beltrán, *El dictamen jurídico administrativo*, Buenos Aires, El Derecho, 2010.

GRAU, Roberto Eros, *Licitação e contrato administrativo*, San Pablo, Malheiros, 1995.

GRECO FILHO, Vicente, *Dos crimes da lei de licitações*, 2ª. ed., San Pablo, Saraiva, 2007.

GUIBOURG, Ricardo A. ECHAVE, Delia Teresa, URQUIJO, María Eugenia, *Lógica, proposición y norma*, Colección Filosofía y Derecho, v. 9, Buenos Aires, Astrea, 2008.

GUIBOURG, Ricardo A., *El fenómeno normativo: acción, norma y sistema,* Buenos Aires, Astrea, 1987.

_____, *La construcción del pensamiento, decisiones metodológicas,* Buenos Aires, Colihue, 2008.

_____, *Pensar en las normas,* Buenos Aires, Eudeba, 1999.

GUIMARÃES, Edgar, *Controle das licitações públicas,* San Pablo, Dialética, 2002.

GUIMARÃES, M. A. Miranda, *Concorrências e licitações no MERCOSUL*, Puerto Alegre, Livraria do Advogado, 1997.

HUTCHINSON, Tómas, *Elementos de direito administrativo*, Buenos Aires, La Ley, 2003

HEGEL, Georg Wilhelm Friedrich, *Fundamentos de la filosofía del derecho*, Madrid, Libertarias/Prodhufi, 1993.

HERKENHOFF, João Baptista, *Direitos humanos, uma idéia, muitas vozes*, 3ª. ed., Aparecida, San Pablo, Santuário, 1998.

HERRENDORF, Daniel E., BIDART CAMPOS, Germán J., *Principios de derechos humanos y garantías,* Buenos Aires, Ediar, 1991.

HERRERA, Mauricio Baquero (et. at.), *El derecho en el contexto de la globalización*, Bogotá, Universidad Externado del Colombia, 2007.

HOBBES, Thomas, *Leviatã*, Madrid, Sarpe, 1983.

HUISMAN, Denis, *Dicionário de obras filosóficas*, San Pablo, Martins Fontes, 2000.

HUSEK, Carlos Roberto, *Curso de direito internacional público*, 4ª. ed., San Pablo, LTr, 2002.
HUTCHINSON, Tomás, *Elementos de derecho administrativo*, Buenos Aires, La Ley, 2003.
IANNI, Octavio, *Teorias da globalização*, 4ª. ed., Río de Janeiro, Civilização Brasileira, 1977.
ICLEI, *Procura+*, Sustainable procurement campaign website, Disponible en <www.procuraplus.org>.
IHERING, Rudolf Von, *A luta pelo direito*, 14ª. ed., Río de Janeiro, Forense, 1994.
JAGUARIBE, Hélio, *Um estudo crítico da história*, Trad. Sérgio Bath, San Pablo, Paz e Terra, 2001.
JUANES, Norma, *Comercio electrónico y seguridad de las transacciones*, Córdoba, Advocatus, 2003.
JUSTEN FILHO, Marçal, *Curso de direito administrativo*, San Pablo, Saraiva, 2005.
_____, *Comentários à lei de licitações e contratos administrativos*, 7ª ed., Malheiros, San Pablo, 2000.
_____, *Comentários ao estatuto das microempresas e às licitações públicas*, Dialéticas, San Pablo, 2007.
_____, *Pregão: Comentários à legislação do pregão comum e eletrônico*, 5ª. ed., San Pablo, Dialética, 2009.
KANT, Imannuel, *Cómo orientarse en el pensamiento*, Buenos Aires, Quadrata, 2006.
_____, *Filosofía de la historia: qué es la ilustración*, La Plata, Derramar, 2004.
_____, *La paz perpetua*, Madrid, Espasa Calpe, 2003.
KELSEN, Hans, *A ilusão da justiça*, Trad. Sérgio Tellaroli, San Pablo, Martins Fontes, 1998.
_____, *O estado como integração: um confronto de principios*, San Pablo, Martins Fontes, 2003
_____, *O problema da justiça*, 3ª. ed., San Pablo, Martins Fontes, 1998.
_____, *Teoria geral do direito e do Estado*, San Pablo, Matins Fontes, 2003.
_____, *Teoria pura do direito*, 6ª. ed., San Pablo, Martins Fontes, 1998.
KINGSBURY, Benedict, KRISCH, Nico, STEWART, Richard B., "El surgimiento del derecho global", en *Res pública argentina - RPA*, 25: 2007-3, oct-dec2007, Buenos Aires, 2007.
KLENNER, Claudio Moraga, *Contratación Administrativa*, Santiago, Editorial Jurídica de Chile, 2010.
KLITGAARD, Robert, *A corrupção sob controle*, Tradução por Otávio Alves Velho, Río de Janeiro, Jorge Zahar Editor, 1994.
KUNZ, Ana, CARDINAUX, Nancy, *Investigar en derecho: guía para estudiantes y tesistas*, Buenos Aires, Facultad de Derecho- UBA, 2005.

LANZIANO, Washington, *Derechos humanos*, Montevideo, Tradicon S.A., 1998.
LARRAÑAGA, Félix Alfredo, *Organismos internacionais de comércio*, San Pablo, Lex, 2007.
LASO, Enrique Sayagues, *La licitación pública,* Montevideo, B de F, 2005.
_____, *Tratado de Derecho Administrativo.* t. II, 6ª. Montevideo, Fundación de Cultura Universitária, 1998.
LEÃO, Eliana Goulart, *Sistema de registro de preços, uma revolução da licitação*, Campinas, Bookseller, 1996.
LECLERC, Nadine Poulet-Gibot, *Droit administratif, sources, moyens, contrôles*, Paris, Bréal, 1995.
LENZA, Pedro. *Curso de direito constitucional*, 16ª. Ed., Saraiva, San Pablo, 2012.
LEWANDOWSKI, Enrique Ricardo, *Globalização, regionalização e soberania*, San Pablo, Juarez de Oliveira, 2004.
LIMA, Jonas, *Licitações à luz do novo estatuto da microempresa*, Campiras-SP, Servanda, 2008.
LIMA, Ruy Cirne e PASQUALINI, Paulo Alberto, *Princípios de direito administrativo*, 7ª. ed., San Pablo, Malheiros, 2007.
LINDGREN, J. A. Alves, *Os direitos humanos como tema global,* Brasilia, Perspectiva, 1994.
LOBÃO, Marcelo Meireles, *Responsabilidade do estado pela desconstituição de contratos administrativos em razão de vícios de nulidade*, San Pablo, Malheiros, 2008.
LOBO, Maria Teresa Cárcamo, *Ordenamento jurídico comunitário*: União Européia-Mercosul, Belo Horizonte, Del Rey, 1997.
LOCKE, John, *Segundo ensayo sobre el gobierno civil*, Buenos Aires, Losada, 2003.
MALISKA, Marcos Augusto, *Estado e século XXI: a integração supranacional sob a ótica do direito constitucional*, Río de Janeiro, Renovar, 2006.
MAQUIAVELO, Nicolás, *El príncipe, con notas y comentarios de Napoleón Bonaparte*, Buenos Aires, Terra, 2006.
MARIANO, Marcelo Passini, *A estrutura institucional do mercosul*, San Pablo, Aduaneiras, 2000.
MARTINES JÚNIOR, Eduardo, *Dispensa e inexigibilidade de licitação, a responsabilidade civil e criminal dos seus agentes*, San Pablo, Verbatim, 2009.
MARTINS JÚNIOR, Wallace Paiva, *Probidade administrativa,* 4ª. ed., San Pablo, Saraiva, 2009.
MARTINS, José Antônio, *Corrupção*, San Pablo, Globo, 2008.
MARTORELL, Felio J. Bauzá, *La desadministración pública,* Madrid, Marcial Pons, 2001.
MARX, Karl, "Crítica da Filosofia do Direito de Hegel", Escrito: 1843-1844, en *The Marxists Internet Archive*, Disponible en http://www.dominiopublico.gov.br/

MAZZUOLI, Valerio de Oliveira, *Direito internacional público*, 5ª. ed., San Pablo, Revista dos Tribunais, 2010.
MEDAUAR, Odete, *Direito administrativo moderno*, 7ª. ed., San Pablo, Revista dos Tribunais, 2003.
MEIRELLES, Hely Lopes, *Direito administrativo brasileiro*, 33ª. ed., San Pablo, Malheiros, 2007.
_____, *Licitação e contrato administrativo*, 15ª ed., San Pablo, Malheiros, 2010.
MENEZES, Wagner, *Direito internacional na América latina*, Curitiba, Juruá, 2007.
MIRANDA, Henrique Savonitti, *Licitações e contratos administrativos*, 3ª. ed., Brasilia, Senado Federal, Subsecretaria de Edições Técnicas, 2005.
MIRANDA, Jorge, *Teoria do estado e da constituição*, 2ª. ed., Río de Janeiro, Forense, 2009.
MORANGE, Jean, *Direitos humanos e liberdades públicas*, 5ª. ed., Barueri, Manole, 2004.
MOREIRA NETO, Diogo de Figueiredo, *Mutações do direito administrativo*, 2ª. ed., Río de Janeiro, Forense, 2003.
MORENO, Diego Younes, *Curso de derecho administrativo*, 7ª. ed., Bogotá, Temis, 2004.
MOTTA, Carlos Pinto Coelho, *Eficácia nas licitações e contratos,* 3ª. ed., Belo Horizonte, Del Rey, 1994.
MUKAI, Toshio, *Licitações e contratos públicos*, 5ª. ed., San Pablo, Saraiva, 1999.
MUÑOZ, Guillermo A., SALOMONI, Jorge L. (Directores), *Problemática de la administración contemporánea, una comparación europeo-argentina*, Buenos Aires, AD-HOC, 1997.
NETO, Diogo de Figueiredo Moreira, *Curso de direito administrativo*, 13ª. ed., Río de Janeiro, Forense, 2003.
_____, *Legitimidade e discricionariedade,* 4ª. ed., Río de Janeiro, Forense, 2002.
NETO, Eurico Bitencourt, "Direito administrativo transnacional", *en Revista Brasileira de Direito Público – RBDP*, Ano 7, nº 24, jan/mar, Belo Horizonte, Fórum, 2009.
NIEBUHR, Joel de Menezes, *Dispensa e inexigibilidade de licitação pública*, San Pablo, Dialética, 2003.
OLIVEIRA, Odília Ferreira da Luz, *Manual de direito administrativo*, Río de Janeiro, Renovar, 1997.
OLIVEIRA, Pedro Rocha de, *Obras Públicas: tirando suas dúvidas*, Belo Horizonte, Fórum, 2010.
OLVERA, Miguel Alejandro Lopez, *La instancia administrativa*, Buenos Aires, Ediar, 2008.

ORTIZ, Túlio E., *Estado posmoderno y globalización: transformación del Estado-nación argentino*, Buenos Aires, Facultad de Derecho de la UBA, 2006.

ORTIZ, Túlio E., PARDI, Maria Laura (Coord), *Estados posmoderno y globalización, transformación del estado-nación argentino*, Buenos Aires, Faculdad de Derecho de la Universidad de Buenos Aires, 2006.

OYAGUE, Lazarte; EVELYN, Saby, *El pensamiento filosófico de Pedro Zulen: educación, hombre y filosofía,* Programa Cybertesis PERU –sisbib, Lima, Universidad Nacional Mayor de San Marcos, 2006, ítem n°. 260, Disponible en http://sisbib.unmsm.edu.pe/bibvirtualdata/libros/Filosofia/esencia/

PASCAL, *Pensamientos sobre la religión y otros asuntos*, Buenos Aires, La página, 2003.

PASSOS, J. J. Calmon de, "O futuro do Estado e de direito do estado: democracia, globalización y nacionalismo", en *Revista Brasileira de Direito Público (RBDP),* Belo Horizonte, ano 1, n°. 1, Abr-jun2003, pp. 21-22.

PEÑA DE MORAES, Guilheme, *Curso de direito constitucional*, 3ª. ed., San Pablo, Atlas, 2010.

PERDOMO, Jaime Vidal, *Derecho administrativo*, 11ª. ed., Bogotá, Temis, 1997.

PINHEIRO, Patrícia Peck, *Direito Digital,* 4ª. ed., San Pablo, Saraiva, 2010.

PIMENTEL, Cleusa; ITANI, Elza; D'AMICO, Valéria, *Curso de licitação e contratações sustentáveis: módulo I-II,* São Paulo, FUNDAP, 2011. Disponible en: www.governoemrede.sp.gov.br/ead/. Fecha de captura: 26.02.2012.

PIZZOLO, Calogero. *Democracia, opinión pública y prensa: En la construcción de un paradigma.* Buenos Aires: Ediciones Jurídicas Cuyo, 1997.

_____, *Globalización e integración, ensayo de una teoría general,* Buenos Aires, Ediar, 2002.

PLÁCIDO E SILVA, *Vocabulário jurídico*, 3ª. ed., Río de Janeiro, Forense, 1989

PLATÃO, Apologia de Sócrates, *Banquete*, Trad. Pietro Nassentti, San Pablo, Martin Claret, 2001.

PORTELA, Paulo Henrique Gonçalves, *Direito internacional público e privado,* Salvador, Podivm, 2009.

PRESTES, Cristine, BATISTA, Henrique Gomes, *Guia valor econômico de licitações*, San Pablo, Globo, 2004.

PRITZL, Rupert F. J., *Corrupción y rentismo en América Latina*, Buenos Aires, Konrad, 2000.

RABINOVICH-BERKMAN, Ricardo David, *Derechos humanos, una introducción a su naturaleza y a su historia,* Buenos Aires, Quorum, 2007.

RAFFIN, Marcelo, *La experiencia del horror*: *subjetividad y derechos humanos en las dictaduras y posdictaduras del Cono Sur,* Buenos Aires, Del Puerto, 2006.

RANDLE, Patricio H., *Soberanía global: adonde lleva el mundialismo*, Buenos Aires, Ciudad Argentina, 1999.

RATTON, Sanchez Michelle, "The Global Administrative Law Project: A review from Brazil," en *Res pública argentina*, 2008-3:7 Buenos Aires, RPA, 2008.

RAWLS, John, *La justicia como equidad*, Buenos Aires, Paidós, 2004.

_____, *Uma teoria da justiça*, San Pablo, Martins Fontes, 1997.

REALE, Giovanni, Antiseri, Dario, *História da filosofia: antiguidade e idade média*, v. I, 4ª. Ed, San Pablo, Paulus, 1990.

REALE, Miguel, *Lições preliminares de direito*, 24ª. ed., San Pablo, Saraiva, 1998.

_____, *Paradigmas da cultura contemporânea*, 2ª. ed., Saraiva, San Pablo, 2005.

REJTMAN FARAH, Mario, *Régimen de contrataciones de la administración nacional*, Buenos Aires, AbeledoPerrot, 2010.

REIS, M. M. Mercosul, *União Européia e Constituição, a integração dos Estados e os Ordenamentos Jurídicos nacionais*, Renovar, Río de Janeiro, 2001.

REISMAN, W. Michael, *¿Remedios contra la corrupcion?*, México, Fondo de Cultura Económica, 1981.

REVISTA FILOSOFIA DE BACHILLERATO, *Los sofistas y Sócrates*, Disponible en http://perso.wanadoo.es/jupin/filosofia/sofistas_socrates.html.

REZEK, Francisco, *Direito Internacional Público*, 10ª. ed., San Pablo, Saraiva, 2006.

RIBERA, Wilman R. Durán, *Principios, Derechos y Garantías Constitucionales*. Santa Cruz de la Sierra, El país, 2005.

RIDEAU, Joël, *Droit institutionnel de l'Union et des communautés européennes*, 5a. ed., Paris, XXXX, 1995,

_____, *Juridictions internationales et contrôle du respect des traités constitutifs des organisations internationales*, París, Librairie générale de droit et de jurisprudence, 1969.

RIGOLIN, Ivan Barbosa, BOTTINO Marco Tullio, *Manual prático das licitações*, 8ª. ed., San Pablo, Saraiva, 2009.

RISSO, Guido I., BIDART CAMPOS, Germán J., *Los derechos humanos del siglo XXI*, Buenos Aires, Ediar, 2005.

RIVERO, Jean, *Direito administrativo*. Coimbra, Almedina, 1981.

_____, *Páginas de derecho administrativo*, Bogotá, Temis, 2002.

RODRIGUES, Maurício Andreiuolo, *Poder constituinte supranacional: esse novo personagem*, Puerto Alegre, Sergio Antonio Fabris, 2000.

ROSA JÚNIOR, Luis Emygdio, *Manual de direito financeiro e direito tributário*, 11. ed., Río de Janeiro, Renovar, 1977.

ROSA, Renata Puerto de Adri y otros, *Princípios formadores do direito administrativo*, San Pablo, NDJ, 1997.

ROUSSEAU, Jean-Jacques, *Emilio*, San Pablo, Martins Fontes, 1999.

_____, *O contrato social*, Puerto Alegre, L&PM, 2009.

RUSSO, Eduardo Angel, *Derechos humanos y garantía, el derecho al mañana,* Buenos Aires, Eudeba, 2004.
SALDANHA, Eduardo, *Teoria das relações internacionais,* Curitiba, Juruá, 2006.
SALDANHA, Nelson, *Ética e história,* Río de Janeiro, Renovar, 1998.
_____, *Filosofia do Direito,* Río de Janeiro, Renovar, 1998.
_____, *Pequeno dicionário da teoria do direito e filosofia política,* Puerto Alegre, Fabris, 1987.
SALOMONI, J., "Reforma del Estado y Mercosur", en CHIARELLI, Carlos Alberto Gomes (Coord.). *Temas de Integração com enfoques no Mercosul,* v.1, San Pablo, LTr, 1997.
SANCARI, Sebastián, *Límites de la participación política institucionalizada en el sistema político argentino,* Disponible en http://www.fundacionmgimenezabad.es/
SANS, Agustín A. M. García, "Licitación pública v. contratación directa: ¿la batalla perdida?" en *Res pública argentina,* 75: 2006-3, oct-dec2006, Buenos Aires, RPA, 2006, Disponible en www.respublicaargentina.com.
SANTOS FILHO, José Carvalho dos, *Manual de direito administrativo,* 14ª. ed., Río de Janeiro, Lúmen Júris, 2005.
SANTOS NETO, João Antunes dos, *O impacto dos direitos humanos fundamentais no direito administrativo,* Belo Horizonte, Fórum, 2008.
SANTOS, Alvacir Correa dos, *Princípio da eficiência da administração pública,* San Pablo, LTr, 2003.
SANTOS, Márcia Walquiria Batista dos (org), *Licitações e contratos, roteiro prático,* 2ª. ed., San Pablo, Malheiros, 1999.
SANTOS, Murillo Giordan, BARKI, Tereza Villac Pinheiro (Coord.), *Licitações e contratações públicas sustentáveis,* Belo Horizonte, Fórum, 2011.
SANTOS, Sergio Roberto Leal dos, *Manual de teoria da constituição,* San Pablo, Revista dos Tribunais, 2008.
SANTANA, Jair Eduardo, GUIMARÃES, Edgar, *Licitações e o novo estatuto da pequena e microempresa: reflexos práticos da LC nº 123/2006,* 2ª. ed., Belo Horizonte, Fórum, 2009.
SARLET, Ingo Wolfgang, *A eficácia dos diretos fundamentais,* 6ª. ed., Puerto Alegre, Livraria do advogado, 2006.
_____, *Dignidade da pessoa humana e direitos fundamentais na constituição federal de 1988,* 4ª. ed., Puerto Alegre, Livraria do Advogado, 2006.
SARMENTO, Daniel, *A Ponderação de interesses na constituição,* Río de Janeiro, Lúmen Júris, 2002.
SARTI, Nestor Alfredo, *Contrataciones públicas,* Buenos Aires, Ad-Hoc, 2005.
SAUTU, Ruth, *Catálogo de prácticas corruptas,* Buenos Aires, Lumiere, 2004.
SCHAFRANSKI, Sílvia Maria Derbli, *Direitos humanos & seu processo de universalização, Análise da convenção americana,* Curitiba, Juruá, 2006.
SEITENFUS, Ricardo Antônio Silva, *Manual das organizações internacionais,* San Pablo, Livraria do Advogado, 1997.

SIEYÈS, Emmanuel Joseph, *Qu'est-ce que Le Tiers État.* 4ª. ed., Trad. Norma Azevedo. Río de Janeiro: Lúmen Júris, 2001.

SILVA, José Afonso da, *Curso de direito constitucional positivo*, San Pablo, Malheiros, 1999.

_____, *Direito ambiental constitucional*, 2ª. ed., San Pablo, Malheiros, 1995.

SILVA, Paulo Napoleão Nogueira, *Direito constitucional do mercosul*, Río de Janeiro, Forense, 2000.

SILVEIRA, Rubens Curado, *A imunidade de jurisdição dos organismos internacionais e os direitos humanos*, San Pablo, LRT, 2007.

SIRVINSKAS, Luis Paulo, *Manual de direito ambiental*, 8ª. ed., San Pablo, Saraiva, 2010.

SOARES, Inaldo de Vasconcelos, *Fraudes nas gestões públicas e privadas*, Brasilia, Brasília Jurídica, 2005.

SOBRINHO, Manoel de oliveira franco, *O principio constitucional da moralidade administrativa*, Curitiba, Genesis, 1993.

SOUZA, Fátima Regina de, *Manual básico de licitação,* San Pablo, Nobel, 1997.

SOUZA, Marcelo Rebelo de, *Lições de direito administrativo*, v. I, Lisboa, Lex, 1999.

STEWART, Richard B, "Il diritto amministrativo globale", en *Rivista trimestrale di diritto pubblico*, v. 3, Roma, 2005.

SUNDFELD, Carlos Ari, *Licitação e contrato administrativo*, San Pablo, Malheiros, 1994.

SUSAN, Rose-Ackerman, *La corrupción y los gobiernos,* Buenos Aires, Siglo XXI, 20011.

SUSINI, Marie-Laure, *Elogio da corrupção: os incorruptíveis e seus corruptos*, Río de Janeiro, Companhia de Freud, 2010.

TÁCITO, Caio, *Direito administrativo*, San Pablo, Saraiva, 1975.

TAILLANT, Jorge Daniel, "La construcción global del financiamiento internacional para el desarrollo. Derechos Humanos y desarrollo sustentable," en *RPA*, 2008-2:59.

TAMAYO, Gustavo Silva, *Desviación de poder y abuso de derecho, monografia jurídica nº 157,* Buenos Aires, AbeledoPerrot, 2006.

TAWIL, Guido Santiago, *Estudio de derecho administrativo*, Buenos Aires, AbeledoPerrot, 2012.

_____, "El Estudio del Derecho Comparado y su Incidencia en el Desarrollo del Derecho Público Interno", in Revista de Derecho Administrativo, 1991, ano 3, Depalma, Buenos Aires, p. 79.

_____, "Cómo acomodar expectativas culturales divergentes en el arbitraje", en: *Revista de Arbitragem e Mediação*, v. 1, nº 3, p. 91-93, set./dez. 2004.

_____, LIMA, Ignacio J. Minorini, "El Estado y el arbitraje: primera aproximación", en: *Revista de arbitragem e mediação*, v. 4, nº 14, p. 99-150, jul./set. 2007.

_____, MONTI, Laura Mercedes, *La motivación del acto administrativo*, Buenos Aires, Depalma, 1998.

_____, ZULETA, Eduardo, *El arbitraje comercial internacional: estudio de la convención de Nueva York con motivo de su 50° aniversario*, Buenos Aires, AbeledoPerrot, 2008.

TARUFFO, Michele, *La motivazione della sentenza civile,* Padova, Cedam, 1975.

TELES, Vanali, *Licitações e Contratos de TI*, Brasilia, Thesaurus, 2009.

TEUBNER, Gunther, *El derecho como sistema autopoiético de la sociedad global,* Perú, ARA, 2005.

TIBURCIO, Carmen, BARROSO, Luís Roberto, *O direito internacional contemporâneo, estudos em homenagem ao professor Jacob Dolinger*, Río de Janeiro, Renovar, 2006.

TINELLO, Maurício Ricardo, *A Arte da fraude: quando nada é o que parece*, San Pablo, Sicurezza, 2006.

TOLOSA FILHO, Benedicto de, PAYÁ, Renata Fernandes de Tolosa, *Sistema de registro de preços*, Río de Janeiro, temas e idéias, 1999.

TORRES, José María, *Los derechos del hombre,* Buenos Aires, Eudeba, 1989.

TRIBIÑO, Carlos R., *El Fiscal de Estado*, Buenos Aires, Depalma, 2001.

TRINDADE JÚNIOR, Francisco Ulisses da. "Planejamento das Licitações: o planejamento das licitações públicas como fator de eficiência", en *BDJur*, Brasilia, DF, 22 jan. 2010.

TRINDADE, Otávio A.D. Cançado, *Mercosul no direito brasileiro: incorporação de normas e segurança jurídica*, Belo Horizonte, Del Rey, 2006.

UPRIMNY, Rodrigo, Saffon, María Paula, "El desafío judicial de la implementación interna y de la sostenibilidad jurídica y política del sistema interamericano de derechos humanos," en *RPA*, 2008-1:31.

VALIM, Rafael, *O princípio da segurança jurídica no direito administrativo brasileiro*, San Pablo, 2010.

VERDROSS, Alfred, *Derecho internacional público*, 4ª. ed., Madrid, Aquilar, 1963.

WEBER, Max, *El político y el científico*, Buenos Aires, Libertador, 2005.

WEIS, Carlos, *Direitos humanos contemporâneos,* San Pablo, Malheiros, 2006.

WELL, Prosper, *Que sais-je? Le droit administratif*, 66ª. ed., París, Universitaires de France, 1975.

ZANOTELLO, Simone, *Manual de Redação, análise e interpretação de editais,* San Pablo, Saraiva, 2010.

Zimmer Júnior, Aloísio, *Curso de direito administrativo,* 3ª. ed. San Pablo, Método, 2009.

ZULEN, Pedro, *La filosofía de lo inexpresable: bosquejo de una interpretación y una crítica de la filosofía de Bergson*, Lima, Sanmarti, 1920.

ANEXO

COMPILACIÓN DE LAS NORMAS SUPRANACIONALES

Constitución de la Argentina[571]

Preámbulo

Nos los representantes del pueblo de la Nación Argentina, reunidos en Congreso General Constituyente por voluntad y elección de las provincias que la componen, en cumplimiento de pactos preexistentes, con el objeto de constituir la unión nacional, afianzar la justicia, consolidar la paz interior, proveer a la defensa común, promover el bienestar general, y asegurar los beneficios de la libertad, para nosotros, para nuestra posteridad, y para todos los hombres del mundo que quieran habitar en el suelo argentino: invocando la protección de Dios, fuente de toda razón y justicia: ordenamos, decretamos y establecemos esta Constitución para la Nación Argentina.

Primera Parte
Capítulo Primero - Declaraciones, Derechos y Garantías.
[...]
Artículo 7°. Los actos públicos y procedimientos judiciales de una provincia gozan de entera fe en las demás; y el Congreso puede por leyes generales determinar cuál será la forma probatoria de estos actos y procedimientos, y los efectos legales que producirán.

Artículo 8°. Los ciudadanos de cada provincia gozan de todos los derechos, privilegios e inmunidades inherentes al título de ciudadano en las demás. La extradición de los criminales es de obligación recíproca entre todas las provincias.
[...]
Artículo 16. La Nación Argentina no admite prerrogativas de sangre, ni de nacimiento: No hay en ella fueros personales ni títulos de nobleza. Todos sus habitantes son iguales ante la ley, y admisibles en los empleos sin otra condición que la idoneidad. La igualdad es la base del impuesto y de las cargas públicas.
[...]
Artículo 19. Las acciones privadas de los hombres que de ningún modo ofendan al orden y a la moral pública, ni perjudiquen a un tercero, están sólo reservadas a Dios, y exentas de la autoridad de los magistrados. Ningún habitante de la Nación será obligado a hacer lo que no manda la ley, ni privado de lo que ella no prohíbe.
[...]
Artículo 27. El Gobierno Federal está obligado a afianzar sus relaciones de paz y comercio con las potencias extranjeras por medio de tratados que estén en conformidad con los principios de derecho público establecidos en esta Constitución.

---

[571] Del 22 de agosto de 1994. Dada en la sala de sesiones de la Convención Constituyente, en Santa Fe, a los 22 días del mes de agosto de 1994. – Eduardo Menem. – Edgardo R. Piuzzi. – Luis A. J. Brasesco. – Juan Estrada.

Artículo 28. Los principios, garantías y derechos reconocidos en los anteriores artículos, no podrán ser alterados por las leyes que reglamenten su ejercicio.
[...]
Artículo 33. Las declaraciones, derechos y garantías que enumera la Constitución, no serán entendidos como negación de otros derechos y garantías no enumerados; pero que nacen del principio de la soberanía del pueblo y de la forma republicana de gobierno.

Capítulo segundo - Nuevos derechos y garantías
[...]
Artículo 36. Esta Constitución mantendrá su imperio aún cuando se interrumpiere su observancia por actos de fuerza contra el orden institucional y el sistema democrático. Estos actos serán insanablemente nulos.

Sus autores serán pasibles de la sanción prevista en el Artículo 29, inhabilitados a perpetuidad para ocupar cargos públicos y excluidos de los beneficios del indulto y la conmutación de penas.

Tendrán las mismas sanciones quienes, como consecuencia de estos actos, usurparen funciones previstas para las autoridades de esta Constitución o las de las provincias, los que responderán civil y penalmente de sus actos. Las acciones respectivas serán imprescriptibles.
[...]
El Congreso sancionará una ley sobre ética pública para el ejercicio de la función.
[...]
Artículo 41. Todos los habitantes gozan del derecho a un ambiente sano, equilibrado, apto para el desarrollo humano y para que las actividades productivas satisfagan las necesidades presentes sin comprometer las de las generaciones futuras; y tienen el deber de preservarlo. El daño ambiental generará prioritariamente la obligación de recomponer, según lo establezca la ley.

Las autoridades proveerán a la protección de este derecho, a la utilización racional de los recursos naturales, a la preservación del patrimonio natural y cultural y de la diversidad biológica, y a la información y educación ambientales.

Corresponde a la Nación dictar las normas que contengan los presupuestos mínimos de protección, y a las provincias, las necesarias para complementarlas, sin que aquéllas alteren las jurisdicciones locales.

Se prohíbe el ingreso al territorio nacional de residuos actual o potencialmente peligrosos, y de los radiactivos.

Artículo 42. Los consumidores y usuarios de bienes y servicios tienen derecho, en la relación de consumo, a la protección de su salud, seguridad e intereses económicos; a una información adecuada y veraz; a la libertad de elección, y a condiciones de trato equitativo y digno.

Las autoridades proveerán a la protección de esos derechos, a la educación para el consumo, a la defensa de la competencia contra toda forma de distorsión de los mercados, al control de los monopolios naturales y legales, al de la calidad y eficiencia de los servicios públicos, y a la constitución de asociaciones de consumidores y de usuarios.

La legislación establecerá procedimientos eficaces para la prevención y solución de conflictos, y los marcos regulatorios de los servicios públicos de competencia nacional, previendo la necesaria participación de las asociaciones de consumidores y usuarios y de las provincias interesadas, en los organismos de control.

Artículo 43. Toda persona puede interponer acción expedita y rápida de amparo, siempre que no exista otro medio judicial más idóneo, contra todo acto u omisión de autoridades públicas o de particulares, que en forma actual o inminente lesione, restrinja, altere o amenace, con arbitrariedad o ilegalidad manifiesta, derechos y garantías reconocidos por esta Constitución, un tratado o una ley. En el caso, el juez podrá declarar la inconstitucionalidad de la norma en que se funde el acto u omisión lesiva.

Podrán interponer esta acción contra cualquier forma de discriminación y en lo relativo a los derechos que protegen al ambiente, a la competencia, al usuario y al consumidor, así como a los derechos de incidencia colectiva en general, el afectado, el defensor del pueblo y las asociaciones que propendan a esos fines, registradas conforme a la ley, la que determinará los requisitos y formas de su organización.

Toda persona podrá interponer esta acción para tomar conocimiento de los datos a ella referidos y de su finalidad, que consten en registros o bancos de datos públicos, o los privados destinados a proveer informes, y en caso de falsedad o discriminación, para exigir la supresión, rectificación, confidencialidad o actualización de aquellos. No podrá afectarse el secreto de las fuentes de información periodística.

Cuando el derecho lesionado, restringido, alterado o amenazado fuera la libertad física, o en caso de agravamiento ilegítimo en la forma o condiciones de detención, o en el de desaparición forzada de personas, la acción de habeas corpus podrá ser interpuesta por el afectado o por cualquiera en su favor y el juez resolverá de inmediato aun durante la vigencia del estado de sitio.

Título Primero - Gobierno Federal
[...]
Capítulo Cuarto - Atribuciones del Congreso
Artículo 75. Corresponde al Congreso:
[...]
22. Aprobar o desechar tratados concluidos con las demás naciones y con las organizaciones internacionales y los concordatos con la Santa Sede. Los tratados y concordatos tienen jerarquía superior a las leyes.

La Declaración Americana de los Derechos y Deberes del Hombre; la Declaración Universal de Derechos Humanos; la Convención Americana sobre Derechos Humanos; el Pacto Internacional de Derechos Económicos, Sociales y Culturales; el Pacto Internacional de Derechos Civiles y Políticos y su Protocolo Facultativo; la Convención Sobre la Prevención y la Sanción del Delito de Genocidio; la Convención Internacional sobre la Eliminación de Todas las Formas de Discriminación Racial; la Convención Sobre la Eliminación de Todas las Formas de Discriminación Contra la Mujer; la Convención Contra la Tortura y Otros Tratos o Penas Crueles, Inhumanos o Degradantes; la Convención Sobre los Derechos del Niño; en las condiciones de su vigencia, tienen jerarquía constitucional, no derogan artículo alguno de la primera parte de esta Constitución y deben entenderse complementarios de los derechos y garantías por ella reconocidos. Sólo podrán ser denunciados, en su caso, por el Poder Ejecutivo Nacional, previa aprobación de las dos terceras partes de la totalidad de los miembros de cada Cámara.

Los demás tratados y convenciones sobre derechos humanos, luego de ser aprobados por el Congreso, requerirán el voto de las dos terceras partes de la totalidad de los miembros de cada Cámara para gozar de la jerarquía constitucional.

23. Legislar y promover medidas de acción positiva que garanticen la igualdad real de oportunidades y de trato, y el pleno goce y ejercicio de los derechos reconocidos por esta Constitución y por los tratados internacionales vigentes sobre derechos humanos, en particular [...]

24. Aprobar tratados de integración que deleguen competencia y jurisdicción a organizaciones supraestatales en condiciones de reciprocidad e igualdad, y que respeten el orden democrático y los derechos humanos. Las normas dictadas en su consecuencia tienen jerarquía superior a las leyes.

La aprobación de estos tratados con Estados de Latinoamérica requerirá la mayoría absoluta de la totalidad de los miembros de cada Cámara. En el caso de tratados con otros Estados, el Congreso de la Nación, con la mayoría absoluta de los miembros presentes de cada Cámara, declarará la conveniencia de la aprobación del tratado y sólo podrá ser aprobado con el voto de la mayoría absoluta de la totalidad de los miembros de cada Cámara, después de ciento veinte días del acto declarativo.

La denuncia de los tratados referidos a este inciso, exigirá la previa aprobación de la

mayoría absoluta de la totalidad de los miembros de cada Cámara.
[...]
Capítulo Sexto - De la Auditoría General de la Nación
Artículo 85. El control externo del sector público nacional en sus aspectos patrimoniales, económicos, financieros y operativos, será una atribución propia del Poder Legislativo.
El examen y la opinión del Poder Legislativo sobre el desempeño y situación general de la Administración Pública estarán sustentados en los dictámenes de la Auditoría General de la Nación.
Este organismo de asistencia técnica del Congreso, con autonomía funcional, se integrará del modo que establezca la ley que reglamenta su creación y funcionamiento, que deberá ser aprobada por mayoría absoluta de los miembros de cada Cámara. El presidente del organismo será designado a propuesta del partido político de oposición con mayor número de legisladores en el Congreso.
Tendrá a su cargo el control de legalidad, gestión y auditoría de toda la actividad de la Administración Pública centralizada y descentralizada, cualquiera fuera su modalidad de organización, y las demás funciones que la ley le otorgue. Intervendrá necesariamente en el trámite de aprobación o rechazo de las cuentas de percepción e inversión de los fondos públicos.
[...]
Capítulo Tercero - Atribuciones del Poder Ejecutivo
Artículo 99. El Presidente de la Nación tiene las siguientes atribuciones:
[...]
11. Concluye y firma tratados, concordatos y otras negociaciones requeridas para el mantenimiento de buenas relaciones con las organizaciones internacionales y las naciones extranjeras, recibe sus ministros y admite sus cónsules.
[...]
Título Segundo - Gobiernos de Provincia

[...]
Artículo 124. Las provincias podrán crear regiones para el desarrollo económico - social y establecer órganos con facultades para el cumplimiento de sus fines y podrán también celebrar convenios internacionales en tanto no sean incompatibles con la política exterior de la Nación y no afecten las facultades delegadas al Gobierno Federal o el crédito público de la Nación; con conocimiento del Congreso Nacional. La ciudad de Buenos Aires tendrá el régimen que se establezca a tal efecto.

Constitución de Brasil

Preámbulo
Nosotros, representantes del pueblo brasileño, reunidos en Asamblea Nacional Constituyente para instituir un Estado Democrático, destinado a asegurar el ejercicio de los derechos sociales e individuales, la libertad, la seguridad, el bienestar, el desarrollo, la igualdad y la justicia como valores supremos de una sociedad fraterna, pluralista y sin prejuicios, fundada en la armonía social y comprometida, en el orden interno e internacional, en la solución pacífica de las controversias, promulgamos bajo la protección de Dios, la siguiente Constitución:

Título I – De los principios fundamentales
Capítulo I – De los Derechos y Deberes Individuales y Colectivos
Art. 1. La República Federal del Brasil, formada por la unión indisoluble de los Estados y Municipios y del Distrito Federal, se constituye en Estado Democrático de Derecho y tiene como fundamentos:
  I. la soberanía;
  II. la ciudadanía;
  III. la dignidad de la persona humana;
  IV. los valores sociales del trabajo y la libre iniciativa;
  V. el pluralismo político.
[...]
Art. 3. Constituyen objetivos fundamentales de la República Federal de Brasil:

I. construir una sociedad libre, justa y solidaria;
II. garantizar el desarrollo nacional;
III. erradicar la pobreza y la marginación y reducir las desigualdades sociales y regionales;
IV. promover el bien de todos, sin prejuicios de origen, raza, sexo, color edad o cualesquiera otras formas de discriminación.

Art. 4. La República Federativa de Brasil se rige en sus relaciones internacionales por los siguientes principios:
I. independencia nacional;
II. prevalencia de los derechos humanos;
III. autodeterminación de los pueblos;
IV. no intervención;
V. igualdad de los Estados;
VI. defensa de la paz;
VII. solución pacífica de los conflictos;
VIII. repudio del terrorismo y del racismo;
IX. cooperación entre los pueblos para el progreso de la humanidad;
X. concesión de asilo político.

Párrafo único: La República Federativa del Brasil buscará la integración económica, política, social y cultural de los pueblos de América Latina, con vistas a la formación de una comunidad latinoamericana de naciones.
[...]
Art. 22. Compete privativamente a la Unión legislar sobre:
[...] XXVII. normas generales de licitación y contratación, en todas las modalidades, para la administración pública directa e indirecta, incluidas las fundaciones instituidas y mantenidas por el Poder Público, en las diversas esferas de gobierno, y empresas bajo su control;
[...]
Párrafo único. Una Ley complementaria podrá autorizar a los Estados a legislar sobre cuestiones específicas de las materias relacionadas en este artículo.
Art. 23. Es competencia común de la Unión, de los Estados, de Distrito Federal y de los Municipios:

[...]
6. proteger el medio ambiente y combatir la polución en cualquiera de sus formas;
7. preservar las florestas, la fauna y la flora;
[...]
10. combatir las causas de la pobreza y los factores de marginación, promoviendo la integración social de los sectores desfavorecidos;
11. registrar, seguir y fiscalizar las concesiones de derechos de investigación y explotación de los recursos hidráulicos y mineros en sus territorios;

Párrafo único. Una Ley complementaria fijará las normas para la cooperación entre la Unión, y los Estados, el Distrito Federal y los Municipios, con vistas al equilibrio del desarrollo y del bienestar en el ámbito nacional.
[...]

Capítulo VII – De la Administración Pública
Sección I - Disposiciones Generales
Art. 37. La Administración pública, directa, indirecta o institucional de cualquiera de los Poderes de la Unión, de los Estados, del Distrito Federal y de los Municipio obedecerá a los principios de legalidad, impersonalidad, moralidad, y también a lo siguiente:
[...]

4º. Los actos de improbidad administrativa comportarán la suspensión de los derechos políticos, la pérdida de la función pública, la indisponibilidad de los bienes y el resarcimiento al erario, en la forma y graduación prevista en la ley, sin perjuicio de la acción penal procedente.
5º. La ley establecerá los plazos de prescripción para los ilícitos cometidos por cualquier agente, funcionario o no, que causen perjuicios al erario, salvando las respectivas acciones de resarcimiento.
6º. Las personas jurídicas de derecho público y las de derecho privado prestadoras de servicios públicos responderán por los daños

que sus agentes, en esa calidad, causen a terceros, asegurando el derecho de repetir contra el responsable en los casos de dolo o culpa.
[...]

Capítulo II – De las Finanzas Públicas
[...]

Sección II - De los Presupuestos
[...]
Art. 167. Están prohibidos:
1. El inicio de programas o proyectos no incluidos en la ley presupuestaria anual;
2. la realización de gastos o la asunción de obligaciones directas que excedan de los créditos presupuestarios o adicionales;
3. la realización de operaciones de crédito que excedan del montante de los gastos de capital, excepto las autorizadas mediante créditos suplementarios o especiales con finalidad específica, aprobados por el Poder legislativo por mayoría absoluta;
4. la vinculación de ingresos de los impuestos a un órgano, fondo o gasto, excepto la atribución del producto de la recaudación de los impuestos a que se refieren los artículos 158 y 159, la aplicación de recursos para el mantenimiento y desarrollo de la enseñanza, como señala el artículo 212, y la prestación de garantía a las operaciones de crédito por anticipación de gastos, previstas en el artículo 165, par. 8º.;
5. la apertura de créditos suplementarios o especiales sin previa autorización legislativa y sin indicación de los recursos correspondientes;
6. la transposición, la reasignación o la transferencia de recursos de una categoría de programación para otra o de un órgano para otro, sin previa autorización legislativa;
7. la concesión o utilización de créditos ilimitados;
8. la utilización, sin autorización legislativa específica, de recursos de los presupuestos fiscal y de la seguridad social para suplir necesidades o cubrir déficit de empresas, fundaciones y fondos, inclusive los mencionados en el artículo 165, 5º.;
9. la institución de fondos de cualquier naturaleza, sin previa autorización legislativa.

1º. Ninguna inversión cuya ejecución exceda de un ejercicio financiero podrá ser iniciada sin la previa inclusión en el plan plurianual, o sin una ley que autorice la inclusión, bajo pena de delito de responsabilidad.
2º. Los créditos especiales y extraordinarios tendrán vigencia en el ejercicio financiero para los que fueron autorizados, salvo si el acto de autorización fuese dictado en los últimos cuatro meses de aquel ejercicio, en cuyo caso, reabiertos los límites de su saldo, serán incorporados al presupuesto del ejercicio siguiente.
3º. La apertura de un crédito extraordinario solamente será admitida para atender a gastos imprevisibles y urgentes, como los derivados de guerra, conmoción interna o calamidad pública, observando lo dispuesto en el artículo 62.
[...]

Art. 169. El gasto de personal activo e inactivo de la Unión, de los estados, del Distrito Federal y de los Municipios no podrá exceder los límites establecidos en ley complementaria.
[...]

Título VII – Del Ordem Económico y Financiero
Capítulo I – De los Principios generales de la Actividad Económica

Art. 170. El orden económico, fundado en la valoración del trabajo humano y en la libre iniciativa, tiene por fin asegurar a todos una existencia digna, de acuerdo con los dictados de la Justicia Social, observando los siguientes principios:
[...]
9. tratamiento favorable para las empresas brasileñas de capital nacional de pequeño porte.

Párrafo único. Se asegura a todos el libre ejercicio de cualquier actividad económica, con independencia de autorización de órganos públicos, salvo en los casos previstos en la ley.

Art. 173. Exceptuados los casos previstos en esta Constitución, la explotación directa de actividades económicas por el Estado sólo será permitida cuando sea necesaria por imperativos de seguridad nacional o de interés colectivo relevante, conforme a la definición de la ley.

1º. La empresa pública, la sociedad de economía mixta y otras entidades que exploten actividades económicas están sujetas al régimen jurídico propio de las empresas privadas, incluso en lo relativo a las obligaciones laborales y tributarias.

2º. Las empresas públicas y las sociedad de economía mixta no podrán gozar de privilegios fiscales no aplicables a las del sector privado.

3º. La ley regulará las relaciones de la empresa pública con el Estado y la Sociedad.

4º. La ley reprimirá el abuso de poder económico que tienda a la dominación de los mercados, a la eliminación de la concurrencia y el aumento arbitrario de los beneficios.

5º. La ley, sin perjuicio de la responsabilidad individual de los directivos de la persona jurídica, establecerá la responsabilidad de ésta, sujetándola a las sanciones compatibles con su naturaleza, en los actos practicados contra el orden económico y financiero y contra la economía popular.

[...]

Art. 175. Incumbe al poder público, en la forma de la Ley, directamente o bajo el régimen de concesión o licencia, siempre a través de licitación, la prestación de servicios públicos.

Párrafo único. La ley dispondrá sobre:

1. Régimen de las empresas concesionarias y licenciaturas de servicios públicos, el carácter especial de su contrato y de su prórroga, así como las condiciones de caducidad, fiscalización y rescisión de la concesión o permiso;

2. los derechos de los usuarios;

3. la política de tarifas;

4. la obligación de mantener servicios adecuados.

[...]

Sección II - De la Salud

Art. 196. La salud es un derecho de todos y un deber del Estado, garantizado mediante políticas sociales y económicas que tiendan a la reducción del riesgo de enfermedad y de otros riesgos y al acceso universal e igualitario a las acciones y servicios para su promoción, protección y recuperación.

[...]

Capítulo VI – Del medio Ambiente

Art. 225. Todos tienen derecho a un medio ambiente ecológicamente equilibrado, bien de uso común del pueblo y esencial para una sana calidad de vida, imponiéndose al Poder Público y a la colectividad el deber de defenderlo y preservarlo para las generaciones presentes y futuras.

Constitución de Bolivia

Título Preliminar – Disposiciones Generales

Artículo 1. Bolivia, libre, independiente, soberana, multiétnica y pluricultural, constituida en República unitaria, adopta para su gobierno la forma democrática representativa, fundada en la unidad y la solidaridad de todos los bolivianos.

[...]

Parte Primera – La Persona como Miembro del Estado

Título Primero – Derechos y Deberes Fundamentales de la Persona

[...]

Artículo 6. Todo ser humano tiene personalidad y capacidad jurídica, con arreglo a las leyes. Goza de los derechos, libertades y garantías reconocidos por esta Constitución, sin distinción de raza, sexo, idioma, religión, opinión política o de otra

índole, origen, condición económica o social u otra cualquiera.
La dignidad y la libertad de la persona son inviolables. Respetarlas y protegerlas es deber primordial del Estado.
Artículo 7. Toda persona tiene los siguientes derechos fundamentales, conforme a las leyes que reglamenten su ejercicio:
A la vida, la salud y la seguridad;
A emitir libremente sus ideas y opiniones por cualquier medio de difusión;
A reunirse y asociarse para fines lícitos;
A trabajar y dedicarse al comercio, la industria o a cualquier actividad lícita, en condiciones que no perjudiquen al bien colectivo;
A recibir instrucción y adquirir cultura;
A enseñar bajo la vigilancia del Estado;
A ingresar, permanecer, transitar y salir del territorio nacional;
A formular peticiones individual o colectivamente;
A la propiedad privada, individual o colectivamente, siempre que cumpla una función social;
A una remuneración justa por su trabajo que le asegure para sí y su familia una existencia digna del ser humano;
A la seguridad social, en la forma determinada por esta Constitución y las leyes.
Artículo 8. Toda persona tiene los siguientes deberes fundamentales:
De acatar y cumplir la Constitución y las leyes de la República.
De trabajar, según su capacidad y posibilidades, en actividades socialmente útiles.
De adquirir instrucción por lo menos primaria.
De contribuir, en proporción a su capacidad económica, al sostenimiento de los servicios públicos.
De asistir, alimentar y educar a sus hijos menores de edad, así como de proteger y socorrer a sus padres cuando se hallen en situación de enfermedad, miseria o desamparo.

De prestar los servicios civiles y militares que la Nación requiera para su desarrollo, defensa y conservación.
De cooperar con los órganos del Estado y la comunidad en el servicio y la seguridad sociales.
De resguardar y proteger los bienes e intereses de la colectividad.

Título Segundo – Garantías de la Persona

[…]

Artículo 35. Las declaraciones, derechos y garantías que proclaman esta Constitución no serán entendidos como negación de otros derechos y garantías no enunciados que nacen de la soberanía del pueblo y de la forma republicana de gobierno.

[…]

Título Segundo – Poder Ejecutivo

[…]

Capítulo V - Contraloría General

Artículo 154. Habrá una oficina de contabilidad y contralor fiscales que se denominará Contraloría General de la República. La ley determinará las atribuciones y responsabilidades del Contralor General y de los funcionarios de su dependencia. El Contralor General dependerá directamente del Presidente de la República, será nombrado por éste de la terna propuesta por el Senado y gozará de la misma inamovilidad y período que los ministros de la Corte Suprema de Justicia.

Artículo 155. La Contraloría General de la República tendrá el control fiscal sobre las operaciones de entidades autónomas, autárquicas y sociedades de economía mixta. La gestión anual será sometida a revisiones de auditoría especializada. Anualmente publicará memorias y estados demostrativos de su situación financiera y rendirá las cuentas que señala la ley. El Poder Legislativo mediante sus Comisiones tendrá amplia facultad de fiscalización de dichas entidades. Ningún funcionario de la Contralor ía General de la República formará parte de los directorios de las entidades autárquicas cuyo control Esté a su cargo, ni percibirá emolumentos de dichas entidades.

Constitución de Chile[572]

Fíjase el siguiente texto refundido, coordinado y sistematizado de la Constitución Política de la República:

Capítulo I – Bases de la Institucionalidad

Artículo 1°. Las personas nacen libres e iguales en dignidad y derechos.
[...]
El Estado está al servicio de la persona humana y su finalidad es promover el bien común, para lo cual debe contribuir a crear las condiciones sociales que permitan a todos y a cada uno de los integrantes de la comunidad nacional su mayor realización espiritual y material posible, con pleno respeto a los derechos y garantías que esta Constitución establece.
[...]
Artículo 5°. La soberanía reside esencialmente en la Nación. Su ejercicio se realiza por el pueblo a través del plebiscito y de elecciones periódicas y, también, por las autoridades que esta Constitución establece. Ningún sector del pueblo ni individuo alguno puede atribuirse su ejercicio.
El ejercicio de la soberanía reconoce como limitación el respeto a los derechos esenciales que emanan de la naturaleza humana.

Es deber de los órganos del Estado respetar y promover tales derechos, garantizados por esta Constitución, así como por los tratados internacionales ratificados por Chile y que se encuentren vigentes. (CPR Art. 5° D.O. 24.10.1980, Ley N° 18.825 Art. único N° 1 D.O. 17.08.1989).
Artículo 6°.- Los órganos del Estado deben someter su acción a la Constitución y a las normas dictadas conforme a ella, y garantizar el orden institucional de la República.
Los preceptos de esta Constitución obligan tanto a los titulares o integrantes de dichos órganos como a toda persona, institución o grupo.
[...]
Artículo 8°. El ejercicio de las funciones públicas obliga a sus titulares a dar estricto cumplimiento al principio de probidad en todas sus actuaciones.
[...]

Capítulo III – De los Derechos y Deberes Constitucionales

Artículo 19. La Constitución asegura a todas las personas:
[...]
2°. La igualdad ante la ley. En Chile no hay persona ni grupo privilegiados. En Chile no hay esclavos y el que pise su territorio queda libre. Hombres y mujeres son iguales ante la ley.
Ni la ley ni autoridad alguna podrán establecer diferencias arbitrarias;
[...]
8°. El derecho a vivir en un medio ambiente libre de contaminación. Es deber del Estado velar para que este derecho no sea afectado y tutelar la preservación de la naturaleza.
La ley podrá establecer restricciones específicas al ejercicio de determinados derechos o libertades para proteger el medio ambiente;
9°. El derecho a la protección de la salud.
El Estado protege el libre e igualitario acceso a las acciones de promoción, protección y recuperación de la salud y de rehabilitación del individuo.

---

[572] Fija el texto refundido, coordinado y sistematizado de la Constitución Política de la Republica de Chile. Núm. 100.- Santiago, 17 de septiembre de 2005.- Visto: En uso de las facultades que me confiere el artículo 2° de la Ley N° 20.050, y teniendo presente lo dispuesto en el artículo 32 N°8 de la Constitución Política de 1980.

Le corresponderá, asimismo, la coordinación y control de las acciones relacionadas con la salud. Es deber preferente del Estado garantizar la ejecución de las acciones de salud, sea que se presten a través de instituciones públicas o privadas, en la forma y condiciones que determine la ley, la que podrá establecer cotizaciones obligatorias. Cada persona tendrá el derecho a elegir el sistema de salud al que desee acogerse, sea éste estatal o privado;
[...]

Capítulo V – Congreso Nacional
[...]

Artículo 57. No pueden ser candidatos a diputados ni a senadores:
[...]
8) Las personas naturales y los gerentes o administradores de personas jurídicas que celebren o caucionen contratos con el Estado;

9) El Fiscal Nacional, los fiscales regionales y los fiscales adjuntos del Ministerio Público,

Constitución de Colombia

Preámbulo
El pueblo de Colombia en ejercicio de su poder soberano, representado por sus delegatarios a la Asamblea Nacional Constituyente, invocando la protección de Dios, y con el fin de fortalecer la unidad de la Nación y asegurar a sus integrantes la vida, la convivencia, el trabajo, la justicia, la igualdad, el conocimiento, la libertad y la paz, dentro de un marco jurídico, democrático y participativo que garantice un orden político, económico y social justo, y comprometido a impulsar la integración de la comunidad latinoamericana decreta, sanciona y promulga la siguiente

Título I – De los Principios Fundamentales

Artículo 1. Colombia es un Estado social de derecho, organizado en forma de República unitaria, descentralizada, con autonomía de sus entidades territoriales, democrática, participativa y pluralista, fundada en el respeto de la dignidad humana, en el trabajo y la solidaridad de las personas que la integran y en la prevalencia del interés general.
Artículo 2. Son fines esenciales del Estado: servir a la comunidad, promover la prosperidad general y garantizar la efectividad de los principios, derechos y deberes consagrados en la Constitución; facilitar la participación de todos en las decisiones que los afectan y en la vida económica, política, administrativa y cultural de la Nación; defender la independencia nacional, mantener la integridad territorial y asegurar la convivencia pacifica y la vigencia de un orden justo. Las autoridades de la República están instituidas para proteger a todas las personas residentes en Colombia, en su vida, honra, bienes, creencias, y demás derechos y libertades, y para asegurar el cumplimiento de los deberes sociales del Estado y de los particulares.
Artículo 3. La soberanía reside exclusivamente en el pueblo, del cual emana el poder público. El pueblo la ejerce en forma directa o por medio de sus representantes, en los términos que la Constitución establece.
[...]
Artículo 9. Las relaciones exteriores del Estado se fundamentan en la soberanía nacional, en el respeto a la autodeterminación de los pueblos y en el reconocimiento de los principios del derecho internacional aceptados por Colombia.
De igual manera, la política exterior de Colombia se orientará hacia la integración latinoamericana y del Caribe.

Capítulo 2 – De los Derechos Sociales, Económicos y Culturales
[...]
Artículo 49. La atención de la salud y el saneamiento ambiental son servicios públicos a cargo del Estado. Se garantiza a todas las personas el acceso a los servicios

de promoción, protección y recuperación de la salud.

Corresponde al Estado organizar, dirigir y reglamentar la prestación de servicios de salud a los habitantes y de saneamiento ambiental conforme a los principios de eficiencia, universalidad y solidaridad. También, establecer las políticas para la prestación de servicios de salud por entidades privadas, y ejercer su vigilancia y control.

Asimismo, establecer las competencias de la Nación, las entidades territoriales y los particulares y determinar los aportes a su cargo en los términos y condiciones señalados en la ley.

[…]

Capítulo 3 – De los Derechos Colectivos y del Ambiente

Artículo 78. La ley regulará el control de calidad de bienes y servicios ofrecidos y prestados a la comunidad, así como la información que debe suministrarse al público en su comercialización.

Serán responsables, de acuerdo con la ley, quienes en la producción y en la comercialización de bienes y servicios, atenten contra la salud, la seguridad y el adecuado aprovisionamiento a consumidores y usuarios. El Estado garantizará la participación de las organizaciones de consumidores y usuarios en el estudio de las disposiciones que les conciernen. Para gozar de este derecho las organizaciones deben ser representativas y observar procedimientos democráticos internos.

Artículo 79. Todas las personas tienen derecho a gozar de un ambiente sano. La ley garantizará la participación de la comunidad en las decisiones que puedan afectarlo.

Es deber del Estado proteger la diversidad e integridad del ambiente, conservar las áreas de especial importancia ecológica y fomentar la educación para el logro de estos fines.

Artículo 80. El Estado planificará el manejo y aprovechamiento de los recursos naturales, para garantizar su desarrollo sostenible, su conservación, restauración o sustitución.

Además, deberá prevenir y controlar los factores de deterioro ambiental, imponer las sanciones legales y exigir la reparación de los daños causados.

Asimismo, cooperará con otras naciones en la protección de los ecosistemas situados en las zonas fronterizas.

[…]

Capítulo 4 – De la Protección y Aplicación de los Derechos

Artículo 83. Las actuaciones de los particulares y de las autoridades públicas deberán ceñirse a los postulados de la buena fe, la cual se presumirá en todas las gestiones que aquellos adelanten ante éstas.

[…]

Artículo 127. Los servidores públicos no podrán celebrar, por si por interpuesta persona, o en representación de otro, contrato alguno con entidades publicas o con personas privadas que manejen o administren recursos públicos, salvo las excepciones legales.

[…]

Artículo 129. Los servidores públicos no podrán aceptar cargos, honores o recompensas de gobiernos extranjeros u organismos internacionales, ni celebrar contratos con ellos, sin previa autorización del Gobierno.

Artículo 130. Habrá una Comisión Nacional del Servicio Civil responsable de la administración y vigilancia de las carreras de los servidores públicos, excepción hecha de las que tengan carácter especial.

[…]

Capítulo 3 – De las Leyes

Artículo 150. Corresponde al Congreso hacer las leyes. Por medio de ellas ejerce las siguientes funciones:

[…]

Compete al Congreso expedir el estatuto general de contratación de la administración

pública y en especial de la administración nacional.
[...]

Título X – De los Organismos de Control

Capítulo 1 – De la Contraloría General de la República

Artículo 273. A solicitud de cualquiera de los proponentes, el Contralor General de la República y demás autoridades de control fiscal competentes, ordenarán que el acto de adjudicación de una licitación tenga lugar en audiencia pública.

Los casos en que se aplique el mecanismo de audiencia pública, la manera como se efectuará la evaluación de las propuestas y las condiciones bajo las cuales se realizará aquella, serán señalados por la ley.

Constitución de Ecuador

Preámbulo

El pueblo del Ecuador inspirado en su historia milenaria, en el recuerdo de sus héroes y en el trabajo de hombres y mujeres que, con su sacrificio, forjaron la patria; fiel a los ideales de libertad, igualdad, justicia, progreso, solidaridad, equidad y paz que han guiado sus pasos desde los albores de la vida republicana, proclama su voluntad de consolidar la unidad de la nación ecuatoriana en el reconocimiento de la diversidad de sus regiones, pueblos, etnias y culturas, invoca la protección de Dios, y en ejercicio de su soberanía, establece en esta Constitución las normas fundamentales que amparan los derechos y libertades, organizan el Estado y las instituciones democráticas e impulsan el desarrollo económico y social.

Título I – De los Principios Fundamentales

Artículo 1. El Ecuador es un estado social de derecho, soberano, unitario, independiente, democrático, pluricultural y multiétnico. Su gobierno es republicano, presidencial, electivo, representativo, responsable, alternativo, participativo y de administración descentralizada.

La soberanía radica en el pueblo, cuya voluntad es la base de la autoridad, que ejerce a través de los órganos del poder público y de los medios democráticos previstos en esta Constitución.
[...]

Artículo 3. Son deberes primordiales del Estado:

Fortalecer la unidad nacional en la diversidad.

Asegurar la vigencia de los derechos humanos, las libertades fundamentales de mujeres y hombres, y la seguridad social.

Defender el patrimonio natural y cultural del país y proteger el medio ambiente.

Preservar el crecimiento sustentable de la economía, y el desarrollo equilibrado y equitativo en beneficio colectivo.

Erradicar la pobreza y promover el progreso económico, social y cultural de sus habitantes.

Garantizar la vigencia del sistema democrático y la administración pública libre de corrupción.

Artículo 4. El Ecuador en sus relaciones con la comunidad internacional:

Proclama la paz, la cooperación como sistema de convivencia y la igualdad jurídica de los estados.

Condena el uso o la amenaza de la fuerza como medio de solución de los conflictos, y desconoce el despojo bélico como fuente de derecho.

Declara que el derecho internacional es norma de conducta de los estados en sus relaciones recíprocas y promueve la solución de las controversias por métodos jurídicos y pacíficos.

Propicia el desarrollo de la comunidad internacional, la estabilidad y el fortalecimiento de sus organismos.

Propugna la integración, de manera especial la andina y latinoamericana.

Rechaza toda forma de colonialismo, de neocolonialismo, de discriminación o segregación, reconoce el derecho de los

pueblos a su autodeterminación y a liberarse de los sistemas opresivos.
Artículo 5. El Ecuador podrá formar asociaciones con uno o más estados para la promoción y defensa de los intereses nacionales y comunitarios.
[...]

Título III – De los Derechos, Garantías y Deberes
Capítulo 1 - Principios generales
Artículo 16. El más alto deber del Estado consiste en respetar y hacer respetar los derechos humanos que garantiza esta Constitución.
Artículo 17. El Estado garantizará a todos sus habitantes, sin discriminación alguna, el libre y eficaz ejercicio y el goce de los derechos humanos establecidos en esta Constitución y en las declaraciones, pactos, convenios y más instrumentos internacionales vigentes. Adoptará, mediante planes y programas permanentes y periódicos, medidas para el efectivo goce de estos derechos.
Artículo 18. Los derechos y garantías determinados en esta Constitución y en los instrumentos internacionales vigentes, serán directa e inmediatamente aplicables por y ante cualquier juez, tribunal o autoridad.
En materia de derechos y garantías constitucionales, se estará a la interpretación que más favorezca su efectiva vigencia. Ninguna autoridad podrá exigir condiciones o requisitos no establecidos en la Constitución o la ley, para el ejercicio de estos derechos.
No podrá alegarse falta de ley para justificar la violación o desconocimiento de los derechos establecidos en esta Constitución, para desechar la acción por esos hechos, o para negar el reconocimiento de tales derechos.
Las leyes no podrán restringir el ejercicio de los derechos y garantías constitucionales.
Artículo 19. Los derechos y garantías señalados en esta Constitución y en los instrumentos internacionales, no excluyen otros que se deriven de la naturaleza de la persona y que son necesarios para su pleno desenvolvimiento moral y material.

Artículo 20. Las instituciones del Estado, sus delegatarios y concesionarios, estarán obligados a indemnizar a los particulares por los perjuicios que les irroguen como consecuencia de la prestación deficiente de los servicios públicos o de los actos de sus funcionarios y empleados, en el desempeño de sus cargos.
Las instituciones antes mencionadas tendrán derecho de repetición y harán efectiva la responsabilidad de los funcionarios o empleados que, por dolo o culpa grave judicialmente declarada, hayan causado los perjuicios. La responsabilidad penal de tales funcionarios y empleados, será establecida por los jueces competentes.
[...]
Sección segunda - Del medio ambiente
[...]
Artículo 86. El Estado protegerá el derecho de la población a vivir en un medio ambiente sano y ecológicamente equilibrado, que garantice un desarrollo sustentable. Velará para que este derecho no sea afectado y garantizará la preservación de la naturaleza.
Se declaran de interés público y se regularán conforme a la ley:
La preservación del medio ambiente, la conservación de los ecosistemas, la biodiversidad y la integridad del patrimonio genético del país.
La prevención de la contaminación ambiental, la recuperación de los espacios naturales degradados, el manejo sustentable de los recursos naturales y los requisitos que para estos fines deberán cumplir las actividades públicas y privadas.
El establecimiento de un sistema nacional de áreas naturales protegidas, que garantice la conservación de la biodiversidad y el mantenimiento de los servicios ecológicos, de conformidad con los convenios y tratados internacionales.
Artículo 87. La ley tipificará las infracciones y determinará los procedimientos para establecer responsabilidades administrativas, civiles y penales que correspondan a las personas naturales o jurídicas, nacionales o extranjeras, por las acciones u omisiones en

contra de las normas de protección al medio ambiente.

Artículo 88. Toda decisión estatal que pueda afectar al medio ambiente, deberá contar previamente con los criterios de la comunidad, para lo cual ésta será debidamente informada. La ley garantizará su participación.

Artículo 89. El Estado tomará medidas orientadas a la consecución de los siguientes objetivos:
Promover en el sector público y privado el uso de tecnologías ambientalmente limpias y de energías alternativas no contaminantes.
Establecer estímulos tributarios para quienes realicen acciones ambientalmente sanas.
Regular, bajo estrictas normas de bioseguridad, la propagación en el medio ambiente, la experimentación, el uso, la comercialización y la importación de organismos genéticamente modificados.

Artículo 90. Se prohiben la fabricación, importación, tenencia y uso de armas químicas, biológicas y nucleares, así como la introducción al territorio nacional de residuos nucleares y desechos tóxicos.
El Estado normará la producción, importación, distribución y uso de aquellas sustancias que, no obstante su utilidad, sean tóxicas y peligrosas para las personas y el medio ambiente.

Artículo 91. El Estado, sus delegatarios y concesionarios, serán responsables por los daños ambientales, en los términos señalados en el Artículo 20 de esta Constitución.
Tomará medidas preventivas en caso de dudas sobre el impacto o las consecuencias ambientales negativas de alguna acción u omisión, aunque no exista evidencia científica de daño.
Sin perjuicio de los derechos de los directamente afectados, cualquier persona natural o jurídica, o grupo humano, podrá ejercer las acciones previstas en la ley para la protección del medio ambiente.
[...]

Capítulo 6 - De los tratados y convenios internacionales

Artículo 161. El Congreso Nacional aprobará o improbará los siguientes tratados y convenios internacionales:
Los que se refieran a materia territorial o de límites.
Los que establezcan alianzas políticas o militares.
Los que comprometan al país en acuerdos de integración.
Los que atribuyan a un organismo internacional o supranacional el ejercicio de competencias derivadas de la Constitución o la ley.
Los que se refieran a los derechos y deberes fundamentales de las personas y a los derechos colectivos.
Los que contengan el compromiso de expedir, modificar o derogar alguna ley.

Artículo 162. La aprobación de los tratados y convenios, se hará en un sólo debate y con el voto conforme de la mayoría de los miembros del Congreso.
Previamente, se solicitará el dictamen del Tribunal Constitucional respecto a la conformidad del tratado o convenio con la Constitución.
La aprobación de un tratado o convenio que exija una reforma constitucional, no podrá hacerse sin que antes se haya expedido dicha reforma.

Artículo 163. Las normas contenidas en los tratados y convenios internacionales, una vez promulgados en el Registro Oficial, formarán parte del ordenamiento jurídico de la República y prevalecerán sobre leyes y otras normas de menor jerarquía.

Constitución de Paraguay[573]

Preámbulo
El pueblo paraguayo, por medio de sus legítimos representantes reunidos en Convención Nacional Constituyente, invocando a Dios, reconociendo la dignidad humana con el fin de asegurar la libertad, la igualdad y la

---

[573] Promulgada esta Constitución en Asunción, 20 de junio de 1992.

justicia, reafirmando los principios de la democracia republicana, representativa, participativa y pluralista, ratificando la soberanía e independencia nacionales, e integrado a la comunidad internacional, sanciona y promulga esta Constitución.
[...]
Título II – De los Derechos, de los Deberes y de las Garantías
Capítulo I – De la Vida y del Ambiente
Sección I – De la Vida
Artículo 4. Del derecho de a la vida
El derecho a la vida es inherente a la persona humana. Se garantiza su protección, en general, desde la concepción. Queda abolida la pena de muerte. Toda persona será protegida por el Estado en su integridad física y psíquica, así como en su honor y en su reputación. La ley reglamentará la libertad de las personas para disponer de su propio cuerpo, sólo con fines científicos o médicos.
[...]
Artículo 6. De la Calidad de Vida
La calidad de vida será promovida por el Estado mediante planes y políticas que reconozcan factores condicionantes, tales como la extrema pobreza y los impedimentos de la discapacidad o de la edad.
El Estado también fomentará la investigación sobre los factores de población y sus vínculos con el desarrollo económico social, con la preservación del ambiente y con la calidad de vida de los habitantes.
Sección II – Del Ambiente
Artículo 7. Del Derecho a un Ambiente Saludable
Toda persona tiene derecho a habitar en un ambiente saludable y ecológicamente equilibrado.
Constituyen objetivos prioritarios de interés social la preservación, la conservación, la recomposición y el mejoramiento del ambiente, así como su conciliación con el desarrollo humano integral. Estos propósitos orientarán la legislación y la política gubernamental pertinente.
Artículo 8. De la Protección Ambiental

Las actividades susceptibles de producir alteración ambiental serán reguladas por la ley. Asimismo, ésta podrá restringir o prohibir aquéllas que califique peligrosas.
Se prohibe la fabricación, el montaje, la importación, la comercialización, la posesión o el uso de armas nucleares, químicas y biológicas, así como la introducción al país de residuos tóxicos. La ley podrá extender esta prohibición a otros elementos peligrosos; asimismo, regulará el tráfico de recursos genéticos y de su tecnología, precautelando los intereses nacionales.
El delito ecológico será definido y sancionado por la ley. Todo daño al ambiente importará la obligación de recomponer e indemnizar.
[...]
Capítulo II – De la Libertad
[...]
Artículo 45. De los Derechos e Garantías no enunciados
La enunciación de los derechos y garantías contenidos en esta Constitución no debe entenderse como negación de otros que, siendo inherentes a la personalidad humana, no figuren expresamente en ella. La falta de ley reglamentaria no podrá ser invocada para negar ni para menoscabar algún derecho o garantía.
Capítulo III – De la Igualdad
Artículo 46. De la Igualdad de las personas
Todos los habitantes de la República son iguales en dignidad y derechos. No se admiten discriminaciones. El Estado removerá los obstáculos e impedirá los factores que las mantengan o las propicien.
Las protecciones que se establezcan sobre desigualdades injustas no serán consideradas como factores discriminatorios sino igualitarios.
Artículo 47. De las Garantías de la Igualdad
El Estado garantizará a todos los habitantes de la República:
la igualdad para el acceso a la justicia, a cuyo efecto allanará los obstáculos que la impidiesen;
la igualdad ante las leyes;
la igualdad para el acceso a las funciones públicas no electivas, sin más requisitos que

la idoneidad, y la igualdad de oportunidades en la participación de los beneficios de la naturaleza, de los bienes materiales y de la cultura.
[...]
Título I – De la Nación y del Estado
Capítulo I – De las Declaraciones Generales
Artículo 137. De la Supremacía de la Constitución
La ley suprema de la República es la Constitución. Esta, los tratados, convenios y acuerdos internacionales aprobados y ratificados, las leyes dictadas por el Congreso y otras disposiciones jurídicas de inferior jerarquía, sancionadas en consecuencia, integran el derecho positivo nacional en el orden de prelación enunciado.
Quienquiera que intente cambiar dicho orden, al margen de los procedimientos previstos en esta Constitución, incurrirá en los delitos que se tipificarán y penarán en la ley.
Esta Constitución no perderá su vigencia ni dejará de observarse por actos de fuerza o fuera derogada por cualquier otro medio distinto del que ella dispone.
Carecen de validez todas las disposiciones o actos de autoridad opuestos a lo establecido en esta Constitución.
Artículo 138. De la validez del Orden Jurídico
Se autoriza a los ciudadanos a resistir a dichos usurpadores, por todos los medios a su alcance. En la hipótesis de que esa persona o grupo de personas, invocando cualquier principio o representación contraria a esta constitución, detenten el poder público, sus actos se declaren nulos y sin ningún valor, no vinculantes y, por lo mismo, el pueblo en ejercicio de su derecho de resistencia a la opresión, queda dispensado de su cumplimiento.
[...]
Capítulo II – De las Relaciones Internacionales
Artículo 141. De los Tratados Internacionales
Los tratados internacionales válidamente celebrados, aprobados por ley del Congreso, y cuyos instrumentos de ratificación fueran canjeados o depositados, forman parte del ordenamiento legal interno con la jerarquía que determina el Artículo 137.
Artículo 142. De la Denuncia de los Tratados
Los tratados internacionales relativos a los derechos humanos no podrán ser denunciados sino por los procedimientos que rigen para la enmienda de esta Constitución.
Artículo 143. De las Relaciones Internacionales
La República del Paraguay, en sus relaciones internacionales, acepta el derecho internacional y se ajusta a los siguientes principios:
la independencia nacional;
la autodeterminación de los pueblos;
la igualdad jurídica entre los Estados;
la solidaridad y la cooperación internacional;
la protección internacional de los derechos humanos;
la libre navegación de los ríos internacionales;
la no intervención, y
la condena a toda forma de dictadura, colonialismo e imperialismo.
representación contraria a esta constitución, detenten el poder público, sus actos se declaren nulos y sin ningún valor, no vinculantes y, por lo mismo, el pueblo en ejercicio de su derecho de resistencia a la opresión, queda dispensado de su cumplimiento.
[...]
Sección II – De la Contraloría General de República
Artículo 281. De la Naturaleza, de la Composición y de la Duración
La Contraloría General de la República es el órgano de control de las actividades económicas y financieras del Estado, de los departamentos y de las municipalidades, en la forma determinada por esta Constitución y por la ley. Gozará de autonomía funcional y administrativa.
Se compone de un Contralor y un Subcontralor, quienes deberán ser de nacionalidad paraguaya, de treinta años cumplidos, graduados en Derecho o en Ciencias Económicas, Administrativas o Contables. Cada uno de ellos será designado por la Cámara de Diputados, por mayoría

absoluta, de sendas ternas de candidatos propuestos por la Cámara de Senadores, con idéntica mayoría.
Durarán cinco años en sus funciones, los cuales no serán coincidentes con los del mandato presidencial. Podrán ser confirmados en el cargo sólo por un período más, con sujeción a los mismos trámites. Durante tal lapso gozarán de inamovilidad, no pudiendo ser removidos sino por la comisión de delitos o por mal desempeño de sus funciones.
Artículo 282. Del Informe y del Dictamen
El Presidente de la República, en su carácter de titular de la administración del Estado, enviará a la Contraloría la liquidación del presupuesto del año anterior, dentro de los cuatro meses del siguiente. En los cuatro meses posteriores, la Contraloría deberá elevar informe y dictamen al Congreso, para que los consideren cada una de las Cámaras.
Artículo 283. De los Deberes y de las Atribuiciones
Son deberes y atribuciones del Contralor General de la República:
el control, la vigilancia y la fiscalización de los bienes públicos y del patrimonio del Estado, los de las entidades regionales o departamentales, los de las municipalidades, los del Banco Central y los de los demás bancos del Estado o mixtos, los de las entidades autónomas, autárquicas o descentralizadas, así como los de las empresas del Estado o mixtas;
el control de la ejecución y de la liquidación del Presupuesto General de la Nación;
el control de la ejecución y de la liquidación de los presupuestos de todas las reparticiones mencionadas en el inciso 1, como asimismo el examen de sus cuentas, fondos e inventarios;
la fiscalización de las cuentas nacionales de las empresas o entidades multinacionales, de cuyo capital participe el Estado en forma directa o indirecta, en los términos de los respectivos tratados;
el requerimiento de informes sobre la gestión fiscal y patrimonial a toda persona o entidad pública, mixta o privada que administre fondos, servicios públicos o bienes del Estado, a las entidades regionales o

departamentales y a los municipios, todas las cuales deben poner a su disposición la documentación y los comprobantes requeridos para el mejor cumplimiento de sus funciones; la recepción de las declaraciones juradas de bienes de los funcionarios públicos, así como la formación de un registro de las mismas y la producción de dictámenes sobre la correspondencia entre tales declaraciones, prestadas al asumir los respectivos cargos, y las que los aludidos funcionarios formulen al cesar en ellos.
la denuncia a la justicia ordinaria y al Poder Ejecutivo de todo delito siendo solidariamente responsable, por omisión o desviación, con los órganos sometidos a su control, cuando éstos actuasen con deficiencia o negligencia, y
los demás deberes y atribuciones que fije esta Constitución y las leyes.
[…]

Constitución de Perú

Preámbulo
El Congreso Constituyente Democrático, invocando a Dios todo poderoso, obedeciendo el mandato del Pueblo Peruano y recordando el sacrificio de todas las generaciones que nos han precedido en nuestra patria, ha resuelto dar la siguiente Constitución:
Título I – De la Persona y la Sociedad
Capítulo I – Derechos Fundamentales de la Persona
Artículo 1°. La defensa de la persona humana y el respeto de su dignidad son el fin supremo de la sociedad y del Estado.
Artículo 2°. Toda persona tiene su derecho:
A la vida, a su identidad, a su integridad moral, psíquica y física y a su libre desarrollo y bienestar. El concebido es sujeto de derecho en todo cuanto le favorece.
A la igualdad ante la Ley, Nadie debe ser discriminado por motivo de origen, raza, sexo, idioma, religión, opinión, condición económica o de cualquier otra índole.
[…]
5. A solicitar sin expresión de causa la información que requiera y a recibirla de

cualquier entidad pública, en el plazo legal, con le costo que suponga el pedido. Se exceptúan las informaciones que afectan la intimidad personal y las que expresamente se excluyan por ley o por razones de seguridad nacional.
[...]
10. Los libros, comprobantes y documentos contables y administrativos están sujetos a inspección o fiscalización de la autoridad competente, de conformidad con la ley. Las acciones que al respecto se tomen no pueden incluir su sustracción o incautación, salvo por orden judicial.
[...]
22. A la paz, a la tranquilidad, al disfrute del tiempo libre y al descanso, así como a gozar de un ambiente equilibrado y adecuado al desarrollo de su vida.
[...]
Artículo 3°. La enumeración de los derechos establecidos en este capítulo no excluye los demás que la Constitución garantiza, ni otros de naturaleza análoga o que se fundan en la dignidad del hombre, o en los principios de soberanía del pueblo del Estado democrático de derecho y de la forma republicana de gobierno.
Capítulo II – De los Derechos Sociales y Económicos
[...]
Artículo 9°. El Estado determina la política nacional de salud. El Poder Ejecutivo norma y supervisa su aplicación. Es responsable de diseñarla y conducirla en forma plural y decentralizadora para facilitar a todos el acceso equitativo a los servicios de salud.
Artículo 10°. El Estado reconoce el derecho universal y progresivo de toda persona a la seguridad social, para su protección frente a las contingencias que precise la ley y para la elevación de su calidad de vida.
[...]
Capítulo II – De los Tratados
Artículo 55°. Los tratados celebrados por el Estado y en vigor forman parte del derecho nacional.
Artículo 56°. Los tratados deben ser aprobados por el Congreso antes de su ratificación por el Presidente de la República, siempre que versan sobre las siguientes materias:

Derechos humanos.
Soberanía, dominio o integridad del Estado.
Defensa Nacional.
Obligaciones financieras del Estado.
También deben ser aprobados por el Congreso los tratados que crean, modifican o suprimen tributos; los que exigen modificación o derogación de alguna ley y los que requieren medidas legislativas para su ejecución.
Artículo 57°. El Presidente de la República puede celebrar o ratificar tratados o adherir a éstos sin el requisito de la aprobación previa del Congreso en materias no contempladas en artículo precedente. En todos estos casos, debe dar cuenta al Congreso.
Cuando el tratado afecte disposiciones constitucionales debe ser aprobado por el mismo procedimiento que rige la reforma de la Constitución, antes de ser ratificado por el Presidente de la República.
La denuncia de los tratados es potestad del Presidente de la República, con cargo de dar cuenta al Congreso. En el caso de los tratados sujetos a aprobación del Congreso, la denuncia requiere aprobación previa de éste.
[...]
Capítulo II – Del Ambiente y los Recursos Naturales
[...]
Artículo 67°. El Estado determina la política nacional del ambiente. Promueve el uso sostenible de sus recursos naturales.
Artículo 68°. El Estado está obligado a promover la conservación de la diversidad biológica y de las áreas naturales protegidas.
Artículo 69°. El Estado promueve el desarrollo sostenible de la Amazonia con una legislación adecuada.

Constitución de Uruguay

[...]
Sección I – De la Nación y su Soberanía
Capítulo I
Artículo 1°. La República Oriental del Uruguay es la asociación política de todos los habitantes comprendidos dentro de su territorio.

Artículo 2°. Ella es y será para siempre libre e independiente de todo poder extranjero.
Artículo 3°. Jamás será el patrimonio de personas ni de familia alguna.
Capítulo II
Artículo 4°. La soberanía en toda su plenitud existe radicalmente en la Nación, a la que compete el derecho exclusivo de establecer sus leyes, del modo que más adelante se expresará.
[...]
Capítulo IV
Artículo 6°. En los tratados internacionales que celebre la República propondrá la cláusula de que todas las diferencias que surjan entre las partes contratantes, serán decididas por el arbitraje u otros medios pacíficos. La República procurará la integración social y económica de los Estados Latinoamericanos, especialmente en lo que se refiere a la defensa común de sus productos y materias primas. Asimismo, propenderá a la efectiva complementación de sus servicios públicos.
Sección II – Derechos, Deberes y Garantías
Capítulo I
Artículo 7°. Los habitantes de la República tienen derecho a ser protegidos en el goce de su vida, honor, libertad, seguridad, trabajo y propiedad. Nadie puede ser privado de estos derechos sino conforme a las leyes que se establecieron por razones de interés general.
Artículo 8°. Todas las personas son iguales ante la ley no reconociéndose otra distinción entre ellas sino la de los talentos o las virtudes.
[...]
Artículo 24. El Estado, los Gobiernos Departamentales, los Entes Autónomos, los Servicios Descentralizados y, en general, todo órgano del Estado, serán civilmente responsables del daño causado a terceros, en la ejecución de los servicios públicos, confiados a su gestión o dirección.
Artículo 25. Cuando el daño haya sido causado por sus funcionarios, en el ejercicio de sus funciones o en ocasión de ese ejercicio, en caso de haber obrado con culpa grave o dolo, el órgano público correspondiente podrá repetir contra ellos, lo que hubiere pagado en reparación.
[...]
Artículo 47. La protección del medio ambiente es de interés general. Las personas deberán abstenerse de cualquier acto que cause depredación, destrucción o contaminación graves al medio ambiente. La Ley reglamentará esta disposición y podrá prever sanciones para los transgresores.

Constitución de Venezuela

Preámbulo
El pueblo de Venezuela, en ejercicio de sus poderes creadores e invocando la protección de Dios, el ejemplo histórico de nuestro Libertador Simón Bolívar y el heroísmo y sacrificio de nuestros antepasados aborígenes y de los precursores y forjadores de una patria libre y soberana; con el fin supremo de refundar la República para establecer una sociedad democrática, participativa y protagónica, multiétnica y pluricultural en un Estado de justicia, federal y descentralizado, que consolide los valores de la libertad, la independencia, la paz, la solidaridad, el bien común, la integridad territorial, la convivencia y el imperio de la ley para esta y las futuras generaciones; asegure el derecho a la vida, al trabajo, a la cultura, a la educación, a la justicia social y a la igualdad sin discriminación ni subordinación alguna; promueva la cooperación pacífica entre las naciones e impulse y consolide la integración latinoamericana de acuerdo con el principio de no intervención y autodeterminación de los pueblos, la garantía universal e indivisible de los derechos humanos, la democratización de la sociedad internacional, el desarme nuclear, el equilibrio ecológico y los bienes jurídicos ambientales como patrimonio común e irrenunciable de la humanidad; en ejercicio de su poder originario representado por la Asamblea Nacional Constituyente mediante el voto libre y en referendo democrático, decreta la siguiente
Título I – Principios Fundamentales
Artículo 1. La República Bolivariana de Venezuela es irrevocablemente libre e

independiente y fundamenta su patrimonio moral y sus valores de libertad, igualdad, justicia y paz internacional, en la doctrina de Simón Bolívar, el Libertador.

Son derechos irrenunciables de la Nación la independencia, la libertad, la soberanía, la inmunidad, la integridad territorial y la autodeterminacin nacional.

Artículo 2. Venezuela se constituye en un Estado democrático y social de Derecho y de Justicia, que propugna como valores superiores de su ordenamiento jurídico y de su actuación, la vida, la libertad, la justicia, la igualdad, la solidaridad, la democracia, la responsabilidad social y en general, la preeminencia de los derechos humanos, la ética y el pluralismo político.

Artículo 3. El Estado tiene como fines esenciales la defensa y el desarrollo de la persona y el respeto a su dignidad, el ejercicio democrático de la voluntad popular, la construcción de una sociedad justa y amante de la paz, la promoción de la prosperidad y bienestar del pueblo y la garantía del cumplimiento de los principios, derechos y deberes consagrados en esta Constitución.

La educación y el trabajo son los procesos fundamentales para alcanzar dichos fines.

Artículo 4. La República Bolivariana de Venezuela es un Estado federal descentralizado en los términos consagrados por esta Constitución, y se rige por los principios de integridad territorial, cooperación, solidaridad, concurrencia y corresponsabilidad.

Artículo 5. La soberanía reside intransferiblemente en el pueblo, quien la ejerce directamente en la forma prevista en esta Constitución y en la ley, e indirectamente, mediante el sufragio, por los órganos que ejercen el Poder Público.

Los órganos del Estado emanan de la soberanía popular y a ella están sometidos.

Artículo 6. El gobierno de la República Bolivariana de Venezuela y de las entidades políticas que la componen es y será siempre democrático, participativo, electivo, descentralizado, alternativo, responsable, pluralista y de mandatos revocables.

Artículo 7. La Constitución es la norma suprema y el fundamento del ordenamiento jurídico. Todas las personas y los órganos que ejercen el Poder Público están sujetos a esta Constitución.

[...]

Título III – De los Deberes, Derechos Humanos y Garantías

Capítulo I - Disposiciones Generales

Artículo 19. El Estado garantizará a toda persona, conforme al principio de progresividad y sin discriminación alguna, el goce y ejercicio irrenunciable, indivisible e interdependiente de los derechos humanos. Su respeto y garantía son obligatorios para los órganos del Poder Público de conformidad con la Constitución, los tratados sobre derechos humanos suscritos y ratificados por la República y las leyes que los desarrollen.

Artículo 20. Toda persona tiene derecho al libre desenvolvimiento de su personalidad, sin más limitaciones que las que derivan del derecho de las demás y del orden público y social.

[...]

Artículo 22. La enunciación de los derechos y garantías contenidos en esta Constitución y en los instrumentos internacionales sobre derechos humanos no debe entenderse como negación de otros que, siendo inherentes a la persona, no figuren expresamente en ellos. La falta de ley reglamentaria de estos derechos no menoscaba el ejercicio de los mismos.

Artículo 23. Los tratados, pactos y convenciones relativos a derechos humanos, suscritos y ratificados por Venezuela, tienen jerarquía constitucional y prevalecen en el orden interno, en la medida en que contengan normas sobre su goce y ejercicio más favorables a las establecidas por esta Constitución y la ley de la República, y son de aplicación inmediata y directa por los tribunales y demás órganos del Poder Público.

Artículo 24. Ninguna disposición legislativa tendrá efecto retroactivo, excepto cuando imponga menor pena. Las leyes de procedimiento se aplicarán desde el momento mismo de entrar en vigencia aun en los procesos que se hallaren en curso; pero en los procesos penales, las pruebas ya evacuadas se estimarán en cuanto beneficien al reo o rea, conforme a la ley vigente para la fecha en que se promovieron.Cuando haya dudas se aplicará la norma que beneficie al reo o rea.

Artículo 25. Todo acto dictado en ejercicio del Poder Público que viole o menoscabe los derechos garantizados por esta Constitución y la ley es nulo, y los funcionarios públicos y funcionarias públicas que lo ordenen o ejecuten incurren en responsabilidad penal, civil y administrativa, según los casos, sin que les sirvan de excusa órdenes superiores.

Artículo 26. Toda persona tiene derecho de acceso a los órganos de administración de justicia para hacer

[...]

Artículo 29. El Estado estará obligado a investigar y sancionar legalmente los delitos contra los derechos humanos cometidos por sus autoridades. Las acciones para sancionar los delitos de lesa humanidad, violaciones graves a los derechos humanos y los crímenes de guerra son imprescriptibles. Las violaciones de derechos humanos y los delitos de lesa humanidad serán investigados y juzgados por los tribunales ordinarios. Dichos delitos quedan excluidos de los beneficios que puedan conllevar su impunidad, incluidos el indulto y la amnistía.

Artículo 30. El Estado tendrá la obligación de indemnizar integralmente a las víctimas de violaciones a los derechos humanos que le sean imputables, y a sus derechohabientes, incluido el pago de daños y perjuicios. El Estado adoptará las medidas legislativas y de otra naturaleza, para hacer efectivas las indemnizaciones establecidas en este artículo. El Estado protegerá a las víctimas de delitos comunes y procurará que los culpables reparen los daños causados.

Artículo 31. Toda persona tiene derecho, en los términos establecidos por los tratados, pactos y convenciones sobre derechos humanos ratificados por la República, a dirigir peticiones o quejas ante los órganos internacionales creados para tales fines, con el objeto de solicitar el amparo a sus derechos humanos. El Estado adoptará, conforme a procedimientos establecidos en esta Constitución y la ley, las medidas que sean necesarias para dar cumplimiento a las decisiones emanadas de los órganos internacionales previstos en este artículo.

[...]

Capítulo IX - De los Derechos Ambientales

Artículo 127. Es un derecho y un deber de cada generación proteger y mantener el ambiente en beneficio de sí misma y del mundo futuro. Toda persona tiene derecho individual y colectivamente a disfrutar de una vida y de un ambiente seguro, sano y ecológicamente equilibrado. El Estado protegerá el ambiente, la diversidad biológica, genética, los procesos ecológicos, los parques nacionales y monumentos naturales y demás áreas de especial importancia ecológica. El genoma de los seres vivos no podrá ser patentado, y la ley que se refiera a los principios bioéticos regulará la materia. Es una obligación fundamental del Estado, con la activa participación de la sociedad, garantizar que la población se desenvuelva en un ambiente libre de contaminación, en donde el aire, el agua, los suelos, las costas, el clima, la capa de ozono, las especies vivas, sean especialmente protegidos, de conformidad con la ley.

Artículo 128. El Estado desarrollará una política de ordenación del territorio atendiendo a las realidades ecológicas, geográficas, poblacionales, sociales, culturales, económicas, políticas, de acuerdo con las premisas del desarrollo sustentable, que incluya la información, consulta y participación ciudadana. Una ley orgánica desarrollará los principios y criterios para este ordenamiento.

Artículo 129. Todas las actividades susceptibles de generar daños a los ecosistemas deben ser previamente acompañadas de estudios de impacto ambiental y socio cultural. El Estado impedirá la entrada al país de desechos tóxicos y peligrosos, así como la fabricación y uso de armas nucleares, químicas y biológicas. Una ley especial regulará el uso, manejo, transporte y almacenamiento de las sustancias tóxicas y peligrosas. En los contratos que la República celebre con personas naturales o jurídicas, nacionales o extranjeras, o en los permisos que se otorguen, que involucren los recursos naturales, se considerará incluida aun cuando no estuviera expresa, la obligación de conservar el equilibrio ecológico, de permitir el acceso a la tecnología y la transferencia de la misma en condiciones mutuamente convenidas y de restablecer el ambiente a su estado natural si éste resultara alterado, en los términos que fije la ley.

Capítulo X - De los Deberes
[...]
Artículo 133. Toda persona tiene el deber de coadyuvar a los gastos públicos mediante el pago de impuestos, tasas y contribuciones que establezca la ley. Artículo 134.

2. Normativas Supranacionales en la licitación

Carta de las Naciones Unidas[574]

Nosotros los pueblos de las Naciones Unidas resueltos a preservar a las generaciones venideras del flagelo de la guerra que dos veces durante nuestra vida ha infligido a la Humanidad sufrimientos indecibles, a reafirmar la fe en los derechos fundamentales del hombre, en 1a dignidad y el valor de la persona humana, en la igualdad de derechos de hombres y mujeres y de las naciones grandes y pequeñas, a crear condiciones bajo las cuales puedan mantenerse la justicia y el respeto a las obligaciones emanadas de los tratados y de otras fuentes del derecho internacional, a promover el progreso social y a elevar el nivel de vida dentro de un concepto más amplio de la libertad, y con tales finalidades a practicar la tolerancia y a convivir en paz como buenos vecinos, a unir nuestras fuerzas para el mantenimiento de la paz y la seguridad internacionales, a asegurar, mediante la aceptación de principios y la adopción de métodos, que no se usará; la fuerza armada sino en servicio del interés común, y a emplear un mecanismo internacional para promover el progreso económico y social de todos los pueblos, hemos decidido aunar nuestros esfuerzos para realizar estos designios.

Por lo tanto, nuestros respectivos Gobiernos, por medio de representantes reunidos en la ciudad de San Francisco que han exhibido sus plenos poderes, encontrados en buena y debida forma, han convenido en la presente Carta de las Naciones Unidas, y por este acto establecen una organización internacional que se denominará las Naciones Unidas.

Capítulo I – Propósito y Principios
Artículo 1. Los Propósitos de las Naciones Unidas son:
1. Mantener la paz y la seguridad internacionales, y con tal fin: tomar medidas colectivas eficaces para prevenir y eliminar amenazas a la paz, y para suprimir actos de agresión u otros quebrantamientos de la paz; y lograr por medios pacíficos, y de conformidad con los principios de la justicia y del derecho internacional, el ajuste o arreglo de controversias o situaciones internacionales susceptibles de conducir a quebrantamientos de la paz;
2. Fomentar entre las naciones relaciones de amistad basadas en el respeto al principio de la igualdad de derechos y al de la libre determinación de los pueblos, y tomar otras medidas adecuadas para fortalecer la paz universal;
3. Realizar la cooperación internacional en la solución de problemas internacionales de carácter económico, social, cultural o humanitario, y en el desarrollo y estímulo del respeto a los derechos humanos y a las libertades fundamentales de todos, sin hacer distinción por motivos de raza, sexo, idioma o religión; y
4. Servir de centro que armonice los esfuerzos de las naciones por alcanzar estos propósitos comunes.
Artículo 2. Para la realización de los Propósitos consignados en el Artículo 1, la

---

[574] La Carta de las Naciones Unidas se firmó el 26 de junio de 1945 en San Francisco, al terminar la Conferencia de las Naciones Unidas sobre Organización Internacional, y entró en vigor el 24 de octubre del mismo año. El Estatuto de la Corte Internacional de Justicia es parte integrante de la Carta.

Organización y sus Miembros procederán de acuerdo con los siguientes Principios:

1. La Organización está basada en el principio de la igualdad soberana de todos sus Miembros.
2. Los Miembros de la Organización, a fin de asegurarse los derechos y beneficios inherentes a su condición de tales, cumplirán de buena fe las obligaciones contraídas por ellos de conformidad con esta Carta.
3. Los Miembros de la Organización arreglarán sus controversias internacionales por medios pacíficos de tal manera que no se pongan en peligro ni la paz y la seguridad internacionales ni la justicia.
4. Los Miembros de la Organización, en sus relaciones internacionales, se abstendrán de recurrir a la amenaza o al uso de la fuerza contra la integridad territorial o la independencia política de cualquier Estado, o en cualquier otra forma incompatible con los Propósitos de las Naciones Unidas.
5. Los Miembros de la Organización prestaron a ésta toda clase de ayuda en cualquier acción que ejerza de conformidad con esta Carta, y se abstendrán de dar ayuda a Estado alguno contra el cual la Organización estuviere ejerciendo acción preventiva o coercitiva.
6. La Organización hará que los Estados que no son Miembros de las Naciones Unidas se conduzcan de acuerdo con estos Principios en la medida que sea necesaria para mantener la paz y la seguridad internacionales.
7. Ninguna disposición de esta Carta autorizará a las Naciones Unidas a intervenir en los asuntos que son esencialmente de la jurisdicción interna de los Estados, ni obligará a los Miembros a someter dichos asuntos a procedimientos de arreglo conforme a la presente Carta; pero este principio no se opone a la aplicación de las medidas coercitivas prescritas en el Capítulo VII.

Capítulo IV – La Asamblea General
[...]

Artículo 13
1. La Asamblea General promoverá estudios y hará recomendaciones para los fines siguientes:

a. fomentar la cooperación internacional en el campo político e impulsar el desarrollo progresivo del derecho internacional y su codificación;
b. fomentar la cooperación internacional en materias de carácter económico, social, cultural, educativo y sanitario y ayudar a hacer efectivos los derechos humanos y las libertades fundamentales de todos, sin hacer distinción por motivos de raza, sexo, idioma o religión.
2. Los demás poderes, responsabilidades y funciones de la Asamblea General con relación a los asuntos que se mencionan en el inciso b del párrafo 1 precedente quedan enumerados en los Capítulos IX y X.

Artículo 14. Salvo lo dispuesto en el Artículo 12, la Asamblea General podrá recomendar medidas para el arreglo pacífico de cualesquiera situaciones, sea cual fuere su origen, que a juicio de la Asamblea puedan perjudicar el bienestar general o las relaciones amistosas entre naciones, incluso las situaciones resultantes de una violación de las disposiciones de esta Carta que enuncian los Propósitos y Principios de las Naciones Unidas.

Capítulo IX – Cooperación Internacional Económica y Social
[...]

Artículo 55
[...]
c. el respeto universal a los derechos humanos y a las libertades fundamentales de todos, sin hacer distinción por motivos de raza, sexo, idioma o religión, y la efectividad de tales derechos y libertades.

Capítulo XII – Régimen Internacional de Administración Fiduciaria
[...]

Artículo 76. Los objetivos básicos del régimen de administración fiduciaria, de acuerdo con los Propósitos de las Naciones Unidas enunciados en el Artículo 1 de esta Carta, serán:
[...]

c. promover el respeto a los derechos humanos y a las libertades fundamentales de todos, sin hacer distinción por motivos de raza, sexo, idioma o religión, así como el reconocimiento de la interdependencia de los pueblos del mundo; y

d. asegurar tratamiento igual para todos los Miembros de las Naciones Unidas y sus nacionales en materias de carácter social, económico y comercial, así como tratamiento igual para dichos nacionales en la administración de la justicia, sin perjuicio de la realización de los objetivos arriba expuestos y con sujeción a las disposiciones del Artículo 80.
[...]

Capítulo XIV – La Corte Internacional de Justicia

Artículo 92. La Corte Internacional de Justicia será el órgano judicial principal de las Naciones Unidas; funcionará de conformidad con el Estatuto anexo, que está basado en el de la Corte Permanente de Justicia Internacional, y que forma parte integrante de esta Carta.

Artículo 93.
1. Todos los Miembros de las Naciones Unidas son ipso facto partes en el Estatuto de la Corte Internacional de Justicia.
2. Un Estado que no sea Miembro de las Naciones Unidas podrá llegar a ser parte en el Estatuto de la Corte Internacional de Justicia, de acuerdo con las condiciones que determine en cada caso la Asamblea General a recomendación del Consejo de Seguridad.

Artículo 94.
1. Cada Miembro de las Naciones Unidas compromete a cumplir la decisión de la Corte Internacional de Justicia en todo litigio en que sea parte.
2. Si una de las partes en un litigio dejare de cumplir las obligaciones que le imponga un fallo de la Corte, la otra parte podrá recurrir al Consejo de Seguridad, el cual podrá, si lo cree necesario, hacer recomendaciones o dictar medidas con el objeto de que se lleve a efecto la ejecución del fallo.

Artículo 95. Ninguna de las disposiciones de esta Carta impedirá a los Miembros de las Naciones Unidas encomendar la solución de sus diferencias a otros tribunales en virtud de acuerdos ya existentes o que puedan concertarse en el futuro.
[...]

Capítulo XV – La Secretaría
[...]

Artículo 97. La Secretaría se compondrá de un Secretario General y del personal que requiera la Organización. El Secretario General será nombrado por la Asamblea General a recomendación del Consejo de Seguridad. El Secretario General será el más alto funcionario administrativo de la Organización.

Artículo 98. El Secretario General actuará como tal en todas las sesiones de la Asamblea General, del Consejo de Seguridad, del Consejo Económico y Social y del Consejo de Administración Fiduciaria, y desempeñará las demás funciones que le encomienden dichos órganos. El Secretario General rendirá a la Asamblea General un informe anual sobre las actividades de la Organización.

Artículo 99. El Secretario General podrá llamar la atención del Consejo de Seguridad hacia cualquier asunto que en su opinión pueda poner en peligro el mantenimiento de la paz y la seguridad internacionales.
[...]

Capítulo XVI – Disposiciones varias

Artículo 102.
1. Todo tratado y todo acuerdo internacional concertados por cualesquiera Miembros de las Naciones Unidas después de entrar en vigor esta Carta, serán registrados en la Secretaría y publicados por ésta a la mayor brevedad posible.
2. Ninguna de las partes en un tratado o acuerdo internacional que no haya sido registrado conforme a las disposiciones del párrafo 1 de este Artículo, podrá invocar dicho tratado o acuerdo ante órgano alguno de las Naciones Unidas.

Artículo 103. En caso de conflicto entre las obligaciones contraídas por los Miembros de las Naciones Unidas en virtud de la presente Carta y sus obligaciones contraídas en virtud de cualquier otro convenio internacional, prevalecerán las obligaciones impuestas por la presente Carta.

Artículo 104. La Organización gozará, en el territorio de cada uno de sus Miembros, de la capacidad jurídica que sea necesaria para el ejercicio de sus funciones y la realización de sus propósitos.

Artículo 105.
1. La Organización gozará, en el territorio de cada uno de sus Miembros, de los privilegios e inmunidades necesarios para la realización de sus propósitos.
2. Los representantes de los Miembros de la Organización y los funcionarios de ésta, gozarán asimismo de los privilegios e inmunidades necesarios para desempeñar con independencia sus funciones en relación con la Organización.
3. La Asamblea General podrá hacer recomendaciones con el objeto de determinar los pormenores de la aplicación de los párrafos 1 y 2 de este Artículo, o proponer convenciones a los Miembros de las Naciones Unidas con el mismo objeto.

Declaración Universal de los Derechos Humanos[575]

Preámbulo

Considerando que la libertad, la justicia y la paz en el mundo tienen por base el reconocimiento de la dignidad intrínseca y de los derechos iguales e inalienables de todos los miembros de la familia humana;

Considerando que el desconocimiento y el menosprecio de los derechos humanos han originado actos de barbarie ultrajantes para la conciencia de la humanidad, y que se ha proclamado, como la aspiración más elevada del hombre, el advenimiento de un mundo en que los seres humanos, liberados del temor y de la miseria, disfruten de la libertad de palabra y de la libertad de creencias;

Considerando esencial que los derechos humanos sean protegidos por un régimen de Derecho, a fin de que el hombre no se vea compelido al supremo recurso de la rebelión contra la tiranía y la opresión;

Considerando también esencial promover el desarrollo de relaciones amistosas entre las naciones;

Considerando que los pueblos de las Naciones Unidas han reafirmado en la Carta su fe en los derechos fundamentales del hombre, en la dignidad y el valor de la persona humana y en la igualdad de derechos de hombres y mujeres, y se han declarado resueltos a promover el progreso social y a elevar el nivel de vida dentro de un concepto más amplio de la libertad;

Considerando que los Estados Miembros se han comprometido a asegurar, en cooperación con la Organización de las Naciones Unidas, el respeto universal y efectivo a los derechos y libertades fundamentales del hombre, y

Considerando que una concepción común de estos derechos y libertades es de la mayor importancia para el pleno cumplimiento de dicho compromiso;

La Asamblea General proclama la presente Declaración Universal de Derechos Humanos como ideal común por el que todos los pueblos y naciones deben esforzarse, a fin de que tanto los individuos como las instituciones, inspirándose constantemente en ella, promuevan, mediante la enseñanza y la educación, el respeto a estos derechos y libertades, y aseguren, por medidas progresivas de carácter nacional e internacional, su reconocimiento y aplicación universales y efectivos, tanto entre los pueblos de los Estados Miembros como entre los de los territorios colocados bajo su jurisdicción.

---

[575] El 10 de diciembre de 1948, la Asamblea General de las Naciones Unidas aprobó y proclamó la Declaración Universal de Derechos Humanos, cuyo texto completo figura en las páginas siguientes. Tras este acto histórico, la Asamblea pidió a todos los Países Miembros que publicaran el texto de la Declaración y dispusieran que fuera "distribuido, expuesto, leído y comentado en las escuelas y otros establecimientos de enseñanza, sin distinción fundada en la condición política de los países o de los territorios".

Artículo 1. Todos los seres humanos nacen libres e iguales en dignidad y derechos y, dotados como están de razón y conciencia, deben comportarse fraternalmente los unos con los otros.

Artículo 2.
1. Toda persona tiene todos los derechos y libertades proclamados en esta Declaración, sin distinción alguna de raza, color, sexo, idioma, religión, opinión política o de cualquier otra índole, origen nacional o social, posición económica, nacimiento o cualquier otra condición.
2. Además, no se hará distinción alguna fundada en la condición política, jurídica o internacional del país o territorio de cuya jurisdicción dependa una persona, tanto si se trata de un país independiente, como de un territorio bajo administración fiduciaria, no autónomo o sometido a cualquier otra limitación de soberanía.

Artículo 3. Todo individuo tiene derecho a la vida, a la libertad y a la seguridad de su persona.
[...]
Artículo 6. Todo ser humano tiene derecho, en todas partes, al reconocimiento de su personalidad jurídica.

Artículo 7. Todos son iguales ante la ley y tienen, sin distinción, derecho a igual protección de la ley. Todos tienen derecho a igual protección contra toda discriminación que infrinja esta Declaración y contra toda provocación a tal discriminación.

Artículo 8. Toda persona tiene derecho a un recurso efectivo ante los tribunales nacionales competentes, que la ampare contra actos que violen sus derechos fundamentales reconocidos por la constitución o por la ley.
[...]
Artículo 10. Toda persona tiene derecho, en condiciones de plena igualdad, a ser oída públicamente y con justicia por un tribunal independiente e imparcial, para la determinación de sus derechos y obligaciones o para el examen de cualquier acusación contra ella en materia penal.

Artículo 11.
1. Toda persona acusada de delito tiene derecho a que se presuma su inocencia mientras no se pruebe su culpabilidad, conforme a la ley y en juicio público en el que se le hayan asegurado todas las garantías necesarias para su defensa.
2. Nadie será condenado por actos u omisiones que en el momento de cometerse no fueron delictivos según el Derecho nacional o internacional. Tampoco se impondrá pena más grave que la aplicable en el momento de la comisión del delito.
[...]
Artículo 14.
1. En caso de persecución, toda persona tiene derecho a buscar asilo, y a disfrutar de él, en cualquier país.
2. Este derecho no podrá ser invocado contra una acción judicial realmente originada por delitos comunes o por actos opuestos a los propósitos y principios de las Naciones Unidas.
[...]
Artículo 21.
1. Toda persona tiene derecho a participar en el gobierno de su país, directamente o por medio de representantes libremente escogidos.
2. Toda persona tiene el derecho de acceso, en condiciones de igualdad, a las funciones públicas de su país.
3. La voluntad del pueblo es la base de la autoridad del poder público; esta voluntad se expresará mediante elecciones auténticas que habrán de celebrarse periódicamente, por sufragio universal e igual y por voto secreto u otro procedimiento equivalente que garantice la libertad del voto.

Artículo 22. Toda persona, como miembro de la sociedad, tiene derecho a la seguridad social, y a obtener, mediante el esfuerzo nacional y la cooperación internacional, habida cuenta de la organización y los recursos de cada Estado, la satisfacción de los derechos económicos, sociales y culturales, indispensables a su dignidad y al libre desarrollo de su personalidad.
[...]

Carta de la Organización de los Estados Americanos[576]

Primera Parte
Capítulo I – Naturaleza y Propósitos
Artículo 1. Los Estados americanos consagran en esta Carta la organización internacional que han desarrollado para lograr un orden de paz y de justicia, fomentar su solidaridad, robustecer su colaboración y defender su soberanía, su integridad territorial y su independencia. Dentro de las Naciones Unidas, la Organización de los Estados Americanos constituye un organismo regional.

La Organización de los Estados Americanos no tiene más facultades que aquellas que expresamente le confiere la presente Carta, ninguna de cuyas disposiciones la autoriza a intervenir en asuntos de la jurisdicción interna de los Estados miembros.
[...]
Artículo 2. La Organización de los Estados Americanos, para realizar los principios en que se funda y cumplir sus obligaciones regionales de acuerdo con la Carta de las Naciones Unidas, establece los siguientes propósitos esenciales:

a) Afianzar la paz y la seguridad del Continente;
b) Promover y consolidar la democracia representativa dentro del respeto al principio de no intervención;
c) Prevenir las posibles causas de dificultades y asegurar la solución pacífica de controversias que surjan entre los Estados miembros;
d) Organizar la acción solidaria de éstos en caso de agresión;
e) Procurar la solución de los problemas políticos, jurídicos y económicos que se susciten entre ellos;
f) Promover, por medio de la acción cooperativa, su desarrollo económico, social y cultural;
g) Erradicar la pobreza crítica, que constituye un obstáculo al pleno desarrollo democrático de los pueblos del hemisferio, y
h) Alcanzar una efectiva limitación de armamentos convencionales que permita dedicar el mayor número de recursos al desarrollo económico y social de los Estados miembros.

Capítulo II - Principios
Artículo 3. Los Estados americanos reafirman los siguientes principios:
a) El derecho internacional es norma de conducta de los Estados en sus relaciones recíprocas.
b) El orden internacional está esencialmente constituido por el respeto a la personalidad, soberanía e independencia de los Estados y por el fiel cumplimiento de las obligaciones emanadas de los tratados y de otras fuentes del derecho internacional.
[...]
l) Los Estados americanos proclaman los derechos fundamentales de la persona humana sin hacer distinción de raza, nacionalidad, credo o sexo.
[...]
Capítulo IV- Derechos y Deberes Fundamentales de los Estados
Artículo 10. Los Estados son jurídicamente iguales, disfrutan de iguales derechos e igual capacidad para ejercerlos, y tienen iguales deberes. Los derechos de cada uno no

---

[576] Reformada por el Protocolo de Reformas a la Carta de la Organización de los Estados Americanos "Protocolo de Buenos Aires", suscrito el 27 de febrero de 1967, en la Tercera Conferencia Interamericana Extraordinaria, por el Protocolo de Reformas a la Carta de la Organización de los Estados Americanos "Protocolo de Cartagena de Indias", aprobado el 5 de diciembre de 1985, en el decimocuarto período extraordinario de sesiones de la Asamblea General, por el Protocolo de Reformas a la Carta de la Organización de los Estados Americanos "Protocolo de Washington", aprobado el 14 de diciembre de 1992, en el decimosexto período extraordinario de sesiones de la Asamblea General, y por el Protocolo de Reformas a la Carta de la Organización de los Estados Americanos "Protocolo de Managua", adoptado el 10 de junio de 1993, en el decimonoveno período extraordinario de sesiones de la Asamblea General.

dependen del poder de que disponga para asegurar su ejercicio, sino del simple hecho de su existencia como persona de derecho internacional.

Artículo 11. Todo Estado americano tiene el deber de respetar los derechos de que disfrutan los demás Estados de acuerdo con el derecho internacional.

Artículo 12. Los derechos fundamentales de los Estados no son susceptibles de menoscabo en forma alguna.

Artículo 13. La existencia política del Estado es independiente de su reconocimiento por los demás Estados. Aun antes de ser reconocido, el Estado tiene el derecho de defender su integridad e independencia, proveer a su conservación y prosperidad y, por consiguiente, de organizarse como mejor lo entendiere, legislar sobre sus intereses, administrar sus servicios y determinar la jurisdicción y competencia de sus tribunales. El ejercicio de estos derechos no tiene otros límites que el ejercicio de los derechos de otros Estados conforme al derecho internacional.

Artículo 14. El reconocimiento implica que el Estado que lo otorga acepta la personalidad del nuevo Estado con todos los derechos y deberes que, para uno y otro, determina el derecho internacional.

Artículo 15. El derecho que tiene el Estado de proteger y desarrollar su existencia no lo autoriza a ejecutar actos injustos contra otro Estado.

Artículo 16. La jurisdicción de los Estados en los límites del territorio nacional se ejerce igualmente sobre todos los habitantes, sean nacionales o extranjeros.

Artículo 17. Cada Estado tiene el derecho a desenvolver libre y espontáneamente su vida cultural, política y económica. En este libre desenvolvimiento el Estado respetará los derechos de la persona humana y los principios de la moral universal.

Artículo 18. El respeto y la fiel observancia de los tratados constituyen normas para el desarrollo de las relaciones pacíficas entre los Estados. Los tratados y acuerdos internacionales deben ser públicos.

[...]

Artículo 20. Ningún Estado podrá aplicar o estimular medidas coercitivas de carácter económico y político para forzar la voluntad soberana de otro Estado y obtener de éste ventajas de cualquier naturaleza.

[...]

Artículo 23. Las medidas que, de acuerdo con los tratados vigentes, se adopten para el mantenimiento de la paz y la seguridad, no constituyen violación de los principios enunciados en los artículos 19 y 21.

[...]

Capítulo VII – Desarrollo Integral

[...]

Artículo 36. Las empresas transnacionales y la inversión privada extranjera están sometidas a la legislación y a la jurisdicción de los tribunales nacionales competentes de los países receptores y a los tratados y convenios internacionales en los cuales éstos sean Parte y, además, deben ajustarse a la política de desarrollo de los países receptores.

Artículo 37. Los Estados miembros convienen en buscar, colectivamente, solución a los problemas urgentes o graves que pudieren presentarse cuando el desarrollo o estabilidad económicos, de cualquier Estado miembro, se vieren seriamente afectados por situaciones que no pudieren ser resueltas por el esfuerzo de dicho Estado.

Artículo 38. Los Estados miembros difundirán entre sí los beneficios de la ciencia y de la tecnología, promoviendo, de acuerdo con los tratados vigentes y leyes nacionales, el intercambio y el aprovechamiento de los conocimientos científicos y técnicos.

Artículo 39. Los Estados miembros, reconociendo la estrecha interdependencia que hay entre el comercio exterior y el desarrollo económico y social, deben realizar esfuerzos, individuales y colectivos, con el fin de conseguir:

a) Condiciones favorables de acceso a los mercados mundiales para los productos de los países en desarrollo de la región, especialmente por medio de la reducción o eliminación, por parte de los países importadores, de barreras arancelarias y no arancelarias que afectan las exportaciones de los Estados miembros de la Organización, salvo cuando dichas barreras se apliquen para diversificar la estructura económica, acelerar el desarrollo de los Estados miembros menos desarrollados e intensificar su proceso de integración económica, o cuando se relacionen con la seguridad nacional o las necesidades del equilibrio económico;

b) La continuidad de su desarrollo económico y social mediante:

i. Mejores condiciones para el comercio de productos básicos por medio de convenios internacionales, cuando fueren adecuados; procedimientos ordenados de comercialización que eviten la perturbación de los mercados, y otras medidas destinadas a promover la expansión de mercados y a obtener ingresos seguros para los productores, suministros adecuados y seguros para los consumidores, y precios estables que sean a la vez remunerativos para los productores y equitativos para los consumidores;

ii. Mejor cooperación internacional en el campo financiero y adopción de otros medios para aminorar los efectos adversos de las fluctuaciones acentuadas de los ingresos por concepto de exportaciones que experimenten los países exportadores de productos básicos;

iii. Diversificación de las exportaciones y ampliación de las oportunidades para exportar productos manufacturados y semimanufacturados de países en desarrollo, y

iv. Condiciones favorables al incremento de los ingresos reales provenientes de las exportaciones de los Estados miembros, especialmente de los países en desarrollo de la región, y al aumento de su participación en el comercio internacional.

[...]

Segunda Parte

[...]

Capítulo XV – La Comisión Interamericana de Derechos Humanos

Artículo 106. Habrá una Comisión Interamericana de Derechos Humanos que tendrá, como función principal, la de promover la observancia y la defensa de los derechos humanos y de servir como órgano consultivo de la Organización en esta materia.

Una convención interamericana sobre derechos humanos determinará la estructura, competencia y procedimiento de dicha Comisión, así como los de los otros órganos encargados de esa materia.

[...]

Tercera Parte

Capítulo XIX – Naciones Unidas

Artículo 131. Ninguna de las estipulaciones de esta Carta se interpretará en el sentido de menoscabar los derechos y obligaciones de los Estados miembros de acuerdo con la Carta de las Naciones Unidas.

Capítulo XX – Disposiciones Varias

Capítulo XXI – Ratificación y Vigencia

[...]

Artículo 143. Esta Carta regirá indefinidamente, pero podrá ser denunciada por cualquiera de los Estados miembros, mediante comunicación escrita a la Secretaría General, la cual comunicará en cada caso a los demás las notificaciones de denuncia que reciba. Transcurridos dos años a partir de la fecha en que la Secretaría General reciba una notificación de denuncia, la presente Carta cesará en sus efectos respecto del Estado denunciante, y éste quedará desligado de la Organización después de haber cumplido con las obligaciones emanadas de la presente Carta.

[...]

Convención Americana sobre Derechos Humanos[577] (Pacto de San José)

Preámbulo

Los Estados Americanos signatarios de la presente Convención,

Reafirmando su propósito de consolidar en este Continente, dentro del cuadro de las

---

[577] Convención Americana sobre Derechos Humanos suscrita en la Conferencia Especializada Interamericana sobre Derechos Humanos, San José, Costa Rica, 7 al 22 de noviembre de 1969.

instituciones democráticas, un régimen de libertad personal y de justicia social, fundado en el respeto de los derechos esenciales del hombre;

Reconociendo que los derechos esenciales del hombre no nacen del hecho de ser nacional de determinado Estado, sino que tienen como fundamento los atributos de la persona humana, razón por la cual justifican una protección internacional, de naturaleza convencional coadyuvante o complementaria de la que ofrece el derecho interno de los Estados americanos;

Considerando que estos principios han sido consagrados en la Carta de la Organización de los Estados Americanos, en la Declaración Americana de los Derechos y Deberes del Hombre y en la Declaración Universal de los Derechos Humanos que han sido reafirmados y desarrollados en otros instrumentos internacionales, tanto de ámbito universal como regional;

Reiterando que, con arreglo a la Declaración Universal de los Derechos Humanos, sólo puede realizarse el ideal del ser humano libre, exento del temor y de la miseria, si se crean condiciones que permitan a cada persona gozar de sus derechos económicos, sociales y culturales, tanto como de sus derechos civiles y políticos, y

Considerando que la Tercera Conferencia Interamericana Extraordinaria (Buenos Aires, 1967) aprobó la incorporación a la propia Carta de la Organización de normas más amplias sobre derechos económicos, sociales y educacionales y resolvió que una convención interamericana sobre derechos humanos determinara la estructura, competencia y procedimiento de los órganos encargados de esa materia,

Han convenido en lo siguiente:

Parte I – Deberes de los Estados y Derechos Humanos

Capítulo I – Enumeración de Deberes

Artículo 1. Obligación de Respetar los Derechos

1. Los Estados Partes en esta Convención se comprometen a respetar los derechos y libertades reconocidos en ella y a garantizar su libre y pleno ejercicio a toda persona que esté sujeta a su jurisdicción, sin discriminación alguna por motivos de raza, color, sexo, idioma, religión, opiniones políticas o de cualquier otra índole, origen nacional o social, posición económica, nacimiento o cualquier otra condición social.

2. Para los efectos de esta Convención, persona es todo ser humano.

Artículo 2. Deber de Adoptar Disposiciones de Derecho Interno

Si el ejercicio de los derechos y libertades mencionados en el artículo 1 no estuviere ya garantizado por disposiciones legislativas o de otro carácter, los Estados Partes se comprometen a adoptar, con arreglo a sus procedimientos constitucionales y a las disposiciones de esta Convención, las medidas legislativas o de otro carácter que fueren necesarias para hacer efectivos tales derechos y libertades.

Capítulo II – Derechos Civiles y Politicos

[...]

Artículo 13. Libertad de Pensamiento y de Expresión

[...]

1. Toda persona tiene derecho a la libertad de pensamiento y de expresión. Este derecho comprende la libertad de buscar, recibir y difundir informaciones e ideas de toda índole, sin consideración de fronteras, ya sea oralmente, por escrito o en forma impresa o artística, o por cualquier otro procedimiento de su elección.

2. El ejercicio del derecho previsto en el inciso precedente no puede estar sujeto a previa censura sino a responsabilidades ulteriores, las que deben estar expresamente fijadas por la ley y ser necesarias para asegurar:

a) el respeto a los derechos o a la reputación de los demás, o

b) la protección de la seguridad nacional, el orden público o la salud o la moral públicas.

3. No se puede restringir el derecho de expresión por vías o medios indirectos, tales como el abuso de controles oficiales o particulares de papel para periódicos, de

frecuencias radioeléctricas, o de enseres y aparatos usados en la difusión de información o por cualesquiera otros medios encaminados a impedir la comunicación y la circulación de ideas y opiniones.
[...]
Artículo 14. Derecho de Rectificación o Respuesta
[...]
1. Toda persona afectada por informaciones inexactas o agraviantes emitidas en su perjuicio a través de medios de difusión legalmente reglamentados y que se dirijan al público en general, tiene derecho a efectuar por el mismo órgano de difusión su rectificación o respuesta en las condiciones que establezca la ley.
2. En ningún caso la rectificación o la respuesta eximirán de las otras responsabilidades legales en que se hubiese incurrido.
3. Para la efectiva protección de la honra y la reputación, toda publicación o empresa periodística, cinematográfica, de radio o televisión tendrá una persona responsable que no esté protegida por inmunidades ni disponga de fuero especial.
[...]
Artículo 23. Derechos Políticos
1. Todos los ciudadanos deben gozar de los siguientes derechos y oportunidades:
a) de participar en la dirección de los asuntos públicos, directamente o por medio de representantes libremente elegidos;
b) de votar y ser elegidos en elecciones periódicas auténticas, realizadas por sufragio universal e igual y por voto secreto que garantice la libre expresión de la voluntad de los electores, y
c) de tener acceso, en condiciones generales de igualdad, a las funciones públicas de su país.
2. La ley puede reglamentar el ejercicio de los derechos y oportunidades a que se refiere el inciso anterior, exclusivamente por razones de edad, nacionalidad, residencia, idioma, instrucción, capacidad civil o mental, o condena, por juez competente, en proceso penal.

[...]
Artículo 25. Protección Judicial
1. Toda persona tiene derecho a un recurso sencillo y rápido o a cualquier otro recurso efectivo ante los jueces o tribunales competentes, que la ampare contra actos que violen sus derechos fundamentales reconocidos por la Constitución, la ley o la presente Convención, aun cuardo tal violación sea cometida por persor as que actúen en ejercicio de sus funciones oficiales.
2. Los Estados Partes se comprometen:
a) a garantizar que la autoridad competente prevista por el sistema legal del Estado decidirá sobre los derechos de toda persona que interponga tal recurso;
b) a desarrollar las posibilidades de recurso judicial, y
c) a garantizar el cumplimiento, por las autoridades competentes, de toda decisión en que se haya estimado procedente el recurso.
Capítulo III - Derechos Económicos, Sociales y Culturales
Artículo 26. Desarrollo Progresivo
Los Estados Partes se comprometen a adoptar providencias, tanto a nivel interno como mediante la cooperación internacional, especialmente económica y técnica, para lograr progresivamente la plena efectividad de los derechos que se derivan de las normas económicas, sociales y sobre educación, ciencia y cultura, contenidos en la Carta de la Organización de los Estados Americanos, reformada por el Protocolo de Buenos Aires, en la medida de los recursos disponibles, por vía legislativa u otros medios apropiados.
[...]
PARTE III – Disposiciones Generales y Transitorias
Capítulo X – Firma, Ratificación, Reserva, Enmienda, Protocolo y Denuncia
Artículo 74.
1. Esta Convención queda abierta a la firma y a la ratificación o adhesión de todo Estado miembro de la Organización de los Estados Americanos.

2. La ratificación de esta Convención o la adhesión a la misma se efectuará mediante el depósito de un instrumento de ratificación o de adhesión en la Secretaría General de la Organización de los Estados Americanos. Tan pronto como once Estados hayan depositado sus respectivos instrumentos de ratificación o de adhesión, la Convención entrará en vigor. Respecto a todo otro Estado que la ratifique o adhiera a ella ulteriormente, la Convención entrará en vigor en la fecha del depósito de su instrumento de ratificación o de adhesión.

[...]

Declaración de Estocolmo[578]

La Conferencia de las Naciones Unidas sobre el Medio Ambiente atenta a la necesidad de un criterio y principios comunes que ofrezcan a los pueblos del mundo inspiración y guía para preservar y mejorar el medio ambiente;
I. Proclama que:
El hombre es a la vez obra y artífice del medio que lo rodea, el cual le da el sustento material y le brinda la oportunidad de desarrollarse intelectual, moral, social y espiritualmente.
En la larga y tortuosa evolución de la raza humana en este planeta se ha llegado a una etapa en que, gracias a la rápida aceleración de la ciencia y la tecnología, el hombre ha adquirido el poder de transformar, de innumerables maneras y en una escala sin precedentes, cuanto lo rodea.
Los dos aspectos del medio humano, el natural y el artificial, son esenciales para el bienestar del hombre y para el goce de los derechos humanos fundamentales, incluso el derecho a la vida misma.
La protección y mejoramiento del medio humano es una cuestión fundamental que afecta al bienestar de los pueblos y al desarrollo económico del mundo entero, un deseo urgente de los pueblos de todo el mundo y un deber de todos los gobiernos.

El hombre debe hacer constantemente recapitulación de su experiencia y continuar descubriendo, inventando, creando y progresando.
Hoy en día, la capacidad del hombre de transformar lo que lo rodea, utilizada con discernimiento, puede llevar a todos los pueblos los beneficios del desarrollo y ofrecerles la oportunidad de ennoblecer su existencia.
Aplicado erróneamente o imprudentemente, el mismo poder puede causar daños incalculables al ser humano y a su medio.
A nuestro alrededor vemos multiplicarse las pruebas del daño causado por el hombre en muchas regiones de la Tierra: niveles peligrosos de contaminación del agua, el aire, la tierra y los seres vivos; grandes trastornos del equilibrio ecológico de la biosfera; destrucción y agotamiento de recursos insustituibles y graves deficiencias, nocivas para la salud física, mental y social del hombre, en el medio por él creado, especialmente en aquel en que vive y trabaja.
En los países en desarrollo, la mayoría de los problemas ambientales están motivados por el subdesarrollo.
Millones de personas siguen viviendo muy por debajo de los niveles mínimos necesarios para una existencia humana decorosa, privadas de alimentación y vestido, de vivienda y educación, de sanidad e higiene adecuadas.
Por ello, los países en desarrollo deben dirigir sus esfuerzos hacia el desarrollo, teniendo presente sus prioridades y la necesidad de salvaguardar y mejorar el medio.
Con el mismo fin, los países industrializados deben esfrorzarse por reducir la distancia que los separa de los países en desarrollo.
En los países industrializados, los problemas ambientales están generalmente relacionados con la industrialización y el desarrollo tecnológico.
El crecimiento natural de la población plantea continuamente problemas relativos a la preservación del medio, y se deben adoptar normas y medidas apropiadas, según proceda, para hacer frente a esos problemas.

---

[578] La Conferencia de las Naciones Unidas sobre el Medio Ambiente, Reunida en Estocolmo del 5 al 16 de junio de 1972.

De todas las cosas del mundo, los seres humanos son lo más valioso. Ellos son quienes promueven el progreso social, crean riqueza social, desarrollan la ciencia y la tecnología y, con su duro trabajo, transforman continuamente el medio humano.

Con el progreso social y los adelantos de la producción, la ciencia y la tecnología, la capacidad del hombre para mejorar el medio se acrecienta cada día que pasa.

Hemos llegado a un momento de la historia en que debemos orientar nuestros actos en todo el mundo atendiendo con mayor solicitud a las consecuencias que puedan tener para el medio.

Por ignorancia o indiferencia, podemos causar daños inmensos e irreparables al medio terráqueo del que dependen nuestra vida y nuestro bienestar.

Por el contrario, con un conocimiento más profundo y una acción más prudente, podemos conseguir para nosotros y para nuestra posteridad unas condiciones de vida mejores en un medio más en consonancia con las necesidades y aspiraciones de vida del hombre.

Las perspectivas de elevar la calidad del medio, de crear una vida satisfactoria son grandes. Lo que se necesita es entusiasmo, pero, a la vez, serenidad de ánimo trabajo afanoso, pero sistemático.

Para llegar a la plenitud de su libertad dentro de la naturaleza, el hombre debe aplicar sus conocimientos a forjar, en armonía con ellas, un medio mejor.

La defensa y el mejoramiento del medio humano para las generaciones presentes y futuras se han convertido en meta imperiosa de la humanidad, y ha de perseguirse al mismo tiempo que las metas fundamentales ya establecidas de la paz y el desarrollo económico y social en todo el mundo, y de conformidad con ellas.

Para llegar a esa meta será menester que ciudadanos y comunidades, empresas e instituciones, en todos los planos, acepten las responsabilidades que les incumben y que todos ellos participen equitativamente en la labor común.

Hombres de toda condición u organizaciones de diferente índole plasmarán, con la aportación de sus propios valores o la suma de sus actividades, el medio ambiente del futuro.

Corresponderá a las administraciones locales y nacionales, dentro de sus respectivas jurisdicciones, la mayor parte de gran escala sobre el medio.

También se requiere la cooperación internacional con objeto de llegar a recursos que ayuden a los países en desarrollo a cumplir su cometido en esta esfera.

Y hay un número cada vez mayor de problemas relativos al medio que, por ser de alcance regional o mundial o por repercutir en el ámbito internacional común, requerirán una amplia colaboración entre las naciones y la adopción de medidas para las organizaciones internacionales en interés de todos.

La Conferencia encarece a los gobiernos y a los pueblos que aúnen sus esfuerzos para preservar y mejorar el medio ambiente en beneficio del hombre y de su posteridad.

II. Principios

Expresa la convicción común de que:

Principio 1. El hombre tiene el derecho fundamental a la libertad, la igualdad y el disfrute de condiciones de vida adecuadas en un medio de calidad tal que le permita llevar una vida digna y gozar de bienestar, y tiene la solemne obligación de proteger y mejorar el medio para las generaciones presentes y futuras.

A este respecto, las políticas que promueven o perpetúan el apartheid, la segregación racial, la discriminación, la opresión colonial y otras formas de opresión y de dominación extranjera quedan condenadas y deben eliminarse.

Principio 2. Los recursos naturales de la tierra, incluidos, el aire, el agua, la tierra, la flora y la fauna y especialmente muestras representativas de los ecosistemas naturales, deben preservarse en beneficio de las generaciones presentes y futuras mediante una cuidadosa planificación u ordenación, según convenga.

Principio 3. Debe mantenerse y, siempre que sea posible, restaurarse o mejorarse la capacidad de la tierra para producir recursos vitales renovables.

Principio 4. El hombre tiene la responsabilidad especial de preservar y administrar juiciosamente el patrimonio de la flora y la fauna silvestre y su hábitat, que se encuentren actualmente en grave peligro por una combinación de factores adversos.

En consecuencia, al planificar el desarrollo económico debe atribuirse importancia a la conservación de la naturaleza, incluidas la flora y fauna silvestres.

Principio 5. Los recursos no renovables de la Tierra deben emplearse de forma que se evite el peligro de su futuro agotamiento y se asegure que toda la humanidad comparta los beneficios de tal empleo.

Declaración de Río sobre el Medio Ambiente y el Desarrollo[579]

La Conferencia de las Naciones Unidas sobre el Medio Ambiente y el Desarrollo,

Con el objetivo de establecer una alianza mundial nueva y equitativa mediante la creación de nuevos niveles de cooperación entre los Estados, los sectores claves de las sociedades y las personas,

Procurando alcanzar acuerdos internacionales en los que se respeten los intereses de todos y se proteja la integridad del sistema ambiental y de desarrollo mundial,

Reconociendo la naturaleza integral e interdependiente de la Tierra, nuestro hogar,

Proclama que:

Principio 1. Los seres humanos constituyen el centro de las preocupaciones relacionadas con el desarrollo sostenible. Tienen derecho a una vida saludable y productiva en armonía con la naturaleza.

Principio 2. De conformidad con la Carta de las Naciones Unidas y los principios del derecho internacional, los Estados tienen el derecho soberano de aprovechar sus propios recursos según sus propias políticas ambientales y de desarrollo, y la responsabilidad de velar por que las actividades realizadas dentro de su jurisdicción o bajo su control no causen daños al medio ambiente de otros Estados o de zonas que estén fuera de los límites de la jurisdicción nacional.

Principio 3. El derecho al desarrollo debe ejercerse en forma tal que responda equitativamente a las necesidades de desarrollo y ambientales de las generaciones presentes y futuras.

Principio 4. A fin de alcanzar el desarrollo sostenible, la protección del medio ambiente deberá constituir parte integrante del proceso de desarrollo y no podrá considerarse en forma aislada.

Principio 5. Todos los Estados y todas las personas deberán cooperar en la tarea esencial de erradicar la pobreza como requisito indispensable del desarrollo sostenible, a fin de reducir las disparidades en los niveles de vida y responder mejor a las necesidades de la mayoría de los pueblos del mundo.

Principio 6. Se deberá dar especial prioridad a la situación y las necesidades especiales de los países en desarrollo, en particular los países menos adelantados y los más vulnerables desde el punto de vista ambiental. En las medidas internacionales que se adopten con respecto al medio ambiente y al desarrollo también se deberían tener en cuenta los intereses y las necesidades de todos los países.

Principio 7. Los Estados deberán cooperar con espíritu de solidaridad mundial para conservar, proteger y restablecer la salud y la integridad del ecosistema de la Tierra. En vista de que han contribuido en distinta medida a la degradación del medio ambiente mundial, los Estados tienen responsabilidades comunes pero diferenciadas. Los países desarrollados reconocen la responsabilidad que les cabe en la búsqueda internacional del

---

[579] Habiéndose reunido en Río de Janeiro del 3 al 14 de junio de 1992, Reafirmando la Declaración de la Conferencia de las Naciones Unidas sobre el Medio Humano, aprobada en Estocolmo el 16 de junio de 1972.

desarrollo sostenible, en vista de las presiones que sus sociedades ejercen en el medio ambiente mundial y de las tecnologías y los recursos financieros de que disponen.

Principio 8. Para alcanzar el desarrollo sostenible y una mejor calidad de vida para todas las personas, los Estados deberían reducir y eliminar las modalidades de producción y consumo insostenibles y fomentar políticas demográficas apropiadas.

Principio 9. Los Estados deberían cooperar en el fortalecimiento de su propia capacidad de lograr el desarrollo sostenible, aumentando el saber científico mediante el intercambio de conocimientos científicos y tecnológicos, e intensificando el desarrollo, la adaptación, la difusión y la transferencia de tecnologías, entre estas, tecnologías nuevas e innovadoras.

Principio 10. El mejor modo de tratar las cuestiones ambientales es con la participación de todos los ciudadanos interesados, en el nivel que corresponda. En el plano nacional, toda persona deberá tener acceso adecuado a la información sobre el medio ambiente de que dispongan las autoridades públicas, incluida la información sobre los materiales y las actividades que encierran peligro en sus comunidades, así como la oportunidad de participar en los procesos de adopción de decisiones. Los Estados deberán facilitar y fomentar la sensibilización y la participación de la población poniendo la información a disposición de todos. Deberá proporcionarse acceso efectivo a los procedimientos judiciales y administrativos, entre éstos el resarcimiento de daños y los recursos pertinentes.

Principio 11. Los Estados deberán promulgar leyes eficaces sobre el medio ambiente. Las normas, los objetivos de ordenación y las prioridades ambientales deberían reflejar el contexto ambiental y de desarrollo al que se aplican. Las normas aplicadas por algunos países pueden resultar inadecuadas y representar un costo social y económico injustificado para otros países, en particular los países en desarrollo.

Principio 12. Los Estados deberían cooperar en la promoción de un sistema económico internacional favorable y abierto que llevara al crecimiento económico y el desarrollo sostenible de todos los países, a fin de abordar en mejor forma los problemas de la degradación ambiental. Las medidas de política comercial con fines ambientales no deberían constituir un medio de discriminación arbitraria o injustificable ni una restricción velada del comercio internacional. Se debería evitar tomar medidas unilaterales para solucionar los problemas ambientales que se producen fuera de la jurisdicción del país importador. Las medidas destinadas a tratar los problemas ambientales transfronterizos o mundiales deberían, en la medida de lo posible, basarse en un consenso internacional.

Principio 13. Los Estados deberán desarrollar la legislación nacional relativa a la responsabilidad y la indemnización respecto de las víctimas de la contaminación y otros daños ambientales. Los Estados deberán cooperar asimismo de manera expedita y mas decidida en la elaboración de nuevas leyes internacionales sobre responsabilidad e indemnización por los efectos adversos de los daños ambientales causados por las actividades realizadas dentro de su jurisdicción, o bajo su control, en zonas situadas fuera de su jurisdicción.

Principio 14. Los Estados deberían cooperar efectivamente para desalentar o evitar la reubicación y la transferencia a otros Estados de cualesquiera actividades y sustancias que causen degradación ambiental grave o se consideren nocivas para la salud humana.

Principio 15. Con el fin de proteger el medio ambiente, los Estados deberán aplicar ampliamente el criterio de precaución conforme a sus capacidades. Cuando haya peligro de daño grave o irreversible, a falta de certeza científica absoluta no deberá utilizarse como razon para postergar la adopción de medidas eficaces en función de los costos para impedir la degradación del medio ambiente.

Principio 16. Las autoridades nacionales deberían procurar fomentar la internalización de los costos ambientales y el uso de instrumentos económicos, teniendo en cuenta el criterio de que el que contamina debe, en Principio, cargar con los costos de la contaminación, teniendo debidamente en cuenta el interés público y sin distorsionar el comercio ni las inversiones internacionales.

Principio 17. Deberá emprenderse una evaluación del impacto ambiental, en calidad de instrumento nacional, respecto de cualquier actividad propuesta que probablemente haya de producir un impacto negativo considerable en el medio ambiente y que esté sujeta a la decisión de una autoridad nacional competente.

Principio 18. Los Estados deberán notificar inmediatamente a otros Estados de los desastres naturales u otras situaciones de emergencia que puedan producir efectos nocivos súbitos en el medio ambiente de esos Estados. La comunidad internacional deberá hacer todo lo posible por ayudar a los Estados que resulten afectados.

Principio 19. Los Estados deberán proporcionar la información pertinente y notificar previamente y en forma oportuna a los Estados que posiblemente resulten afectados por actividades que puedan tener considerables efectos ambientales transfronterizos adversos, y deberan celebrar consultas con esos Estados en una fecha temprana y de buena fe.

Principio 20. Las mujeres desempeñan un papel fundamental en la ordenación del medio ambiente y en el desarrollo. Es, por tanto, imprescindible contar con su plena participación para lograr el desarrollo sostenible.

Principio 21. Debería movilizarse la creatividad, los ideales y el valor de los jóvenes del mundo para forjar una alianza mundial orientada a lograr el desarrollo sostenible y asegurar un mejor futuro para todos.

Principio 22. Las poblaciones indígenas y sus comunidades, asi como otras comunidades locales, desempeñan un papel fundamental en la ordenación del medio ambiente y en el desarrollo debido a sus conocimientos y prácticas tradicionales. Los Estados deberían reconocer y apoyar debidamente su identidad, cultura e intereses y hacer posible su participación efectiva en el logro del desarrollo sostenible.

Principio 23. Deben protegerse el medio ambiente y los recursos naturales de los pueblos sometidos a opresión, dominación y ocupación.

Principio 24. La guerra es, por definición, enemiga del desarrollo sostenible. En consecuencia, los Estados deberán respetar las disposiciones de derecho internacional que protegen al medio ambiente en épocas de conflicto armado, y cooperar en su ulterior desarrollo, segun sea necesario.

Principio 25. La paz, el desarrollo y la protección del medio ambiente son interdependientes e inseparables.

Principio 26. Los Estados deberán resolver pacíficamente todas sus controversias sobre el medio ambiente por medios que corresponda con arreglo a la Carta de las Naciones Unidas.

Principio 27. Los Estados y las personas deberán cooperar de buena fe y con espiritu de solidaridad en la aplicación de los principios consagrados en esta Declaración y en el ulterior desarrollo del derecho internacional en la esfera del desarrollo sostenible.

Convención Interamericana contra la Corrupción (CICC)

Artículo I - Definiciones

Para los fines de la presente Convención, se entiende por:

"Función pública", toda actividad temporal o permanente, remunerada u honoraria, realizada por una persona natural en nombre del Estado o al servicio del Estado o de sus entidades, en cualquiera de sus niveles jerárquicos.

"Funcionario público", "Oficial Gubernamental" o "Servidor público", cualquier funcionario o empleado del Estado o de sus entidades, incluidos los que han sido seleccionados, designados o electos para desempeñar actividades o funciones en nombre del Estado o al servicio del Estado, en todos sus niveles jerárquicos.

"Bienes", los activos de cualquier tipo, muebles o inmuebles, tangibles o intangibles, y los documentos o instrumentos legales que acrediten, intenten probar o se refieran a la propiedad u otros derechos sobre dichos activos.

Artículo II - Propósitos

Los propósitos de la presente Convención son:

1. Promover y fortalecer el desarrollo, por cada uno de los Estados Partes, de los mecanismos necesarios para prevenir, detectar, sancionar y erradicar la corrupción; y
2. Promover, facilitar y regular la cooperación entre los Estados Partes a fin de asegurar la eficacia de las medidas y acciones para prevenir, detectar, sancionar y erradicar los actos de corrupción en el ejercicio de las funciones públicas y los actos de corrupción específicamente vinculados con tal ejercicio.

Artículo III - Medidas preventivas

A los fines expuestos en el Artículo II de esta Convención, los Estados Partes convienen en considerar la aplicabilidad de medidas, dentro de sus propios sistemas institucionales, destinadas a crear, mantener y fortalecer:

1. Normas de conducta para el correcto, honorable y adecuado cumplimiento de las funciones públicas. Estas normas deberán estar orientadas a prevenir conflictos de intereses y asegurar la preservación y el uso adecuado de los recursos asignados a los funcionarios públicos en el desempeño de sus funciones. Establecerán también las medidas y sistemas que exijan a los funcionarios públicos informar a las autoridades competentes sobre los actos de corrupción en la función pública de los que tengan conocimiento. Tales medidas ayudarán a preservar la confianza en la integridad de los funcionarios públicos y en la gestión pública.
2. Mecanismos para hacer efectivo el cumplimiento de dichas normas de conducta.
3. Instrucciones al personal de las entidades públicas, que aseguren la adecuada comprensión de sus responsabilidades y las normas éticas que rigen sus actividades.
4. Sistemas para la declaración de los ingresos, activos y pasivos por parte de las personas que desempeñan funciones públicas en los cargos que establezca la ley y para la publicación de tales declaraciones cuando corresponda.
5. Sistemas para la contratación de funcionarios públicos y para la adquisición de bienes y servicios por parte del Estado que aseguren la publicidad, equidad y eficiencia de tales sistemas.
6. Sistemas adecuados para la recaudación y el control de los ingresos del Estado, que impidan la corrupción.
7. Leyes que eliminen los beneficios tributarios a cualquier persona o sociedad que efectúe asignaciones en violación de la legislación contra la corrupción de los Estados Partes.
8. Sistemas para proteger a los funcionarios públicos y ciudadanos particulares que denuncien de buena fe actos de corrupción, incluyendo la protección de su identidad, de conformidad con su Constitución y los principios fundamentales de su ordenamiento jurídico interno.
9. Órganos de control superior, con el fin de desarrollar mecanismos modernos para prevenir, detectar, sancionar y erradicar las prácticas corruptas.
10. Medidas que impidan el soborno de funcionarios públicos nacionales y extranjeros, tales como mecanismos para asegurar que las sociedades mercantiles y otros tipos de asociaciones mantengan registros que reflejen con exactitud y razonable detalle la adquisición y enajenación de activos y que establezcan suficientes controles contables internos que permitan a su personal detectar actos de corrupción.
11. Mecanismos para estimular la participación de la sociedad civil y de las organizaciones no gubernamentales en los esfuerzos destinados a prevenir la corrupción.
12. El estudio de otras medidas de prevención que tomen en cuenta la relación entre una remuneración equitativa y la probidad en el servicio público.

Artículo IV - Ámbito

La presente Convención es aplicable siempre que el presunto acto de corrupción se haya cometido o produzca sus efectos en un Estado Parte.

Artículo V - Jurisdicción

1. Cada Estado Parte adoptará las medidas que sean necesarias para ejercer su jurisdicción respecto de los delitos que haya tipificado de conformidad con esta Convención cuando el delito se cometa en su territorio.

2. Cada Estado Parte podrá adoptar las medidas que sean necesarias para ejercer su jurisdicción respecto de los delitos que haya tipificado de conformidad con esta Convención cuando el delito sea cometido por uno de sus nacionales o por una persona que tenga residencia habitual en su territorio.

3. Cada Estado Parte adoptará las medidas que sean necesarias para ejercer su jurisdicción respecto de los delitos que haya tipificado de conformidad con esta Convención cuando el presunto delincuente se encuentre en su territorio y no lo extradite a otro país por motivo de la nacionalidad del presunto delincuente.

4. La presente Convención no excluye la aplicación de cualquier otra regla de jurisdicción penal establecida por una Parte en virtud de su legislación nacional.

Artículo VI - Actos de corrupción

1. La presente Convención es aplicable a los siguientes actos de corrupción:

a. El requerimiento o la aceptación, directa o indirectamente, por un funcionario público o una persona que ejerza funciones públicas, de cualquier objeto de valor pecuniario u otros beneficios como dádivas, favores, promesas o ventajas para sí mismo o para otra persona o entidad a cambio de la realización u omisión de cualquier acto en el ejercicio de sus funciones públicas;

b. El ofrecimiento o el otorgamiento, directa o indirectamente, a un funcionario público o a una persona que ejerza funciones públicas, de cualquier objeto de valor pecuniario u otros beneficios como dádivas, favores, promesas o ventajas para ese funcionario público o para otra persona o entidad a cambio de la realización u omisión de cualquier acto en el ejercicio de sus funciones públicas;

c. La realización por parte de un funcionario público o una persona que ejerza funciones públicas de cualquier acto u omisión en el ejercicio de sus funciones, con el fin de obtener ilícitamente beneficios para sí mismo o para un tercero;

d. El aprovechamiento doloso u ocultación de bienes provenientes de cualesquiera de los actos a los que se refiere el presente artículo; y

e. La participación como autor, co-autor, instigador, cómplice, encubridor o en cualquier otra forma en la comisión, tentativa de comisión, asociación o confabulación para la comisión de cualquiera de los actos a los que se refiere el presente artículo.

2. La presente Convención también será aplicable, de mutuo acuerdo entre dos o más Estados Partes, en relación con cualquier otro acto de corrupción no contemplado en ella.

Artículo VII - Legislación interna

Los Estados Partes que aún no lo hayan hecho adoptarán las medidas legislativas o de otro carácter que sean necesarias para tipificar como delitos en su derecho interno los actos de corrupción descritos en el Artículo VI.1. y para facilitar la cooperación entre ellos, en los términos de la presente Convención.

Artículo VIII - Soborno transnacional

Con sujeción a su Constitución y a los principios fundamentales de su ordenamiento jurídico, cada Estado Parte prohibirá y sancionará el acto de ofrecer u otorgar a un funcionario público de otro Estado, directa o indirectamente, por parte de sus nacionales, personas que tengan residencia habitual en su territorio y empresas domiciliadas en él, cualquier objeto de valor pecuniario u otros beneficios, como dádivas, favores, promesas o ventajas, a cambio de que dicho funcionario realice u omita cualquier acto, en el ejercicio de sus funciones públicas, relacionado con una transacción de naturaleza económica o comercial.

Entre aquellos Estados Partes que hayan tipificado el delito de soborno transnacional, éste será considerado un acto de corrupción para los propósitos de esta Convención.

Aquel Estado Parte que no haya tipificado el soborno transnacional brindará la asistencia y cooperación previstas en esta Convención, en relación con este delito, en la medida en que sus leyes lo permitan.

Artículo IX - Enriquecimiento ilícito

Con sujeción a su Constitución y a los principios fundamentales de su ordenamiento jurídico, los Estados Partes que aún no lo hayan hecho adoptarán las medidas necesarias para tipificar en su legislación como delito, el incremento del patrimonio de un funcionario público con significativo exceso respecto de sus ingresos legítimos durante el ejercicio de sus funciones y que no pueda ser razonablemente justificado por él.

Entre aquellos Estados Partes que hayan tipificado el delito de enriquecimiento ilícito, éste será considerado un acto de corrupción para los propósitos de la presente Convención.

Aquel Estado Parte que no haya tipificado el enriquecimiento ilícito brindará la asistencia y cooperación previstas en esta Convención, en relación con este delito, en la medida en que sus leyes lo permitan.

Artículo X - Notificación

Cuando un Estado Parte adopte la legislación a la que se refieren los párrafos 1 de los artículos VIII y IX, lo notificará al Secretario General de la Organización de los Estados Americanos, quien lo notificará a su vez a los demás Estados Partes. Los delitos de soborno transnacional y de enriquecimiento ilícito serán considerados para ese Estado Parte acto de corrupción para los propósitos de esta Convención, transcurridos treinta días contados a partir de la fecha de esa notificación.

Artículo XI - Desarrollo progresivo

1. A los fines de impulsar el desarrollo y la armonización de las legislaciones nacionales y la consecución de los objetivos de esta Convención, los Estados Partes estiman conveniente y se obligan a considerar la tipificación en sus legislaciones de las siguientes conductas:

a. El aprovechamiento indebido en beneficio propio o de un tercero, por parte de un funcionario público o una persona que ejerce funciones públicas, de cualquier tipo de información reservada o privilegiada de la cual ha tenido conocimiento en razón o con ocasión de la función desempeñada.

b. El uso o aprovechamiento indebido en beneficio propio o de un tercero, por parte de un funcionario público o una persona que ejerce funciones públicas de cualquier tipo de bienes del Estado o de empresas o instituciones en que éste tenga parte, a los cuales ha tenido acceso en razón o con ocasión de la función desempeñada.

c. Toda acción u omisión efectuada por cualquier persona que, por sí misma o por persona interpuesta o actuando como intermediaria, procure la adopción, por parte de la autoridad pública, de una decisión en virtud de la cual obtenga ilícitamente para sí o para otra persona, cualquier beneficio o provecho, haya o no detrimento del patrimonio del Estado.

d. La desviación ajena a su objeto que, para beneficio propio o de terceros, hagan los funcionarios públicos, de bienes muebles o inmuebles, dinero o valores, pertenecientes al Estado, a un organismo descentralizado o a un particular, que los hubieran percibido por razón de su cargo, en administración, depósito o por otra causa.

2. Entre aquellos Estados Partes que hayan tipificado estos delitos, éstos serán considerados actos de corrupción para los propósitos de la presente Convención.

3. Aquellos Estados Partes que no hayan tipificado los delitos descritos en este artículo brindarán la asistencia y cooperación previstas en esta Convención en relación con ellos, en la medida en que sus leyes lo permitan.

Artículo XII - Efectos sobre el patrimonio del Estado

Para la aplicación de esta Convención, no será necesario que los actos de corrupción descritos en la misma produzcan perjuicio patrimonial al Estado.

Artículo XIII - Extradición

1. El presente artículo se aplicará a los delitos tipificados por los Estados Partes de conformidad con esta Convención.
2. Cada uno de los delitos a los que se aplica el presente artículo se considerará incluido entre los delitos que den lugar a extradición en todo tratado de extradición vigente entre los Estados Partes. Los Estados Partes se comprometen a incluir tales delitos como casos de extradición en todo tratado de extradición que concierten entre sí.
3. Si un Estado Parte que supedita la extradición a la existencia de un tratado recibe una solicitud de extradición de otro Estado Parte, con el que no lo vincula ningún tratado de extradición, podrá considerar la presente Convención como la base jurídica de la extradición respecto de los delitos a los que se aplica el presente artículo.
4. Los Estados Partes que no supediten la extradición a la existencia de un tratado reconocerán los delitos a los que se aplica el presente artículo como casos de extradición entre ellos.
5. La extradición estará sujeta a las condiciones previstas por la legislación del Estado Parte requerido o por los tratados de extradición aplicables, incluidos los motivos por los que se puede denegar la extradición.
6. Si la extradición solicitada por un delito al que se aplica el presente artículo se deniega en razón únicamente de la nacionalidad de la persona objeto de la solicitud, o porque el Estado Parte requerido se considere competente, éste presentará el caso ante sus autoridades competentes para su enjuiciamiento, a menos que se haya convenido otra cosa con el Estado Parte requirente, e informará oportunamente a éste de su resultado final.
7. A reserva de lo dispuesto en su derecho interno y en sus tratados de extradición, el Estado Parte requerido podrá, tras haberse cerciorado de que las circunstancias lo justifican y tienen carácter urgente, y a solicitud del Estado Parte requirente, proceder a la detención de la persona cuya extradición se solicite y que se encuentre en su territorio o adoptar otras medidas adecuadas para asegurar su comparecencia en los trámites de extradición.

Artículo XIV - Asistencia y cooperación
1. Los Estados Partes se prestarán la más amplia asistencia recíproca, de conformidad con sus leyes y los tratados aplicables, dando curso a las solicitudes emanadas de las autoridades que, de acuerdo con su derecho interno, tengan facultades para la investigación o juzgamiento de los actos de corrupción descritos en la presente Convención, a los fines de la obtención de pruebas y la realización de otros actos necesarios para facilitar los procesos y actuaciones referentes a la investigación o juzgamiento de actos de corrupción.
2. Asimismo, los Estados Partes se prestarán la más amplia cooperación técnica mutua sobre las formas y métodos más efectivos para prevenir, detectar, investigar y sancionar los actos de corrupción. Con tal propósito, propiciarán el intercambio de experiencias por medio de acuerdos y reuniones entre los órganos e instituciones competentes y otorgarán especial atención a las formas y métodos de participación ciudadana en la lucha contra la corrupción.

Artículo XV - Medidas sobre bienes
1. De acuerdo con las legislaciones nacionales aplicables y los tratados pertinentes u otros acuerdos que puedan estar en vigencia entre ellos, los Estados Partes se prestarán mutuamente la más amplia asistencia posible en la identificación, el rastreo, la inmovilización, la confiscación y el decomiso de bienes obtenidos o derivados de la comisión de los delitos tipificados de conformidad con la presente Convención, de los bienes utilizados en dicha comisión o del producto de dichos bienes.
2. El Estado Parte que aplique sus propias sentencias de decomiso, o las de otro Estado Parte, con respecto a los bienes o productos descritos en el párrafo anterior, de este artículo, dispondrá de tales bienes o productos de acuerdo con su propia legislación. En la medida en que lo permitan sus leyes y en las condiciones que considere apropiadas, ese Estado Parte podrá transferir

total o parcialmente dichos bienes o productos a otro Estado Parte que haya asistido en la investigación o en las actuaciones judiciales conexas.

Artículo XVI - Secreto bancario

1. El Estado Parte requerido no podrá negarse a proporcionar la asistencia solicitada por el Estado Parte requirente amparándose en el secreto bancario. Este artículo será aplicado por el Estado Parte requerido, de conformidad con su derecho interno, sus disposiciones de procedimiento o con los acuerdos bilaterales o multilaterales que lo vinculen con el Estado Parte requirente.

2. El Estado Parte requirente se obliga a no utilizar las informaciones protegidas por el secreto bancario que reciba, para ningún fin distinto del proceso para el cual hayan sido solicitadas, salvo autorización del Estado Parte requerido.

Artículo XVII - Naturaleza del acto

A los fines previstos en los artículos XIII, XIV, XV y XVI de la presente Convención, el hecho de que los bienes obtenidos o derivados de un acto de corrupción hubiesen sido destinados a fines políticos o el hecho de que se alegue que un acto de corrupción ha sido cometido por motivaciones o con finalidades políticas, no bastarán por sí solos para considerar dicho acto como un delito político o como un delito común conexo con un delito político.

Artículo XVIII - Autoridades centrales

1. Para los propósitos de la asistencia y cooperación internacional previstas en el marco de esta Convención, cada Estado Parte podrá designar una autoridad central o podrá utilizar las autoridades centrales contempladas en los tratados pertinentes u otros acuerdos.

2. Las autoridades centrales se encargarán de formular y recibir las solicitudes de asistencia y cooperación a que se refiere la presente Convención.

3. Las autoridades centrales se comunicarán en forma directa para los efectos de la presente Convención.

Artículo XIX - Aplicación en el tiempo

Con sujeción a los principios constitucionales, al ordenamiento interno de cada Estado y a los tratados vigentes entre los Estados Partes, el hecho de que el presunto acto de corrupción se hubiese cometido con anterioridad a la entrada en vigor de la presente Convención, no impedirá la cooperación procesal penal internacional entre los Estados Partes. La presente disposición en ningún caso afectará el principio de la irretroactividad de la ley penal ni su aplicación interrumpirá los plazos de prescripción en curso relativos a los delitos anteriores a la fecha de la entrada en vigor de esta Convención.

Artículo XX - Otros acuerdos o prácticas

Ninguna de las normas de la presente Convención será interpretada en el sentido de impedir que los Estados Partes se presten recíprocamente cooperación al amparo de lo previsto en otros acuerdos internacionales, bilaterales o multilaterales, vigentes o que se celebren en el futuro entre ellos, o de cualquier otro acuerdo o práctica aplicable.

Artículo XXI - Firma

La presente Convención está abierta a la firma de los Estados miembros de la Organización de los Estados Americanos.

Artículo XXII - Ratificación

La presente Convención está sujeta a ratificación. Los instrumentos de ratificación se depositarán en la Secretaría General de la Organización de los Estados Americanos.

Artículo XXIII - Adhesión

La presente Convención queda abierta a la adhesión de cualquier otro Estado. Los instrumentos de adhesión se depositarán en la Secretaría General de la Organización de los Estados Americanos.

Artículo XXIV - Reservas

Los Estados Partes podrán formular reservas a la presente Convención al momento de aprobarla, firmarla, ratificarla o adherir a ella, siempre que no sean incompatibles con el objeto y propósitos de la Convención y versen sobre una o más disposiciones específicas.

Artículo XXV - Entrada en vigor

La presente Convención entrará en vigor el trigésimo día a partir de la fecha en que haya sido depositado el segundo instrumento de ratificación. Para cada Estado que ratifique la Convención o adhiera a ella después de haber sido depositado el segundo instrumento de ratificación, la Convención entrará en vigor el trigésimo día a partir de la fecha en que tal Estado haya depositado su instrumento de ratificación o adhesión.

Artículo XXVI - Denuncia
La presente Convención regirá indefinidamente, pero cualesquiera de los Estados Partes podrá denunciarla. El instrumento de denuncia será depositado en la Secretaría General de la Organización de los Estados Americanos. Transcurrido un año, contado a partir de la fecha de depósito del instrumento de denuncia, la Convención cesará en sus efectos para el Estado denunciante y permanecerá en vigor para los demás Estados Partes.

Artículo XXVII - Protocolos adicionales
Cualquier Estado Parte podrá someter a la consideración de los otros Estados Partes reunidos con ocasión de la Asamblea General de la Organización de los Estados Americanos, proyectos de protocolos adicionales a esta Convención con el objeto de contribuir al logro de los propósitos enunciados en su Artículo II.
Cada protocolo adicional fijará las modalidades de su entrada en vigor y se aplicará sólo entre los Estados Partes en dicho protocolo.

Artículo XXVIII - Depósito del instrumento original
El instrumento original de la presente Convención, cuyos textos español, francés, inglés y portugués son igualmente auténticos, será depositado en la Secretaría General de la Organización de los Estados Americanos, la que enviará copia certificada de su texto para su registro de publicación a la Secretaría de las Naciones Unidas, de conformidad con el artículo 102 de la Carta de las Naciones Unidas. La Secretaría General de la Organización de los Estados Americanos notificará a los Estados miembros de dicha Organización y a los Estados que hayan adherido a la Convención, las firmas, los depósitos de instrumentos de ratificación, adhesión y denuncia, así como las reservas que hubiere.

Convención de la Organización de las Naciones Unidades contra la Corrupción (CNUCC)

En la cual se establece la normativa para evitar la corrupción. Al respecto de la Contratación Pública, establece lo siguiente:
[...]
Artículo 9. Contratación pública y gestión de la hacienda pública
1. Cada Estado Parte, de conformidad con los principios fundamentales de su ordenamiento jurídico, adoptará las medidas necesarias para establecer sistemas apropiados de contratación pública, basados en la transparencia, la competencia y criterios objetivos de adopción de decisiones, que sean eficaces, entre otras cosas, para prevenir la corrupción. Esos sistemas, en cuya aplicación se podrán tener en cuenta valores mínimos apropiados, deberán abordar, entre otras cosas:
a) La difusión pública de información relativa a procedimientos de contratación pública y contratos, incluida información sobre licitaciones e información pertinente u oportuna sobre la adjudicación de contratos, a fin de que los licitadores potenciales dispongan de tiempo suficiente para preparar y presentar sus ofertas;
b) La formulación previa de las condiciones de participación, incluidos criterios de selección y adjudicación y reglas de licitación, así como su publicación;
c) La aplicación de criterios objetivos y predeterminados para la adopción de decisiones sobre contratación pública a fin de facilitar la ulterior verificación de la aplicación correcta de las reglas o procedimientos;
d) Un mecanismo eficaz de examen interno, incluido un sistema eficaz de apelación, para garantizar recursos y soluciones legales en el

caso de que no se respeten las reglas o los procedimientos establecidos conforme al presente párrafo;
e) Cuando proceda, la adopción de medidas para reglamentar las cuestiones relativas al personal encargado de la contratación pública, en particular declaraciones de interés respecto de determinadas contrataciones públicas, procedimientos de preselección y requisitos de capacitación.

2. Cada Estado Parte, de conformidad con los principios fundamentales de su ordenamiento jurídico, adoptará medidas apropiadas para promover la transparencia y la obligación de rendir cuentas en la gestión de la hacienda pública.

Esas medidas abarcarán, entre otras cosas:
a) Procedimientos para la aprobación del presupuesto nacional;
b) La presentación oportuna de información sobre gastos e ingresos;
c) Un sistema de normas de contabilidad y auditoría, así como la supervisión correspondiente;
d) Sistemas eficaces y eficientes de gestión de riesgos y control interno; y
e) Cuando proceda, la adopción de medidas correctivas en caso de incumplimiento de los requisitos establecidos en el presente párrafo.

3. Cada Estado Parte, de conformidad con los principios fundamentales de su derecho interno, adoptará las medidas que sean necesarias en los ámbitos civil y administrativo para preservar la integridad de los libros y registros contables, estados financieros u otros documentos relacionados con los gastos e ingresos públicos y para prevenir la falsificación de esos documentos.

Artículo 10. Información pública

Habida cuenta de la necesidad de combatir la corrupción, cada Estado Parte, de conformidad con los principios fundamentales de su derecho interno, adoptará las medidas que sean necesarias para aumentar la transparencia en su administración pública, incluso en lo relativo a su organización, funcionamiento y procesos de adopción de decisiones, cuando proceda. Esas medidas podrán incluir, entre otras cosas:

a) La instauración de procedimientos o reglamentaciones que permitan al público en general obtener, cuando proceda, información sobre la organización, el funcionamiento y los procesos de adopción de decisiones de su administración pública y, con el debido respeto a la protección de la intimidad y de los datos personales, sobre las decisiones y actos jurídicos que incumban al público;
b) La simplificación de los procedimientos administrativos, cuando proceda, a fin de facilitar el acceso del público a las autoridades encargadas de la adopción de decisiones; y
c) La publicación de información, lo que podrá incluir informes periódicos sobre los riesgos de corrupción en su administración pública.

ÍNDICE DE AUTORES

ACCIOLY, Elizabeth, 73, 206
ACCIOLY, Hildebrando, SILVA, Geraldo Eulálio do Nascimento, 205
AGAMBEN, Giorgio, 257
ALEXY, Robert, 36, 181
ALTOUNIAN, Cláudio Sarian, 120
AMARAL, Antônio Carlos Cintra de, 86
ANTUNES, Paulo de Bessa, 136
ÁVILA, Humberto, 181
BAHIA, Saulo José Casali, 177, 207
BALBÍN, Carlos F., 33
BALEEIRO, Aliomar, 124
BANDEIRA DE MELLO, Celso Antônio, 36, 82, 180
BARBEIRO, Herótido, 28
BARROS, Sérgio Resende de, 151
BARROSO, Luis Roberto, SOUTO, Marcos Juruena Villela, 230
BASTOS, Celso Ribeiro, 180, 207
BATISTA, Henrique Gomes; PRESTES, Cristine, 28, 133
BERCHOLC, Jorge O., 35, 176
BEZERRA DE FARIAS, Flávio, 176
BEZERRA FILHO, João Eudes, 125
BIAGI, Marta, 7
BIDERMAN, Rachel, 227
BIELSA, Rafael, 121
BIDART CAMPOS, Germán J., 267, 272
BITENCOURT NETO, Eurico, 203
BITENCOURT, Sidney, 231
BOBBIO, Norberto, 149, 154, 224
BONAVIDES, Paulo, 35, 180, 224
BOUZAS, Roberto, FANELLI, José M, 73
BRAGA, Valeschka e Silva, 40
BREWER-CARÍAS, Allan R, 42

BRITTO, Carlos Ayres, 83
CACHAPUZ DE MEDEIROS, Antônio Paulo, 76
CADEMARTORI, Daniela, 260
CAÑAL, Diana, 192, 194, 195
CANOTILHO, José Joaquim Gomes, 34, 180
CAPARRÓS, Eduardo A. Fabián, 151
CARBONELL, Miguel (et. at.), 176
CARVALHO FILHO, José dos Santos, 36, 38, 47
CARVALHO, Antônio César Leite de; SANTANA, José Lima, 140
CASSAGNE, Juan Carlos, 31, 54 ,162
CATALANO, Pierangelo, 184
CHARAUDEAU, Patrick, 223
CHEVALLIER, Jean-Jacques, 260
CHIARELLI, Carlos Alberto Gomes (Coord.). 73, 75, 78, 177
CIMMA, Enrique Silva, 89
CIURO CALDANI, Miguel Ángel, 261
CLEMENT, Simon y otros, 139
COELHO, Fábio Ulhoa, 261
COMADIRA, Julio Rodolfo, 33, 159, 162, 241
COSSIO, Carlos, 261
CRETELLA JÚNIOR, José, 28, 38, 106, 151, 167
D'AURIA, Aníbal, 154, 155, 157
DAHL, Robert, 262
DALLARI, Adilson Abreu, 39, 42, 48, 119, 151
DANTAS, Ivo, LIMA, Marcos Costa, MEDEIROS, Marcelo de Almeida, 209
DANTAS, Miguel Calmon, 185
DAPKEVICIUS, Rubén Flores, 91
DARTAYETE, María Cristina, 177
DE OLIVEIRA, Gustavo Justino, 51
DI PIETRO, Maria Sylvia Zanella, 36, 53, 154. 157, 166
DIAS, Jefferson Aparecido, 37
DIEZ, Manuel María, 34, 167
DOMINGO, Rafael, 202
DUARTE, João Ribeiro Mathias, 84
DUPUY, René Jean, 225
DURÃO, Pedro, 47, 80, 85, 97, 127, 162, 163, 195
DWORKIN, Ronald, 181
ECHAVE, Delia Teresa, URGUIJO, María Eugenia y GUIBOURG, Ricardo A., 197
EGUIVAR, Luis A., BOIERO, Rodolfo R. Rua, 73, 177

FARIAS, Edilsom, 166
FARRANDO, Ismael, 33, 34
FAZZIO JÚNIOR, Waldo, 151
FERNANDES, Jorge Ulisses Jacoby, 55, 83, 164
FERRAJOLI, Luigi, 184
FERREIRA, João Sanches, 85
FERRER, Florencia, 156
FIGUEIREDO, Guilherme José Purvin de, 135
FIGUEIREDO, Lúcia Valle, 55, 56, 83, 160, 232
FILGUEIRAS, Fernando, 147
FIORINI, Bartolomé A., MATA, Ismael, 31, 155, 159, 160, 161, 162, 163
FLEINER-GERSTER, Thomas, 184
FOUCAULT, Michel, 196
FRAGA, Mirtô, 76
FRANÇA, Limongi R., 208
FRANÇA, Philip Gil, 240
FRANCO DEL POZO, Mercedes, 135
FREIRE, André Luiz, 157, 168
FUENMAYOR, Ronald de Jesús Chacín, 265
FURLAN, Fernando de Magalhães, 184, 205, 206
GARCÍA, Sans Agustín A. M., 56
GARCIA, Alejandro Nieto, 153
GASPARINI, Diógenes, 36, 47, 151, 164
GENY, François, 265
GIACOMUZZI, José Guilherme, 37, 182
GIGENA, Julio Isidro Altamira, 241
GIL, Antonio de Loureiro, 150
GOLDSCHMIDT, Werner, 266
GÓMEZ, Nicolás, 79
GORDILLO, Agustín, 31, 33, 34, 35, 36, 38, 56, 77, 79, 80, 118, 124, 127, 128, 129, 130, 131, 135, 137, 138, 148, 150, 152, 156, 157, 158, 159, 160, 161, 162, 167, 168, 173, 174, 179, 182, 183, 185, 186, 192, 195, 197, 208, 209
GOROSTEGUI, Beltrán, 163
GRAIG, Paul P., 108
GRAU, Roberto Eros, 83
GRECO FILHO, Vicente, 151
GUIBOURG, Ricardo A., 179, 184, 192, 194, 197, 211
GUIMARÃES, Edgar, 55, 217, 240
GUIMARÃES, M. A. Miranda, 74, 84
HEGEL, Georg Wilhelm Friedrich, 267

HERRENDORF, Daniel E., 267
HERRERA, Mauricio Baquero (et. At.), 202
HOBBES, Thomas, 267
HUMBERTO, Ávila, 181
HUSEK, Carlos Roberto, 184, 205, 207
HUTCHINSON, Tómas, 42, 54,
IANNI, Octavio, 176
IHERING, Rudolf Von, 268
JAGUARIBE, Hélio, 268
JUSTEN FILHO, Marçal, 36, 40, 54, 55, 82, 174, 176, 202, 214, 217, 231
KANT, Immanuel, 185, 186
KELSEN, Hans, 173, 185
KLENNER, Claudio Moraga, 90
LARRAÑAGA, Félix Alfredo, 207
LASO, Enrique Sayagues, 98, 120, 159, 160, 161, 162
LEÃO, Eliana Goulart, 60
LECLERC, Nadine Poulet-Gibot, 105
LENZA, Pedro, 225
LEWANDOWSKI, Enrique Ricardo, 206
LIMA, Jonas, 216
LIMA, Ruy Cirne, PASQUALINI, Paulo Alberto, 75
LINDGREN, J. A. Alves, 185
LOBÃO, Marcelo Meireles, 168
LOBO, Maria Teresa Cárcamo, 175
LOCKE, John, 269
MARTINES JÚNIOR, Eduardo, 55
MARTINS JÚNIOR, Wallace Paiva, 167, 168
MARTINS, JOSÉ ANTÔNIO, 147, 152
MARX, Karl, 269
MEIRELLES, Hely Lopes, 36, 40, 42, 47, 48, 54, 129
MENEZES, Wagner, 182, 207
MIRANDA, Henrique Savonitti, 31
MIRANDA, Jorge, 204
MOREIRA NETO, Diogo de Figueiredo, 34, 183
MORENO, Diego Younes, 93
MOTTA, Carlos Pinto Coelho, 83
NETO, Diogo de Figueiredo Moreira, 34, 183
NETO, Eurico Bitencourt, 203
NIEBUHR, Joel de Menezes, 55
NIETTO, Alejandro, 158

OLIVEIRA, Pedro Rocha de, 121
OLVERA, Miguel Alejandro Lopez, 195, 270
ORTIZ, Túlio E., 202
OYAGUE, Lazarte; EVELYN, Saby, 193
PEÑA DE MORAES, Guilheme, 203, 204
PERDOMO, Jaime Vidal, 92
PIMENTEL, Cleusa; ITANI, Elza; D'AMICO, Valéria, 228
PINHEIRO, Patrícia Peck, 133
PIZZOLO, Calogero, 155, 166, 176
PLÁCIDO E SILVA, 49, 149
PRESTES, Cristine, BATISTA, Henrique Gomes, 28, 133
RAFFIN, Marcelo, 271
RATTON, Sanchez Michelle, 202
RAWLS, John, 272
REALE, Giovanni, Antiseri, Dario, 272
REALE, Miguel, 272
REIS, M. M. 71, 73
REISMAN, W. Michael, 152, 156
REJTMAN FARAH, Mario, 31, 33, 44, 129
REZEK, Francisco, 205
RIBERA, Wilman R. Durán, 88
RIDEAU, Joël, 206
RIVERO, Jean, 125
RODRIGUES, Maurício Andreiuolo, 209, 225
ROSA JÚNIOR, Luis Emygdio, 125
ROSA, Renata Puerto de Adri y otros, 75
ROUSSEAU, Jean-Jacques, 272
RUSSO, Eduardo Angel, 273
SALDANHA, Eduardo, 185
SALOMONI, J., 75, 77, 78, 177
SANCARI, Sebastián, 35, 177
SANS, Agustín A. M. García, 56
SANTANA, Jair Eduardo, GUIMARÃES, Edgar, 217
SANTOS FILHO, José Carvalho dos, 36, 38, 47, 167
SANTOS, Alvacir Correa dos, 157
SANTOS, Murillo Giordan, BARKI, Tereza Villac Pinheiro (Coord.), 139
SARMENTO, Daniel, 34, 35
SAUTU, Ruth, 149, 156, 158, 159, 165
SEITENFUS, Ricardo Antônio Silva, 207
SIEYÈS, Emmanuel Joseph, 274

SILVA, José Afonso da, 135
SIRVINSKAS, Luis Paulo, 135
SOARES, Inaldo de Vasconcelos, 150, 158, 167
SOBRINHO, Manoel de Oliveira Franco, 37
SOUZA, Fátima Regina de, 165
SOUZA, Marcelo Rebelo de, 113
SUNDFELD, Carlos Ari, 83
SUSINI, Marie-Laure, 147
TÁCITO, Caio, 151
TARUFFO, Michele, 50
TAWIL, Guido Santiago, 32, 78, 230, 241
TEUBNER, Gunther, 202
TIBURCIO, Carmen, BARROSO, Luís Roberto, 205
TINELLO, Maurício Ricardo, 152
TOLOSA FILHO, Benedicto de, PAYÁ, Renata Fernandes de Tolosa, 60
TRIBIÑO, Carlos R., 168, 241
TRINDADE JÚNIOR, Francisco Ulisses da, 118
VERDROSS, Alfred, 182
WEIS, Carlos, 179
ZANOTELLO, Simone, 43
ZIMMER JÚNIOR, Aloísio, 36
ZULEN, Pedro, 193

ÍNDICE ALFABÉTICO

A

- Abreviaturas. Tabla de abreviaturas 17
- Adquisición Ecológica 135
- Adquisición Electrónica 131
- Adquisición pública. Adecuación de los Productos a la Utilidad 119
- Adquisición pública. Análisis de la adquisición pública 117
- Adquisición pública. La previsión Presupuestaria 124
- Adquisición pública. Necesidad de un Buen Planeamiento 117
- Adquisición pública. ¿Es Factible un Registro Nacional? 129
- Análisis de la adquisición pública 117
- Anexo II. Compilación de las normas supranacionales 277
- Aplicación de los Pactos y los Principios Supranacionales en la Licitación ... 209
- Argentina. La Importancia de Hacer la Tesis en la Argentina 19

C

- Confrontación entre el sistema y las normas licitatorias 191
- Consideraciones finales 251
- Corrupción y gestión temeraria 147
- Corrupción y gestión temerária. Introducción 147
- Corrupción. Algunas Prácticas Corruptas en la Licitación 157
- Corrupción. Análisis y Detección de la Corrupción 150
- Corrupción. Formato de la Corrupción y de la Gestión Temeraria 154

D

- Derecho administrativo. La supranacionalidad del derecho administrativo ... 173

G

- Gestión temerária. Corrupción y gestión temeraria 147

I

- Impacto de la supranacionalidad en el régimen licitatorio 223
- Índice de autores 321
- Introducción 19

L

- La Importancia de Hacer la Tesis en la Argentina 19
- La supranacionalidad del derecho administrativo 173
- Licitación comparada 71
- Licitación comparada. La Concepción Constitucional en un Estudio Comparado 75
- Licitación comparada. Modelos Licitatorios de Algunos Países 78
- Licitación comparada. Modelos Licitatorios en Algunos Países de Europa ... 102
- Licitación comparada. Modelos Licitatorios en Algunos Países de Europa. España 102
- Licitación comparada. Modelos Licitatorios en Algunos Países de Europa. Francia 104
- Licitación comparada. Modelos Licitatorios en Algunos Países de Europa. Inglaterra 107
- Licitación comparada. Modelos Licitatorios en Algunos Países de Europa. Italia 110
- Licitación comparada. Modelos Licitatorios en Algunos Países de Europa. Portugal 112
- Licitación comparada. Modelos Licitatorios. Argentina 79
- Licitación comparada. Modelos Licitatorios. Bolivia 87
- Licitación comparada. Modelos Licitatorios. Brasil 80
- Licitación comparada. Modelos Licitatorios. Chile 89
- Licitación comparada. Modelos Licitatorios. Colombia 92
- Licitación comparada. Modelos Licitatorios. Ecuador 93
- Licitación comparada. Modelos Licitatorios. Paraguay 95
- Licitación comparada. Modelos Licitatorios. Perú 96
- Licitación comparada. Modelos Licitatorios. Uruguay 98
- Licitación comparada. Modelos Licitatorios. Venezuela 100
- Licitación comparada. Trascendencia de la Licitación en el Mercosur ... 71
- Licitación pública. Análisis estructural del pliego 47
- Licitación pública. Aplicación y excepciones 54
- Licitación pública. Aspectos Generales 27
- Licitación pública. El Contexto Fáctico, Lógico y Jurídico 31

- Licitación pública. Función de los Principios en la Licitación 33
- Licitación pública. La licitación pública y su importancia 27
- Licitación pública. Las Etapas Interna y Externa..41
- Licitación pública. Las ofertas, juzgamiento y adjudicación 52
- Licitación pública. Pliegos de condiciones y formalidades 42
- Licitación pública. Procedimientos de Selección..31
- Licitación pública. Valores supranacionales en la licitación pública..............201
- Licitación pública. ¿Qué, Cuándo y por qué Licitar? 29
- Licitación. Parámetros de la licitación 25
- Licitación. Supranacionalidad en la licitación 171

M

- Mercosur. Trascendencia de la Licitación en el Mercosur................................71
- Modelos Licitatorios de Algunos Países 78

N

- Normas licitatórias. Confrontación entre el sistema y las normas licitatorias 191
- Normas licitatórias. Confrontación entre el sistema y las normas licitatórias. El Derecho y la Realidad: Discotinuidad Legal y Fáctica............194
- Normas licitatórias. Confrontación entre el sistema y las normas licitatórias. El Sistema en una Realidad Integradora........................192
- Normas licitatórias. Confrontación entre el sistema y las normas licitatórias. Introducción 191
- Normas licitatórias. Confrontación entre el sistema y las normas licitatórias. Manejo de las Normas y Seguridad................................197

P

- Pactos y los Principios Supranacionales en la Licitación. Aplicación de los Pactos y los Principios Supranacionales en la Licitación 209
- Parámetros de la licitación 25
- Problema. Planteo del Problema, Objetivos e Hipótesis 21

R

- Referencias 257

S

- Sistema y las normas licitatórias. Valores supranacionales en la licitación pública 201
- Supranacionalidad del Derecho Administrativo: ¿Opacidad, Incertidumbre o Realidad? 183
- Supranacionalidad del derecho administrativo. El Proceso Globalizador y sus Efectos 173
- Supranacionalidad del derecho administrativo. La Supranacionalidad del Derecho y la Fuerza Jurídica de Los Principios 179
- Supranacionalidad del derecho administrativo. Tipología Constructiva de la Supranacionalidad del Derecho 176
- Supranacionalidad en el régimen licitatório. Compatibilidad y Algunos Ejemplos 226
- Supranacionalidad en el régimen licitatório. Control Nacional y Supranacional de la Licitación 240
- Supranacionalidad en el régimen licitatório. Impacto de la supranacionalidad en el régimen licitatorio 223
- Supranacionalidad en el régimen licitatório. Recepción y Transformación en la Administración Pública 223
- Supranacionalidad en el régimen licitatório. Ventajas, Obstáculos y Consecuencias en la Licitación 233
- Supranacionalidad en la licitación 171
- Supranacionalidad. Aporte Teleológico y Substancial de la Supranacionalidad 201
- Supranacionalidad. La supranacionalidad del derecho administrativo 173
- Supranacionalidad. Rasgos Salientes de los Organismos y Fuentes Supranacionales 204
- Supranacionalidad. Valores supranacionales en la licitación pública 201

T

- Tabla de abreviaturas 17
- Tema. El por qué de la Elección del Tema 19
- Tesis. La Estructura de la Tesis 23
- Trascendencia de la Licitación en el Mercosur 71

V

- Valores supranacionales en la licitación pública. El Perfeccionamiento de los Criterios Licitatorios 213

Integrantes dos CONSELHOS EDITORIAIS da JURUÁ EDITORA nas áreas de DIREITO, CONTABILIDADE, ADMINISTRAÇÃO, ECONOMIA E FILOSOFIA

Adel El Tasse
Me. e doutorando em Direito Penal. Proc. Federal. Prof. Universitário.

Aderbal Nicolas Müller
Dr. pela UFSC. Me. em Ciências Sociais Aplicadas. Esp. em Administração/Finanças. Graduado em Ciências Contábeis pela FAE Business School. Prof. Universitário.

André G. Dias Pereira
Me. e doutorando pela Faculdade de Direito da Universidade de Coimbra.

Airton Cerqueira Leite Seelaender
Dr. em Direito pela Johann Wolfgang Goethe-Universität Frankfurt. Me. e graduado em Direito. Pres. do Instituto Brasileiro de História do Direito. Prof. Universitário.

Alessandra Silveira
Dra. em Direito pela Faculdade de Direito da Universidade de Coimbra: Direito público – Direito da União Europeia, Direito constitucional e ciência política. Prof.ª da Escola de Direito da Universidade do Minho.

Alessandra Galli
Doutora Tecnologia e Sociedade (UTFPR/Università Degli Studi di Padova). M.ª em Direito Econômico e Social e Especialista em Direito Socioambiental (PUC/PR). Prof.ª Universitária.

Alexandre L. Dias Pereira
Dr. em Direito pela Faculdade de Direito da Universidade de Coimbra. Prof. da Faculdade de Direito da Universidade de Coimbra.

Alexandre Mota Pinto
Dr. em Direito pelo Instituto Europeu de Florença: Direito privado – Direito do trabalho e Direito comercial e civil em geral. Docente da Faculdade de Direito da Universidade de Coimbra.

Alexandre Coutinho Pagliarini
Pós-Dr. pela Faculdade de Direito da Universidade de Lisboa. Dr. e Me. em Direito do Estado. Prof. Pesquisador. Proc. Municipal.

Aloísio Khroling
Pós-Dr. em Filosofia Política. Dr. em Filosofia. Me. em Teologia e Filosofia e em Sociologia Política. Graduado em Filosofia e em Ciências Sociais.

Ana Paula Gularte Liberato
M.ª em Direito Socioambiental pela PUCPR. Adv. Membro da Comissão Interna de Meio Ambiente da PUCPR. Prof.ª Universitária.

Andrei Koerner
Dr. e Me. em Ciência Política pela Universidade de São Paulo. Graduado em Direito. Prof. Universitário.

Anélio Berti
Me. em Ciências Contábeis e Esp. em Auditoria contábil. Graduado em Ciências Econômicas. Prof. Universitário.

Antoninho Caron
Dr. em Engenharia de Produção e Me. em Desenvolvimento Econômico. Graduado em Administração de Empresas. Prof. Universitário.

Antônio Carlos Efing
Dr. e Me. pela PUC-SP. Prof. Universitário na graduação, especialização, mestrado e doutorado.

Antonio Carlos Wolkmer
Dr. em Direito. Me. em Ciência Política. Esp. em Metodologia do Ensino Superior. Graduado em Direito. Prof. Universitário.

Antônio Veloso Peleja Júnior
Mestre em Direito pela UERJ; Pós-graduado em Direito Eleitoral pela UnB; Juiz de Direito no Tribunal de Justiça do Estado de Mato Grosso.

Arno Dal Ri Júnior
Pós-Dr. pela Université Paris I (Panthéon-Sorbonne). Dr. em Direito Internacional pela Università Luigi Bocconi de Milão. Me. em Direito e Política da União Europeia pela Università degli Studi di Padova. Bel. em Ciências Jurídicas. Prof. Universitário.

Artur Stamford da Silva
Dr. em Teoria, Filosofia e Sociologia do Direito. Me. em Direito Público pela UFPE. Diplomado em Estudios Avanzados de Tercer Ciclo do Doutorado de Derechos Humanos y Desarrollo pela Universidad Pablo de Olavid-Sevilla, Espanha. Graduado em Direito pela Unicap. Prof. Universitário.

Beltrina da Purificação da Côrte Pereira
Pós-Dra. e Dra. em Ciências da Comunicação pela USP. M.ª em Planejamento e Administração do Desenvolvimento Regional, pela Universidad de los Andes – Bogotá, Colômbia. Graduada em Jornalismo. Prof.ª Universitária.

Benedito Gonçalves da Silva
Me. em Controladoria e Contabilidade. Graduado em Ciências Contábeis. Graduado e Lic. em Ciências. Graduado e Lic. em Matemática. Prof. Universitário.

Carlos Diogenes Cortes Tourinho
Dr. e Me. em Filosofia. Esp. em Filosofia Contemporânea. Graduado em Psicologia e em Filosofia. Prof. Universitário.

Carlos Eduardo Batalha da Silva e Costa
Dr. em Filosofia e Me. em Direito pela USP. Graduado em Direito e em Filosofia. Prof. Universitário e Pesquisador.

Carlyle Popp
Dr. em Direito Civil. Me. em Direito Público. Membro do Instituto dos Advogados do Paraná e da Academia Paranaense de Letras Jurídicas. Prof. Universitário.

Carolina Machado Saraiva de Albuquerque Maranhão
Dra. em Administração. M.ª em Marketing. Graduada em Administração. Prof.ª Universitária.

Clarice von Oertzen de Araujo
Dra. e M.ª em Direito pela PUC/SP. Graduada em Direito e LD. em Direito.

Cláudia Viana
Dra. em Direito Público pela Faculdade de Direito da Universidade da Corunha. Prof.ª da Escola Superior de Gestão do Instituto Politécnico do Cávado e do Ave.

Christian Baldus
Prof. da Faculdade de Direito da Ruprecht-Karls--Universität Heidelberg, Deutschland (Alemanha). Director no Institut für geschichtliche Rechtswissenschaft "Instituto para a Ciência Jurídica e Jurisprudencial Histórica": História do Direito; Direito romano; Direito civil (Direito das coisas; Direito das sucessões); Direito alemão e europeu e Direito comparado.

Claudia Maria Barbosa
Dra., M.ª e Graduada em Direito. Prof.ª Universitária. Membro do Instituto Latinoamericano para una Sociedad y un Derecho Alternativos – ILSA, com sede na Colômbia. Consultora ad hoc do MEC.

Cleverson Vitorio Andreoli
Dr. em Meio Ambiente e Desenvolvimento. Me. em Ciências do Solo. Eng. Agrônomo. Prof. Universitário.

Cristina Zanello
M.ª em Direito Negocial pela UEL. Esp. em Direito e Negócios Internacionais pela UFSC. Graduada em Direito pela PUCPR. Graduada em Economia pela UFPR. Prof.ª Universitária. Membro do Instituto de Direito Tributário de Curitiba e Membro da Comissão de Direito Tributário da OAB-PR. Adv. em Curitiba, atuante no âmbito do Direito Tributário, Empresarial, Administrativo e Civil, com experiência adquirida, inclusive, na gerência de setor jurídico de empresas nacionais e multinacionais.

Danilo Borges dos Santos Gomes de Araujo
Dr. em Direito. Graduado em Direito e em Administração de Empresas. Prof. Universitário.

Dário Manuel Lentz de Moura Vicente
Dr. e Agregado em Direito pela Universidade de Lisboa. Prof. Catedrático da Faculdade de Direito da Universidade de Lisboa.

Deise Luiza da Silva Ferraz
Dra., M.ª e Bela. em Administração. Estágio-doutoral no Centro de Investigação em Sociologia Econômica e das Organizações (SOCIUS) do Instituto Superior de Economia e Gestão da Universidade Técnica de Lisboa.

Eduardo Biacchi Gomes
Pós-Dr. em Estudos Culturais pela UFRJ. Dr. em Direito. Prof. Universitário.

Eduardo Ely Mendes Ribeiro
Dr. em Antropologia Social. Me. em Filosofia. Graduado em Filosofia.

Elizabeth Accioly
Dra. em Direito Internacional e Diplomada em Estudos Europeus pela Faculdade de Direito de Lisboa. Prof.ª Universitária. Adv. e consultora jurídica internacional.

Eloise Helena Livramento Dellagnelo
Pós-Dra. pela Universidade de Essex – Inglaterra. Dra. em Engenharia de Produção. M.ª em Administração. Bela. em Administração e em Letras – Português e Inglês. Bolsa sanduíche na Escola de Administração Pública da University of Southern California (USC) em Los Angeles. Prof.ª Universitária.

Everton das Neves Gonçalves
Dr. em Derecho Internacional pela Universidade de Buenos Aires. Dr. e Me. em Direito, área de concentração em Instituições Jurídico-Políticas. Graduado em Ciências Econômicas e em Direito pela Faculdade de Direito. Professor.

Fabiana Del Padre Tomé
Dra. e M.ª em Direito. Graduada em Direito. Prof.ª Universitária.

Fernando Galvão da Rocha
Dr. em Ciências Jurídicas e Sociais pela Universidade do Museu Social Argentino. Me. em Direito. Esp. em Filosofia. Graduado em Direito. Juiz do Tribunal de Justiça Militar de Minas Gerais. Prof. Universitário.

Fernando Rister de Souza Lima
Doutorando pela Faculdade de Direito da PUC/SP, com estágio doutoral sanduíche na Università degli Studi di Macerata – Itália. Prof. Universitário.

Filipe Avides Moreira
Lic. em Direito pela Faculdade de Direito da Universidade de Coimbra: Direito público e Direito privado. Formador da Ordem dos Advogados. Prof. em pós-graduações na Faculdade de Direito da Universidade Católica Portuguesa, Centro Regional do Porto.

Florence Cronemberger Haret
Dra. em Direito Tributário pela USP. Graduada em Direito. Prof.ª conferencista.

Francis Kanashiro Meneghetti
Dr. em Educação. Me. e graduado em Administração. Prof. Universitário.

Francisco Carlos Duarte
Dr. pela Universidade Técnica de Lisboa e pela Universidade de Granada – Espanha. Dr. em Ciências Jurídicas e Sociais. Me. em Direito. Graduado em Direito. Proc. do Estado do Paraná. Prof. Universitário.

Geraldo Balduíno Horn
Dr. em Filosofia da Educação. Me. em Educação. Esp. em Antropologia Filosófica. Graduado em Filosofia. Prof. Universitário.

Germano André Doederlein Schwartz
Dr., Me. e graduado em Direito. Estágio doutoral sanduíche na Université Paris X-Nanterre. Estágio Pós-Doutoral na University of Reading (UK). Prof. Universitário.

Gilberto Bercovici
Dr. em Direito do Estado. Graduado em Direito. Prof. Universitário.

Gilberto Gaertner
Me. em Engenharia de Produção. Esp. em: Formação em Psicologia Somática Biossíntese; Formação em Integração Estrutural Método Rolf; Formação em Bioenergia Raízes; e Psicologia Corporal – Orgone.

Gonçalo S. de Melo Bandeira
Dr. em Direito pela Faculdade de Direito da Universidade de Coimbra. Me. em Direito pela Faculdade de Direito da Universidade Católica Portuguesa e Esp. em Ciências Jurídico-Criminais pela mesma instituição. Lic. em Direito. Prof. da Escola Estatal Superior de Gestão do Instituto Politécnico do Cávado e do Ave – Portugal. Prof. Universitário.

Helena de Toledo Coelho Gonçalves
Dra. e M.ª em Direito. Graduada em Direito pela PUCPR. Prof.ª Universitária.

Ilton Garcia da Costa
Dr. em Direito. Me. em Administração e Direito. Graduado em Matemática. Prof. Universitário.

Irene M. Portela
Dra. em Direito Público pela Faculdade de Direito da Universidade de Santiago de Compostela. Prof.ª da Escola Superior de Gestão e Provedora do Estudante, do Instituto Politécnico do Cávado e do Ave.

Ivo Dantas
Dr. em Direito Constitucional. Prof. Titular da Faculdade de Direito do Recife – UFPE. LD. em Direito Constitucional – UERJ. LD. em Teoria do Estado – UFPE. Membro da Academia Brasileira de Letras Jurídicas e da Academia Brasileira de Ciências Morais e Políticas. Miembro del Instituto Ibero-Americano de Derecho Constitucional – México. Miembro del Consejo Asesor de Anuario Ibero-Americano de Justicia Constitucional, Centro de Estudios Políticos y Constitucionales (CEPC) – Madrid. Prof. Universitário.

James José Marins de Souza
Pós-Dr. em Direito do Estado pela Universitat de Barcelona – Espanha. Dr. em Direito do Estado pela PUC/SP. Professor.

Jan-Michael Simon
Jurista pela Faculdade de Direito de Rheinische Friedrich-Wilhelms-Universität Bonn – Alemanha: Direito penal, Direito processual penal, Direito internacional penal e Criminologia.

Jane Lúcia Wilhelm Berwanger
Doutora em Direito Previdenciário. M.ª em Direitos sociais e Políticas Públicas. Prof.ª Universitária.

João Bosco Lee
Dr. em Direito Internacional pela Université de Paris II. Me. em Direito Internacional Privado e do Comércio Internacional pela Université de Paris II. Graduado em Direito. Prof. Universitário.

João Paulo F. Remédio Marques
Dr. em Direito pela Faculdade de Direito da Universidade de Coimbra e Prof. Universitário da mesma instituição.

João Ibaixe Junior
Me. em Direito. Pós-graduado em Filosofia. Pres. do CEADJUS.

Jorge Cesar de Assis
Graduado em Direito e em Curso de Formação de Oficiais pela Academia Policial Militar do Guatupê. Prom. da Justiça Militar. Prof. da Escola Superior do Ministério Público da União. Membro do Ministério Público da União.

José Antonio Savaris
Dr. em Direito da Seguridade Social. Me. em Direito Econômico e Social. Juiz Federal.

José Augusto Delgado
Esp. em Direito Civil e Comercial. Bel. em Direito.

José Carlos Couto de Carvalho
Subprocurador geral da Justiça Militar aposentado. Prof. Universitário.

Jose Edmilson de Souza Lima
Dr. em Meio Ambiente e Desenvolvimento. Me. em Sociologia Política.

José Elias Dubard de Moura Rocha
Dr., Me. e graduado em Direito pela UFPE. Prof. Universitário.

José Engrácia Antunes
Dr. em Direito pelo Instituto Europeu de Florença: Direito privado. Prof. da Faculdade de Direito da Universidade Católica Portuguesa, Centro Regional do Porto.

José Henrique de Faria
Pós-Dr. em Labor Relations pelo Institute of Labor and Industrial Relations – ILIR – University of Michigan (2003). Dr. e Me. em Administração. Graduação em Ciências Econômicas. Prof. Universitário.

José Ramón Narváez
Dr. em Teoria e História do Direito pela Universidade de Florença. Prof. associado da Universidade Nacional Autônoma do México.

José Renato Gaziero Cella
Dr. em Filosofia e Teoria do Direito. Me. em Direito do Estado. Pesquisador da Universidade de Zaragoza – Espanha. Prof. Universitário.

José Renato Martins
Dr. em Direito Penal. Me. em Direito Constitucional. Bel. em Direito. Prof. Universitário.

José Ricardo Vargas de Faria
Doutorando pelo Instituto de Pesquisa e Planejamento Urbano e Regional. Me. em Administração e Eng. Civil. Prof. Universitário.

Joseli Nunes Mendonça
Dra., M.ª e Graduada em História. Prof.ª Universitária.

Julimar Luiz Pereira
Me. em Educação Física pela UFPR. Esp. em Treinamento Desportivo. Graduação em Lic. em Educação Física. Prof. Universitário.

Lafaiete Santos Neves
Dr. em Desenvolvimento Econômico. Me. e graduado em História. Prof. Universitário.

Lafayette Pozzoli
Pós-Dr. pela Universidade La Sapienza – Roma. Dr. e Me. em Filosofia do Direito. Graduado em Direito. Adv. Prof. Universitário.

Lauro Brito de Almeida
Dr. e Me. em Controladoria e Contabilidade pela USP. Prof. Adjunto da UFPR.

Liana Maria da Frota Carleial
Pós-Dra. pela Université Paris XIII, no Centre de Recherche en Économie Industrielle (CREI) – França. Dra. e M.ª em Economia. Graduada em Ciências Econômicas. Prof.ª Universitária.

Lúcia Helena Briski Young
Esp. em Auditoria e Controladoria Interna, Gestão Empresarial e Direito, Direito Tributário e Metodologia do Ensino Superior.

Luciano Salamacha
Dr. em Administração. Me. em Engenharia de Produção. Pós-graduado em Gestão Industrial e MBA em Gestão Empresarial. Prof. Universitário.

Luís Alexandre Carta Winter
Dr. em Integração da América Latina. Me. em Integração Latino-americana. Esp. em Filosofia da Educação. Graduado em Direito. Prof. Universitário.

Luis Fernando Lopes Pereira
Pós-Dr. pela Università degli Studi di Firenze – Itália. Dr. em História Social. Me. em História. Esp. em Pensamento Contemporâneo e em História e Cidade. Graduado em Direito e em História. Prof. Universitário.

Luísa Neto
Dra. em Direito pela Faculdade de Direito da Universidade do Porto – Direito constitucional – Direito biomédico e Direito da medicina. Prof.ª da Faculdade de Direito da Universidade do Porto.

Luiz Antonio Câmara
Dr. e Me. em Direito. Prof. Universitário em cursos de graduação, especialização e mestrado.

Luiz Carlos de Souza
Me. em Ciências Contábeis e Atuariais. Esp. em Administração Financeira e em Política e Estratégia. Prof. Universitário.

Manuel da Costa Andrade
Dr. em Direito pela Faculdade de Direito da Universidade de Coimbra: Direito público – Direito penal e Direito processual penal. Prof. Catedrático da Faculdade de Direito da Universidade de Coimbra.

Manuel Martínez Neira
Dr. em Direito. Prof. Universitário na Universidade Carlos III – Madrid.

Mara Regina de Oliveira
Dra., M.ª e Bela. em Direito. Prof.ª Universitária.

Marcelo Pereira de Mello
Dr. em Ciência Política. Me. em Sociologia. Graduado em Ciências Sociais. Prof. Universitário.

Marcelo Weitzel Rabello de Souza
MSc. em Coimbra – Portugal. Pres. da Associação Nacional do Ministério Público. Subprocurador geral da Justiça Militar em Brasília.

Marcio Pugliesi
Dr. e LD. em Direito. Dr. em Filosofia. Dr. em Educação. Bel. em Direito. Graduado em Filosofia. Prof. Universitário.

Marcos Kahtalian
Me. em Multimeios pela Unicamp. Pós-graduado em Administração de Marketing. Prof. de graduação e pós-graduação.

Marcos Wachowicz
Dr. em Direito. Me. em Direito pela Universidade Clássica de Lisboa – Portugal. Graduado em Direito. Prof. Universitário.

Margarida Azevedo Almeida
Doutoranda pela Faculdade de Direito da Universidade de Coimbra: Direito privado. M.ª Prof.ª do Instituto de Contabilidade e Administração do Porto, Instituto Politécnico do Porto.

Margarida da Costa Andrade
Doutoranda pela Faculdade de Direito da Universidade de Coimbra: Direito privado. M.ª Prof.ª da Faculdade de Direito da Universidade de Coimbra.

Maria Elizabeth Guimarães Teixeira Rocha
Pós-doutoranda em Direito. Dra. em Direito Constitucional. M.ª em Ciências Jurídico-Políticas. Esp. em Direito Constitucional. Bela. em Direito. Prof.ª Universitária.

Mário João Ferreira Monte
Dr. em Ciências Jurídico-Criminais pela Universidade do Minho. Me. e Pós-graduado em ciências jurídico-criminais. Prof. Universitário.

Masako Shirai
Dra., M.ª e Graduada em Direito. Membro da Comissão de Exame da Ordem da OAB-SP e da Comissão de Ensino Jurídico da OAB-SP.

Massimo Meccarelli
Prof. Catedrático de História do Direito Medieval e Moderno. Coord. do Programa de Doutorado em História do Direito da Università degli Studi di Macerata – Itália.

Melissa Folmann
Mestre em Direito pela PUCPR. Diretora Científica do IBDP. Professora da Graduação e Pós-graduação em Direito Previdenciário e Processual Previdenciário. Advogada.

Néfi Cordeiro
Dr., Me. e graduado em Direito. Graduação em Engenharia. Graduado Oficial Militar pela Academia Policial Militar do Guatupê. Desemb. Federal. Prof. Universitário.

Nuno M. Pinto de Oliveira
Dr. em Direito pelo Instituto Europeu de Florença: Direito privado – Direito das obrigações e dos contratos. Prof. da Escola de Direito da Universidade do Minho.

Octavio Augusto Simon de Souza
Me. no Alabama, EUA. Juiz do Tribunal de Justiça Militar do Rio Grande do Sul.

Oksandro Osdival Gonçalves
Dr. em Direito Comercial – Direito das Relações Sociais. Me. em Direito Econômico. Prof. Universitário.

Osmar Ponchirolli
Dr. e Me. em Engenharia de Produção. Esp. em Didática do Ensino Superior. Graduado em Filosofia. Graduado em Teologia. Bel. em Teologia. Prof. Universitário.

Pablo Galain Palermo
Dr. em Direito pela Universidade de Salamanca – Espanha: Direito penal, Direito processual penal e Criminologia.

Paolo Cappellini
Prof. Catedrático de História do Direito Medieval e Moderno. Coord. do Programa de Doutorado em Teoria e História do Direito. Diretor da Faculdade de Direito Università degli Studi di Firenze – Itália.

Paula Távora
Doutoranda pela Faculdade de Direito da Universidade de Coimbra: Direito privado. M.ª Prof.ª da Faculdade de Direito da Universidade de Coimbra.

Paulo Ferreira da Cunha
Dr. em Direito pela Faculdade de Direito da Universidade de Coimbra e Dr. em Direito pela Universidade de Paris II. Prof. Catedrático da Faculdade de Direito da Universidade do Porto.

Paulo Gomes Pimentel Júnior
Doutorando da Universidade de Salamanca – Espanha. Me. e graduado em Direito. Esp. em Direito e Cidadania. Pós-graduado em Jurisdição Constitucional e Processos Constitucionais.

Paulo Mota Pinto
Dr. em Direito Privado pela Faculdade de Direito da Universidade de Coimba. Prof. da Faculdade de Direito da Universidade de Coimbra. Deputado da Assembleia da República Portuguesa.

Paulo Nalin
Dr. em Direito das Relações Sociais. Pesquisa em nível de Doutorado na Università degli Studi di Camerino. Me. em Direito Privado. Prof. Universitário.

Paulo Ricardo Opuszka
Dr. em Direito. Me. em Direito, na área de Direito Cooperativo e Cidadania. Bel. em Direito. Prof. Universitário.

Pedro Costa Gonçalves
Dr. em Direito Público pela Faculdade de Direito da Universidade de Coimbra e Prof. Universitário da mesma instituição.

Rafael Rodrigo Mueller
Dr. e Me. em Educação. Graduado em Administração de Empresas. Prof. do Programa de Mestrado Interdisciplinar em Organizações e Desenvolvimento.

Rainer Czajkowski
Me. e graduado em Direito. Pró-Reitor Acadêmico e Prof. Universitário.

Renata Ceschin Melfi de Macedo
M.ª e Graduada em Direito. Prof.ª Universitária Lic.

Ricardo Tinoco de Góes
Doutorando em Filosofia do Direito. Me. em Direito. Prof. Universitário.

Rivail Carvalho Rolim
Pós-Dr. na Universidade de Barcelona em Sociologia Jurídica e Criminologia. Dr. em História. Prof. Universitário.

Roberto Catalano Botelho Ferraz
Dr. em Direito Econômico e Financeiro. Me. em Direito Público. Prof. Universitário.

Roland Hasson
Dr., Me. e graduado em Direito. Prof. Universitário.

Ronaldo João Roth
Juiz de Direito da Justiça Militar do Estado de São Paulo. Membro correspondente da Academia Mineira de Direito Militar. Prof. Universitário.

Rui Bittencourt
Me. em Direito. Advogado. Membro do Núcleo de Pesquisa em Direito Civil e Constituição. Prof. Universitário.

Sady Ivo Pezzi Júnior
Me. em Educação e Trabalho pela UFPR. Pós-graduado em Gestão da Qualidade pelo Instituto de Tecnologia do Paraná. Pós-graduado em Marketing. Prof. e Coord. do Curso de Administração.

Salvador Antonio Mireles Sandoval
Pós-Dr. pelo Center for the Study of Social Change, New School for Social Research. Dr. e Me. em Ciência Política pela University of Michigan. Me. em Ciência Política pela University of Texas – El Paso. Graduado em Latin American Studies pela University of Texas – El Paso. Prof. Universitário. Prof. Assistente. Pesquisador convidado no David Rockefeller Center for Latin American Studies, Harvard University como J. P. Lemann Visiting Scholar.

Samuel Rodrigues Barbosa
Dr. em Teoria do Direito. Me. em Ciências da Religião. Graduado em Direito. Prof. Universitário.

Sergio Said Staut Jr.
Dr., Me. e Bel. em Direito. Prof. Universitário.

Silma Mendes Berti
Dra. e M.ª Graduada em Direito. Prof.ª Universitária. Juíza Auditora do Tribunal Eclesiástico da Arquidiocese.

Silvia Hunold Lara
Dra. em História Social. Graduada em História. Prof.ª Universitária.

Tercio Sampaio Ferraz Jr.
Dr. em Direito. Dr. em Filosofia pela Johannes Gutemberg Universitat de Mainz. Graduado em Filosofia, Letras e Ciências Humanas, e em Ciências Jurídicas e Sociais. Prof. Universitário.

Valdir Fernandes
Pós-Dr. em Saúde Ambiental. Dr. em Engenharia Ambiental. Me. em Engenharia Ambiental. Graduado em Ciências Sociais. Academic Partner do projeto Advancing Sustainability da Alcoa Foundation.

Vanessa Hernandez Caporlingua
Dra. e M.ª em Educação Ambiental. Graduada em Direito. Prof.ª e pesquisadora em cursos de graduação e no Programa de Pós-graduação em Educação Ambiental.

Vittorio Olgiati
Dr. em Sociologia do Direito. Prof. Associado da Faculdade de Direito da Universidade de Macerata – Itália.

Vladimir Passos de Freitas
Dr., Me. e Lic. em Direito. Prof. Universitário de graduação e de pós-graduação.

Vladmir Oliveira da Silveira
Pós-Dr., Dr. e Me. em Direito. Graduado em Direito e em Relações Internacionais. Prof. Universitário.

Wladimir Brito
Dr. em Direito pela Faculdade de Direito da Universidade de Coimbra: Direito público. Prof. da Escola de Direito da Universidade do Mirho.

Willis Santiago Guerra Filho
Pós-Dr. em Filosofia. Dr. em Ciência co Direito pela Fakultät für Rechtswissenschaft der Universität Bielefeld. Me. e graduado em Direito. LD. em Filosofia do Direito. Prof. Universitário.

Wilson Alberto Zappa Hoog
Me. em Ciência Jurídica. Perito Contador Auditor. Prof. Doutrinador de Perícia contábil, Direito contábil e de Empresas em cursos de pós-graduação.

Wilson Furtado Roberto
Me. e Esp. em Ciências Jurídico-internacionais pela Faculdade de Direito da Universidade Clássica de Lisboa. MBA em Gestão Empresarial pela Fundação Getúlio Vargas. Bel. em Direito.

JURUÁ
EDITORA

Esta obra foi impressa em oficinas próprias, utilizando moderno sistema de impressão digital. Ela é fruto do trabalho das seguintes pessoas:

Editoração:
Elisabeth Padilha
Fernanda Brunken
Thamires Santos

Índices:
Emilio Sabatovski
Iara P. Fontoura
Tania Saiki

Impressão:
Lucas Fontoura
Marcelo Schwb
Marlisson Cardoso

Acabamento:
Afonso P. T. Neto
Anderson A. Marques
Carlos A. P. Teixeira
Lucia H. Rodrigues
Luciana de Melo
Maria José V. Rocha
Marilene de O. Guimarães
Nádia Sabatovski
Rosinilda G. Machado
Terezinha F. Oliveira

"El único verdadero viaje de descubrimiento consiste no en buscar nuevos paisajes, sino en mirar con nuevos ojos."
Marcel Proust

¡NOVEDADES!
JURUÁ EDITORIAL

Acceso Igualitario a la Función Pública
Consideraciones sobre el Modelo Español de Selección de los Funcionarios
Fábio Lins de Lessa Carvalho
278p
ISBN: 978989712026-8
27,90 € + IVA

Creación de Empresas Aproximación al Estado del Arte
Entrepreneurship An Approach to the State of the Art
Coords.: Ricardo H. Mogollón, Lázaro R. Ariza y Maria del Mar Fuentes
552p
ISBN: 978989831201-3
49,70 € + IVA

Derecho Agrario Contemporáneo
Ricardo Zeledón Zeledón
560p
ISBN: 978989831207-5
56,90 € + IVA

Derecho Del Trabajo
Lecturas sobre la Obra Científica de Germán José María Barreiro González en sus XXV años como catedrático de Derecho del Trabajo
Directores: Juan José Fernández Domínguez/Maria de los Reyes Martínez Barroso/Suzana Rodrigues Escanciano
434p
ISBN: 978989712093-0
38,40 € + IVA

Derecho Sindical 2ª Edición
Cuestiones Actuales en España
Jordi Garcia Viña
500p
ISBN: 978989712226-2
48,00 € + IVA

El Incidente de Nulidad de Actuaciones
Diego Megino Fernández
304p
ISBN: 978989831224-2
29,90 € + IVA

El Nuevo Derecho Agrario
Publicación conjunta con la Academia Brasileña de Letras Agrarias
Coords.: Lucas Abreu Barroso, Elisabete Maniglia y Alcir Gursen de Miranda
318p
ISBN: 978989831245-7
30,00 € + IVA

El Orden de La Información
Antonio López Pina
108p
ISBN: 978989712232-3
9,50 € + IVA

El Principio de Igualdad Tributaria
De la Teoría de la Igualdad al Control de las Desigualdades en la Imposición
Andrei Pitten Velloso
422p
ISBN: 978989831210-5
43,00 € + IVA

Factura Electrónica
Estrategias para la Implementación
Vinicius Pimentel de Freitas
ISBN: 978989712280-4
18,00 € + IVA

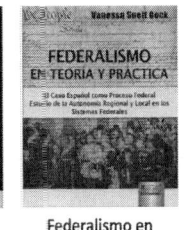

Federalismo en Teoría y Práctica
El Caso Español como Proceso Federal - Estudio de la Autonomía Regional y Local en los Sistemas Federales
Vanessa Suelt Cock
474p
ISBN: 978989831248-8
48,00 € + IVA

Identificación Genética, Discriminación y Criminalidad
Un Análisis de La Situación Jurídico Penal en España y en Brasil - Actualizada por la Ley 12.654/2012
Denise Hammerschmidt
180p
ISBN: 978989712168-5
18,00 € + IVA

Investigación Científica
Guía Práctica para Desarrollar Proyectos y Tesis
Marta Cristina Biagi
174p
ISBN: 978989831244-0
18,00 € + IVA

IUS QUIJOTESCUM
Una Visión Literaria del Derecho en la Novela Don Quixote de la Mancha
Germán José María Barreiro González
140p
ISBN: 978989831200-6
14,40 € + IVA

La Agencia Tributaria Norteamericana
¿Cómo recauda una superpotencia?
Juan Pablo Ortiz Meyer
198p
ISBN: 978989831274-7
20,00 € + IVA

La Cárcel
La Experiencia Histórica bajo las Perspectivas Criminológicas
Gilberto Giacoia e Denise Hammerschmidt
134p
ISBN: 978989712180-7
13,30 € + IVA

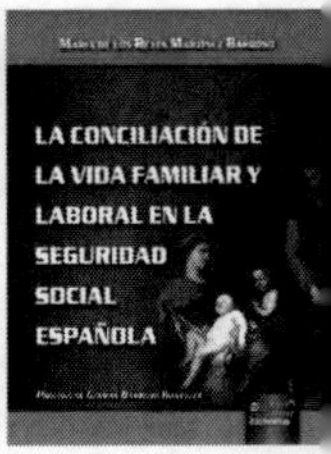

La Conciliación de la Vida Familiar y Laboral en la Seguridad Social Española
Prólogo de Gérman Barreiro González
María de los Reyes Martínez Barroso
218p
ISBN: 978989831239-6
23,00 € + IVA

La Detección del Abuso Sexual Infantil
Criterios, dificultades y retos
Eva González Ortega
212p
ISBN: 978989831251-8
22,00 € + IVA

La Dimensión de la Soberanía en el Mercosur
Marcio Morena Pinto
144p
ISBN: 978989831229-7
14,90 € + IVA

La Mediación Familiar Desde el Ámbito Jurídico
Inmaculada Garcia Presas
200p
ISBN: 978989831203-7
19,90 € + IVA

La Protección Jurídica de los Conocimientos Tradicionales
Degmar Aparecida Ferreti
592p
ISBN: 978989712248-4
48,00 € + IVA

La Prueba Pericial
Criterios de Valoración y su Motivación en la Sentencia Civil
Manoel Matos Araujo Chaves
320p
ISBN: 978989712194-4
32,50 € + IVA

La Tentativa del Delito
Análisis a partir del Concepto Significativo de la Acción
Paulo César Busato
456p
ISBN: 978989831273-0
45,00 € + IVA

La Tutela Reparadora de los Riesgos Psicosociales
Henar Álvarez Cuesta, Javier Fernández-Costales Muñiz, José Gustavo Quirós Hidalgo, María de los Reyes Martínez Barroso, Roberto Fernández Fernández y Rodrigo Tascón López
288p
ISBN: 978989831206-8
29,00 € + IVA

Libertad de Expresión y Sentimientos Religiosos
Coords: Miguel Díazy Garcia Conlledo, Juan Antonio Garcia Amado, Irina Alejandra Junieles Acosta, Salvador Tarodo Soria, Paulino César Pardo Prieto e Maria Trapero Barreales
254p
ISBN: 978989712116-6
25,90 € + IVA

Migraciones Internacionales e Impacto de la Crisis Económica
Compromisos de la OIT
Org: José luis Gil y Gil
314p
ISBN: 978989712216-3
28,70 € + IVA

Políticas de Empleo en la Unión Europea
Natalia Ordóñez Pascua
356p
ISBN: 978989712202-6
32,90 € + IVA

Prevención de Riesgos Laborales
Formación e Información
María Purificación García Miguélez
672p
ISBN: 978989831204-4
69,90 € + IVA

Reflexiones sobre el Presente y Futuro del Derecho Español del Trabajo
Germán Barreiro González
Suzana Rodriguez Escanciano
224p
ISBN: 978989831241-9
23,00 € + IVA

Reformas Laborales Frente a la Crisis a la Luz de los Estándares de la OIT
Director: José Luis Gil y Gil
388p
ISBN: 978989712282-8
32,50 € + IVA

Regulación de la Biotecnología y Derecho Sancionador
Prólogo: Carlos María Romeo Casabona
Bruno Tanus Job e Meira
368p
ISBN: 978989831247-1
38,00 € + IVA

Relaciones Bilaterales Entre México y Europa, el Estado de la Cuestión
Directores:
Carlos Francisco Molina del Pozo y
Terina Palacios Cruz
368p
ISBN: 978989712018-3
37,50 € + IVA

Responsabilidad Empresarial y Protección de la Salud Laboral
Análisis Jurídico Interdisciplinar
Director: José Eduardo López Ahumada
460p
ISBN: 978989712222-4
38,30 € + IVA

Responsabilidad Penal en el Deporte
Leonardo Schmitt de Bem
464p
ISBN: 978989712276-7
38,30 € + IVA

Secreto Profesional en el Ámbito de la Enfermería
María Dolores Calvo Sánchez
132p
ISBN: 978989831209-9
19,90 € + IVA

Teoría de la Legislación y Derecho Como Integridad
Adalberto Narciso Hommerding
324p
ISBN: 978989712170-8
32,90 € + IVA

Tráfico de Drogas
Prueba Penal y Medidas Restrictivas de Derechos Fundamentales
José Theodoro Corrêa de Carvalho
504p
ISBN: 978989831205-1
49,90 € + IVA

Treinta Años de Integración Europea
Coord.: Carlos Francisco Molina del Pozo
656p
ISBN: 978989831202-0
49,50 € + IVA

Basado en investigaciones científicas sobre educación y disciplina positiva.

Dirigido a los padres, educadores y los demás profesionales que necesitan de una buena y amplia referencia teórica y práctica.

Eduque Con Cariño
Equilibrio entre el amor y los límites
Lidia Weber - 160p
Prólogo del Doctor Florencio Vicente Castro
ISBN: 978989831272-3

17,90 € + IVA

RESÚMENES JURÍDICOS

JURUÁ EDITORA

¡Aproveche para perfeccionar sus conocimientos de manera práctica y sucinta!

- Los Resúmenes Jurídicos le sacan las dudas, complementan su conocimiento y refuerzan su aprendizaje;
- Contienen las principales informaciones, comentarios, conceptos y explicaciones que se necesita saber;
- Son esenciales para los que hacen los Concursos Públicos, estudiantes, abogados, profesores y personas interesadas en estudiar los temas.

Títulos Disponibles

- **Derecho Sindical** - 3 vol.
  Henar Álvarez Cuesta
- **Derecho Individual del Trabajo** - 3 vol.
  Henar Álvarez Cuesta
- **Derecho Procesal del Trabajo** - 2 vol.
  Rodrigo Tascón López
- **Régimen Jurídico de la Prevención de Riesgos Laborales** - 3 vol.
  Beatriz Agra Viforcos
- **Derecho Tributario - Parte General** - 2 vol.
  María Teresa Mata Sierra
- **Derecho Tributario - Parte Especial** - 2 vol.
  María Teresa Mata Sierra
- **Derecho de Sucesiones** - 3 vol.
  Marta Ordás Alonso
- **Derechos Reales** - 3 vol.
  Marta Ordás Alonso
- **Derecho de Familia** - 4 vol.
  Inmaculada García Presas
- **Derecho Mercantil Español** - 3 vol.
  María Angustias Díaz Gómez y Elicio Díaz Gómez
- **El Proceso Penal** - 3 vol.
  Pedro Álvares Sánchez de Movellán, Eva Isabel Sanjurjo Ríos, Gracia Fernández Caballero
- **Procesos Civiles Especiales** - 2 vol.
  Pedro Álvares Sánchez de Movellán, Eva Isabel Sanjurjo Ríos, Gracia Fernández Caballero
- **El Proceso Civil** - 3 vol.
  Pedro Álvares Sánchez de Movellán, Eva Isabel Sanjurjo Ríos, Gracia Fernández Caballero
- **Derecho de la Propiedad Industrial** - 3 vol.
  María Angustias Díaz Gómez, Carlos Miguélez Del Río y Elicio Díaz Gómezw

Próximos Lanzamientos

- **Derecho de la Seguridad Social** - 3 vol.
  María de los Reyes M. Barroso
- **Obrigaciones** - 3 vol.
  José Antonio Valbuena Gutiérrez
- **Títulos Valores y Contratos Mercantiles** - 2 vol.
  Luis Adolfo Mallo Mallo
- **Aspectos sobre el Régimen Concursal** - 2 vol.
  Carlos Miguélez Del Río y Elicio Díaz Gómez
- **Derecho de Persona** - 2 vol.
  Inmaculada García Presas

¡Pídalo Ahora! En las mejores librerías.

JURUÁ EDITORIAL

www.jurua.net

COLECCIÓN PROCESAL CIVIL - TEORÍA Y PRÁCTICA
Coordinador: David Vallespín Pérez

El Juicio Cambiario
Sergi Guasch Fernández - 314p
ISBN: 978989712218-7
28,70 € + IVA

El Juicio Verbal
David Vallespín Pérez - 158p
ISBN: 978989712212-5
18,15 € + IVA

El Proceso Ordinario Civil
Rosa Pérez Martell y Salvador Iglesias Machado - 214p
ISBN: 978989712230-9
19,10 € + IVA

La Subasta Judicial
Maria de Los Ángeles Pérez Marin y
María del Pilar Martín Ríos - 184p
ISBN: 978989712228-6
19,10 € + IVA

Las Medidas Cautelares en el Proceso Civil Español
Ezequiel Osorio Acosta - 152p
ISBN: 978989712240-8
18,15 € + IVA

Procesos Especiales Sobre Capacidad, Filiación, Matrimonio y Menores
Rosa Rodríguez Bahamonde - 132p
ISBN:978989712238-5
14,30 € + IVA

Recurso de Casación Civil
Nancy Carina Vernengo Pellejero y
Roberto Serrano Amado - 148p
ISBN: 978989712291-0
18,15 € + IVA

COLECCIÓN DERECHO CIVIL - TEORÍA Y PRÁCTICA
Coordinadora: Inmaculada García Presas

El Sistema Arbitral de Consumo
Marta Madriñán Vásquez
ISBN: 978989712236-1
204p
19,10 € + IVA

Las Crisis Matrimoniales
Nulidad, Separación y Divorcio
Blanca Sillero Crovetto
ISBN: 978989712254-5
400p
38,30 € + IVA

Régimen Jurídico de los Desahucios y Lanzamientos
Francisco Javier Jiménez Muñoz
ISBN:978989712242-2
248p
23,90 € + IVA

Responsabilidad Civil y Derecho de Daños
Mª Dolores Palacios González
ISBN: 978989712234-7
180p
18,15 € + IVA

PRÓXIMOS LANZAMIENTOS:

Ejecución Provisional De Sentencias Civiles
Colección Procesal Civil
Coordinador: David Vallespín Pérez
Xulio Ferreiro Baamonde

Agente Infiltrado Desde el Punto de Vista del Garantismo Procesal Penal
Flávio Cardoso Pereira
744p
ISBN: 978989712198-2
57,60 € + IVA

Inmigración
Tratamiento Jurídico Penal en el Derecho Penal Español
Thamara Duarte Cunha Medeiros
ISBN: 978989712288-0

Teoría Crítica del Derecho
Luiz Fernando Coelho
Prólogo de Gonçal Mayos
412p
ISBN: 978989712095-4
38,30 € + IVA

¡PÍDALOS EN LAS MEJORES LIBRERÍAS!

VISITE NUESTRA WEB:
www.jurua.net

Brasil
Av. Munhoz da Rocha, 143
Juvevê - CEP: 80.030-475
Curitiba/Paraná | Brasil
Fone: +55 (41) 4009-3900

Europa
Rua General Torres, 1.220 – Lojas 15 e 16
Centro Comercial D'Ouro – 4400-096
Vila Nova de Gaia/Porto | Portugal
Fone: +351 223 710 600

editora@jurua.com.br

JURUÁ EDITORIAL

EDITORIAL JURUÁ
Desde 1969
BRASIL